谨以此书致敬我的父母，感谢他们对我持续性的关于善良、坚韧、踏实的要求与影响。祝他们身体健康！

智者察同，愚者察异。愚者不足，智者有余。

——《黄帝内经·素问》

除了痴呆，人类智力差别不大，区别只在于勤奋和热情。

—— 查尔斯·罗伯特·达尔文

染于苍则苍，染于黄则黄。所入者变，其色亦变；五入必，而已则为五色矣。故染不可不慎也！

——《墨子·所染》

赏能教育法是人生哲学，是方法论，是认识论与可知论。

人生哲学：真正善良的家长才能培养出真正优秀的孩子。

方法论：赏能教育法的本质是着眼未来、修正现在。

"天才"能训练出来。

赏识出才能，亮点带全面。

家长好好学习，孩子天天向上。

认识论与可知论：教育和优秀成长有规律可循，卓越同样有规律可循。

五维赏能

赏能

青少年核心素养养成的理论与方法

王立宏 著

暨南大学出版社
JINAN UNIVERSITY PRESS

中国·广州

图书在版编目（CIP）数据

赏能：青少年核心素养养成的理论与方法／王立宏著 . —广州：暨南大学出版社，2018.9
　ISBN 978 - 7 - 5668 - 2490 - 5

　Ⅰ.①赏… 　Ⅱ.①王… 　Ⅲ.①少年教育—素质教育—研究 　Ⅳ.①G40 - 012

中国版本图书馆 CIP 数据核字（2018）第 217662 号

赏能：青少年核心素养养成的理论与方法
SHANGNENG：QINGSHAONIAN HEXIN SUYANG YANGCHENG DE LILUN YU FANGFA
著　者：王立宏

···

出 版 人：徐义雄
策　　划：杜小陆
责任编辑：潘江曼　鲍京秀　张馨予
责任校对：傅　迪　林　琼
责任印制：汤慧君　周一丹

出版发行：暨南大学出版社（510630）
电　　话：总编室（8620）85221601
　　　　　营销部（8620）85225284　85228291　85228292（邮购）
传　　真：（8620）85221583（办公室）　85223774（营销部）
网　　址：http：//www.jnupress.com
排　　版：广州良弓广告有限公司
印　　刷：佛山市浩文彩色印刷有限公司
开　　本：787mm×1092mm　1/16
印　　张：19
字　　数：380 千
版　　次：2018 年 9 月第 1 版
印　　次：2018 年 9 月第 1 次
定　　价：58.00 元

总　序

　　"教"是自上而下对知识的传授，"学"是自下而上对知识的接纳，"育"是相伴共生的引导成长。

　　教育的最高境界是不教。在良好的环境中，孩子自会在轻松愉快中达到优秀和卓越，一切顺其自然、水到渠自成。简单一点理解，教育是陪伴成长的过程，也是陪伴中协助孩子修正成长航向的过程。

　　人生原本就是不断解决问题的过程的集合。各种问题都只能自己去面对，别人代替不了。孩子成长过程中的问题，只能由孩子自己去解决。家长替孩子包揽的越多，越体贴入微，孩子的成长之路就越曲折，因为你替他做过的每件事情，他必须要亲自重做一遍，才能完成成长。

　　因缘际会，我步入了青少年成长教育的研究领域，做了八年的教育实验，这个过程有点长。我曾回想过，若一开始就知道要持续八年，是否仍要起步，推演下来，发现我还会走这条路，还会坚持。

　　这心无旁骛的八年里，我几乎每天都在思考某个孩子和某类孩子的成长。因有十六年高校学生管理岗位的工作经历，熟悉不同类型大学生的生活与学习状况，我常推演身边某个孩子若按当前的轨迹成长，进入大学后将会类似于我熟悉的哪个学生的样子。如果不希望这个孩子成长为大学生 B，我认为他能成长为更优秀的大学生 A，就在当下对这个孩子的成长过程进行干预和纠偏。实践证明，干预有效。赏能教育的头几批实验对象已进入高中和大学，他们或成绩优异，或才干出众，或醉心探索新领域，完成了在各自核心素养基础上的飞跃。这些年的实验过程，一言蔽之：着眼未来，修正现在。

　　数年的青少年成长教育实践，我形成了以下几点认识：

　　学习是愉快成长的过程。不管是针对课本的狭义学习，还是广义的学习，它首先是一个过程，且是一个轻松愉快的过程。青少年天生对探索未知领域有很大的热情，之所以有的孩子对学习失去了兴趣，是因为有人把学习过程教条化和程式化，把原本应顺势而为的学习过程变成不得不为的对教条和框架的填空，这种人为的条块分割使学习成了不再鲜活的流水线操作。

　　学习在生活中，生活在学习中。这和"吃饭是为了身体健康，想身体健康就要吃饭"是一个道理，可是很多人把学习的目标定位为考出高分，于是刷题押题死记硬背大行其道。这种以给他人表演和与他人攀比的学习目标已偏离了学习本意，无助于自我成长，越早回到探索研究的学习航道，学习才有意义，也才更容易考出高分。

教育者的核心素养基本决定了被教育者的人生高度。素养是通过训练和实践获得的一种道德修养。核心素养决定着每个人的视野所能达到的广度和高度。也就是说，每个人所看见的都只是自己想看见和能看见的。教育者总是希望把被教育者引向自己设定的美好远方。每个人都在按自认为正确的方式调整孩子的成长方向，希望把孩子培养成自己能看到的高度上的"优秀"，幼小的孩子只能被动接受这个过程。这就是刚出生时并无二致的孩子后来分布在了不同人生高度上的根本原因所在。

教育者对孩子真正的爱和培养，是自己养成了善良包容和乐读奋进的淡定的生活方式与习惯。《道德经》赞扬水德："上善若水，水善利万物而不争。夫唯不争，故无尤。"这种对待人生的态度，也适合教育成长，因为孩子的学习成长就在生活中，家长和老师的学习成长也在生活中。

数年来，我欣赏着不少孩子走向辉煌的道路，也见证了很多孩子留下坎坷的成长轨迹，接触了诸多不同类型的家长和老师，还耳闻目睹了一些扬汤止沸、隔靴搔痒、本末倒置，甚至焚琴煮鹤的教育过程，我迫切地想把这八年的观察、记录与思考公开出来，希望这些文字能为家长愉快地自我成长助一点力，也希望能协助一些孩子从樊篱中解放出探索与学习的兴趣，为青少年全面优秀成长提供一条切实可行的参考之道。

伟大的发明家尼古拉·特斯拉说，当天生的爱好发展成为一个强烈的愿望时，一个人会以惊人的速度向着他的目标大跨步地奔去。

我以这句话与诸君共勉。

王立宏

2018 年 6 月 10 日

优秀教师的层次

（代序）

学校老师和孩子父母都是孩子成长中的教育者和引导者，本文统称为教师，本书中"老师"或"教师"的内涵大多也包括父母。父母是孩子成长的第一老师，孩子的人生高度由家长的教育奠定基础。本文对优秀教师的评价来源于赏能教学实践和赏能教育实验中大量的数据分析，亦来源于和众多教育者深层的交流与探讨。

我们按从低到高的顺序把赏能老师的教学水平评估为六个层次①，从学习能力和学习目的的角度把优秀学生分为高分型、学习型和智慧型三个层次②，本文从综合的角度把优秀教师也分为三个层次，即学习型优秀教师、育人型优秀教师和赏能型优秀教师。

一、学习型优秀教师

曾见过一些挂着"优秀教师"荣誉称号但不学习的老师，他们给自己的工作定位就是教好学生站好岗。他们非常熟悉课本与教参，能把课本上的知识教给学生，能让学生考出好看的分数，同时勤勤恳恳搞卫生、写教案、睦邻友好。能做到这些确实已属不易，但这种教法并未在我们所谓的优秀教师之列。随着时代发展，工厂生产产品也已个性化定制，以这种大统一的思想来施加于当前的教育，明显有悖于孔夫子"有教无类，因材施教"的教育思想。

优秀的教师必须是学习型教师，要善于学习、随时学习、终身学习。不但要善于从书本上学习，还要善于从生活中学习。在旅游途中、在聆听他人谈论中、在参观博物馆的过程中、在欣赏路旁四季美景中学习。要会从衣食住行中学习，从包括学生和家长在内的所有人身上学习，既要学自己所教的本学科知识，也要学习与之相关学科的知识，不可故步自封。一个人，当他觉得自己还算个人物，自觉是某方面的权威，开始傲视并教训他人的时候——不管其傲视

---

① 见后文第七章的 05《大象无形六合功》。
② 见后文第二章的 01《赏能教育的目的是培养出智慧型优秀生》。

的资本来源于学校与学历、单位与岗位，还是某位名人的余荫，其成长即止于此，他的人生高度大约亦止于此了。

数年前，我曾见过一位数学老师很刻薄地训斥家长不懂数学也不给孩子上数学辅导班，所以孩子的数学成绩很差，给自己和班上同学丢了脸。虚心低头挨训的爸爸看到我后不断挤眉弄眼，我知道他是怕我"抱打不平"，说出他就是数学专业毕业且正在教数学的副教授。副教授爸爸点头哈腰地赔着不是，表示一定按老师的要求坚决执行。虽说大学数学和基础教育阶段的数学不一样，教大学生和小学生也不一样，但若以孩子"数学不好"而盛气凌人地给家长戴上"不懂数学不懂教育"的帽子，显然是武断了。清华大学数学系教授杨武之博士发现十多岁的儿子杨振宁有数学天分的时候，专门找老师给儿子恶补国学，于是杨振宁小时候就能全文背诵《孟子》①。这种"教数学"的方法也许不被很多数学老师所理解，但事实证明其教育结果很有效。

没有人能穷尽所有知识，也没有人能全部理解他人的观点和方法，庄子坦言对自己不能详知的"六合之外"的事情应该"存而不论"，即使对自己知道和理解的"六合之内"的事也只是"论而不议"，不轻易评价。因为每个人所知道和理解的，都只建立在自己的知识结构基础上——你如何能断定别人的知识基础就不正确呢？所以，在见到华人神探李昌钰博士被他人问及如何评价用通灵术破案时，李博士对灵媒的评价是"有时准有时不准"②，我发自内心表示钦佩。信奉证据与科学的李博士没有否定灵媒，也许他觉得通灵术超出了自己的知识范围，他不能随意决断。那么，作为每时每刻接触着成长自万户千家的孩子的老师，又岂能轻易给某个孩子下优劣的定论？

相对而言，教师群体比家长群体接触的孩子多。从大数据的角度分析，给孩子们做定性评价的准确度会比家长要高一些，但这种准确度的"高"是概率的高，不是老师把自己当作衡量孩子优劣及学习效果的标尺刻度上的高。在教师群体内部，区分教师优劣的标准与此有异，因为大家是同一阵营的人，大数据优势没有了，优劣之分只来自于大数据分析结果的准确性。知识范围越是宽泛和精深，其分析结果的准确率会越高，反之则低。

用1~9中的数字计算出45这个结果，只懂得加减法的人能以全部数字相加得出准确答案，但若因之鄙视用其他算法的人，大家会觉得可笑，可生活中此类人却很多。每个人所见到的，都只是自己想看见和能看见的。只懂加减法的人看不懂"5×9"，看不懂"7×7−4"，但这并不代表这两种算法不存在。不学习的老师会停滞于自己的知识结构，常会做出呵斥甚至批评"全部相加之外的算法"的事情。上例被批评为"数学很差"的孩子，现在正读中学，其理

---

① 江才健. 规范与对称之美：杨振宁传 [M]. 广州：广东经济出版社，2011.
② 李昌钰. 让不可能成为可能：李昌钰的成功之道 [M]. 北京：民主与建设出版社，2016.

科成绩非常优秀。这个孩子优秀的数学成绩既不是来自辅导班，也不是来自大量反复地做题，最大可能来自于父亲给孩子从小养成的数学思维方式。这个孩子的学习常常被妈妈批评为"吊儿郎当"，若非成绩还不错，若非爸爸坚持，估计他也正在挑灯夜战、在大量"刷题"的"好学生"队列中苦熬。我完全相信当初数学老师对孩子的批评是真心的，关心也是发自肺腑的，但他不知道的是这位家长有能力通过一条和他不一样的路，同样也能让孩子的数学成绩提升，当初给家长戴上"不懂数学不懂教育"的帽子显然是轻率了。

为了防止出现"批评全部相加之外的算法"现象，最简单的方式就是多读书，这是成为优秀教师的必要条件。不管是否有"优秀教师"证书，不读书、不学习的老师显然不是真正优秀的老师。

二、育人型优秀教师

认真而虚心地学习是优秀教师的必要条件，却非充分条件。

育人型优秀教师要能以个体学生为中心因材施教，而不是简单地按照某个统一标准来衡量所有的孩子。莱布尼茨说过，"世界上没有完全相同的两片树叶"，世界上也没有完全相同的两个孩子，更没有完全相同的两个家庭，老师自然不能用统一的标准去衡量所有的孩子并要求他们整齐划一。不管这个统一的标准是老师以前的学习方法，还是当前学校统一的做法，或者是某个领导的指示。学校的课堂已使用了统一的教材，给学生上课的是统一的老师，而每个孩子不会统一的未来。如果老师不懂得给学生留出个性化的发展空间，毫无疑问，必定有大多数孩子会在学习中承受压抑。

可能有人会说，若以每个学生为中心，有多少学生就有多少个中心，这么多的中心也就没有了中心。这些话貌似有理，实则深度不足。《黄帝内经》有句很有哲理的话："智者察同，愚者察异。愚者不足，智者有余。"即是说智者自能从诸多线索中找到共性的因素并加以运用，所以智者的精力与时间总是有余的；而愚者则相反，总是感到千头万绪忙乱不堪，所有的时间和精力用于各种事务尚嫌不足，基本抽不出时间来思考和整理思想。这句话用于教育和教学同样有效。

教育者面对诸多孩子，他们的脾性、智力、知识积累、思维方式等千差万别，但在是否遵纪守时、是否读写磨蹭、是否谦和包容、是否注意力集中等基础方面可归纳出共性。优秀的孩子大多是守时、尊重、包容、专注的组合体，教育者能促使孩子把优秀者所具备的各项共性的习惯养成，孩子的各项成绩自然会上升。至于个性方面，中小学阶段的每个孩子是外向或内向、爱看漫画或故事书、理科思维或文科思维，这些并不影响学习效果。

以教育部2011年课程标准要求的小学语文与数学两门课举例：小学阶段语

文学习内容可简单理解为字词句加上记叙文：要求认识3 000个汉字，其中2 500个字会写；会写记叙文；能读懂别人的文章；有较强的口头表达能力。小学数学的代数部分要求会解$ax+b=c$类型的方程；初识笛卡尔坐标系（小学数学中叫"数对"）；几何部分要求懂得三角形、四边形等几种图形的简单性质；懂得基本的单位换算；能用数学解决简单的生活实际问题。当教育者熟知了每个阶段该学的知识，面对的孩子是五年级还是三年级、面对的教材是苏教版还是人教版又有什么关系？或者没有教材，在居家、旅行、游戏、静坐等各种衣食住行的生活细节中也能辅助孩子学习，也许这种灵活学习的效率更高也说不定。

育人型教师首先要是学习型教师。如果自己的知识积累和学习能力有所欠缺，常常自以为是告诉学生是非、对错，即使呕心沥血，也不能辅助出优秀的孩子。老师具备了足够多的知识积累成为学习型教师后，不是急着要把自己的各种知识倾囊相赠予孩子，而是根据孩子的特点有选择性地施以教化，才能使学生受益最大化。教育陪伴中，每个人都只是成长这个大网中的一个节点，每个老师周边都有很多孩子在吸收知识，每个孩子只吸收他能"消化"的那一部分。有的部分虽然"营养价值"极高，但若不适合某些孩子的"脾胃"，不能充分吸收，即使在老师和家长的威逼利诱下接受了，大多也只能成为负担。孩子会把"触角"伸向四面八方，从不同的环境、不同的老师那里吸收自己所需的"营养"。每个孩子的生理与心理差别、知识倾向、性格特点、成长环境等各有不同，因此每个孩子所能吸收适应的"高营养"成分也不同，此时，老师和家长所做的最有价值的方法当是顺应孩子的成长和需求，而不是以自己的"脾胃"特点想当然地对孩子横加阻拦，粗暴干涉。

见过不少怕浪费时间而禁止孩子读漫画书的家长，见过只允许背课文且禁止在学校读各种"课外闲书"的老师和家长，也见过禁止孩子读历史和理化类书的家长（听信"专家意见"要防止孩子超前学习），还见过逼着孩子必须读某本"好书"的家长和老师，这些人虽然都出于好心，却成了孩子成长的障碍。焦虑不堪的往往是孩子成绩不佳的家长，这些人很难意识到孩子不优秀只是自己的焦虑性格和对孩子无端指责所导致的结果，他们觉得是因为孩子成绩不好自己才焦虑。其实优秀孩子的家长大都很淡然平和。教育观点数天一变化甚至一天数变的家长怎能培养出优秀的孩子？

育人型家长和教师对孩子施行的是"导航教育"：确定目标后，我们给汽车设定了路程导航，导航仪会计算出合理的出行路线并进行引导。但若司机跑错了路，或因突发事件前路不通，导航仪马上会重新设定最佳路线，它不会让你倒车或硬闯。导航仪不断根据实际情况修正自己，它首先"盯住"的是目标，而不是当前的某段过程。成长陪伴中，育人型家长和教师会先想清楚教育教学的目的，然后如导航仪一样不断根据孩子及环境的实际情况修正自己，而不会纠结于某种学习方式、某个学习过程。没有目标的教育与教学是在浪费生命。

　　家长应在孩子的成长环境中，用自己孩子的成长标准来衡量孩子，而不是用别人的标尺来衡量自己的孩子。教师亦然，育人型教师会把每个孩子放在各自的坐标原点上，用各自的标准来考察各自的坐标系，而不是用统一的标准来衡量所有的孩子。即使要考出应试目的的高分成绩，同样可以让每个孩子按各自的特点去学习。育人型教师并不排斥整齐划一的上课和做作业，同样的形式可赋予不同的内涵。以每个孩子为中心的教学方式不仅存在于思考和理论中，这也正是我们多年来的实践结果。以孩子为中心的育人教学，自然比以知识为中心的传授教学要有趣且有效得多。

三、赏能型优秀教师

　　"赏"是过程，"能"是结果，赏能型优秀教师的教育与教学思路再次升华。如果说学习型优秀教师是因为学识渊博而能从各个角度对学生进行答疑解惑，学生浸润在知识中耳濡目染，"熟读唐诗三百首，不会作诗也会吟"。那么育人型优秀教师则是以学生为中心因势利导，让每个孩子能循着自己的特点茁壮成长，百花齐放百舸争流，"等闲识得东风面，万紫千红总是春"。赏能型优秀教师则是以自己为中心，以独特的品格和魅力征服学生，使学生能自发、自觉、自愿地学习与提升。"即是如来真实相，闹市卓牌标榜样。飞蛾扑火追光明，上下求索有方向"。

　　近日，我正读一行禅师的《佛陀传》，才见悉达多悟道成佛，已深有感触。悉达多曾多方拜求名师，也曾避世苦修，几近虚脱而逝，但并未证得大道。被救后，悉达多在毕钵罗树下禅定而思，终于明悟了真理，原来真理和大道就在生活中，就在身边，就在树叶、呼吸、鸟鸣、阳光上，根本无须刻意回避或改造什么，该吃就吃，该睡就睡，存在的就是合理的。

　　从这个境界回视我们身边的孩子们，不管他们当前是热情开朗还是忧郁拘谨、学识渊博还是孤陋寡闻、谦和包容还是孤傲自私、安静学习还是"大闹天宫"，其实都没有太大的分别。赏能型老师能让每个孩子知道用自己的标准来衡量自己，用自己可达到的水平来评价并提升自己，以父母的认知程度和家庭环境来确定自己的方向及所能达到的高度。只要老师能让孩子当前的所作所为对未来有益，能让每个孩子的智慧之花全面绽放，能提高孩子未来生活的幸福度，能让每个学生知道想积极上进时该怎么做、该去找谁求教，能让每个孩子知道学无止境，知道一切的结果都是有原因，一切的现在都是未来的原因，那么教育者可随心所欲按自己擅长的方式去引导和教化孩子们。只要这些关于学习与提高的认识能自发于孩子的思想，而非高压产生于师长的说教，此时的教育者就是赏能型优秀教师。当我们把每个孩子的起点都设为当前，引导每个孩子按自己的轨迹进步，我们就能理直气壮地说"没有教不好的学生"，因为这只是水到渠成的结果。当然，所谓"教得好"的学生，他们"好"的高度不是统一的，孩子的家庭成长环境越正常、遇见优秀老师时孩子的年龄越小，孩子未来所能达到的高度就越高。

我们一直在组织老师学习、讨论（辩论）与考核，这么多年来，赏能每周都用一整天的时间帮助老师提升自我。在以前的培训与学习中，总有人会觉得某些问题是老生常谈，有的问题没必要研讨，因为以自己的知识水平教学生已足够。能进入赏能体系中的老师，其学业能力都不错，但施行赏能教育法的课堂不是比赛谁会考试，也不是单比谁更能写作（虽然赏能小作家写作能力非常强）。在我们对赏能小作家的评价方式上，文学创作能力、学校考试成绩等比值并不比阅读、演讲、辩论、情商、仪表等内容高，小作家要从赏能的角度达到综合优秀，写作能力和考试成绩都只是其中一项而已。

赏能教师轮训课中有一幕令我印象深刻。某位赏能型优秀老师用一部电影引导孩子写作，效果非常好。单次课上，一个半小时内，所有孩子的创作字数都超过了 1 500 字，且下课后小作家不愿离开，仍奋笔疾书不已。轮训观摩的老师很兴奋，请求下午自己上课，这位老师照搬了上午的课，但孩子们的状态一般，创作量平均在七八百字，超过 1 500 字的只有两人。前两周以"妈妈的童年"为主题的赏能户外课效果很好，孩子和父母们都玩得很开心。在一个跨越壕沟的项目中，不少大人和孩子掉到了水里，但大家仍嘻嘻哈哈，乐此不疲。近期一位来访的家长说，她参加某单位组织的春游，很多项目和小作家户外课一样，但过后总觉得少了点什么。赏能户外课开始前，老师心中并无具体项目存在，一切都是现场的有感而发。这种情况下，各种预设和安排都显得累赘和多余，虽然活动形式一样，但课程思想却永远难以模仿。前例所举的以电影教学促写作的课中，不同老师得到了不同的结果，也是因为这个原因，形可模拟神难仿，大约就是这位妈妈所感受到的"少了点什么"的原因吧。

《佛陀传》中有个小故事：佛陀未悟道前与频婆娑罗王偶遇，频婆娑罗王发现了他的不凡，想请他同行做自己的老师。频婆娑罗王说："我需要个能真正和我分担分享的朋友，我第一眼看见你便觉得我们有缘，你答应的话，我就分半个王国给你。到你年纪大了，便可以恢复出家人的生活，那时再出家也不算晚。"悉达多表示感谢后回答："我真正唯一的愿望，就是找寻替所有众生脱苦之道，只有我寻得了大道才能令众生得到解脱。"看起来都是出家，但悉达多心中的出家和包括频婆娑罗王在内的众人所认为的出家并不是一回事，此出家非彼出家。

教育就是老生常谈，语言和用词上并不需要太多创新，但具备不同修养的人说出来的话的内涵大有不同：此出家非彼出家，此电影教学非彼电影教学，此户外活动非彼户外活动，虽然其形式上貌似无异。生活原本简单，学习就在生活中，生活也在学习中，生活与学习是同一状态的不同侧面。放眼四周，看看身边再看看自己，不少人并没有真心投入当前和自我。更多的人喜欢憧憬未来或追逐过去，大多人常常轻率地默认自己就是自己，但实际上很多人却很少与自己真正接触。自己想要什么，自己拥有什么，自己能做什么，这些基本的问题往往搞不清楚，也不愿去想，或者根本就没意识到要去想这些问题，每天只是忙忙碌碌生活在昨天的回忆和明天的梦想中。只有找回自我，才能让自己的工作与生活轻松自在、平和喜悦。而要找回自我，只能从当下、从此刻、从内省入手。这就是我们一再强调赏能型优秀教师必须以自己为中心的原因。只有老师以自己为中心，赏能的孩子才能轻松喜悦、高效学习、自然大方。更重要的是，只有老师以自己为中心进行教学，才能引导赏能小作家以自己为中心来学习和生活。

各行各业都学无止境，若善于给自己找借口，则每时每刻都有难以突破的"天花板"。多年前，若有人说银行和通信业的对手都是互联网，没人会相信；有人说买东西不用钱只要带上手机就可以，没人会相信；年龄稍大的人都知道骑自行车最烦的就是漏气、爆胎、掉链子和安全存放，但共享单车解决了这些问题。发现了存在的问题就是发现了自己的努力方向，若一口咬定自己没见过的事情都是错的，是子虚乌有，比如夏虫不知冰的存在，那么你就永远蹲在井底出不来。真正优秀的老师都知道做到本文所列的优秀标准没有畏途没有高深也没有神秘，相信自己多内省，灵台方寸见光明，蓦然觉悟智慧路，万法归宗一身轻。

学习型优秀教师以知识为中心，善解惑；育人型优秀教师以学生为中心，能授业；赏能型优秀教师以自己为中心，传大道。只要能以谦卑和包容的心态、以善良和大爱为出发点，立足当前，踏踏实实做好自己，不断学习和进步，就没有教不好的学生。其实，能以如此态度成长和处世的人，其生活中少有困难，其人生成就一定不低，其生活幸福度也必定很高，这就是赏能教育的最终目的。

2018 年 3 月 27 日

目 录

第一部分　赏能教育基础

第三部分　赏能教育方法

第一部分

觉能教育基础

一切结果都是原因的结果

一切现在都是未来的原因

第一章　赏能思想基础

01　为什么有的人总有好运

　　每个人都希望自己活得精彩，活得有价值，但要做到这一点实在不容易。要工作上有所建树，要家庭幸福祥和，要孩子成绩优秀，要心情开朗快乐，要身体健康等，各种因素缺一则不可称之为精彩。人生诸多因素不可控，所以精彩的人生不仅需要自己不断努力，而且运气还不能太差。

　　"卫青不败由天幸，李广无功缘数奇"是王维为飞将军李广叫屈。李广的运气不太好，所以他的人生难以被称为精彩。对大部分人而言，若运气不佳，只能自己生生闷气。如从各种渠道获悉某位昔日伙伴又干成了什么大事，除了心底酸溜溜一番，有人也许还会在心底暗暗说一句自己只不过是运气不好而已，如果我当年如何如何，现在也不会是这个样子。还有血气方刚之人，也许会自豪且大大咧咧、信奉一切凭实力说话，但这种人也往往意识不到"运气"之类软实力的威力。那么，为人父母，我们能否为孩子的人生摊上"好运"而做点什么呢？

　　如果你看过美国电影《弱点》，大约就能对每个人"运气"的来源有了更深层次的理解。这部电影是根据橄榄球运动员迈克尔·奥赫的成长经历拍摄的。迈克尔就是个幸运的家伙。生于1986年5月的大个子迈克尔是非裔美国人，是美国国家橄榄球联盟的截锋，2009年NFL的选秀大会上，他被巴尔的摩乌鸦队选中，凭借自己的实力，大大增强了乌鸦队的进攻实力。2014年3月与乌鸦队合同结束后，迈克尔以四年2 000万美元签约田纳西泰坦队，2015年3月以两年700万美元签约卡罗来纳黑豹队。迈克尔是成功的运动员，若非命运之神眷顾，智商不太高的迈克尔应该会居于社会底层。但迈克尔被一对白人夫妇收养并送他上大学，上学期间成绩不佳，另有一位好心人给他补习，这些好心人最终成就了迈克尔。我们周边也永远不缺聪明有能力但"运气不好"的人，在某些方面，也许我们自己就是其中一员。但为何迈克尔会有如此"好运"？

　　通过电影中展示的几个细节，我们来看看迈克尔的"好运"是怎么来的。①球赛后，观众一哄而散，而迈克尔却留下独自清理大家丢在地上的垃圾。这个举动引起了校董陶西先生的注意。②寒冷中无处安身的迈克尔准备到体育馆去过夜，被路过的陶西太太带到自己家里住了一夜。因为大众对黑人的偏见，善良的陶西太太突然有了点"引狼入室"的担心，但第二天她看到的是折叠整齐的被褥和悄然离去的身影。③陶西太太带迈克尔到他曾生活过的贫民窟探访，因当地流氓混混多，为了保护陶西太太，迈克尔坚持不让陶西太太下车。④初拿驾照的迈克尔开车带陶西太太的小儿子外出，汽车相撞，迈克尔下意识地保护小孩，而自己的胳膊被划破。因为迈克尔心里一直装着别人，因为他的善良和付出，所以他总是会有好运的。

从小爱好球类运动的人很多，但并不是人人都能遇到迈克尔这种"好运"，《纽约时报》就曾报道过一位很有橄榄球天分的黑人青年在21岁生日那天被帮会成员枪杀在大街上。

其实，各种"好运"都只是对"好运者"以前所施行的善良行为的另一种形式的加倍回报。如果某人总是"霉运"不断，那么是否可反思一番自己付出了多少？比如迈克尔，因其善良本性，他一直在付出力所能及的关心，所以他总是会遇到好人走"好运"。需要说明的是，如果付出就是为了得到回报，付出一点，就希望能得到一点的回报，那么这种付出未必能带来"好运"。《聊斋志异·考城隍》中说"有心为善虽善不赏，无心为恶虽恶不罚"，就是这种现象的一个注解。

求学期间有件事我一直印象深刻。因为班主任常表扬A同学擦黑板、倒垃圾的行为，再加上他平日善良助人，每学期末评"三好学生"时成绩还不错的A总是以最高票当选，这引起了B同学的羡慕，虽然她也常当选"三好学生"，但两人的票数总是相差较大。B同学焦急而诚恳地请教A同学："你擦黑板、倒垃圾总能被老师发现后表扬，我也擦黑板、倒垃圾，但老师总看不到我做好事，也很少表扬我，为什么我'做好事'总遇不到老师呢？"A同学问B同学："你倒过多少次垃圾？擦过多少次黑板？""已经有十几次了。""我已经坚持两年多了。""我怎么不知道？""你们一下课就都抢着跑去食堂排队了啊。"其实A同学不是专门喜欢做这些事，也不是刻意为了做这些事，而是他出身农村，觉得应该抓紧时间好好学习，且他也不喜欢到食堂排队吃饭，所以往往最后一个离开教室。离开时，看到值日生没擦干净黑板或没倒垃圾，他就顺手去做了。也就是说，这两年间，值日生没倒的垃圾和没擦的黑板，基本上都是A同学这个"候补值日生"去做的。当然，他所做的不仅只是擦黑板和倒垃圾，还会扶起倒地的扫帚、把同学上课搞乱的课桌排整齐、随手关灯等，他看来这都是举手之劳，无须花力气，也费不了多少时间，只是从小养成这种习惯后的顺势而为而已。在他虽是无心之举，在老师看来，却是关心集体的典范，自然会时时表扬；在希望得到老师表扬的同学看来，他"做好事"总能被老师遇到，"运气"真好。

网上看过一篇文章，据说是郎咸平先生说过的一件事。他想不通为什么他的一个学弟比他成就高很多，所以有一次当他遇到这位在麻省理工学院做教授的学弟在香港演讲时，郎咸平就一直在旁边观察。一群人出去吃饭，经过一扇小门，郎咸平说："像我这种没有什么悟性的人，傻里呱唧地一脚跨出门就走出去了。"而他的学弟则本能地向后退一步，让别的人都过去之后他才过去。郎咸平这回才悟出学弟比他成就高的道理了。原来在美国选择人才还有另一个标准，即"一定要做个好人"。对不起眼的"小事情"目不斜视、扬长而过的就算不上什么"好人"了。

大多数人认为的蝇头小事，别人则看成大事。你不扶门，明眼人第一个反应就觉得奇怪，然后判断你缺乏基本的礼貌和教养，更谈不上举止优雅了。高层次的人看到不扶门这件小事特别不顺眼，更受不了你旁若无人地径直通过。别人扶门因怕门撞到你的脸，而不是为你专开绿色通道。另一细节是，当遇到别人为你扶门时，虽然还有几步，也要加快步伐，不可慢悠悠地溜达过去。然后你也得接着扶，直等到后面的人鱼贯而入，或有人半途接棒，再缓缓放手，这才算完成了一套"爱的传递"的标准动作。我是一个知道扶门且经常感谢别人为我扶门的人，此类小事对赏能孩子良好习惯的养成很重要。因为关注，所以也就能经常发现一些不好的现象。进电梯后发现有后来者在赶电梯，你按着电梯门等他进来，有的人急忙进来后，或低头开始玩手机，或一言不发，也许在庆幸自己赶上了电梯，他不说谢谢也不点头致意。有人进出地铁时，不管后面有多少尚未进出的人，只要他一脚跨进或跨出，就开始低头看手机并凭着感觉碎步挪行。这些确实是小事，但也就是这些小事，都足以让一个人的一生改变，因为这些小事的背后，体现的是一个人的修养。也许你不觉得这有什么，因为你习惯了。但未必别人都要迁就你的习惯，于是"运气"好坏的差别产生了，你没觉得你哪里做得不够好，你也没觉得别人什么地方比你优秀，但是，最终同时起跑的伙伴们后来成就高低之别，大约只能归之于"运气"好坏了。

其实，所谓"好运"，只是以前真诚付出后得到的他人的回报式帮助与认可。曾接受过你的付出的人和现在帮助你的人未必是同一个人，但只要你处处在力所能及的方面不求回报地为他人着想、做善事，通常你就更容易能得到他人的帮助。也就是说，"好运"产生的原因乃是平日所做善事的积累，这些善事在"好运"者看来也许根本称不上是"做善事"，他觉得只是举手之劳，他觉得人人都会和他一样去做这件事。反之，阻止你"好运附身"的往往是你平日所做的不善的事。请勿理解为你的"好运概率"是你所做的善事与非善事正负相抵后的差额，"好运"不是按概率来计算的，善恶结果各行其道，只要你做过不善的事情，哪怕只有一次，有时也足以改变一个人甚至一个国家和一个社会。所以，简单一句话：勿以善小而不为，勿以恶小而为之，多行善，勿作恶。

人以群分，善良者身边多是良善之辈，自私者往来的多是唯利是图者，开朗者常身居阳光者群体，负能量身边会聚集更多负能量的人。你希望别人怎么待你，你就在平日如何待人，你希望人生喜乐安康，那么你就要心存善念多行善事。可惜的是很多人往往受原生家庭影响，很难客观地认识自己，不易清晰地明了自己的善恶，所以《道德经》云："知人者智，自知者明。胜人者有力，自胜者强。"中国古典智慧又告诉我们：智，不在于知人，而在于自知；仁，不在于爱人，而在于自爱；勇，不在于管人，而在于自管。要做到自知确实不易，不过有个简单的参考方式可以进行自我评价：如果你不知道你自己是什么样的人，那么综合身边常和你往来的一些人的状况，你认为他们是什么样的人，事实上你就是什么样的人。

你为人处事的方式，你能否常常"走好运"，往往会原样传递给下一代，这就是所谓原生家庭的影响。除非有人能通过读书明理或受高人提携而中途"自觉"地来改变这种传递，否则，你的"运势"也将代代相传。

02 所有的结果都是原因的结果

孩子成长过程中，家长常会遇到诸多无奈。不管提前做了多少功课，学习了怎样先进的教育理念，不管对教育的理解有多么独到，随着孩子的成长，更多的家长却越来越意识到自己当初对孩子的设计是多么得一厢情愿。

家长寄希望于学校教育，希望学校担负起更多的教育责任，但又无奈地看到孩子在常规教育下慢慢地没了个性，把认真听话并考出好成绩作为衡量自己的唯一标准。小时候有父母和老师替自己做主，上大学后，不少年轻人不知道自己来大学该做什么、该学什么。职场上，很多企业负责人和 HR 都认为刚毕业的大学生技能不足，抗挫抗压能力弱，缺乏责任心，鲜有毅力，缺乏最基本的生活积累，所以在有大量用人需求的背景下，大学生就业难仍是一个棘手的社会问题。很多人终生庸庸碌碌，不少做出了成绩的人也是在职场上到处碰壁后才学会如何立足于社会的。

所有的结果都是有原因的，孩子之所以在未来缺乏自信、兴趣、毅力、进取、责任、知识、创新甚至健康体魄，都与孩子幼时的教育者息息相关。虽然这个"教育者"是多元的，但最主要的基础却在父母和以父母为核心形成的教育环境中。孩子从小养成了探索未知领域的兴趣，养成了良好的学习和行为习惯及高贵的气质，也就造就了美好的未来。对孩子成长起到重要作用的学校教育，往往只是把孩子从小养成的这些综合习惯进行催化，使其快速成长并不断结果而已，幼时养好良好的品行和习惯，对成长成才至关重要。

所谓"三岁看大，七岁看老"，孩子的未来是可以被大致预测的。小时候是身心发展的重要时期，孩子的个性虽属雏形，但它对后来的发展却具有深远影响。在以后成长过程中可能会有改变，但这种变化似乎不太明显。陈鹤琴先生①认为："幼稚期是人生最重要的一个时期，什么习惯、言语、技能、思想、态度、情绪，都要在此时期打一个基础，若基础打得不稳固，那健全的人格就不易形成了。"② 我们可以反过来，根据孩子目前所养成的行为习惯，预测出未来的成长结果。如果希望孩子在未来有更优秀的成绩，那么从现在开始，就要修正其成长中不利于未来"更优秀成绩"形成的行为。幸运的是，孩子的可塑性很强，做些修正是可能的。不幸的是，随着孩子年龄增长和心智成熟，越大的孩子的不良行为越难纠正。

事实上，与其说纠正孩子的不良行为，不如说需要纠正家长及孩子成长环境中的不良因素。

认识自己是最难的，家长如何辨别由自己的因素给孩子造成的"良"与"不良"呢？若家长对孩子不满意，或孩子的伙伴们对孩子不满意，或大部分老师对孩子颇有微词，那就有可能是孩子自己出现了某些问题。这些问题，基本由家长造成，外围对孩子的满意度可当作简单的参照系。需要说明的是，这里只指出孩子的一切行为习惯由家长及生长环境塑造，并未对孩子不满意的伙伴或老师进行优劣或对错评价。

对孩子进行赏能教育，需要知道孩子成长的规律。赏能教育是把所要教育的内容放到孩子更长的成长阶段来考察③。孩子小的时候，主要由家长和家庭系统与老师和学校系统形成的教育者组合"来教育"，他们要懂得自己的教育目标是塑造孩子优秀的人生。为了完成这个目标，老师和家长要养成随时随地学习的习惯，不仅需要学习教育学、心理学、文学等与写作、成长有关的知识，也需要学习理化、史地、天文、生物等自然科学的知识，更需要懂得辩证法，对于孩子们比较关注的诸如穿越、魔法、超级英雄等方面的知识也不能陌生。为了完成这个目标，教育者在对孩子进行培养时，就不能止于常规意义上的课堂教学④，而是应该360度全方位立体式对孩子进行培养。

---

① 陈鹤琴（1892—1982），浙江上虞人，中国著名儿童教育家、儿童心理学家、教授。早年毕业于清华大学，留学美国五年，1919年获得哥伦比亚大学硕士学位。五四运动期间回国后，最初担任南京高等师范学校教授，讲授儿童心理学课程。东南大学成立后，任教授和教务主任。后担任中央大学师范学院院长和南京师范学校校长。陈鹤琴提出了活教育理论，重视科学实验，主张中国儿童教育的发展要适合国情，符合儿童身心发展规律；呼吁建立儿童教育师资培训体系；编写幼稚园、小学课本及儿童课外读物数十种，设计与推广玩具、教具和幼稚园设备。陈鹤琴一生主要从事于一系列开创性的幼儿教育研究与实践，著有《家庭教育》等。

② 陈鹤琴. 家庭教育［M］. 第2版. 上海：华东师范大学出版社，2013.

③ 赏能教育对学生教育与关注的阶段可分为狭义和广义两部分，狭义的阶段从当前持续到大学毕业，广义的阶段从当前开始并贯穿孩子的一生。

④ 赏能课堂可按短、中、长三个阶段理解。短期课堂指一般人理解中的三个小时的教学课堂。中期课堂是从上课时孩子走进赏能学校的范围、老师第一眼看到孩子开始，到下课后孩子回家时离开学校为止。长期课堂时间为7×24小时。为了让一个孩子更优秀，赏能教育法需要360度全方位立体式关注这个孩子，教育效果将事半功倍。赏能教育对教师的最低要求是必须上好中期课堂。

所有的结果都是有原因的结果。孩子成长环境中的原因导致了孩子现在和未来的结果，每个教育者努力程度的差异也会对孩子及自己的未来形成不同的结果。为了未来可以有一个美好的结果，请从内心理解并把责任、专业、自律、谦逊、主动、学习、服务、荣誉感等词汇的内涵融入自己的灵魂中。我坚信，每个人都可以成长为优秀的赏能教育者，都能培养出很优秀的孩子。

03　孩子的潜能有多大

从 2010 年 9 月开始我尝试引导学生写作，四个对语文热爱程度不同的三年级孩子分别写出了 6 000 字①的《天使历险记 2》、7 000 字的《〈青铜葵花〉续》、6 000 字的《维尼的美梦》和 5 000 字的《光明与黑暗的战争》，并分别发表在各自的博客上。同年 12 月，参与第四批教育实验的孩子开始创作《明星骑士团》（8 000 字）、《黑马》（6 000 字）、《方山上的雕像》（4 500 字）、《网球大侠》（8 700 字）、《迷失的世界》（3 500 字）等，并发布到各自的博客和赏能教育网上。这些孩子的作品按现在赏能小作家动辄 10 万字的写作量来说已经称不上"大作"，但在当时大多三四年级孩子尚困难于五六百字作文的情况下，他们的写作能力和写作内容已经远远超出了我的预料。孩子们的思维发散程度与创造力确实是大人难以想象的。

这批参与教育实验的孩子都很不错，我很为他们骄傲。当然孩子们的自我认知也都很好，我从平时的交流中能感觉到。春节后，南京的《现代快报》针对《天使历险记 1》专门到学校对小作者璐璐做了采访，并于 2011 年 2 月 16 日以"南京八岁小女孩写出万言大童话"为题做了整版报道；同日，江苏教育电视台和南京电视台均通过教育局和学校联系要求现场采访，2 月 18 日江苏教育电视台新闻频道播出了与报纸报道同名的节目内容。其实，最早报道《天使历险记 1》的是南京的《家教周报》。2009 年 10 月，我把《天使历险记 1》发到网上后，《家教周报》记者发现了作品并随后进行采访，以"阅读为她插上想象的翅膀：南京七岁女童创作万字大童话"为题进行了专题报道。这是有关赏能教育法起因的最早媒体报道，不过当时我并未有研究少儿教育的想法，此事就此打住了。

2011 年 2 月 25 日下午，我接到一个孩子妈妈的电话，希望我能引导她的孩子进行文学创作。这位妈妈看到了关于《天使历险记 1》创作的报纸报道，也看了江苏教育电视台的教育新闻，从电视台得到了我的联系方式。我向这位妈

---

①　这里的字数为作品完成后的统计数字。

妈询问孩子的年龄，她却先向我介绍孩子的情况：孩子很喜欢读书，喜欢读《维尼的故事》和《爱丽丝梦游仙境》等，书上有没有拼音没关系，童书上的汉字孩子基本上都认识，而且孩子看书的速度非常快，也能写很多汉字了（从描述中我首先判断孩子可能在读三年级）。这个孩子的英语非常棒，日常生活中用英语会话没有任何磕绊，数学成绩也很棒。妈妈一再强调，孩子非常喜欢学，这些都不是他们逼着孩子学习的。她的问题是，孩子看了很多书，怎么就不喜欢写呢？她希望孩子不仅能读，最好能写出点东西。我给妈妈的建议是读书期间就让他读书，不要要求孩子一定要记住，而且也不要在孩子读完后马上要求孩子讲述，这样可能会影响孩子阅读的兴趣，对孩子的读书和写作并没有什么好处。通过继续交流，我发现她的话语中有很多睿智的教育孩子的语言和方法，我们谈到卡尔·威特、斯托夫人、斯宾塞，她一点也不陌生，她说自己就是用卡尔·威特的方式教育孩子快乐学习。这个孩子的学识明显超越了同龄人。后来我才知道，孩子在上幼儿园大班，妈妈正在纠结孩子的学校生涯该从几年级开始。

我又想到另一个孩子——"娃娃演讲家"杨心龙。

2009 年的一天半夜，我打开电视，碰巧看到中央电视台十套"人与社会"栏目采访一名辽宁抚顺的四年级学生（九岁）。记者将摄像机准备好，问一个光头光脑的孩子："准备好了吗?"

"好了。"

"我开机以后告诉你演讲题目，然后你就开讲。"

"行!"他一副很自信的样子。

记者开机："演讲开始，题目是'假如我是市长'。"

孩子对着镜头没作任何停留就开始演讲："假如我是市长，因为我的年龄还小，还在上小学，很多工作内容我还不懂，我会让我的同事多教教我。……假如我是市长，我会在很多关于孩子的问题上，多征求孩子的意见，我也会让很多孩子参与城市的管理。……"孩子对着镜头滔滔不绝地讲了十分钟左右。我很好奇，就把节目看下去了，第二天专门上网搜索才知道这是个被称为"演讲帝"的"名人"。

"演讲帝"姓杨，父母均为初中文化，妈妈开小杂货店，每月千余元收入。杨父专职接送孩子上下学。孩子从小就话多，很多人觉得孩子有问题，需要治疗，但杨家没当回事。杨父说自己文化程度不高，听儿子讲话是一种享受。孩子爱看书，他们也没有很多钱给孩子买书，就经常去旧书摊买，不管是历史哲学，还是传记杂文，有什么买什么，什么便宜买什么。孩子看书也没有太多选择，爸爸买了什么书就看什么书，阅读范围很杂。随着记者的镜头，我看到记者指着旧书架上《悲惨世界》旁边的一本大学教材《辩证唯物主义和历史唯物主义》问："这本书你看得懂吗?"小孩回答："这是我两年前看过的书，有的内容都不记得了，不过大致还有印象。"记者随口问了几个辩证法的问题，小孩回答了几个，遇到不会回答的问题都巧妙地转移了话题。

网上有很多针对"演讲帝"及杨父的批评，也有不少赞扬。这些评价大致分为两类：没结过婚没孩子的网友，大多持批评态度，"作秀""炒作"之类的判词频现。而向杨父讨要教育经验，持赞扬态度的大多已为人父母。至于网上很多人指责"演讲帝"演讲内容空洞，没有结合实际，其实我们都知道一个九岁的孩子没有多少"实际"可结合。这些都不在我的思考之列。假设一下，如果"演讲帝"的家境好一些，说不定小时候，杨父就要忙着给孩子看"病"，因为很多人都觉得孩子话太多。如果杨父不断批评孩子的话多，这个孩子至少在演讲方面的能力会大打折扣。幸运的是，杨父不懂很多家长的教育方法，也没有很多的钱去给孩子"看病"，他们基本上就是"散养"，不断地夸奖与鼓励孩子，孩子也就随心所欲地成长，终于造就了一个"演讲帝"。

我最近常在思考一个问题，孩子的潜能究竟有多大？

2011年时我身边有十个搞"创作"的孩子，以前我没想过孩子能写出这些东西，后来觉得大约部分孩子能写出来，现在知道每个孩子都能写出来。当然最终能否写出优秀的作品要取决于家长的行为和素质，取决于由家长给孩子潜移默化出的个人爱好。

南京五岁幼儿园大班孩子的教育成就更是我从没想到过的，但人家做到了。南京的"裸跑弟"刷新了十余项世界纪录，五岁时独驾飞机从石家庄飞到北京再返航，刷新世界最小飞行员记录，五岁时由赏能老师引导完成十万字个人自传并正式出版，刷新最小自传作者的世界纪录。生活中，不知道有多少还没想到的事情在发生，或者尚未发生。

卡尔·威特和斯托夫人取得了骄人的教育成就，有人说人家是教育专家，认为自己有很多客观的不能如此教子的理由。常听家长说"这些都是好方法，但我们怎么可能做到"之类的话，也常听到"我只要孩子有一个快乐的童年就满足了"之类的话，可是爸爸妈妈给孩子的童年真的就是孩子所需要的快乐童年吗？孩子有没有可能"被快乐"了呢？我们在"想给孩子一个快乐的童年"，"只想让孩子成长为一个普通人"的想法中是否强行剥夺了孩子探索和认识世界的快乐呢？

随着孩子越来越大，有些需要从小开始的训练错过了时机就来不及做了，若欲对孩子进行各种训练与教育，当前都是最好的时机。希望更多正在面对或者将要面对幼小生命的爸爸妈妈，能从孩子小的时候开始，给孩子以真正的孩子所需要的快乐，最大限度地释放孩子更多的潜能。

04 今天我们怎样做父母

父母都希望孩子能好好学习，孩子都希望每次考试能考出好成绩，但不同孩子的成绩总是有好有坏。原因在于他们幼儿时受到的教育不同。

父母都爱孩子，但有的孩子很烦父母的爱，这一点在小学阶段还不是很明显，到了中学，也就是到了心理学上所说的青春叛逆期时会表现得更集中。孩子到青春期时如何表现，同样取决于幼儿时的教育。

独生子女政策下，几代人的希望都寄托在一个孩子身上，大人总是希望孩子聪明能干、成绩斐然、孝敬老人，可是总有些孩子长大后自行其是，走向了父母所期待的反面，这些同样是在幼儿阶段由教育者亲手造成的。

也就是说，孩子长大后的状况，都是小时候父母教育的结果。反之，从孩子小时候的成长状况，也能大致判断出来孩子的未来，即所谓"三岁看大，七岁看老"。那么，怎样做父母才能使孩子快乐而正向地健康成长呢？本文就这个话题进行探讨。

需要说明的是，本文探讨仅限于教育思路方面，具体的教学内容和学习方法不在探讨之列。

一、良好的成长空间和成长环境为孩子的成长打下良好的基础

以下几个例子中，如果他们是你的孩子，你将如何对待？

美国有个孩子被老师开除了，因为他学数学时向老师提了一个问题：为什么一加一等于二呢，是谁规定的？这是个深刻的问题，即数学的规律是怎么来的。老师也许根本没有思考过这个问题，于是认为他又笨又捣蛋，让他停了学。

奥地利有个孩子也被老师认为是坏学生，因为他问老师为什么有的苹果是红的，有的是黄的，老师回答是上帝的创造。他又问：上帝是怎么创造的？这本来没有错，但是，老师却认为，对于上帝的创造，只能赞美，不能有疑问。

瑞士也有一个老师不喜欢的孩子，因为他问老师天上有多少星星，又问，上帝是怎么将星星放到天上的，于是他因为"故意捣乱"被开除了。

如果这三个是你的孩子或学生，他们问出这样的问题，作为家长或老师，你怎么回答？会做出怎样的反应？

估计你已经知道了，这三个孩子按序分别是发明家爱迪生、遗传说的创始

人孟德尔和大数学家欧拉。

还有一个"笨"孩子——爱因斯坦，他在读大学时，物理学教授韦伯讲的是传统物理学，爱因斯坦已经自学过这些知识，他的兴趣在理论物理上，因此他就不上物理课，而自修理论物理。他认为，自由出智慧，自由能保护学生珍贵的好奇心。他说，好奇心这棵脆弱的幼苗，除了需要鼓励外，更重要的是需要自由；要是没有自由，它不可避免地会夭折。用强制和责任感来增进对观察和探索的乐趣是一种严重的错误。即使是一只健康的猛兽，如果在它不饿的时候还继续用鞭子强迫它不断地吞食，就算吞得进，也会使它丧失贪吃的天性，尤其是强迫喂给它的食物是经过一定选择的时候。今天，很多家长仍在用升学的"鞭子"强迫学生不断地吞食经过家长选择的"食物"，而孩子根本没有选择的自由。

如果有幸，你成了另一个"爱因斯坦"的父母，那么在你的教育安排中，若他不愿意听你的安排去上各种辅导班，而要去做自己喜欢的阅读与研究，你会怎么对待？按你的教育方法，他还会不会成长为爱因斯坦？

大家都知道孟母三迁的故事。

孟子的母亲为了给幼儿阶段的孟子一个良好的学习环境，搬了三次家。经过努力学习，孟子成长为仅次于孔子的"亚圣"。孟子的母亲可谓教育专家，相信她也接受过比较严格的教育，她知道什么环境对孩子不好，什么环境对孩子的身心发展有利，所以她一直在按自己的标准寻找合适的住所。我们假设一下，如果孟子的母亲自身的层次不是很高，她也许不会觉得孩子天天和小朋友一起学大人哭丧，或者和小朋友玩杀猪杀狗的游戏会影响孩子身心发展，那么也就不会为此而折腾着搬家。但这位年轻妈妈的认知层面比较高，认识到周围的环境对孩子成长不利，她不怕麻烦而搬家三次，最终将孩子培养成了圣人。

每个人都在按自己的生活方式和自己所理解的优良环境来培养自己的孩子。如果家长在一种不是良好的环境中长期生活，他会觉得这一切都是天经地义，那么孩子自然就在这种不是很好的习惯和环境中长大。不良的环境对孩子的成长不利，这个观点人人皆知。问题在于，教育者是不是知道孩子当前所处的环境是不良的环境，是否知道当前的环境对孩子的成长不利？

我女儿上学后，大约一年级时，她说大人的生活都很轻松，一点也不累，她觉得大人的生活就是上上网、玩玩游戏、写写文章、和朋友聚会吃吃饭。我们工作时她正在上学，她看不到，她放学后只能看到大人在玩乐，她认为这就是大人生活的全部，这种认识自然缘于我们居家生活的写照。她妈妈在工作单位工作做不完的时候，经常把文字工作带回家来做，我在思考问题和休闲时会玩一些电脑小游戏，我们都利用网络进行工作，还都有应酬。所以，孩子认为这就是大人的生活，比她上学轻松多了。庆幸的是，我和她妈妈都有良好的阅读写作和独立思考的习惯，潜移默化中孩子也养成了阅读和写作的习惯。

在教育孩子的过程中，有几点是需要家长注意的：①不要常在孩子面前表现出诸如赌博之类的不良嗜好；②父母要养成阅读习惯并带着孩子一起阅读；③父母言行一定要文明；④父母要有宽容和爱心。这几点如果家长平时做不到，你的孩子也不可能做到，这些基本习惯很难靠老师培养出来。

二、赏能教育之初我这样鼓励孩子

以下是几件我帮孩子树立信心的真实故事：

女儿上一年级后的第二个月，在学校举行的朗诵比赛中获得了全校一等奖，孩子非常高兴。教语文的郭凤老师在比赛后布置了一项开放式的家庭作业，希望喜欢写作的孩子写诗。当时我的第一印象是，一年级孩子读诗还读不准怎能写诗？我和语文老师沟通后，郭老师说鼓励鼓励孩子，孩子的潜能很大，也许可以写出来。在家里，我转换了一种表达方式，对孩子说："郭老师说你能写诗，希望你写一首诗。"孩子问我，写什么样的诗，我告诉她："就像你参加朗诵比赛时用的那种诗。"本来只是随意说说，并未对孩子写诗抱有希望，没想到不一会儿她竟然真的写出来了一首诗，名字叫《我们的校园》，虽然模仿的痕迹比较重，但足以让我目瞪口呆了。我对孩子的写作能力给予了高度的称赞，孩子自然很兴奋。她一直觉得爸爸的写作能力很强，没想到自己的第一首诗就被爸爸这么夸奖。兴奋后的结果是，孩子不准我们修改，她说如果被爸爸妈妈修改，就不是她自己写的了。

孩子的第一首诗被班主任老师表扬后，她写作的劲头更足了，时不时写点东西让我给她发到博客上去。

我们的校园

我们的校园是一片树林。
我们是一只只快乐的小鸟，
在这片绿色的王国里自由地飞来飞去。

我们的校园是蓝蓝的天空。
我们是一朵朵白云，
在这里我们将变成美丽的彩虹。

我们的校园是五彩的花园。
我们是一只只漂亮的蝴蝶，
吸收着无穷无尽的花蜜。

我热爱我们的校园。

一年级末，我给她讲了江宁曾有个六岁孩子写书并已出版的事情后，她说她也想写一本书，我马上鼓励孩子说，这是个好主意，并明确告诉她，她肯定能写出来，并一定能比其他人写得好，因为她刚上一年级时就能写出非常优秀的诗，现在已经学习一年了，水平肯定更高了。虽然这样说，但我心里并不认为她真能写出作品来。结果一周后，孩子认真地和我讨论起她要写的"书"来，说她已经想了一周了。看到孩子一本正经的样子，我一方面忍不住想笑，另一方面又感觉十分惊讶。于是我们很认真地讨论了她的写作计划，基本是她说，我随声附和。当天下午放学后，她正式开始进行创作了。毕竟才上一年级，很多字她都不会写，我让她用拼音代替，她坚决反对，理由是，她看过的书都是用汉字的，没有用拼音代替的，于是边写边查字典，写得很慢，有时写着写着自己就哭了，说有很多字都不会写。后来接受了我的建议，用拼音代替不会写的字，速度快了很多。

一年级结束，孩子到北方姨妈家过暑假，几个小姐妹一起玩得很开心。一天晚上，孩子打电话给我说写不出来，我告诉她写不出来就不写，回来以后再写。开学前，孩子回来了，虽然我时常鼓励孩子"写书"，但内心并未认为她真能写出来，没想到国庆节期间，差不多写满了一个软抄本的《天使历险记》完稿了，输入电脑后统计，共 9 000 多字。欣喜中，我把孩子人生第一个长篇故事发到博客上，《家教周报》的记者发现后给她做了专访。因为很多学生都订阅了《家教周报》，这个整版报道出来后，女儿成了学校的"名人"，孩子非常高兴。

转眼二年级又结束了。2010 年暑假，孩子的表姐琪琪小学毕业，从北方来我家度假。她知道小妹妹写《天使历险记》的事，经我鼓励，琪琪也开始写作了。我们去上海世博会参观期间，她就把外婆舍不得扔掉一个将要发馊的馒头的事，写成了近 2 000 字的童话《馒头日记》。从上海回来后她悄悄把写了一半的"书"和《馒头日记》一起在网上发给一位老师，本意是希望得到表扬，结果却得到老师不留情面的批驳，说"文理不通、逻辑混乱"等，让孩子大受打击，她决定不再写作。为了鼓励她把已写了近万字的"书"完成，我替她开通博客并上传文章，同时还替她报名参加了教育人博客的暑假征文比赛。中国教育网的博主基本都是各校的老师或相关教育界人士，育人氛围较浓，文章发到博客上后，博友们给了孩子很高的评价，网站编辑把她的文章加了精品标识。孩子又有了写作兴趣，前后共二十多天完成了 15 000 字的《六年级 A 班》。暑假后回家才开学不久，又传来喜讯，曾经被老师批驳过的《馒头日记》获奖，成为当年征文比赛中全国十佳优秀少儿作品之一。

这两个孩子的创作都是以他们的生活习惯和对生活的理解来写的。写作过程中，我仅仅起了鼓励和引导的作用。不管是大人还是孩子，每个人都希望被肯定，都希望成为众人称赞的中心，这个愿望大人能实现的不多，但对于孩子则相对简单。孩子的需求不多，也容易得到满足，通常只要大人给孩子表扬与肯定，孩子就能高高兴兴地收获自信。需要注意的是，对孩子的表扬不是口是心非地胡乱表扬，要针对确实值得表扬的事情，否则孩子会觉得你虚假，家长的表扬就没有价值。

2010年9月，我有意识地把引导两个孩子写作的方式扩大，随机选择了四个三年级的孩子给他们做写作辅导，想尝试是否所有孩子都能写出长篇故事。经过一个多月的写作辅导，再次验证了肯定与表扬的特殊效果。四个孩子都在按自己的思路创作，我只需必要时帮他们梳理一下思路，并不断予以肯定，孩子的写作热情和能力就能不断得到释放。一个孩子要续写《西游记》，一个在为曹文轩的《青铜葵花》写续集，一个续写《小熊维尼》，我女儿则写《天使历险记2》。

我们没有常规课堂，在彼此说笑和实践中完成辅导。需要近距离观察时，就到小区楼下的小花园里去，针对每个孩子选定的东西，让孩子先口头描述观察对象，必要时给一点提示，帮他转换个角度。课文上学习了《秋天的田野》，老师布置了作业，要画出秋天，孩子们没见过"红彤彤的高粱"，想象不到课本上红彤彤的高粱是什么样子，于是我们到田野里去近距离观察高粱、棉花、向日葵、红薯、扁豆、芦苇、菠菜、萝卜等。因地域之差，孩子们发现南京的高粱到秋天并没变红。从来没见过完整带叶子的萝卜的孩子，这下也开了眼。平时吃菠菜都是大叶子的，没想到刚出土的菠菜的叶子全部又细又长。我们在庄稼地边上走，误以为我们践踏庄稼的农民在远处急得直喊，他们也真切感受了"农民伯伯爱苗子"的场景。因为有了感性的认识，再写秋天的田野，就不仅仅是从书上学的那些字句了。如果能写出生动的文章，受到老师的赏识和表扬，反过来又会激发孩子学习的热情，这是他们收获自信很有效的渠道。几个孩子每次写作都很愉快，周末来上我这个业余老师的写作辅导课让他们显得轻松自在。有个孩子因一篇文章被博客管理员加为精品，一段时间内每天放学后都要写一篇作文。因为是发自内心的真情实感，所以文章大都很好，发布到博客上，能得到更多的"精品"，这些孩子的写作激情变得更"疯狂"。

因为"优质高产"，中国教育人博客管理员很快关注到这几个孩子，不但关注他们的创作进度，还在首页上推荐他们的博客。中国教育人博客首页一共推荐了17位学生博客，这5个孩子的博客都在其中。

当时培养孩子的写作能力，不是要把他们培养成作家，虽然在作品数量和质量都够条件的情况下可能会考虑正式出版，但这不是目的。在辅导这几个孩子的过程中，我以赏识教育为基础，实践着日本教育家铃木镇一的才能教育法。我的主导思想是让孩子们通过创作，完成一件平时认为不可能完成的事情，使其写作能力在较短的时间内达到一定的高度。虽然孩子在写作中大幅提升了谋篇布局和使用词语的能力，但更重要的是当他达到一个他人难以置信的高度时，他的自信心与自豪感空前高涨，带动各方面能力的自信，以此促使自己高效完成各种工作。其发自内心的自律意识和榜样意识也让他变得大度而勤奋，客观上完成了自己整体素质的全面提高，使得老师和同伴在内心对孩子重新给予更高的评价，这个高评价将激励着孩子再上层楼、更进一步。从此，孩子的成长进入良性循环。

三、勿给成长中的孩子传递负能量

作为孩子的父母，我们总会在工作和生活中遇到开心与不开心的事，遇到喜欢和不喜欢的人，夫妻间或朋友间有时会对这些人或事进行讨论和评价，这些都是正常现象。但若为人父母者对各种人或事的评价不够客观，甚至带有不良的情绪化评价，这不仅会影响到你的工作，更会影响到孩子的成长。我们都见过有人消极甚至带有侮辱性的评价他人的方式，见过讥笑、羞辱、捉弄地对待他人的场面，听过蔑视、鄙夷、抱怨和咒骂的话语，大人也许说说就过去了，但这种方式一直在潜移默化地影响着成长中的孩子。有的人觉得只要不在孩子面前暴露自己的"邪恶"，孩子就不会跟着自己学坏，其实不然，每个人的本性是藏不住的，会不断流露，孩子也就能不断"接收"这份父母传递来的"礼物"。这份"礼物"经过"加工发酵"，小时候可能表现为不听话、蛮横无理、无理取闹，上学后也许以不认真学习、胆怯而不敢表达、不合群等方式表现出来，如果父母意识不到这些问题的根源出在自身并马上提高自己的修养以亡羊补牢，那么孩子就或许一生都难以成为高尚的人了。

冯·弗朗兹把人的潜意识用"第二性的象征性人物"来表示，并为之取名为"阿尼玛"。他认为，阿尼玛的特征通常由母亲来决定，假如他感到母亲对他产生了一种消极影响，那么他的阿尼玛将常常表现出烦躁易怒、抑郁寡欢的情绪，表现为反复无常、忐忑不安、多愁善感。在这类人的灵魂里，消极的阿尼玛将会不厌其烦地始终重复这一主题："我是虚无，一切毫无意义。对他人来说也许不同，但对我来说却是如此……我喜欢虚无。"这类"阿尼玛情绪"使人产生一种呆滞麻木的感觉、一种对于疾病的恐惧、对于无能的恐惧或对于不测事件的恐惧，他的整个生命将呈现出一种悲惨的、沉闷忧郁的特征。或者他会变得优柔寡断、丧失应对生活中的艰难困苦的能力[1]。

我们都希望自己的孩子能优秀成长，这不仅是给自己挣面子的问题，更是为了孩子未来的幸福与成就。前辈先贤有很多教育孩子的至理名言都很实用，

---

[1] 荣格，等. 潜意识与心灵成长 [M]. 张月，译. 上海：上海三联书店，2009.

如陈裕光教授①的《学生仪节》和李炳南居士②的《常礼举要》等都很具有操作性，为人父母者多学学这些教子方法，它们往往比当前诸多"鸡汤类教育经验"要有价值得多。③

通过这一段时间的实验与实践，我明显地感受到即使是一年级的孩子，也都具备写出数万字的故事的能力，家长仅需要给孩子自信，并做少许适当的引导。好孩子不是打骂出来的，好孩子都是夸出来的。如上所言，我采用了一种"变异的才能教育法"（2010年12月我把这种教育方法命名为赏能教育法），并不断实践着赏识教育。这些方法每个人都可尝试，每个人都能成功，因为孩子的潜能是无限的，我们永远不知道孩子会从哪个角度"爆发"，但我们知道每个孩子都有能力取得家长预料之外的成绩。

05 学生该怎么学语文

语文是各科之基础，没有识文断字功底，数理化英等各门功课都没办法学，更不用说日常生活中的应用问题。称语文为百科之祖也不为过，所以本文以语文为例谈谈我对该如何学习的看法。

有的家长不仅让孩子在学校努力上好语文课，回家还要求他们不断做各种语文作业与试卷，不断帮孩子听写字词、背诵课文，家长这么做却不是为了语文的应用，而是为了孩子能在每次的语文考试中考个好的成绩，将来读一个好大学，乃至大学毕业后谋一份好工作。这只是学习语文的狭义作用，之所以专门提出语文学习的问题，是因为发现了不止一个家长对学习有本末倒置的做法。

从狭义的角度来说，学语文，以至于每次的语文考试，无非为了验证两个方面的问题：一是孩子能否写出好文章，只要能写出好文章，说明孩子遣词造句、谋篇布局、驾驭文字的能力优秀，也就是达到了国民教育中语文学习的目的，满足了家长的期望。二是针对别人的文章，孩子能不能阅读理解，能否通过字面意思了解作者所要表达的思想情感。为了达到这个目的，有些基本功是必须要做的，比如古汉语的表达方式和现代汉语有差别，各种外语的表达方式

---

① 陈裕光（1893—1989），号景唐，中国化学家、教育家。生于浙江省宁波市，自幼随家迁居南京。毕生致力于教育事业，是中国担任大学校长时间最早、最长的元老之一。他为金陵大学建立了优良的校风，使该校成为当时国内外知名的学府，培养了大批人才。

② 李炳南（1889—1986），山东济南人。名艳，字炳南，号雪庐。1949年到台湾弘扬佛法。平生为学，儒经内典，博洽淹贯，诗文、法学、医术，莫不精醇高导。亘数十年，曷儒弘佛，夙夜不遑；济世度人，颠沛无间。著有《雪庐诗文集》《佛学问答》《佛说阿弥陀经义蕴》《佛学常识课本》《内经选要表解》等，并作佛教歌曲数十首。他致力于社会福利事业，创办了菩提医院、菩提救济院。

③ 《学生仪节》和《常礼举要》见同批出版的赏能教材《诗词美文伴赏能》附录部分。

和汉语也有差别，所谓三里不同俗。简言之，学语文的目的有二：会读文章，会写文章。这两个目的都与文章有关，其实还有更重要的第三个目的，那就是还要会说，会说的问题留待其他篇章讨论。

"三天不练手生，三天不唱口生"，是鼓励人们勤学苦练的俗语。练武之人练功夫讲究冬练三九、夏练三伏，演员练声也是天不亮就咿咿呀呀地开唱，杜甫总结自己学生时代时说："甫昔少年日，早充观国宾。读书破万卷，下笔如有神。"因为读破万卷书，才能下笔如有神，最终成为"诗圣"。很多类似的例子都证明了一个道理，所有的看似风光的表象都由辛苦磨砺铺就，没有什么成绩是空穴来风的结果。但有的家长在培养孩子做无米之炊上花费了大量的工夫。

有个妈妈说："每天作业太多了，没有时间读书啊。"她告诉我除学校布置的作业外，孩子每天只需要做一张数学试卷和语文试卷，他都磨蹭到很晚才能做完。

有个妈妈说："即使作业做完了，我给他买了那么多的优秀作文选，他都来不及看，根本没有时间读那些闲书。"

有个孩子说："我最不爱去书店和图书馆，但爸爸每次都押着我去。"别的孩子去书店是想读什么书就读什么书，他去书店只能读作文选，还要用本子把"优美的好词好句"抄下来。他爸爸就在旁边看着他，不准他看那些闲书。

有个孩子说："妈妈只准我读作文选和背唐诗、背范文和优美的描写段落，我从不敢把从同学那里借来的闲书带回家，因为妈妈说，被发现一次，就要撕烂一次。"

这些言语，是在不同场合向我请教如何写作的家长和孩子告诉我的。因为赏能小作家人人能创作"长篇小说"，可是这些家长的孩子却连一篇小作文都写不出来——差距怎么这么大呢？而且，他们还不太相信我身边这些"写小说"的孩子都是普通的孩子，不相信有的孩子也曾经不会写作文，有的到现在作文还没写好，但是这些孩子现在对自己写作能力都非常自信。他们只觉得自己的孩子不如别人的孩子，特别在作文方面至少比我身边的孩子差多了。我告诉他们每个"长篇小说"写得好的孩子都是读所谓"闲书"多的孩子，家长都不限制孩子的阅读类别，最多只是引导和建议，不会规定孩子只能读什么不能读什么，到书店读书是他们最大的快乐之一。而且只要在家里把作业做完了，剩下的时间基本都由孩子自己支配，可以看电视，可以读所谓的"闲书"，每个孩子家里也都有很多的"闲书"供他们自由阅读。家长认为，这些孩子不仅仅是作文写得好，而且各科成绩都很优秀，所以才能有空闲时间读闲书，像自己家这种磨磨蹭蹭的孩子，正经的作业还做不完，再给他看闲书，还不翻了天了？

其实，这里有很明显的相辅相成的关系，想让孩子作文写得好，自然要让他喜欢阅读，他至少要能从阅读中找到自己的兴趣。阅读量积累到一定程度，写作问题就能解决了。蘅塘退士所谓"熟读唐诗三百首，不会作诗也会吟"说的就是这个道理。一方面家长不让孩子阅读，另一方面还要让孩子学好语文，要考个好成绩，要能读会写，真是岂有此理！

06 中小学生的背诵与阅读

说完了语文学习和阅读的关系，再谈谈背诵和阅读。

曾和朋友们一起讨论过古今学生的文化底蕴。科举制度时，考秀才时所需背会的内容，单就"四书五经"，至少有 30 万字（不含春秋三传），但今天的大学生，会背诵的典籍少得可怜。当然，这里有个客观的原因，古代学生大多只学"语文"，音律、医卜、星象等都是"选修课"，可学可不学。范进老先生只学"主课"就学到两鬓斑白，他深知做学问艰难，所以当主考老师后，学生考场作弊，他不但不管，还主动为作弊提供方便。现在学生的数理化和体音美哪一样都不能少。过去两耳不闻窗外事，一心只读圣贤书，现在就算坐在家里，拜电视、网络、手机等所赐，想不闻窗外事都难。所以，现在孩子的知识面比古代学生开阔很多。

但是现代学生背诵的内容太少，即使知识面广，也难掩盖背诵太少的事实。

长途走路时，我常把从小学开始到参加工作前语文课本上所学的古诗词、文言文挨个背诵，绝大部分都还能背——估计这些内容不少人都能背。大家都知道少年时记忆力好，也都知道记忆力越用越好，很多老年人还特意以背诵来延缓大脑衰老，孩童时代为何就不能多背一些呢？即使佶屈聱牙晦涩难懂的文章，即使没有关联的圆周率和电话号码，都能使大脑得到锻炼，都能刺激记忆力的强化，这对孩子一生的成长是百利而无一害的。

至于古文背诵，因学生时代对历史的了解、对古典文字的掌握程度较浅，可能不求甚解，但这又有何妨？不妨把它当作圆周率来背。语文学习本就是一个日积月累的过程，不能一蹴而就，大量的背诵相当于捡柴火，"柴火"积累到一定程度，在适当的时候，学生便可能突然觉悟了，突然能理解了。有了火种，只需一根火柴，这堆经过长期准备的"干柴"便可燃起熊熊烈火，柴堆越大，火焰越大，越有后劲。但现在有的家长在孩子背诵前，可能会先考虑是不是对近期的考试有用，只要暂时考试用不上，就不主张背诵这些"闲"内容，还不如花时间多做几道题，让下一次考试多得几分。所以，捡几根柴，便点火烧一烧，为的是沾沾自喜地让别人看看，我这里一直有火苗在燃烧。因为干枯的小草容易点着，所以也不屑（或没时间）花力气去捡树枝树干。只找小草，只保持能短期炫耀和支持心理平衡的火苗不灭就可以了。等到有一天发现别人居然点起了冲天大火，回家便训斥孩子："你看看别人，你怎么这么差劲，你怎么就不能像别的孩子那么争气？"于是乎，把孩子再塞进各种补习班，希望补习班能提供类似于"大补丸"之效的灵丹妙药来使孩子"争气"。奈何孩子没有积累，后劲不足，家长已经让孩子先天"营养不良"了，只能眼睁睁看着别人长成参天大树，自己只好在菜园子里摆弄豆芽菜。

阅读和背诵，这是一对难兄难弟，它们受到的待遇一般是相同的。

背诵和阅读，会占用"学习"时间，让有的家长纠结，这是一个很现实的矛盾。

2012年春节时，我回老家看望父母，老家的几位老师希望我用赏能教育法引导一些当地孩子写作。这些老师在网上大致看过赏能小作家的作品，但并未认真去了解何谓赏能教育。于是上课前，我和老师们座谈，系统介绍了赏能教育法。在看了南京孩子的创作内容和他们上课的视频及我们上课的文字记录后，家长和老师们颇觉失望。老师们认为，在偏僻的老家，孩子们没有条件像南京的孩子一样去看机器人比赛，没有条件利用周末到书店去看书，所以，当地的孩子肯定写不出南京孩子那种高质量的作品。这当然是教条的想法，当地没有南京孩子的条件，但农村孩子们有自己独特的条件，农村没有博物馆、没有图书馆，但农村有丰富的自然活动空间，农村孩子可以写农村生活，可以写放牛、种地、空巢家庭、小小住校生（留守儿童）等，不要在形式上跟着南京孩子学，应该就地取材。写出结合自己特点和环境的作品，才是更有生命力的作品。果然，经过和孩子们游戏、聊天，孩子们有豁然开朗之感——原来写作文这么简单啊？原来就是写身边的鸡毛蒜皮，写自然中的鸟兽虫鱼，把"作文"从神坛上拉下来后，孩子们高高兴兴地开始写"书"了。我临走前，有的孩子也已经写了一两千字了。

老师和家长都不该把背书和阅读看成是一本正经的事情，不要给它披上法袍，让孩子望而生畏。言背书，必定正襟危坐，目不斜视，眼观鼻、鼻观口、口观心，否则就是态度不端正，就是不用心。言阅读，必先看优秀作文选、看"好书"，只要看"闲书"，就招致一顿臭骂，有的家长还会用目光让孩子觉得自己读"闲书"是在犯罪。如此，让孩子怕读书背书。在部分家长心里，只要一提起学习，就把孩子推到"劳教"席位上，就需要监督执行，他们永远担心孩子会拖拖拉拉、偷懒玩耍，孩子也自觉地把这种关系定位为猫鼠关系。如此学习有何乐趣可言？家长累、孩子累，孩子负担重、家长的心理负担更重。

其实完全可以用轻松一些的方式来让孩子学习、阅读、背诵。

现在的学习方式非常多，读书、看电影、在iPad上读网络小说、听有声读物等都是孩子"阅读"并掌握知识与信息的方法。既然读书的目的是丰富孩子的知识储备，何必"只取一瓢饮"？《三国演义》和《西游记》都是名著，大多小学生没兴趣捧着大部头去读，但《西游记》的故事孩子们耳熟能详，却是从动画片、图画书中得来的。我陪孩子看过《三国演义》的连续剧，看着看着她会暂停，问我电视上说的是什么意思，有时看了后面忘了前面，她觉得不合逻辑的地方，也会暂停询问。我女儿属于阅读量比较大的孩子，我们看《三国演义》连续剧时她已经写了四五万字的童话了，正在创作计划中18万字的《天使历险记4》，她有兴趣看这部电视剧，但我相信有的孩子没兴趣读《三国演义》，那么为了让孩子了解"三国"知识，家长读完了，在适当的时候给孩子讲故事，孩子应该是愿意听的。家长也没必要像说书先生那样，原原本本把《三国演义》讲下来，想到哪里讲到哪里，反正孩子一次也听不完，家长或按事件，或按人物，或按地域讲，都可以，只要孩子愿意听，就给他讲，讲完了，估计看电视剧或书的兴趣也就激发出来了，再看，也不至于看得云里雾里。

有的内容，可能更枯燥一些，再加上有的家长不擅长讲故事，那应该怎么办呢？

分众传媒的成功，用江南春的话说，"无聊经济"功不可没。很多人有个习惯，看电视时遇见插播的广告就换台，因为在广告之外，还有更多的电视节目可选。但在等电梯的时候，比看广告更无聊的是眼睛都不知道往哪里看，这时如果有广告可看，那是一定要看的，所以，广告的效果就比较明显。家长也可以用"无聊经济"来成就孩子听"无聊"的"有用"知识。机会适当的时候，给孩子听"无聊"的内容，也许就不那么无聊。这需要家长平时做好功课，需要学会不留痕迹地见缝插针。

不管采用何种方式使孩子主动学习，或是以"无聊经济"的方式使孩子被动学习，家长都需要做到润物细无声，要让自己的方式和环境实现水乳交融、无缝对接，当然这个要求的前提条件是：孩子要有兴趣，有兴趣永远比会背几篇文章的作用大得多。

所有的规定，都只能约束表象，内核的部分，只能靠老师和家长提高自己来把握了。育人，是综合的"事业"，不管学校和老师如何要求，不管教育教学有什么改进，如果教育者自身不提升不进步，那么一切都还是老样子，就像油一直浮在水面上一样，油与水永远不会彼此融合。

07　从郭大侠成长谈起

郭靖是金庸先生系列武侠小说中最棱角分明的大侠，是"侠之大者，为国为民"的典范。

因箭术高超，年纪轻轻的郭靖成了铁木真麾下两名哲别（神箭手）之一。他会双手互搏，懂《九阴真经》，刚健有力的降龙十八掌声震天下。第二次华山论剑正式位列天下"五绝"。不单是武功，因郭大侠研读过《武穆遗书》，有领兵征伐的实践经验，在排兵布阵上，自然胜过其他"四绝"。所以，综合来看，郭大侠如果被称为天下第二，怕无人敢做第一。

之所以提起郭大侠，是因陪女儿看《射雕英雄传》有感。2011年春节，在陪女儿看完《水浒传》《三国演义》后，我们想换换口味，于是选择了《射雕英雄传》。之后还看了《神雕侠侣》与《倚天屠龙记》。这些书如果摞起来，怎么着也有二三十厘米高，让一个四年级的孩子在繁重作业之余短期读完不是一件容易的事。她自己还有一大堆的杨红樱、曹文轩、郑渊洁要读呢，再加上学校各类文体活动，孩子一点也不比大人轻松。但因为热爱写作，女儿当时正创作计划中18万字的《天使历险记4》，因积累有限，思路需要拓展，就把看视频当作阅读快餐了——虽不够精细，但也能"短平快"地"填饱肚子"，至少在开阔视野、延展思路方面有帮助。

我们看的是1983年版《射雕英雄传》。青年郭靖在铁木真的庇护下，一面为蒙古效力，一面在七位师傅耐心调教下，准备日后和杨康比武。师傅们费尽辛苦，千里迢迢来到蒙古草原，就是为了把郭靖培养成才，使他在和丘处机的比赛中立于不败之地，但教郭靖学武实在让老师们头疼不已。

郭靖是一个笨小孩，无论老师们如何逼迫他练武，无论他如何卖力地学，就是背不下越女剑的剑谱，记不住师傅们名目繁多、变化各异的招式。师傅们恨铁不成钢地打他，他自己按师傅们的要求下苦功夫，总也不见提高，心高气傲的柯大侠心灰意冷："我们江南七怪的名声迟早要毁在郭靖身上。"

尔后，资质鲁钝的郭靖遇到古灵精怪的黄蓉，从此人生发生了质的变化。在黄蓉的帮助下，郭靖学会了洪七公威力巨大的降龙十八掌。桃花岛上，在与周伯通的闹腾中学会了双手互搏，并背下了《九阴真经》。各种因缘际会，傻乎乎的郭靖蜕变成了郭大侠。

丹阳子马钰与郭靖相遇，正是江南七怪准备放弃郭靖的时候。郭靖正躲起来哭自己太笨。马道长说："这是教不得其法，学不得其道，不怪你，你还是有学武天分的。"果不其然，半年的工夫郭靖就把全真内功学到小成，丝毫不逊杨康九年的积累。马道长教郭靖的方式非常简单，就是简单的吐纳练气功夫，只要有了内功基础，飞花摘叶皆可伤人，不管是伏魔杖法还是南山拳法，招招刚健有力。九指神丐的降龙十八掌就更简单了，只有十八招。至于后来的双手互搏，根本就没有新的招式，只是把过去已经学过的功夫拿出来重复使用而已。这些超级功夫郭靖学起来并没有感觉到太难，学降龙十八掌时，一天学一招，有时候几天学一招，双手互搏，简直就是玩乐——典型的寓教于乐。这种学法，太符合郭靖这种"头脑简单"的笨小孩了，笨郭靖稀里糊涂地学成了大侠。

郭靖是个学武的料子，但江南七怪教他功夫他为什么就是学不会呢？我们来看看这些一对一小班化教学的师傅们是如何教的——

柯大侠给郭靖传授降魔杖法，朱聪根据郭靖的特点专门研发出了分筋错骨法传授，南希仁让郭靖手舞自己的铁扁担学习南山拳法，全金发为破杨康的杨家枪法给郭靖传授呼延枪法，韩小莹则一门心思想把自己的成名绝技越女剑传授给郭靖，韩宝驹、张阿生也都对郭靖寄予了厚望。教的人毫不保留地教，学的人刻苦努力拼命学，可是总不见学生有明显进步。老师们恐吓、谈心、激将、漠视等各种手法用了个遍，学生没日没夜认真练习，还时不时地跑到树林里大喊"我没用""我真蠢""为什么我老练不好"，但结果照旧，让对孩子寄予了厚望的郭妈妈李萍黯然神伤。

七侠的功夫，虽称不上一流，但也都是在江湖上闯出了名堂的，学会任何一样，都能称得上侠客。江南七侠的名头也是响当当的，在擅长摔跤的铁木真帐下，他们简直被奉为神人。每位师傅都希望郭靖能学好自己的功夫，同时也能学好其他几位兄弟的功夫，他们是真心为了郭靖，但他们所教的确实不是郭靖能学得了的。这些功夫套路纷繁复杂，郭靖一套也学不好，更别说学会七套了，就是打残了郭靖，他也学不会。

在看到七师傅韩小莹让郭靖背诵越女剑剑谱时，和我一起看电视的十岁的女儿叫了起来："有没有搞错啊，七师傅懂不懂教育啊，郭靖居然要学越女剑？"小学生能看出来郭靖不适合学越女剑，但七位老师未必能看得出来。

在我们接触到的孩子的成长中，为了孩子考个好成绩并考上名校而让孩子疯狂补习的爸爸妈妈从来没少过，填鸭式的教育方式从来未停过。那么，各位父母和老师有没有逼着你们的"小郭靖"苦学降魔杖法、分筋错骨法、呼延枪法、越女剑？然后痛苦地悲叹：我们家这个"小郭靖"真的不是个学习的材料，枉费了我这么多心思。

在你的认真教学、严格管教下，你们家那个"小郭靖"最终一定会按照你的期望发展，他将用自己的一生来证明家长和老师的正确——或者他真的不是个学习的材料，他没有抑郁和精神分裂已属万幸；或者他真的是个学习的天才，他考上了好学校，做出了非凡成绩，并幸福地度过一生。

08 谁该为孩子学习成绩退步负责

我接待过不少为孩子的学习问题焦虑的家长，也敬佩有的父母和老师为孩子能考高分而呕心沥血的努力。但并不是所有的努力都会有等比例的回报，有的认真和努力还会对孩子苦壮成长造成负面影响。因为观念与认知方面的问题，有时见到家长和老师教育不合理，虽然看在心里着急难平，但也只能静静地旁观。以下所列，便是好心造成坏结果的普遍性例子。

例一：学习和生活被二维对立

数年前，来自南方某城的 A 同学在妈妈带领下来到南京参加赏能小作家的暑假课程学习。A 同学上五年级，善良热情的妈妈在聪明但开始叛逆的顽皮男孩的教育上有点力不从心。经过一年多关于赏能教育理念与实践的网上交流后，妈妈带着孩子来到南京实地体验。妈妈陪孩子住在宾馆近两个月，参加了完整的小作家暑假课程学习，并旁听了其他不同级别的课程。那一年，也是媒体开始集中关注赏能教育法的一年。在一次电视采访中，A 同学面对记者"来南京一个多月了有什么收获"的问题，抓抓脑袋说："写得太多了，没想到我能写这么多字。"这是个曾对作文一直感到无从下手的孩子，经过一个月的学习，到了八月，他每次在课堂上都能写出一千多字的作品。和所有赏能小作家一样，A 同学的写作内容与写作角度也是自己确定的，赏能老师并不具体教什么，甚至也不去引导，只鼓励孩子记录自己真实的所思所想。现在大家都知道了赏能的重点并没在每次课上写出来的那一两千字的作品上，而是自我觉醒、自我进取的意识。

那段时间我正给高级小作家灌输一个观念：上大学后，如果大一末期仍未在团学组织（公益/学术/文体等各类团体）中找到位置或感觉，那么就可开始筹划成立自己的社团。我曾在大学工作十余年，有十年大学团委书记的任职经历，对大学生社团的相关工作非常熟悉，我把大学生申请成立社团的流程和学校审批成立社团的过程给孩子们做了介绍。如此安排教学内容的想法是：随着年岁增长，他们现在听到的内容可能会逐渐忘却，但只要潜意识里还有留存，上大学后见到社团招新，潜意识里的这部分内容也许能被唤醒少许，那么他们的大学生活将比很多同伴更精彩。这个假期里的"专职赏能学生"A 同学常蹭我的课，相信这个观点也进入了 A 同学的意识。

暑假后 A 同学正常回老家学习，后来进入了一所不错的中学，幸运地遇到了一个好的班主任（兼语文老师）。经过努力，A 同学常常会在数理化三科上考到班级前几名。他每周都写日记，语文成绩也不错，也就是说，他的成绩已进入班级前列。同时 A 同学一直坚持上自己喜爱的跆拳道课程，坚持打羽毛球，并组建了学校的业余羽毛球队。放学回家，写完作业就打球练拳，A 妈妈对儿子的成长很欣慰。

初二时，A 同学的班主任因故请假数月，另一位老师成了新的班主任。新班主任觉得 A 同学成绩还有提升空间，但过多的"不务正业"影响了学习。为探究原因，班主任进行家访，于是知道了他对跆拳道及羽毛球的痴爱，就严肃地告诉 A 同学，初二时间很紧，各种不能提升考试成绩的爱好必须停止，所有精力都要用在成绩提升上。妈妈认为，他每周只花两小时练习跆拳道，孩子很喜欢，都是自己来来回回去上课，并没有太影响到学习。见到妈妈和孩子对停止跆拳道和羽毛球并不积极，回到学校后，认真负责的老师便开始严格要求并不断督促他停止跆拳道和羽毛球的学习。最终，老师的劝说有了结果，这两个辅导班都停止了。但同时又发生了另一件"不务正业"的事情，真的让班主任生气了。

因性格活跃，A同学和几位伙伴排练了一个节目准备参加学校的演出，并已通过了最后的彩排选拔程序。但班主任告诉他们不准再排练，也不准参加最后的表演，精力要全部用于学习，要让学习名次有所提升。几位小演员非常着急，一次次去找老师，希望能允许自己的节目参加演出。在最后关头，老师终于同意了，但他们参加完演出回到班级后，老师把他们几个人的座位调到了最后一排。从此以后，A同学的生活不再快乐了。

妈妈说，看起来他用在学习上的时间增多了，但他的成绩不但没有进步，还有所滑坡。那段时间，孩子变得沉默，开始厌学，做作业易烦躁，做完作业后就玩手机和iPad。见到苗头不太好，妈妈让孩子恢复了跆拳道和羽毛球，孩子的状态才重新找回。因为妈妈淡定的心态，明智的选择，A同学能够按自己的方式生活与学习，后来考上了当地一所较好的高中。遗憾的是，正入万山圈子里，一山放过一山拦，他的高中生涯又遇到了只追求考试成绩的压抑氛围。

高中将要面临高考，老师们对学习抓得更紧。A同学再次遇到了一位看起来认真负责的老师，老师严格要求必须停止跆拳道和羽毛球这类不能直接提升考试成绩的课程。因为有了初中的经历，这位高中生和老师进行了正面对抗，虽然考试成绩还不错，但A同学的高中生活很压抑，一度产生了退学的念头。妈妈很是着急，但她改变不了儿子，也改变不了学校的氛围，母子俩都有些压抑。

不认真负责的老师一定不是好老师。视野不广、不善学习与提高、只能凭自我感觉来认真负责，也不算是好老师。有个流行观点认为学习是痛苦的，我相信持此观点者的学习过程一定不快乐，但不能因为自己的学习过程不快乐，就觉得天下所有人的学习都不快乐。我很自信地认为，那些真正学习好的人，大都在快乐中学习。学习原本就是生活的一部分，岂能把学习独立于生活之外？真正的成绩优秀者的学习内容和学习过程都与自己的兴趣融合，学习越快乐，越容易见成效，在高压下被逼着学习的人大多难成长为出类拔萃者。

例二：自主学习和流水线式作业的冲突

上中学后，B同学自由自在学习的阶段结束了。因为妈妈觉得中学阶段学习很重要，所以要改变自己几乎不参与儿子小学阶段学习过程的做法。

妈妈要求孩子在23:00睡觉，对初中生来说，这个时间很正常。

孩子22:00做完作业，准备看点"闲书"，马上就会引来各种问题："英语背过了？""语文默写过了？""数学检查过了？""中学课程这么紧，不抓紧时间学习和复习，还有时间看那种没用的闲书？""你看看人家某某每周都要做好几套中考试卷，哪有你这么吊儿郎当的？"虽然孩子拿起的是一本《中国通史》，但妈妈认为除课本以外的各种书都是"闲书"。熟悉课本的人都知道，靠薄薄的两本历史课本怎么可能轻轻松松在考试中考出高分来？即使孩子把课本全背下来了，那也不是在学历史，只是在锻炼记忆力。作业之余，如果能认真读完三千多页的《中国通史》，除了能放松精神怡情养性之外，对中学文科类学习也能起到很大的促进作用。

孩子到了22:30还没做完作业，妈妈"话匣子"同样会打开："你看看某某，人家每天在十点就做完了。一样的作业，就你能磨蹭。""数学怎么还没做完？看你在数学上磨蹭多长时间了。""这么长时间了一道题还没做出来，你的脑子是用来出气的？"其实，大部分时间，这个做数学的孩子一点也没磨蹭，只是遇到自己不会做的题目，他想独立思考做出来。面对难题可以一次次试错，一次次变换思路，要调用大脑中存储的各种知识，必要时还要翻翻书查查例题。解难题原本就要花时间，如果作业中每道题都会做，只是例行公事写一写，做题还有意义吗？因为妈妈的唠叨，开始时孩子会顶几句，但后来遇到难题他大多会在电脑上去查解法。看懂了再做，这当然也是一种学习方法，但很明显，独立思考解题和看懂别人的解法再做题，做题的效果一定大相径庭。结果，妈妈越来越觉得儿子的学习需要自己严加督促才能完成，因为他的成绩排名一直在朝后退。孩子真的很努力，但他不知道的是他的学习方式已经和小学不一样了，小学阶段他凭兴趣学，觉得做题很好玩，全对了还能得到老师的表扬，因为是自己独立做的，特别自豪。但因为"玩心重"，妈妈不放心他中学阶段的学习，虽然这个孩子小学阶段的成绩一直稳稳地排在班级前几名。

学习中，重点不在于是否可用网络查答案，而在于自己是不是学习的主人。只要学习过程服从自我主导，一切都是正确的。查答案或不查答案，解数学题用两分钟还是两个小时，用"自由时间"来背英语还是读《中国通史》，或者读《三体》还是读《安德的游戏》，甚至看电影，都是正确的。

例三：上很多辅导班等同于学习努力

五年级的 C 同学每周要上 11 个辅导班。

赏能小作家的情商课一如既往地在南京新街口的大街上开始了，C 同学近似于木讷地站在活动现场，妈妈不断催促："去啊，你去卖书啊，人家那么多小孩都走了（已经散开'做销售'了）。"C同学站着不动，焦急的妈妈推推他的肩膀，孩子身子扭一扭，但脚步不动。在不断的催促声中，孩子生气地开口说话了："是不是我死了你就不逼我了？"妈妈抱歉地向老师们回头笑笑，过一会儿再督促孩子快走出去。

因为期中考试英语没考好，妈妈请教赏能老师："是不是我要再给他报个英语班？我已经打听过了，听说某某老师英语教得很好，我跟他说过好几回了，他不想上。这次英语没考好，我就给他报上。"旁边的C同学回头生气地说："你想逼死我啊？""我还不是为了你好？你说我和你爸一天累死累活为了什么？这次英语考那么差，不报个班怎么办？你要能自己学好，还用我来操心？"之所以和赏能老师商量，是因为孩子说，除了赏能小作家班，其他各种班他都不愿上，妈妈希望赏能老师能给孩子做做工作，让他也能认真对待其他课程班。

赏能老师和C同学的爸爸妈妈谈过几次了，不要给孩子报那么多班，不要把孩子嘴里某些极端的话仅仅当作"孩子话"，要给孩子信任，要平等地相信孩子，只有这样，孩子才能热爱学习热爱生活。另外，不要用道德和亲情"绑架"孩子，不要给孩子负罪感，孩子的精神也需要松绑。可惜的是，不管老师们怎么说，爸爸妈妈仍坚持认为成绩居于中游是孩子不够认真，是孩子不肯花工夫。爸爸妈妈内心很焦虑，但从赏能老师这里得到要"激起孩子发自内心的学习兴趣"，又不敢硬逼孩子。所以他们很无奈，有劲无处使。其实，说是"不敢逼孩子"，也只是爸爸妈妈自以为的"不敢逼"。在孩子看来，他仍然处处受到压迫，这种压迫从来就没减少过。

家长应该理解，虽然报了很多的辅导班，孩子考试成绩也有所提升。但这不是学习，更不是生活中的学习。即使孩子能背下来很多书本上的知识，但孩子的记忆能丰富过互联网吗？这些背诵与他的一生有什么关系呢？背会了甲问题，万一试卷上考乙问题呢？即使甲乙丙问题都背会了，等他长大，甲乙丙类知识都已被时代淘汰，新出现的是其他问题怎么办？他的一生该怎么办？老师给家长列举了身边的赏能小作家优秀成长的例子，但家长坚持认为是这些孩子太优秀，所以其父母才会对孩子如此放松。

兴趣是最好的老师。中小学阶段如果学习成绩不佳，通常只有两个原因：不爱学，或者不会学。只有自己和知识学习水乳交融，才能真正取得好成绩。在一个小故事中，动物园的长颈鹿和袋鼠聊天："你说他们还会不会继续增高围栏以防我们外出？"袋鼠回答："我认为会。为阻止我们外出，他们还要增高围栏——如果他们继续不关门的话。"为了提高孩子的成绩，不问情由，只知道报一大堆辅导班的做法，和动物园的做法并无二致。同时，还有另一个问题：孩子也是有独立情感的完整的人。作为监护人的父母，在孩子的成长过程中，对其心智成长的关注远比成绩的增长要重要得多。

例四：家长阅而不读对孩子危害无穷

四年级的 D 同学被妈妈带到赏能，请老师给"把把脉"，怎么才能让这个孩子爱上读书并主动学习。通过各种渠道，D 妈妈知道赏能的孩子们都很爱读书，且学习成绩大都很不错，她煞是羡慕。

虽然这位妈妈在网上查阅了不少关于赏能教育的信息，也从熟悉的赏能小作家家长那里了解了关于赏能的信息，但那些信息都只是表层的。赏能教育法与其说在教孩子，不如说是在教家长。为了方便家长了解小作家优秀成长的深层原因，我们浓缩归纳了赏能教育体系中八个家长关心且易误解的问题，做成挂图挂在走廊里。面积有限，每个挂图上只有五六百字的提纲。每篇文章其余的五千到一万字内容通过二维码引导到微信上，以方便家长阅读。老师带着 D 妈妈首先从这几个挂图开始介绍赏能教育思路。动作麻利的 D 妈妈兴致盎然，但老师尚未说话，D 妈妈就开始教训女儿：

"过来，过来，快过来。"风风火火的妈妈朝不情愿的女儿招招手："你看，你看，王老师也说要这么读书的吧。王老师的这篇文章我在微信上读过了，写得很好，你自己好好看看。"妈妈边说边指着墙报："你看，你看，读书就是要读好书，要精读，要边读边抄好词好句。我跟你说你还不愿意，你看王老师也是这么说的，这可是专家的话。"

这位妈妈在微信上"读过这篇文章"，在赏能走廊上又见到了这篇"已经读过的文章"，不知道至少已"读过"两遍这篇文章的 D 妈妈有没有看到这篇文章的标题叫作"父母抑制孩子阅读兴趣的三种常见方式"。她指给孩子看的"专家的话"，正是我们极力反对的做法，是"抑制孩子阅读兴趣的方法"。

还有一次，我在教师培训课间休息时看到微信上的一段留言："赏能的孩子那么爱读书，我真的很羡慕。我把王老师推荐的书都买了，还买了一套诺贝尔文学奖获奖作品，想让孩子好好读，但他现在越来越不爱读了。我该怎么做呢？"这是位四年级孩子的家长，原来对孩子的读书问题没怎么关注，觉得小孩的读书都差不多，但自从看到微信上赏能小作家的阅读书单后就紧张了，她看到了自己孩子的差距，转而非常关注孩子的阅读，但越关注，孩子越不爱读。这位妈妈每过几天就要问问相关问题。我翻了一下以前的聊天记录，对每次的"请教"，我都有类似的留言：①让孩子选择他爱读的书；②每个孩子爱读的类型和深度都不一样，不要与别人家孩子攀比，不要与赏能小作家攀比，赏能小作家中每个人读书的范围和深度也不相同；③阅读兴趣的培养比读某本"好书"重要得多；④家长有阅读习惯对孩子阅读习惯的养成很重要。诸如此类的话语出现过数次，但这并不妨碍家长下次继续提出同样的问题。

会议间隙时间有限，且有以前多次留言的铺垫，我只留了一段话："不要跟风赏能小作家阅读。我推荐的书也不是要所有的孩子阅读。让你儿子选择自己爱读的书。对大部分中小学生来说，诺贝尔文学奖获奖作品太深了，也许不适合孩子读。"同时，我把上文那篇《父母抑制阅读兴趣的三个常见方式》推荐给她，请她有空时读读。上午培训结束后我打开微信，看到这位家长的留言："王老师，你那篇文章我读过了，写得很好，真的很好，真佩服您对孩子的爱，能认识您这样的专家我非常幸运。不过我儿子不爱读我给他买的书怎么办？"后面又补充了一句："诺贝尔文学奖的书他不爱读，赏能推荐的那些书他也不爱读。"所谓"赏能推荐的书"是指赏能在高级教材中推荐给小作家阅读的书目，我们给小作家推荐这些书时，也只建议孩子们至少读完一半，并未要求孩子们全部读完，因为每个孩子的阅读范围和理解能力不一样。

这位家长也"读过"那篇文章，评价是"写得很好"。和 D 妈妈一样，她们都属于阅而不读的类型。这种人遇到问题喜欢请教，但到处请教的过程中，以前怎么做还照旧怎么做。如同久病者到处访名医看病，他把医生开的药大包大包拿回家放着不吃，再去访下一个名医，继续拿回药放着不吃，接着再踏上另访名医的路。

不少人在读书、聆听、评价他人时，仅凭走马观花的浮光掠影，就以为自己掌握了一切。所以，有人一直在读书学习，但水平总也不能提高；有人一直在请教教育方法，但孩子仍未达到期望值；有人一直对身边人示好，但总也没有值得交心的朋友；有人一直加班熬夜努力拼搏，但工作业绩非常一般。此类现象比比皆是，其实只需要思考一个问题：你用心并深入行动了吗？很多事情，看起来做法一样，结果差之毫厘，谬以千里，区别只在于是否用心和深入。

陪伴成长是个需要用心的"技术活"。首先，对孩子最好的教育一定是父母本身具有良好的素养与习惯，如此身教比言教效果好得多。其次，孩子越小引导成长的效果越明显。随着孩子的年岁增大，教育与引导将越来越不容易。但遗憾的是，很多孩子的父母意识不到这些问题，等到上学后才发现孩子的成长不够理想，与别人家孩子差距不小，这时再亡羊补牢，也只能是事倍功半了。判定自己教育方式的优劣有两个简单方法：一是向优秀孩子的父母多请教，即使优秀孩子父母的所作所为你听起来匪夷所思，那也许是因为你听不懂而已；二是大量读书，多读多学提升自己，很多以前看不懂看不见的问题就一目了然了。不管用什么方法，都要用心且深入，蜻蜓点水、浅尝辄止永远难收累累硕果。

09 父母抑制孩子阅读兴趣的三种常见方式

因为语文的基础性，所以老师之间有句话说："得语文者得高考，得阅读者得语文。"这里把阅读提高到了更高的层次。孩子爱不爱阅读，最主要的原因在于父母爱不爱阅读，家庭有没有阅读和学习的环境。孩子会把父母身上各种主要的行为习惯全部"复印"到自己身上。关于原生家庭对孩子的影响是另一个问题，我们以后会谈到。这里先说说不爱阅读的家庭环境大致定型后，面对着不爱阅读的孩子，心急的家长是如何在迫切的心态中继续以关爱的名义剥夺孩子原本就不多的阅读兴趣的。

爱阅读的家庭基本不存在这个问题，因为爱阅读的家庭的孩子大多原本就爱阅读，这种家庭的父母也用不着为本就不存在的不爱阅读的问题伤脑筋。

父母和老师常常用以下三种方式剥夺孩子的阅读兴趣：

第一种方式：阅读中要记录优美字词句

一位赏能老师发现一位二年级孩子的妈妈给儿子的阅读做了要求，这个阅读要求并不是个例。妈妈要求孩子读书时都要摊开本子，随时用笔记下"优美的字词句"，而且要求在写作时一定要使用这些"优美的字词句"。老师在和妈妈交流时，妈妈说毛泽东在湖南第一师范学校读书时"不动笔墨不读书"，这是个好习惯，所以她要求孩子坚持。

在赏能教育实验中，曾有孩子几乎从不读课外书。家长深知阅读的重要性，所以焦急万分地来请教我是如何让赏能小作家爱上写作、爱上阅读的。这位爸爸说，为了让儿子读课外书，他用尽了几乎所有能想到的办法，请教了不少教育专家和爱读书的学生家长，但都没有效果。赏能小作家不但爱读书，而且还爱写作，简直是难以想象的事情。在和孩子熟悉并交朋友后，懂事的孩子对我说，爸爸妈妈都是为了他好，希望他多读书，这样才能写好作文。爸爸经常会"押着他"去新华书店，他就坐在书店的茶座里读书。爸爸不读书，站在他背后看着他读。读的时候，他要把书中的好词好句摘录下来。如果有个好的成语他没有抄下来，爸爸就会打他的头，好的句子没抄下来，也会打头。有时候他觉得有一句话好，正准备抄下来的时候，爸爸就骂他，说那句话不好，让他要抄好的句子。有时候已经读到下一段了，爸爸说上面一段还有一个成语没抄下来，或者有一个优美的句子没抄下来，就骂他并让他重抄。他觉得读书一点意思也没有，所以有时候，宁愿让爸爸打他一顿，他也不读书。后来还专门强调一句：“我就不读，干脆让他打死我算了！”

到一位朋友家里做客时，朋友二年级的女儿来问我语文老师布置的课外作业。在一段话中"有两个优美的句子"，要用线画出来。我问孩子你觉得哪句是优美的？孩子说了她认为的优美句子，我让她画线，但孩子说她不敢，因为自己说的可能是错的，一定要让我说哪句是优美的她才画。我往前翻了翻，看到以往孩子的作业上确实有类似的题目，老师在孩子的画线上打了红叉。也就是说，在这段话中哪句话是优美的，是有标准答案的。在做这类题时，孩子不是去理解这段话本身，而是要琢磨老师的爱好，要琢磨标准答案是什么。老师需要的，不是孩子的理解，而是出题人的标准答案。

对前面被"押着读书"的孩子和众多的被要求每读书必摘录的孩子而言，读书的乐趣已荡然无存。

我们回想一下自己学生时代的读书时光。

每个读书人都遇到过非常吸引自己的作品，会想一口气读完，有时还挑灯夜战。上学时为了躲避老师和父母甚至躲在被窝里打手电筒阅读。如果对每本书的阅读，你的父母都会要求你必须摊开本子，随时摘录"优美的字词句"，遇到"优美的字词句"不摘录就要打脑袋，那么你还会不会那么热衷于阅读？面对着一盘色香味俱全的美食，不允许你狼吞虎咽地饕餮享受，而是每吃一口都要非常理智地说明这口菜叫什么、从哪里来、是什么肥料促其生长的，里面的肉来自哪种动物身体上的哪个部位、它的脂肪和蛋白质各占多少。做完这些分析后，你还有没有热情的食欲？如果让你如此阅读、如此吃菜，你可能会发疯。那么，凭什么现在你这般折磨孩子，还要让孩子爱上读书且对"这盘菜"胃口大开、垂涎三尺？

我一直在读书，并且一直做笔记，也是"不动笔墨不读书"，但我早已不是小学生了。毛泽东"不动笔墨不读书"时已上了师范，属于自己有目的、有意识的读书阶段，也不属于正养成阅读习惯的年龄段。相信有很多爱读书的爸爸妈妈也一样喜欢做读书笔记，但大家的共性是我们处在有阅读目的的年龄段，都不属于阅读兴趣培养阶段。

对书本及文章的阅读和理解是每个人自己的事，根据各自的审美观、知识面和理解力，每个人会对不同类型的书有兴趣。即使面对同一本书，各自的理解和认识也有差异，这些差别没有对错之分，自然也就没有面对"优美字词句"和"有意义的话"的标准答案。家长或老师可以谈自己的看法，可以按你的理解来启发学生。如果要应付绕不过去的考试，可以告诉孩子，阅卷老师可能会按大多数人的意见为对错标准，引导其理解，但不能强调你的感觉就是对的，孩子的想法是错的。诚如所言，各人的观点和看法原本无对错之分。为了让孩子更优秀，要鼓励他们有自己的观点和看法，处处顺从（听话）的孩子很难产生发散与创造性思维。

中小学阶段更重要的阅读目的是要养成阅读习惯。也就是说，读书就是读书，不要掺杂太多功利要求。读书对作文能力的促进和对理解数理化题目的促进都是水到渠成的事情。这个阶段的孩子需要大量阅读，需要来自各方面的知识积累。在整个学生生涯乃至一生中，读书都是非常重要的一环。为了让这个环节不至于虚度，阅读兴趣远胜于读了某一本所谓的"好书"，或者是在那个过一段时间就再也找不着了的本子上记几句"优美的字词句"。不管是大人还是小孩，说到读书，我们总能听到"没时间读书"的声音，这就是典型的没有阅读兴趣的表现。你打着手电筒躲进被窝读书时，曾有过"我没时间来读这本书"的想法吗？家长如果真的想为培养孩子的阅读兴趣做点什么，应该在孩子能看到或感受到的时间和地方自己读几本书。小学阶段，孩子的一切行为习惯都学习自家长。你做什么、你说什么、你如何思考、你如何对待他人与环境以及你如何对待规则，孩子都会全盘照搬。这一切，与你平日对他说了多少道理关系并不大，他在潜移默化中所学的，是你语言背后的东西。

第二种方式：要读"好书"

不同孩子有不同的关注点、知识面、心智成熟度和性格，这些都会影响他的阅读方向。家庭的阅读氛围和父母的人生观、世界观，以及映射父母内心思想的处事方式，也很大程度上影响孩子的阅读和写作兴趣。与之相对应，每个孩子的阅读兴趣和方向各有不同。因此，每个孩子心目中的"好书"也不相同。

心急的妈妈希望孩子能短期内读尽天下书，于是买回了一大堆老师推荐的书，或者自己觉得不错的书，恨不得孩子能在一两天内全部读完。但可惜的是，面对这一堆堆的书，有的孩子一点阅读兴趣也没有，他爱看的，还是那几本早已读破了的、已读了数十遍的书，还是那些漫画书和彩色图书。妈妈着急了：这孩子怎么就不长进呢？于是采取强权政策：不准再看漫画书，不准再看有拼音的书，不准再玩游戏，不准再看电视，你必须老老实实坐在那里读我给你买回来的好书！不久后，妈妈发现他不但对那些好书不闻不问，且对那些他已经读破了的书也没了翻阅的兴趣。也就是说，他不读书了，妈妈急得六神无主，却无计可施。

怎么办呢？

在明了"怎么办"之前，我们用部分妈妈看电视剧来做个比方：

先从沉迷游戏开始，这是个挤占部分孩子读书时间的重要原因。设若你是一个孩子的妈妈，你正在追剧，常为剧中人物掬一把清泪，当快播放到大结局时，电视机坏了。你是不是特别着急？要么快点修好电视机，要么到朋友家里去看，或者上网搜索着看，不知道结果的那种抓心挠肺的感觉很难受。如此，可以理解孩子对游戏的感觉了吧？其实如果一开始你就没看过这个电视剧，你对它的结局就不会如此关心。同理，如果一开始你就没给孩子养成玩游戏的习惯，孩子怎么可能会沉迷于游戏呢？但放眼四方，有多少孩子正在用爸爸妈妈的手机玩游戏？幼时玩玩游戏貌似无关紧要，但真正到了要收心的时候，却是收也收不住，这和你发疯似的想看到电视剧的大结局的感受是一样的。你那时为何不让自己立马停止观看剧中结局？即使真的停止了追结局，平日心里就确实不再去想它了？你是一个有理性的成人，而痴迷于游戏的只是个感性的小孩，他的自控能力比成人弱太多了。

一个热衷于相夫教子的优秀家庭型妈妈，在单位文职岗位上兢兢业业、得心应手，回到家做完了应该做的事情后，最惬意的就是窝在沙发上追剧，或者读《四世同堂》和《穆斯林的葬礼》之类的文学书。假设有一天，你的爸爸买来一堆有关量子物理书籍，在和你大谈了一番正电子、负电子、波色子、费米子后说："我打听过了，这些都是好书，你要好好地读。"过几天，又买了一堆有关陈省身微分几何和怀尔斯费马大定理的书，说这些也是好书，让你要好好读。这种情况下，你是去认真地阅读完这些真正的好书，还是会无数遍翻阅你的沈从文和张爱玲？

我自认是个爱读书的人，一直没间断过读书。有一次，冲着偶像邓稼先的名号买来了他的著作《群论》和《量子场论》。一打开我就知道我看不懂，因为这两本书都超出了我的知识范围，我重点研究教育，没准备朝数学和物理方面深究，如果我想了解群论和量子场论，我会去阅读相关的科普类书籍。我相信这两本书都是好书，但确实不是我现在能去阅读的。除非我下功夫提高数学与物理能力，当我达到某个高度的时候，我才能认真地读这两本书。这和某些低年级孩子不爱看文字多的书只爱看漫画和插图多的书的现象是一样的，因为这些"好书"超出了他们的认知和兴趣范围。

心智度是个心理学概念，不同年龄段心智度的水平不一样。处在相同心智的发育阶段，不同家庭、不同父母给孩子成长的促进程度和方向也有很大的差别。这些都造成了孩子在阅读目标上的差异。

同样的年龄段，男孩的心智发展通常要迟于女孩，但孩子们上学的年级是按年龄来设置的，所以就出现了同一个班级里听话的、爱读书的、爱干净的、会操心的大都是女孩，男孩貌似处处跟不上趟，这是大多男孩妈妈着急的主要原因。其实同为男孩，他们之间也有差异，这些差异除了心智与年龄的差异外，更多来自于家庭的成长环境和父母的人生观、世界观。映射到孩子身上，表现为他们的阅读兴趣点和广泛度也有较大的差异，也就是说，不同孩子心目中"好书"的内涵不一样。低年级小孩爱看漫画和彩图，这是他能看懂的。大多数女孩爱看校园小说，因为和她们内心契合度比较高。男孩爱看武侠之类的小说，说明男子汉气概开始养成。总而言之，孩子爱看的书，就是他内心所饥渴的内容，爸爸妈妈可从这个角度做点"侦探"工作，而不要把精力放在干涉孩子的阅读内容上。爸爸妈妈应该尽可能地提供适合自己孩子阅读的书，而不是人云亦云地复制别人的"好书"来强迫孩子读，否则，只会让孩子越来越远离书本。

第三种方式：要精读，要记住

多位家长问过我，孩子读书速度太快，做不到精读，怎么办？有的家长会限制孩子快读书，孩子已经到了小学中高年级了，还要求孩子读书要一句一句读，不准默念，必须要在自己的监视下读出声来，读完以后还必须要复述一遍。先不说这种方式家长和孩子能否坚持下来，单就父母对孩子的"有罪推定"就确定了这种方式难收良好效果。此类家长总觉得孩子是在糊弄自己，总觉得孩子不专心、不认真、要贪玩，必须经过自己的验证才能证明孩子的"清白"。孩子读书也是这样，父母潜意识里认为孩子读书是不认真的，是在应付自己，不管孩子怎么做，父母总持怀疑态度。

孩子的父母越优秀，对孩子阅读快慢问题越淡定，因为优秀的父母可能从来就没思考过这个问题。

2015 年，一个周末下午，赏能教育研究院邀请了十余名各学校的特优生家长进行了一次座谈，共同探讨特优生的培养问题。这些家长在座谈会上都谈到了孩子过去的大量阅读现象，并都有个共性，即在孩子阅读问题上大家都很淡定，基本由孩子自己去读书。有的孩子在四年级期间，只用一学期就读完了金庸全部的武侠小说，并开始研究武侠，创作长篇武侠小说；也有个四年级女孩读完了《沉思录》《爱弥儿》《苏菲的世界》及诸多名人传记；有个三年级孩子把《发现：数理化通俗演义》和《大数学家》反复读过好几遍；还有能全文背诵《笠翁对韵》及多篇传统蒙学的三年级孩子；也有通读《易经》原文数遍的二年级孩子。这些优秀的赏能小作家家长在说起孩子的阅读时都谈到了孩子的阅读自由，孩子的读书范围基本由孩子自己确定，阅读快慢自然也自己掌握。读金庸的孩子的妈妈说，读完金庸 15 部武侠作品后，孩子对新垣平博士 32 万字的《剑桥简明金庸武侠史》爱不释手，用了两个下午读完。前一下午读完大半后，孩子自己说要休息休息，保护眼睛，同时需要消化一下书中的内容。今天不看了，明天接着读。这些爸爸妈妈不是因为孩子能自己阅读显得淡定，而是因为他们的淡定和宽松造就了孩子的喜欢阅读。当然还有个重要的原因是，这些家长自己都是阅读者，不仅读文史，还读数理化。家长对数理化的阅读与考试及自己的职业无关，仅因个人爱好。

可做个自我测试。当遇到了喜爱的书，是否想一口气把它读完。或宅家里，或倚树下，或坐秋千架上，专心致志地阅读这本书，不希望有人来打扰。这是一种很美好、很享受，并可以入画的情景。正当你沉迷于书中世界时，那关爱你的爸爸来了。他要求你必须要用手指着书中文字一句句读出来，且不准快快阅读，读几页就要停下来复述给他听。不管你是如何强调自己喜欢这本书，你的老爸就是不相信你会读这本书，他不时时督促检验一下就不放心。爸爸是为了你好，希望你能认真地读完这本书，并养成阅读习惯。但如此监督，你还有多少兴趣来如饥似渴地阅读？你下次读书时是不是下意识地要躲开老爸？如果你不喜欢被这样对待，那么你觉得孩子会喜欢吗？

优秀的赏能小作家大多阅读速度很快，通常给小学生们看的书，他们在书店一个下午可读完四五本甚至更多。优秀的家长不会以不放心的心态让小孩复述，而是空出时间和孩子一起平等地讨论某个作品。这个讨论不限于作品本身，还包括作者、时代背景、相关的知识外延等，甚至针对某句话、某个细节都可发挥出一篇大文章。因为他们知道，对孩子的阅读做过多的限制，只能收到一个效果：孩子丧失阅读兴趣。还因为他们都知道，"己所不欲，勿施于人"不仅是一句口号，还是生活中真真切切的行为准则，对外人、对孩子都一样有效。

要让孩子爱上读书，且能高效读书，最有效的办法当然是让家里有阅读氛围，或可亲子阅读，孩子长大后可一起谈论阅读，但不去干涉孩子的阅读。如果孩子爱读书，请尊重孩子的阅读习惯，如此，你希望孩子读的书，孩子会读到；你没意识到的学识，孩子也会源源不断自觉自愿地从书本中吸收。

10　我们为什么读书

一早，我在地铁上读书，遇到开朗热情的邻座。

"你是老师？"

"是的。"

"是在备课吗？"他指指我手里的书。

"不是。"

"在考研吗？太了不起了。"他朝我竖起大拇指，尔后翻看了一下书的封面："这也不是教材啊——是参考书？"

当时正尝试读熊彼特《经济发展理论》，容易令人想到应试参考书。

"不是考研，就是读书。"

"不考研，不备课，哪有人这么认真读书？"左右看看，指指："你看，地铁上读书的都是为了各种考试的。我看你不像考证的，就觉得你是考研的。"

"其实地铁上很多人读书，既不考研也不为备课。"

"不考研，也不备课，读书还有什么用呢？我也就是备课时才翻翻书。"

有位许久没见面的文化界朋友来办公室探望，见到我桌上摆着几本"闲书"，很自然地说："年轻时读读书打发打发时间是常事，你都这么大了，还在读书？"

"是的，空时会读书。"

"你真的会读这些书？"

"真的会读。"

"读这些书有什么用？"

"也没什么用，就是打发打发时间。"

一、我读有什么用，重点是要他读

2015 年夏天，有位时髦的妈妈带二年级孩子来让我"诊脉"：孩子该说话时不说，大人说话时毫无礼貌地不断插话；该表现时缩头缩脑，该安静时常大吵大闹；孩子不爱读书，考试成绩差。问我该怎么办？

不管是在夸张的语气、表情和动作中，还是对孩子不争气的不断斥责中，到处弥漫着这位妈妈的优越感和控制欲。孩子果然在"不该表现时瞎表现"，妈妈和我说话间，他掀翻了我桌上的书和材料，堆在桌子上的东西掉到了地上。之前孩子乱翻桌上材料时，我制止过两次，但妈妈并未制止。当书籍纸张撒了一地的时候，妈妈瞬间从沙发上弹跳起来，啪啪两巴掌打在孩子头上，同时斥骂连连，语言动作紧锣密鼓，一气呵成。我拿出一本彩绘童书，让孩子坐到外面房间去看，然后收拾地上乱局，并顺势问这位妈妈有没有读过关于儿童成长与教育方面的书。妈妈说没读过。她随即很敏感地反问我："读那些管用吗？"我建议她有空时读读陈鹤琴的《家庭教育》和苏霍姆林斯基的《给教师的建议》，这两本是针对她儿子的情况所做的针对性推荐。她有点烦躁："我读了有什么用？关键是他要读。现在的问题是他不读书，不是我不读。"

我意识到只要说到读书，她就有排斥心理。我又尝试着建议她读读庄圆法师的《因果的真相》，这本书读起来比较轻松，也许这位不爱读书的妈妈能从中发现儿子和她本人的问题根源。没想到的是，她一看到书的封面上有佛像，马上"义愤填膺"地说："我从来不读封建迷信的书，我也从来不搞封建迷信。"为了怕引起误会，提起这本书前我还旁敲侧击地了解到她没有宗教信仰，没想到她一看见封面佛像就下了"封建迷信"的定义。尔后，她很夸张地对此表示厌恶并带着孩子逃之夭夭了。当时我就想起了在某篇文章中读过的一段话，大意是：有人以鄙薄的口气质问杨绛的文章究竟有什么好的时候，他可能从来就没有认真读过杨绛的文章。有人在"义愤填膺"地大骂北大、清华培养了大量"卖国贼"（出国读书或工作的人）的时候，他的朋友里可能鲜有毕业于名校的人。

二、家长读书是为了考孩子吗

总体而言，赏能小作家是优秀群体。而优秀的孩子群体的背后一定有优秀的家长群体，这点毋庸置疑，但也有部分家长对教育的认识存在偏差。

有位妈妈问我："您一直强调家长要读书、要进步，我身边的朋友都不读书，但是有的孩子也很优秀。你说我们都毕业这么多年了，忙家庭、忙孩子、忙工作，哪有时间读书呢？我的朋友中大家都不读书，我也没见到哪个家长在读书。"随后反问："真的有家长一直在读书吗？"这位妈妈也许意识不到，因为她不读书，所以她只存在于不读书的圈子，读书人的圈子她根本就进不去，所以她不知道真的有读书人圈子的存在。

我向家长介绍过一位特优生的读书情况。这个孩子的父母平日对孩子貌似不管不顾，孩子在学习、生活等各方面有充分的自主权，他可以自行决定做什么或不做什么——当然也不是孩子独行专断，很多事情都是全家一起商量着决定。孩子虽然在六年级，但已经读了大量的包括历史、儿童文学、科幻文学、人物传记、天文地理、数理化类拓展与科普书籍；也读了不少宗教、哲学、逻辑学、经济、金融类书籍；背诵了大量的国学篇章，考试成绩连续多年获年级第一；演讲、辩论、无领导小组讨论、社团活动等都很活跃；人缘广泛，深受老师和同学喜欢。这个孩子的父母对孩子的阅读有个不成文的约定：孩子读的每本书，家庭成员或身边朋友中至少有一人读过。如果父母发现孩子在读自己不熟悉的书，父母就会抓紧时间读完。我亲眼见过一次：孩子在读刘慈欣的《三体》，妈妈也找到《三体》来读，但因感觉有些艰涩难以读进去，就请爸爸来读这套书。爸爸那段时间白天工作比较忙，就一晚上没睡觉把三本《三体》全部读完了。

我在家长课堂讲过这个事例后，有一位爸爸问我：

"他们家和孩子一起读书，是为了考孩子，看孩子有没有认真读这些书吗？"

"不是。就是为了和孩子一起阅读一起成长。"

"不考孩子，那家长费时费力读这些闲书有什么用？"

"就是为了和孩子一起阅读，仅此而已。"

有位妈妈在家长课堂问我："王老师有没有统计过，赏能那些优秀小孩的家长每天给孩子留多长时间读书？"

问出这个问题，就说明家长在孩子阅读问题上的理解有了偏差。如果孩子养成了阅读习惯，那么读书的时间是不用刻意留出来的，孩子自己就能见缝插针地读书。如果每天需要留出固定时间让孩子读书，其他时间孩子不读书，只能说明孩子已养成了不爱读书的习惯。

读书和其他任何事情一样，只要是发自内心地热爱，根本无须刻意留出时间来自我强迫。

三、我为什么读书

我心中的读书和《阿甘正传》的主人公跑步是一样的。阿甘想跑就跑，自自然然。有一次他连续跑了 3 年 2 个月 14 天又 16 小时。不少人在探究阿甘跑步的意义，但对阿甘来说，跑步就是跑步，没有多么了不起。简简单单，就是跑步，如此而已。读书亦然，读书就是读书，没想过有什么用，只是热爱读书而已。之所以越读越想读，是因为越读越觉得自己无知。孔子说"知耻近乎勇"，又说"过而不改，是谓过矣"。知道了"无知"，再不"勇"而"改"，岂不越来越无知，几近于蠢？所以初期读书为止蠢，后来感受到读书带来的耳聪目明，就如饥似渴、步步深入了。

犹如面对着一幅优美的风景画，初看时人人看到的都一样，但若善于动脑，放大了仔细看，像素低的画就会很模糊，而像素高的画，越放大了看细节，越能发现更多的美好。人们才知道原来看到的美好，是众多美好的集合。如此，更能理解为什么这幅画是如此之美。放大欣赏时，也许也看到了阴暗，但终究会发现阴暗也是美好画面不可或缺的部分。洞悉了阴暗和明亮，就能更通透地理解"美好"的含义。所以，读书的面越广越深入，所能看见的"生活的像素"就越高。我们平时阅读的广度和深度与诸位大家相差何止云泥，但越读越能醍醐灌顶，阅读确实使生活更加意义非凡。

四、读书多寡与高度差

赏能教育研究中一直在吸纳人才，我经常会面试本硕博等不同层次的应聘者。在面试中我发现不同群体的人对读书有不同的观点。相对而言，学历越高者越爱读书，名校毕业生更爱读书。

面试一位学历史的硕士时，能感觉到他的历史知识更多来自于各种穿越剧。一位汉语言文学本科毕业生很坦然地说自己大学四年除了老师指定的书外没读过什么书，而读老师指定的书也只是为了考试过关。为了让孩子们接触更多文言文，我在面试时重点关注了一位自称"研究诗经"的古汉语硕士。交谈后觉得他的古汉语知识很贫乏，问及文言文写作时，他更是不断夸大难度，觉得那不是一般人类能达到的高度——他自然也是"一般人类"中的一分子。2016 年秋天，两周时间内，共有两位形象气质佳的女士来面试，她们外形精致个性热情，都有数年语文教学经验，其中一位两岁孩子的妈妈坚信她如能成为赏能老师，就一定会让儿子变得更优秀。她们对应聘岗位、待遇、工作内容和工作环境都非常满意，甚至表示出了欣喜，但在被问及读书时，都很惊讶，说出了基本类似的话："还要读书啊？我都上班好几年了。"说是"再回去考虑考虑"，之后就没有回音了。

我曾难以理解，都是十年寒窗苦读出来的学子，都曾是爱书之人，为什么工作后对读书如此排斥？我在高校工作过十余年，知道大学里有不少不读书的学生，这些人略过不提，即对爱读书、爱学习的好学生而言，走上社会后也都会知道，不管曾读多少书，以前掌握的知识肯定无法满足当前的工作。昨天在大学里刻苦认真，所学的也只是前天的知识，而每个人手头所做的却是今天的工作。当前有很多工作岗位，昨天闻所未闻，仅凭昨天传承下来的感觉和直觉岂能完美完成任务？如果身处教育行业，又岂敢用陈旧的知识系统引导孩子们前行？我们面对的这些活蹦乱跳的孩子们，他们将来要从事的工作大多是我们现在不知道的，老师若无强大的学习能力，且不能把这种强大的学习能力传授给孩子，那所谓教书育人，也可能是在爱心和责任心的美好愿望中做着毁灭下一代的工作。

有人在夸耀自己孩子：女儿欣赏古代《仕女图》时感慨，古人的那种惬意高雅的生活现在已经没有了。旁边有人接腔：历代《仕女图》描述的都是上层女性的生活，那种惬意与奢华在今天的上流社会仍广泛存在，只是你没让女儿过上这种生活，你女儿也没能让自己过上那种惬意的生活。与此类似，其实读书人一直都存在，爱读书的人的阶层也一直都存在，但人海茫茫，即使天天能见到的人，也未必属同一高度。之所以遇到许多不读书的人，之所以身边有很多不读书的人，是因为自己的高度不够。

五、孩子只是在传承家风

家长不读书，导致了孩子不读书。家长对自己不读的状态非常宽容，却对孩子不爱读书焦灼不安。中国一直有俗语"龙生龙，凤生凤，老鼠儿子会打洞"，从家风及学习习惯传承角度理解这句话很有道理。家长不读书，孩子从小就缺乏读书意识。为了让孩子多读书，家长焦灼不安地通过各种方式督促，甚至监视、央求，只要见到有推荐给孩子的书目，就照单全买回来，只要能让孩子读书学习，各种吃苦受累、忍辱负重、挥金如土都能接受，但自己就是油盐不进、"大义凛然"、"宁死不屈"。其内心，有一个坚定的信念：自己坚决不读，孩子不允许不读。

老师每天都面对着很多孩子，有的孩子轻松顽皮却各方面都很优秀，有的天天苦巴巴认真努力但成绩总不如人意，其实根本原因仅在做事情的方式不同。

赏能小作家写作中，有的孩子每篇作品都能认真完成，有的孩子总是留下"半拉子工程"。"认真学习"时有的孩子是真的认真，有的只是看起来认真。面对阅读，有的读得比较深入，有的敷衍了事。这些结果，更多地来自于孩子从小耳濡目染所形成的习惯。比如，有的家长一直就有读书的习惯，每件事情总是有始有终，客观面对一切，有的人只是偶尔假装读书，假装给他人或自己的内心看，且做很多事情都是有始无终。遇到问题，就在焦虑烦躁中看别人怎么做，而后自己效仿。在他看来，提出客观的应对方案都是别人的事情，自己没这份能耐，也无须去努力，其实只是善于给自己的懒惰和逃避找个理由。

六、独立自主有时可能也没什么用

火热六月，毕业班家长来来往往、惴惴不安地奔波在升学择校路上。高考与志愿填报、中考与小升初择校，都让整个社会为之揪心。赏能小作家家长原本淡定，原本对孩子的优秀抱有更多自信，但自从小升初不再考试，赏能老师的电话忙起来了。原来，赏能小作家长篇作品集成了本次择校材料提交中的一个亮点。于是有的低年级小作家家长也开始关心孩子"出书"的事情了——因为"升学时有用"。原本，我们给孩子们出书也是因为有用，但此"有用"非彼"有用"。赏能的"有用"大致有三个层面：一是小作家的作品确实很优秀，值得成书供大家学习；二是部分孩子要用出书的方式增强学习与成长自信——当同龄人在为数百字作文而努力时，赏能小作家那洋洋洒洒数十万字的长篇作品往往能使罗森塔尔效应①以几何级数发挥效用；三是家长要为孩子留下成长的足迹。孩子一天天在长大，过了某个时段，很多内容永远也补不回来。有位家长朋友在群里介绍了女儿参加名校面试被录取的经验——这在赏能优秀孩子的家长间是常事：进门先大大方方向老师问好，然后轻轻拉出座椅，热情自然地回答老师的提问，结束后向老师告别，并轻轻把座椅复位，进出面试教室都自然而然地昂首阔步。这位妈妈说，她从大屏幕中都能感受到女儿的大方与自信，一切都自然而然，毫无很多孩子的那种胆怯与生硬。尔后，上课中，有的孩子告诉老师，爸爸妈妈说的，赏能老师训练你们行走坐卧的姿势要好好学，因为"升学时有用"。

多年来我们给孩子们传授的是做人的自信，是学习的乐趣，是灵活中的专

---

① 罗森塔尔效应由美国著名心理学家罗森塔尔和雅各布森在小学教学上予以验证提出。暗示在本质上，人的情感和观念会不同程度地受到别人下意识的影响。人们会不自觉地接受自己喜欢、钦佩、信任和崇拜的人的影响和暗示。起因于罗森塔尔考察某校，随意从每班抽3名学生共18人，将他们的名字写在一张表格上，交给校长，极为认真地说："这18名学生经过科学测定全都是智商型人才。"事过半年，罗森又来到该校，发现这18名学生的确超过一般学生，长进很大，再后来这18人全都在不同的岗位上干出了非凡的成绩。

注与努力。这些都是一个健康阳光的人的基本素养，不管考试中有没有用，做人就应该这样。当然，话说回来，如果各方面都很优秀，又何惧各种针对局部测试的考试？比如学校考试只是对课本知识的测试，仅是很小的测试角度之一而已。

赏能教育的目的是让孩子们成为自信、自强、自立的完整的人，让孩子们养成独立思考的习惯，他们将追随着自己的自主意识而努力。或许他的自主意识还不那么完美，不能为他正面临的考试提供完美答案，但他没有人云亦云，没有轻易随别人好恶摇摆不定，他热爱生活，他正在自己设定的前进方向上努力奋进。我们让孩子知道为什么学、如何学并发自内心地热爱学习，我们让孩子知道他学习的方向在哪里。他们知道学习没有终点，知道"越学越无知"的内涵，了解知识的无限，从而思想日渐深邃，懂得人生有涯思无涯，知道各种美好的未来都需要勤勤恳恳、脚踏实地、一步一步坚实地向前走。所以，如果要问在赏能的某一堂课上孩子具体学会了什么？学完这堂课对他的成绩提升有什么用？老师知道问这类问题的家长想得到的答案，但赏能教学中确实不是为了传授某个具体知识点，所以，老师也许会回答：没学会什么，也许起不到什么作用。诚如幼时吃了几顿营养餐，你不能明确说清它让孩子智力聪明了几分、体魄强劲了几许。

七、发散思维和自主学习才是大"有用"

大音希声，大象无形。越是有用的知识，有时候看起来也许越无用。

"天地不仁，以万物为刍狗；圣人不仁，以百姓为刍狗。"把万物及百姓当"刍狗"，老子又何以称颂天地与圣人？水善利万物而不争，夫唯不争，故天下莫能与之争。既已不争，又何以"天下莫能与之争"？赏能教育法之写作教法中有"教是不教，不教是教，唯因赏能不教，故赏能小作家个个善写能说爱学习"。既然不教，又何以成绩超群？其实这里并无矛盾。

与之对应，关于读书，你认为"有用"的就真的有用？你认为"无用"的就真的无用？

爱因斯坦发现相对论时，如果你问他相对论有什么用？他也许会回答"没什么用"，但是现在医用 X 光检查、CT 扫描、核能发电、汽车导航、原子弹和氢弹爆炸都用到了相对论原理。不知道相对论有什么用是因为当时的应用科学还没发展到这个阶段，那么又如何保证当前我们给孩子或我们自己读的"有用"的书对未来的生活也有用呢？谁能知道什么是我们的孩子大学毕业后所从事的工作中要用到的有用的知识？大概唯一能准确定位的只有发散的思维和自主学习的意识与方法。如果觉得这个阶段稍远，那么从近处说，学会了什么"有用"的知识，能让自己和孩子可以面对即将出现的各种试卷上或生活中的考试？很明显，让孩子和自己养成发散的思维习惯并具备广博的学识修养是授之以渔，只忙着掌握各种当前"有用"的知识，仅仅只是授之以鱼。

腹有诗书气自华。热爱读书，不为有用而读书，为了读书而读书。多读、广读、常读，人生必将不一样。

11 青少年成长中几个重要却熟视无睹的误区

青少年成长是个系统工程，不同的家庭会培养出不同的孩子，甚至相同的家庭、相同的父母也会培养出拥有不同未来的孩子。在培养孩子方面，父母都是学生，都有学不完的内容，都有解决不完的问题。结合赏能教育研究实践和接待的家长咨询，我发现有几个方面的问题大家或熟视无睹，或习以为常，但这些问题确实在孩子成长中存在，并且经常引发一些不好的结果。

一、"我就想让孩子成长为快乐的普通人，我不希望他考第一名"

"我就想让孩子成长为快乐的普通人，我不希望他考第一名。"这是我经常能听到的一句话。有的家长也许在为孩子未来不够优秀而提前找借口，也有的家长也许真的是这么认为。不管真假，这种到处宣扬的主张对孩子的成长有害而无益。有的孩子原本是能成为第一名的，有的孩子原本能更优秀的，但孩子的思维是感性而直观的，他可能会真的认为这就是家长对他的要求。即便这是你的真心话，希望孩子不要压力那么大，但事实上并不是所有成为第一名的孩子学习压力都很大。有些往往相反，成绩第一名的孩子通常学习都很轻松，因为他们都不是通过死学学出来的。部分排名稍后的孩子，通过自己的努力也可以获得第一名，他也愿意去争取第一名，即使经过了一番寒霜苦才换来扑鼻香，那是孩子自己愿意的，他愿意通过努力来促使自己取得更好的成绩。这原本是好事，难道做父母的一定要孩子成绩居人之下，不允许孩子积极努力得到第一名的荣誉吗？

对自己的孩子，悦纳之，欣赏之，在家庭环境、父母的精神境界、孩子的智力水平等综合因素形成的孩子的基础素养上，只要孩子发挥得够好，就应该高兴。我们应该经常告诉孩子，某件事通过他的努力取得了更好的成绩，甚至成绩超出了大家预料之外，你感到很高兴，你因他而自豪。某件事虽经他努力了，但没有取得预期成绩。劝他不要气馁，协助孩子分析原因，以期下次能做得更好。如此，孩子少了压力，也有了争取进步的劲头，未来一定能有更大的成就。

鼓励、表扬孩子，或对孩子的某些行为鼓劲时，尽可能不用绝对概念。绝对概念要么不易达到，要么达到后就封顶了，以绝对概念鼓励孩子，通常起不到你希望达到的结果。比如要让孩子考试成绩一定考到（或一定不考到）第一名，比如不断夸奖孩子长得漂亮帅气，比如到处参加"萌"宝宝比赛等。"第一名""漂亮帅气""萌"等都属绝对概念，在日常激励中尽量不用为好。每次考第一名的未必就是学识渊博且有研究、探索精神的好学生，考不到第一名的也不都是不思进取的贪玩学生。特别是小学低年级，分数的高低真的不重要，它不决定后期的成绩走向。至于"漂亮帅气"和"萌"都不是孩子自己努力的结果，他不能通过自己的努力来改变这些因素，何况这些概念都只是每个人内心看法的外在表现。如果有个孩子一直在"漂亮"的自信中成长，某一天，她发现了自己并不是最漂亮的，或者有人说她并不漂亮，也许就会深深伤害到她的自信与自尊，以至于影响到生活、学习、工作的方方面面。所以，家长要尽可能地引导孩子悦纳自己，对自己满意，而不是设定一个绝对概念来衡量自己。

在小学低年级成绩不够好的孩子，往往是学习习惯和思维习惯、行为习惯存在问题，这才是真正影响后期成绩的主要因素。不管是否考了第一名，对不少孩子来说都有很大的学习空间和学习能力，不引导孩子对这些空间和能力进行拓展和运用就是对孩子不负责任。这里说的运用，绝不是说要给每个孩子报很多兴趣班和补习班来填充。报不报班、学不学习，要根据各人的实际情况而定，真正的学习内容，也未必就在辅导班，家长应该有个清醒而系统的认识。由家长安排孩子循序渐进地多读书，效果会更好。反之，若孩子学课本知识已经感到吃力，那就不宜安排新知识来加码，而是要分析孩子为何学习吃力，并对孩子进行帮助。小学低年级是打基础的阶段，很重要，家长应多关注孩子的学习与成长，而不能认为低年级成绩不重要而忽视对孩子的教育引导。如果成绩不够好，很少有智力因素，基本上都是不良学习习惯所致。

需要特别提醒的是，小学低年级孩子即使每次考试都是满分，家长也需要帮孩子拓展知识的广度和深度，因为学校的教材大约是根据中等水平孩子的学习能力编写的，随着年级的不断升高，学生会被层层筛选，只有最优秀的孩子才能进入最优秀的高一级学校，在人才选拔中这个金字塔状的结构不会改变。

还要做个说明，这里说的知识拓展，仍然不是要让孩子去辅导班参加各种补习，不是一定要去学英语、奥数（少数确实学有余力者除外），最有效的方式是家长和孩子同步学习与成长，要养成良好的行为处事方式和提高时间利用效率，要让每个孩子悦纳自己，同时还要有努力的积极性，知道成绩可通过自己的努力获取，要有阳光开朗的性格，能客观认识到自己和群体的关系。总而言之，要做好自己，而不是活在别人的眼中和口中。

二、幼儿应该多学知识还是应该快乐成长

青少年成长中，家长对孩子的基本期望往往分成两类，有的家长希望孩子能多多地学习，除了课本知识，琴棋书画最好也尽可能多学。有的家长希望孩子能够快乐成长，尽可能多地游戏玩乐，美其名曰要留下快乐童年。这两种想法各有优势，都能培养出优秀的孩子，但两种方式成长起来的孩子却千差万别（其实从上学后孩子就有了明显的分化），原因何在？

问题没出在这两种观念上，这两种观点都不为错，最主要的问题出在孩子基本行为习惯的养成上。

为了剖析这种现象，我制作了示意图进行说明。

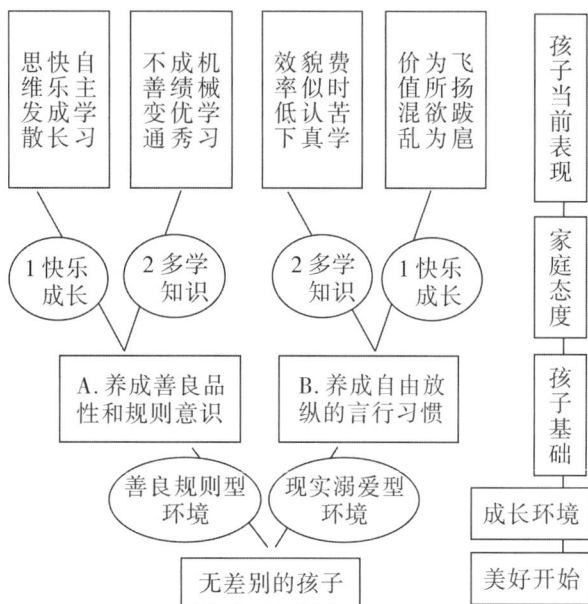

思维发散 / 快乐成长 / 自主学习 —— 机械变通 / 成绩优秀 / 不成变习 —— 效率低下 / 貌似认真 / 费时苦学 —— 价值混乱 / 为所欲为 / 飞扬跋扈

孩子当前表现

1 快乐成长　2 多学知识　2 多学知识　1 快乐成长

A. 养成善良品性和规则意识　　B. 养成自由放纵的言行习惯

家庭态度

善良规则型环境　　现实溺爱型环境

孩子基础

无差别的孩子

成长环境

美好开始

每个孩子刚出生时并无二致，完全一样，最终在不同的家庭中养成了不同的性格与行为习惯的基础。为便于说明和理解，我把这种基础大致分为善良规则型（A）和自由放纵型（B），我们把家长的期望值分为快乐成长型（1）和多学知识型（2），如此，便有了四种组合：

A1：善良规则 + 快乐成长

这类孩子开朗积极、快乐单纯，他会自主研究与学习，对生活充满好奇，其思维发散，能从多角度思考问题，博览群书，尊重他人，不但人见人爱，且能轻松取得好成绩，前景不可限量。

A2：善良规则 + 多学知识

这类孩子学习刻苦、文静内敛，成绩优秀，规则意识强，是家长自豪、老师喜爱的好学生，中小学阶段的班干部基本上都由此类孩子担任。但这些孩子学习比较机械，往往把认真学习等同于认真上课和认真写作业，对老师的话言听计从，需要有一个权威才能使自己具有安全感，不善用自己的大脑自作主张。这些孩子未来可能是优秀的白领高管，因欠缺创造性思维，不宜做最高领导。

B1：自由放纵 + 多学知识

此类孩子貌似认真刻苦学习，但各种小动作不断，读书学习心猿意马、心不在焉，学习效率低下。有时候为了让别人和自己感觉到自己在学习，会认真地把错题整整齐齐抄写到错题本上，真实的或名义上的目的是将来复习方便，但他却不愿意花工夫来认真思考解答这些错题，这个错题本也就成了形式主义的一种体现。因为从小的放纵与自由，或者说没有规则意识，没有时间观念，心目中没有他人，只凭着自己的意气用事，他的认真学习是在主动或被动的逼迫中的学习，不是发自内心的自己想学，因此学习效率自然低下。走向职场后，做事情缺乏耐心，要么偷懒耍滑、投机取巧，要么唯唯诺诺、一声不吭，大多会在社会中下层度过。

B2：自由放纵 + 快乐成长

其实，自由放纵的孩子，都是想反抗规则的。他认为这是束缚他自由的锁链，但因为自己的弱小，有的孩子不敢反抗，所以生活得比较委屈。以上 B1 型就是委屈生活的代表。自由放纵的行为习惯，再加上父母想让孩子自由快乐成长，自然而然促成了孩子飞扬跋扈、为所欲为、自大嚣张的性格。这些孩子动辄打人骂人，或者乱发脾气搅闹课堂，老师同学一般不会喜欢此类孩子；有的孩子会通过恶作剧甚至极端的方式寻找自尊和存在感，他们一直在动脑筋寻找自己的社会位置。在他们成年后，走上正途的可能会成为某方强势领袖，走上歪路的也许就是祸国殃民之徒；也有的一直找不到自己的位置，也许就归于了欺行霸市的小混混之流，或者干脆认命，缩头缩脑在社会底层过一辈子。

三、"优秀生"继续压缩休息时间，"问题生"家长倡导个性化教育

这里的"问题生"是一个大概念，泛指缺乏规则感，已养成了不良习惯的孩子。

生活中，每个人所看见的都只是自己想看见的。自己选择了一种方式，后来发现该方式运行的结果未达到自己的期望值，很多人并不善于从自身找原因，而是怀疑当初自己选择的方式出了问题。或者说，他希望是方式出了问题，这样就不用为坏结果负责任了。如此，他一定能发现当时确实是因为选择了错误的方式。于是，他心安理得地认为这件事没做好不是我不够努力，而是当时的

选择出错了。

孩子成长中出现的问题当然也包括在这个选择内。如果孩子成绩不够好，不管是采用了哪种方式的家长，到后来基本全部"进化"成了同一种类型。这种类型的表现是：不让孩子做任何事，生怕影响了他学习，一有空就让他去做作业，去预习或复习；考试前后，家长比孩子还紧张，好吃好喝伺候着；考后若成绩不理想，家长就会很郁闷，在一段时间内甚至对孩子恶语相向；过了三五天，一切照旧，既没有什么改进措施，也没有什么自我反思。有的孩子看似几乎把所有的时间都用在了学习上，但成绩却怎么也上升不了。

优秀生的家长，比如那些保持名列前茅的孩子的家长，如果他们在孩子成长中比较轻松，孩子也比较轻松，这种孩子的前景会非常好。也有一种家长，孩子成绩经常保持头几名，家长却经常处于焦虑状态，生怕孩子的成绩被他人超越，孩子也不断压缩一切其他时间熬夜苦读，到了中学后，这些孩子大多不再能保持头几名的成绩，基本上会下滑到中上层次，甚至更低。不是孩子不努力，而是心力交瘁、后劲枯竭了。

也有部分孩子会通过熬夜加题海战术取得比较优秀的成绩，考上了好的大学，甚至可能读研读博，但其人生却不易做出成绩。这种孩子，就是通常所说的考试型的学生，他们很善于考试，他们的成绩是通过死记硬背得来的，他们变成了做题的熟练工，缺乏创造性。而未来的生活中将遇到的各种大大小小的问题，都是没有固定的模式可遵循，没有固定的答案让你去刻苦背诵；生活中每件事都需要创造性地完成。所以，未来的职场上，这种刻苦攻读出来的"优秀生"很难有所作为。

反过来，有的孩子从小在溺爱中成长，养成了无法无天的恶习。这部分孩子最需要的就是规则意识的养成。但这些孩子的父母却常常意识不到自己的问题，他们总觉得当前的教育环境不适合自己的孩子，他们希望能对自己的孩子进行个性化教育，希望学校、老师等都能按自己教育孩子的方式进行教育。这里就出现了一个反常的现象，应该进行个性化学习与教育的孩子在努力地遵从学校与老师的规定，把大量的时间浪费在没完没了的作业上。缺乏规则意识，应该按学校的纪律与要求严格约束的孩子的家长，却希望得到能顺应这种没规矩孩子的个性化教育。这两种方式都是有害的。我常想如果这两种家长和孩子能反过来思考与实践，一定能造就出更多更优秀的孩子。

四、认真学习等同于认真上课加认真写作业

好学生都在认真学习，但认真学习的内涵和方式却不一样。

正确的认真学习应该有自己的探索与思考。读书、上课、写作业都是为了解决问题采用的方式与手段。所以真正优秀的学生把大量时间用在了读书和思

维拓展上，他可能会为了观察蚂蚁而花费数小时，也可能为了某个小实验而数日神魂颠倒，也可能为了查阅某种植物或昆虫而废寝忘食。因为一直在动脑子思考，家庭作业对他而言变得很简单，他能在很短时间内完成。也有部分孩子因为对自己很有把握而对家庭作业占用了过多的时间而反感，这些都是优秀生的正常现象。

这时，如果有位"负责任"的家长，看到孩子尽搞一些"没名堂"的事情浪费时间，却不去做试卷，不去复习课本，他会大发雷霆，会逼孩子去做试卷，让孩子在百无聊赖中重复做那些无聊的题目。这个孩子可能会越来越叛逆与不听话，也有可能会越来越乖，按爸爸妈妈的安排从自己的阳关大道汇入羊肠小道上和其他孩子一起挥汗如雨往前挤。此时，也许爸爸妈妈发现孩子终于上道了，有规矩了，能坐住了，和别人家那些优秀的孩子的表现基本一样，家长可以放心地出一口气了。但也许从此开始，这个孩子被彻底毁了。家长按照别人家孩子的模式，或者他认为的四平八稳有把握的模式，成功地把自己家这颗璀璨的珍珠打磨成了一块砌墙的方砖。因为放眼四望，周边大部分建筑上都是四四方方的砖，很少看到珍珠，所以他会觉得珍珠只是个传说。由于原生家庭的影响，他的孩子（这颗曾经的珍珠）在对自己下一代的教育中，可能也会觉得珍珠只是个传说，他也会把自己的孩子打磨成规规矩矩的方砖。

大家都知道兴趣是最好的老师，但是在对待孩子的成长中，有几个人真把这句话当回事了？很多人会说，道理是这个道理，但真正做起来还是要根据实际情况有所调整，要具体问题具体对待。其实真理就是真理，关于优秀成长的道理，人家是能做到的，所以人家优秀了，你做不到，你觉得需要具体对待，你就会觉得别人也都在具体对待。在孩子学习与成长中，你的孩子是凭着自己的兴趣学，还是因为大家都在学，所以也要学？你是在培养孩子的兴趣，还是在强迫孩子要采用别家孩子一样的方式来学习？你家孩子的认真学习是为了探索自己感兴趣的未知领域，还是为了上学、上课和写作业？不要觉得人人都和你一样，也不要觉得别人家孩子和你家孩子一样。其实，优秀生和优秀生家长的做法和你的做法确实不一样，他们的做法也没有什么秘诀，就是你所知道的那些你认为应该"具体对待"的方法。优秀生和家长的想法比较简单，他们认为既然培养优秀生的道理是这样的，那就应该这么做，所以人家优秀了。

循规蹈矩、亦步亦趋、只会跟着老师邯郸学步的孩子和家长，基本上都意识不到已经丢失了自我。他们信誓旦旦且虔诚地认为自己走的是一条正确的道路，他们不知道自己走上了一条非常狭窄的小道，以为天下学子都和自己走的是一样的路。看着他们辛辛苦苦地奔波，清醒的旁人告诉他旁边有自行车可代步，旁边有汽车可乘坐，他们会气喘吁吁迈开双脚，挥汗如雨地喘息着说："没时间去取自行车，也没时间去乘汽车，我还要忙着往前跑路呢。"对这部分迷失者，如果愿意改进，愿意抬头看路，有个比较简单的判定方式可以试试：如果你家孩子成绩还不错，但常常要很晚才能完成家庭作业，他把吃饭、睡觉以外的几乎所有时间都用在了做题和复习上，那么基本上就可以"确诊"得了"邯郸学步病"。如果一时半会难以改变，那么就强行给自己做个规定，每周必须抽出几个小时脱离课本与作业，比如每周强行规定半天时间用来读书、爬山、打球、游乐等。这里只说一个结论，对于用所有时间来学习的成绩还不错的孩子，其成绩与发展前景一定比不上每周脱离课本与书房一段时间的孩子，他们看起来在用所有时间学习，其实只是在自我封闭。

五、要给孩子"公平"，不能让孩子受委屈

大多家长一直有诵读经典的热情，我就引用《道德经》第五章来谈谈我的理解："天地不仁，以万物为刍狗。圣人不仁，以百姓为刍狗。"刍狗就是用稻草扎成的狗，是当时祭祀用的，用完后就随手丢掉，因为祭祀过后它就没用了。这句话本意是说，天地不感情用事，对万物一视同仁，圣人也不感情用事，对百姓一视同仁。古人对天地很敬畏，对圣人很向往与尊崇，但天地和圣人怎么就把万物和百姓当作刍狗了呢？天地是无所谓仁慈的，它不会对某个物种有所偏爱，它让四季更替、寒热变换，任由万物自然运作而不加干预，那么万物一定能按各自的方向生长出最好的状态；圣人也不会因仁慈而对某类人有所偏爱，圣人定律法、制礼乐、施教化，尔后任由百姓主宰自己的命运而不加干预。看似任由其自生自灭，显得冷漠，其实却是最好的态度。

我遇到过很多家长，培育孩子太过精细，有的妈妈恨不能拿着游标卡尺和天平来衡量孩子的生活。她在孩子与小朋友的交往中、与学校老师的相处中、在家里与家人的交流中，处处要讲求"公平"，生怕孩子受到一丁点委屈。孩子欺负了别家孩子，家长和孩子也会道歉，而且会不断道歉。孩子受到了别的孩子的欺负，除了希望得到别人道歉，还过度心疼自己家的孩子。就在这来来回回的道歉中，有的家长不去思考为什么这个孩子常出现欺负与被欺负的情况。

因为缺乏真正的公平公正与规则意识，让孩子处处以个人感觉为中心，造成了孩子从心理上觉得周边不安定。他可能一直处在一种自卫的状态中，随时准备"消灭来犯之敌"，所以就常常表现出"功夫不错、拳脚了得"。而那些心态积极、公正公平、简单纯朴、善良待人的孩子，则能感受到周边其乐融融、阳光灿烂。其实，每个孩子周围的人并没有什么不同，一切只在于孩子自己是怎么看待别人的，这种看待别人的方式由父母给孩子从小养成的习惯决定。

不只是孩子，我们为人父母，生活阅历都已不少了，但每个人的生活态度也有所不同。有人觉得这个世界很美好，处处春风拂面、其乐融融；有人觉得这个社会很糟糕，个个尔虞我诈、丑陋不堪。社会是同一个社会，你开心快乐或者怨恨重重，都只是你的心态不同而已。你时时怨声载道，你的社交圈子就

都是抱怨不断的人；你热心助人，你的周边就都是先人后己的活雷锋。此所谓人以群分。同一个社会，因为自己的心态不同，所以就生活在了善恶不同的环境中。同理，同一件事情，有的孩子觉得没什么关系，有的孩子就觉得难以忍受。考试没考好，有的孩子觉得可以下次努力考好，有的孩子就觉得没脸见人了。这一切，也是父母从小给了孩子要绝对的公平且必须处处出人头地的概念所致。

每个人一生中总是要受些委屈的，受委屈是人生的必修课。我们没必要给孩子制造委屈，也没必要帮他摆平所有委屈，让孩子生活在真空里。比较明智的家长是把真实的生活展现给孩子，并协助孩子成长，而不是代替孩子去成长，未来要靠他们自己去生活。纸上得来终觉浅，绝知此事要躬行，家长什么也不能代替，除非你准备护佑孩子一辈子。

六、"和别的孩子不一样，我的孩子需要荣誉鼓励和特别关照"

对绝大多数家长而言，你一定要相信你的孩子和别的孩子是一样的，并无任何特别。他只需要安安静静地成长，不需要你时时过分呵护。

我接待过的家长中，有人为孩子真是操碎了心，但孩子越来越不能令家长满意，家长却无可奈何。有的妈妈说着说着就哭了，也有陪着妈妈一起掉泪的爸爸。这些家长有个共同点，基本上都说他家孩子和别的孩子不一样。陈述一般分为三部分。第一部分是说孩子多么聪明、多么能干，第二部分说学校或老师教法不对，这两个部分基本一致。第三部分描述孩子的问题，有的顽劣，有的胆小，有的成绩太差，有的对任何事情都缺乏兴趣，等等。见到孩子数次后，我希望家长对孩子放手，告诉家长你的孩子和别家孩子并无二致，聪明程度、学习习惯、理解能力等与别的孩子是一样的，所差者只是别的父母对孩子很放心，而你对孩子处处不放心。你把孩子的一切都要抓在手中，生怕遗漏什么，导致你疲惫不堪，孩子也疲惫不堪，结果事与愿违。但这些家长常常觉得孩子"都这样"了，希望老师能多关照孩子。结果我竟然说他家孩子是正常的，是普通的，还说他管得太多了，家长就责备我"怎么能这么说"。我相信这些家长中一定有人内心在鄙视我，觉得我太没水平，太不负责任了。

因为觉得孩子与众不同，一遇到表彰评优，有的家长就给孩子要荣誉，认为这个荣誉对别家孩子也许无关轻重，但对他家孩子太重要了，一定要给孩子评上奖。至于孩子学习能力及学习结果如何，似乎并不真正关心。有的家长一直在向孩子打听：王老师有没有对你特别关照？孩子说课上没见到我，家长就很不高兴，觉得自己孩子很特别，就是希望你能特别关照，结果你都没和孩子说话。其实我一直在关注课堂，每次课后老师们会讨论每个孩子的成长，我也在参加，孩子学习很快乐，学习成效很明显，这难道不正是孩子需要的吗？关照每个孩子，并不是要和每个孩子都去说话，把孩子放到群体中他才能茁壮成长。因为觉得孩子与众不同，所以总担心孩子受委屈，明明孩子一切正常，但家长会觉得孩子受了委屈，自己也因此感受到委屈不堪。

孩子成长如同培育栋梁，只要有阳光雨露，只要没有害虫，让孩子安静地成长才是最佳状态。要像那些优秀孩子的家长一样，对孩子放手，并遵从那些耳熟能详但却总被您想当然地改良的、原本就非常正确的教育方法并运用到孩子身上，才是对孩子最好的爱护。

12　屈辱感传递让诸多聪明孩子平庸终生

课堂上，老师责问学生：

"为什么没写作业？到前面站着，给全班同学做个'榜样'。"

"这么简单的题都能做错，智商还有吗？明天请家长来学校。"

"女孩子穿这么妖里妖气的，中华五千年的优良传统都被你败坏了！"

"就没见过你们这么差的学生——全班都差。"

"平时考那么差，这次怎么考这么高的？老实告诉我，抄谁的？"

家里，父母责问孩子：

"哭，再敢哭一声，就给我滚出去！"

"闭嘴，听我说话！哪来那么多废话！"

"要你有什么用？就考这么点分数还有脸活在世上？"

"我每天累死累活地挣钱，就供养了你这么个不争气的东西！"

"你怎么还不会？你为什么不会？刚才讲的时候你听了吗？你眼睛耳朵是出气的？"

这些带有羞辱感的"礼物"很多人小时候都收到过。收到这些"礼物"的时候，不少孩子都有一种想找地缝钻进去的感觉，也有孩子跟我们说他当时都不想活了。这种感受到自己没用的耻辱感烙印在很多人脑海深处，甚至终生难以忘记。但在为人父母后，很多人又原封不动甚至变本加厉地把这个"礼物"送给了自己的孩子，继续让孩子感受羞辱，让孩子感受到他的存在是父母的耻辱，感受到只要他活着就一直亏欠着父母，他是靠父母的施舍才活下来的。

除个别智力因素，孩子成绩不好基本都是没有养成良好的学习习惯所致。而包括学习习惯在内的各种习惯，不论优劣，都是孩子在自己的成长环境中从小养成的。一代又一代，几乎所有新父母都为孩子的聪明惊叹不已：孩子会叫妈妈了（也许只是孩子无意识中发出了"妈妈"的音。这也是世界上大部分语言中"妈妈"发音类似的原因）；突然发现孩子惟妙惟肖地在模仿大人的言行（比如把手机放到耳朵旁"打电话"）；孩子说话时居然蹦出了一个成语；孩子能无师自通地跟着电视唱歌跳舞；孩子要把好吃的食物留给爸爸妈妈；孩子还会主动给爸爸妈妈捏腿敲背等。这些惊喜让每个爸爸妈妈都陶醉过，会觉得自己这一趟为人父母真的很值得，自己真的很幸福。在这个陶醉阶段，一定没人想过，几年后自己会狠狠地羞辱怀里那个可爱的孩子，会让他感觉到自己的存在也许是一种多余。

一、屈辱感传递让孩子甘居末位

除类似本文开头列举的传递羞辱感的语句外，还有很多成人传递的负能量都足以让孩子长大后成为一个卑贱、猥琐、灵魂高贵不起来的人。

（一）精神贫困

因家庭状况及个人理念不同，家长传递给孩子对待钱财物质的态度大相径庭。过去常说寒门出贵子，但现在却有点难了。其实过去所谓的寒门贵子，仅是物质上匮乏，精神上却是富有的。宋公明急公好义人称"及时雨"，李太白"五花马，千金裘，呼儿将出换美酒"显出一种豪气，街边见到年老体弱的流浪者弯腰放上几个硬币，传递的是怜老惜贫的善良。大家也见过对金钱近似于病态的小气的人——小气与节约是完全不同的概念。节约是不乱花不该花的钱，不乱用可不用的物资，但该花该用的却一点也不寒酸；小气则是以自己"不花钱、不使用物资"为最终目的，所以到处抠抠索索。小气传递给孩子的是我们处处低人一等的卑微心态，同时不断告诉孩子不能花钱，最终的结果就是该花、不该花的都不花，该用、不该用的都不用，一代代人都匍匐在最底层蜗行摸索。物质的贫困并不可怕，思想深处的贫困情结，却会让精神贫困者终生难翻身。

（二）习惯屈辱

孩子需要买文具和玩具时，或要请他的朋友们吃冰激凌时，自然会向家长要钱。家长不闻不问任由孩子花钱固然不合适，但若以不信任的态度和口吻一遍遍盘问，到最后将少于孩子的预算额的钱以不屑的表情扔给孩子，小孩子会捡起来乐颠颠地实现他的目的去了，大孩子则忍受着屈辱去拿钱。这样做会让孩子养成终生仰人鼻息的心理而战战兢兢地生活。其实，对于孩子的所求，该给的就大方付出。如果需要，提醒孩子养成节约的习惯也是必须。不该给的就拒绝，这都很正常，但不能在孩子有所求的时候让他感觉到自己必须低三下四地摇尾乞怜。满足或拒绝孩子，都希望能在平等与尊重的氛围里交流，不能让孩子习惯了接受屈辱，这对其一生的发展危害极大。

（三）父母不思进取

父母不管从事什么职业，不管薪酬高低，都应乐观、善良和感恩。有的人习惯抱怨，抱怨社会不公，抱怨领导不明，抱怨同事不好，抱怨天气反常，抱怨菜贵、房贵、邻居差，抱怨生不逢时、不被赏识，可空闲下来，却并不为改变自己的现状而努力。自己一直看电视玩手机，却不允许孩子看电视玩手机。要让孩子好好学习多读书，但自己从来不读书，或许家里除了孩子的课本，原本也没有其他书。长此以往，孩子一定会叛逆，孩子从内心看不起不思进取的爸爸妈妈。慢慢地，孩子需要去找自己的精神寄托，或者是游戏，或者是一个好朋友，或者是其他认同的对象。如果你给孩子留下了一个碌碌终生的印象，孩子长大后要么成为逆子，要么会和你一样认命，在唯唯诺诺中抱怨一生。

二、势利观传递让孩子心理扭曲

人的一生一直要和他人打交道，需要彼此协作。这种协作涉及生活的每一个细节，能和不同人和平共处是一种很重要的能力。即使不从幸福观角度考虑，单从实用主义出发，时时让别人感受你的傲慢和势利，一定难让自己的道路平稳。有的人也许没有助你成事的能力，使你败事的功夫却绰绰有余。成功的方式方法基本一致，但失败原因却有百千万条。所以，势利者难成事的根源并不在于他们所认为的时运不好。这类人自觉比同伴高一等，拒绝同伴的帮助，因此协作能力比较差，不易得到同伴帮助，吸收知识的渠道也少。此外，他们又想处处高于同伴，希望处处露脸，结果必然常闹出笑话。在少儿阶段，这种闹笑话的结果让其心理挫败并形成自卑情结，是不难想象的必然。

（一）一定要做最好的

有些我们认为优秀的，从孩子的角度看未必优秀；我们认为微不足道的，但孩子可能觉得很重要。生活中常见一个现象，两个带孩子的妈妈聊天很开心，其中之一希望自己的孩子 A 把玩具让另一个孩子 B 玩一会儿，但 A 坚持不给，如果妈妈批评或直接强势从 A 手里夺过去让 B 玩，A 可能会歇斯底里号啕大哭。妈妈也许觉得孩子不可理喻，太小气，但孩子未必这样认为。陈鹤琴说孩子丢失一个玩具，有时候和成人失去母亲的悲伤程度相当。为了孩子的健康成长，最需要的不是大人觉得应该怎样，而是要引导孩子从他的角度应该怎样。若孩子已经养成了比较听话的习惯，小时候可能会按照父母的方式去做自己的事情，理解不理解的都会去执行，长大后就少主见、少思考。如果父母把处处要争第一的概念传递给了孩子，那么从赏能写作教育的角度来看，出现以下对话就容易知道原因所在了——

  问：你为什么不写呢？

  答：这个故事别人写过，我不写；

     这个故事他们知道，我不写；

     这个内容他能看懂，我不写；

     这个想法别人也能想出来，我不写。

  问：那你会写自己想写的内容吗？

  答：不知道，我还在想。

  问：你想写什么呢？

  答：我要写他们（同伴）都不懂的东西。

  问：我们要不要先把自己熟悉的内容写出来？

  答：我想好了就写，不过我还在想。我反正不写他们写过的故事，也不写他们会写的故事，我就是要写他们都不懂的东西。

  这是赏能老师在写作引导中遇到的真实对话案例，这个孩子的爸爸是一所知名大学的物理学教授，通过平日接触我们能感觉到孩子爸爸溢于言表的优越感。孩子出现的这种现象不是唯一，先后有数位同学都是这种状态，在老师几次的引导课后，仍不知道自己要写什么，一直不动笔，就是坚持要写"别人都不懂"的故事，因为爸爸妈妈一直在告诉孩子要成为最优秀的人。这些孩子的父母中，至少有一方会在人群中有很强的优越感，这种优越感或来自高学历，或来自高收入，或来自知名度高的单位，优越感中的父母也许常常觉得自己与众不同，觉得芸芸众生都不如自己。在潜移默化中，这种人生观传递给了孩子，导致孩子不屑于做最基础的事情，所以孩子在很多方面基础能力缺乏，他们处处想出人头地，却处处难以做出成绩。赏能老师会花费大量的时间与精力把此类孩子从"云端"拉回到"人间"。这些孩子的写作能力及群体协作能力都比较差，只有先让孩子认识到自己和其他孩子并无什么不同，自己的父母并不比小伙伴的父母优秀多少，都一样是爱孩子的父母，大家是平等的，然后才能从最基础的地方开始写作引导。这种自觉与众不同的优越感，使孩子失去了很多锻炼的机会，他们有可能读了大量的书，但写作能力还是非常弱，原因就在于他们拒绝来自同伴的帮助，他要保持自己高人一等的姿态。

（二）尊"贵"鄙"贱"，不尊重不如自己的人

  家长只允许孩子和家境好、成绩好的孩子玩。老师如果安排了成绩不好的学生与自己孩子做同桌，有的家长还会去找老师，希望换人。有这种想法的家长不算少，比较极端的比例并不高，但也并不鲜见。如果父母在家里时常讥笑某些业绩、相貌、穿着、谈吐等不如自己的同事和孩子的同伴，并不断告诉孩子要和成绩好的孩子玩，禁止孩子与成绩不如自己的孩子往来，那么原本善良的孩子就容易在心底形成一个阶层高低的概念，他可能仰慕并自卑于"高阶层"，鄙视并从心底看不起"低阶层"。他未必会有真的好朋友，因为他对别人的友好是经过了阶层甄别的。《士兵突击》中新兵成才的口袋里装着不同档次的香烟，见不同的人发不同的烟，自以为很聪明，但他离开七连时，除了从小被他欺负的许三多，再无一人相送。成才说："我还以为，我就算没处下全连的人，也处下了半连的人，可是到现在，送我的，还只是你一个。"一个"处"字，说明成才没有意识到自己存在的问题，他没有意识到自己到底付出了什么。如果不希望自己的孩子未来落到和成才一样的境地，那么请在孩子小的时候给他以众生平等的概念。

（三）劳心者治人，劳力者治于人

还有的家长看不起环卫工人等体力劳动者，思想上形成了对建筑工、安装工、种地者、卖菜者、拾荒者、乞讨者等劳动者阶层的蔑视与居高临下。在教育孩子读书时，常说如果现在不努力，将来你就会沦落到和工人、农民一样辛苦的地步。这种不正常的层级优越感传递，在孩子内心深处同样树立了较强的阶层概念。幼时也许以衣着、谈吐、用具（玩具）给同伴分高下，未来可能会以毕业学校、职务高低甚至父母的职业等给人分高下，在他高傲于"低层"的同时，也养成了惶恐于"高层"的惴惴不安，没有谁能保证自己的孩子未来一定居于"顶层"。其实，这个"顶层"原本不存在。尺有所短，寸有所长。万物生克中，总有人在某方面居于他人的上层。而且，不平等待人的做法原本就会让同伴瞧不起。从这个角度来说，与上一种状况殊途同归。

精神层次不高的人若因有所依附，而顿觉身价提升时，他越会看不起"曾经"与自己同层次的人，更看不起比自己低层次的人。一位高中毕业的 C 女士就职于某研究部门做辅助工作，入职后不久，她就在大楼保安和清洁工面前表现出了自己的高傲。该部门成员的子女都是各校的优秀生，C 女士因孩子的学习问题真诚向数位同事请教，如何才能让自己孩子的成绩提升，大家说得最多的话是希望 C 女士能教育孩子真诚而平等地对待每个人每件事。但此类话，C 女士听不进去，她希望能找到名师和独特的学习方法来提高孩子的成绩。可惜的是，这个希望很渺茫，孩子的学业终究也被耽误了。

（四）赤裸裸的利益价值观传递

有位妈妈在孩子们和老师面前夸张地训斥自己正读三年级的孩子："你不争第一，你将来就是像你爸爸一样的失败者！你是男人，你将来怎么养家，怎么养你的女人？"也许这位家长从事着某些特殊行业的缘故，对小孩子强化自己亲人中某人是失败者、某人是成功者，告诉孩子将来要"养家养女人"。孩子的学习一开始就有了压力与功利的目的，那么各种学习一定苦不堪言。曾有家长央告"优秀孩子"："你和我家孩子去玩一会吧。"但"优秀孩子"就是不和他家孩子玩。孩子们都不喜欢他家孩子的原因是，这个孩子习惯指责甚至羞辱别的孩子。家长一直要求自己孩子要和最优秀的孩子一起玩，不要和不如自己的孩子玩，但每个孩子总是有优点、有缺点，哪里有只有优点的孩子？于是孩子养成了挑别人刺的习惯，这个习惯让自己孤立而没有朋友。家长不能传递善良、包容、赞美的良好品格，让孩子过小接触了赤裸裸的功利思想，孩子的成绩与未来往往都存在较大的问题。

三、不尊重亲人

印度电影《地球上的星星》中讲过一个故事：所罗门群岛上，原住民需开辟森林来做耕地的时候，他们不需要用工具去砍树，他们一群人会围在树的旁边不断咒骂。这样持续几天之后，树就枯萎了。不用去纠结这个故事的真假，我们都遇到过别人的不尊重给自己带来的伤害，难道还要继续把不尊重带给别人吗？大家都知道不尊重外人可能会产生严重的后果，但更多人把不尊重时时送给身边人、亲人、关心自己的人，他们觉得这样做没什么，因为他们是亲人。其实，你的不尊重带给亲人的伤害同样很大。外人收到你的不尊重后可以对你敬而远之，但亲人，即使你时时伤害，他们内心已经伤痕累累，他们还是在时时关心你，他们把你源源不断送来的"毒素"压在心底，这些"毒素"一点点地侵蚀着亲人的精神状态和身体健康——这是你想要的结果吗？

你对父母有没有忽视与不尊重？你有没有让父母时时处在对你的担心和牵挂中？

你对伴侣有没有忽视与不尊重？你知道他（她）在思考什么、担心什么、生气什么、需要什么？你有没有让另一半时时感受到孤独和被忽略？

你对孩子是否时常呼来喝去、恶语相向却不以为然？你有没有让孩子时时处于恐惧和焦灼不安中？你有没有让孩子经常无所适从？

以你为中心的家庭氛围和传统习惯，以及子女在家庭角色上的学习和效仿的内容及家人间互动的关系等，都会影响到子女日后在自己新家庭中的幸福度。如果你意识不到你是如何不尊重身边人，意识不到你给家庭造成的危机，意识不到你的原生家庭曾经对你的影响，那么你所做的一切都将被你的孩子带到未来他的新家庭中去。比如，妈妈强势的家庭，男主人往往沉默寡言，子女中男孩大都胆小懦弱，他的未来往往畏畏缩缩；妈妈强势的家庭，女孩在未来她自己的家庭中也常常是强势者，要么把她的家庭的男主人也改变成和爸爸一样的不说话的默默生活者，要么会一次次让家庭分崩离析。但她可能和曾经强势的妈妈一样意识不到问题出在哪里，反而觉得自己没问题，她们只是在悲伤中感叹遇人不淑。

四、父母缺乏自强意识

有人认为别人的成功都是客观原因促成，喜欢谈论某人的成功是走了谁的路子，好像与努力无关；自己的失败是客观因素造就，有一大堆确实是客观的理由，总之不是因为自己不够努力。比如你在佩服褚橙奇迹的时候，他会说如果我有褚时健那么多人脉我也能做成；你赞叹马云创造了阿里巴巴奇迹时，他会说如果我有十八个对我死心塌地的好友和孙正义给的那么多钱我也能成功；你佩服季羡林老先生的学问时，他会说如果我将来能活他那么大岁数我也能取得很高的成就，季羡林自己都说自己是沾了年龄大的光。他永远不想这些人幼时和他自己是一样的，就算这些人的成功确实是因为前期的积累所致，那么你为什么没有褚时健的人脉、马云的朋友与孙正义的钱、季羡林的健康长寿？然后他会再次找出为什么这些人有前期的资源而自己缺乏这些基础的原因。总而言之，别人的成功和自己的碌碌无为都只是运气问题。

有个普遍现象，有的人坚决不允许孩子玩手机，自己却一天到晚抱着手机不放；有人对于孩子说脏话而火冒三丈，但他在骂孩子时的言语更粗劣不堪；有人欣赏别人家孩子的领袖能力，却时时教自己孩子如何在集体劳动中偷奸耍滑占小便宜；有人羡慕别家孩子写作与学习等努力进取屡屡获奖，私下却不断跟老师帮孩子要奖励要表彰名额，以此"告诉"孩子不管你是否努力不管你有多差，爸爸妈妈都能为你要来奖状。甚至在赏能为鼓励孩子们努力写作而设置的小作家级别问题上，有的家长也不断为自己孩子抱不平："为什么你让某某升级却不给我们孩子升级？不就是升个级吗，你何苦为难我们孩子？我们孩子升级还缺什么条件你告诉我我替他做。"常言"身教重于言教"，这些司空见惯的现象都带给孩子一个错觉：一分耕耘一分收获的古训可以"灵活理解"，是可以说一套做一套的。这种原生理念的传递把一个好好的原本会努力拼搏以获取进步的孩子变成了一切都马马虎虎、糊里糊涂的人。缺乏进取精神的孩子，未来能做什么？

我们遇到过善于粗暴而随便地否决孩子的家长。比如在孩子玩游戏的问题上、在电脑和手机使用问题上、在自己可做主的时间安排等方面，家长的粗暴拒绝时有发生。曾有一位家长从未玩过任何游戏，对电脑和网络一点也不了解，但他坚决反对孩子玩游戏，反对孩子使用电脑并上网，他认为这都是纯粹浪费时间。在和他家那位时时处于惊恐状态中的孩子深入沟通后知道，孩子偶尔会偷偷玩游戏，但孩子对电脑和网络的运用能力近乎为零。爸爸绝对地认为所有的游戏都是虚拟世界，只有现实世界的迷失者才会在虚拟世界中去寻找精神寄托，他认为上网和玩游戏是同义词，严格禁止孩子使用网络。"敢不听话，就揍他！"爸爸对自己严格管教的理念颇为自信与自豪。时至当今，互联网已成为生活与工作的基础，它早已不单单是一种工具，而成了一种思维模式和生活方式，李克强总理多次强调"互联网＋"而不是"＋互联网"就是从这个层面做的思考。如果这个孩子在独立生活之前一直绝缘于互联网，那么他将来要多走多少弯路？

赏能老师每周都会集中学习与培训，我们曾与家长共同欣赏过一部名为《勇气》的美国影片，我希望每个孩子的父母都能一起看看这部关于爸爸的电影。电影结尾时主角的爸爸的演讲：

在我家里，决定已经做好了：
你不用问谁会引导我的家庭，因为，我会！
你不用问谁会教导我儿子，因为，我会！
谁会承担责任供给并保护我的家庭？我会！
谁会打破家族历史上所沿袭的恶习的锁链？我会！
谁会为我的孩子祷告、祝福并帮助教导他们要走的路？我会！我会！

13　孩子的偶像被毁掉后问题有多大

2013 年，南京江宁一所小学遇到了一件麻烦事：

一年级有个小孩多动，会对其他小朋友"动手动脚"，妈妈认为孩子因小时候摔了一跤，头部受伤，所以就变得和以前不一样，爱乱动爱打人。9 月份，小朋友上学了，既然家长介绍了这些情况，老师也就比较关注这个孩子。开学一个多月，这个孩子虽未对其他孩子造成伤害，但好像确实爱动。

有的家长听说班上有这么个"爱动手动脚的"孩子，有几位家长就领头组织了全班家长，要求把这个孩子调出这个班。在组织的过程中，几位领头的家长在班级 QQ 群里要求所有家长必须同去找学校交涉，组织者还要求全班家长签到。如此，有的不愿意来的家长也被动地裹进来了。四十余位家长在几位核心家长的组织下去找校长，要求把这个孩子赶走。不管从管理和教学的角度，还是从法律的角度，学校都不可能这么做，也无权这么做。于是这几位家长又提出条件：不准这个孩子一直在这个班上课，要让这个孩子轮流在一年级的各班上课。学校自然不会同意，除学校自己做说服解释工作外，还邀请了我和其他几位相关老师共同对家长做解释工作。持续了一段时间，大部分家长没有了兴趣而不再参与"驱逐运动"，几位组织者也发现自己的目的不可能达到，反过来担心因自己做得有些过火，怕班主任会给自己的孩子"穿小鞋"，就又发动了第二次"驱逐运动"，不过这次驱逐的不再是孩子，而是要求学校换掉班主任。这个更无理的要求，学校自然也不会答应。

抛开法律的问题，也抛开家长的文化与素养角度，单从孩子成长的角度来看，真正的教育者都知道，这几位家长的某些行为正在严重影响着自己家孩子的健康成长，或者说，家长的举动已经产生了一些"摧残"孩子的结果。

一、从"动手动脚"的"问题孩子"说起

开展赏能教育研究以来，我遇到过不少教育中的"疑难杂症"，分别被冠以自闭症、多动症、严重叛逆、精神不集中等。曾有个孩子的情况和上文那个孩子基本一样，妈妈说孩子小时候摔了一跤，伤了脑袋，从而变得爱打人。不管从医学逻辑角度而言，还是通过事实观察，大约难以发现摔伤脑袋和爱打人之间的因果关系，但家长就是这么坚持。实际上，这些孩子都没有任何问题，问题都出在家长身上，大多是妈妈身上。

两年前，这个孩子的妈妈慕名远来，介绍了儿子 G 因"摔跤后爱打人"的情况，当时赏能教育法还在初级实验阶段。经过一段时间的了解，我告诉妈妈，孩子应该没有器质性问题，可以先通过写作来观察观察。当时还有几个同伴，其中有一位 M 同学是被老师认为"有问题"而需要改变的孩子，妈妈想了很多办法，但仍无任何好转，束手无策中急得直哭，听别人介绍后"病急乱投医"，把孩子送来了赏能。这几个孩子被我编在一个班。每个周六，几个孩子高高兴兴地一起闹腾、学习、写作，一学期下来，G 和 M 两位同学和其他同学一样，也写出了几千字的作品。原本就这样往前发展了，但 G 妈妈还是坚信自己的孩子有问题，希望我按对待"问题孩子"的方式来对待他，我认为 G 没有问题，就是个正常的孩子，在赏能学习过程中也没打过架，一切都很正常。我把我的观点告诉了 G 妈妈，就算打架了，男孩子打架也没什么大不了。G 妈妈不太认同我的观点，一学期后没再来了。再后来，孩子被送到外地一所收治"问题孩子"的专门学校去了。当时，孩子的玩伴中所谓的"问题孩子"M，后来数年间一直在赏能学习，完成了几万字的长篇创作，已成长为全面的优秀孩子了。更重要的是，没有人相信如此阳光灿烂的孩子曾经是"问题孩子"。

我还接触过一个小学高年级男孩 R，比较高大，也是妈妈眼里严重的问题孩子，也准备送往专收"问题孩子"的学校，也是听朋友介绍后来到赏能找我

的。到了办公室后，男孩老师长老师短地称呼着，是典型的人际交往中的自然熟。我感觉这就是一位阳光帅气的男孩，没觉得有什么问题。妈妈介绍，除了学习，其他各方面确实都很优秀，妈妈怀疑孩子智力或智商有问题。她介绍的一个典型事例是，他们通过关系把孩子安排进了南京一所名校，但上学几年了，孩子经常不写作业，从未动笔写过作文。因为总是拖后腿，老师把孩子当作编外学生，成绩不计入班级总分。否则，班上就不要这个孩子。孩子和妈妈一起坐在办公室的沙发上，因为儿子的高大，坐在一起的妈妈就显得有些娇小了。妈妈很爱孩子，不仅是语言和眼神里的慈爱，抚摸孩子胖胖的肚子的姿势和幸福感与抚摸两个月大婴儿的感觉差不多。通过家长的介绍和我的观察，我告诉妈妈，没有发现 R 同学有智力问题，情商尤高，孩子出现了她所描述的各种问题是由于妈妈过度的爱和过分关心造成的。妈妈有点不高兴，认为孩子已经是"问题孩子"了，类似于残疾人，她对儿子的爱还远远不够，且认为我说孩子没有问题是对孩子不够关注。

这两个妈妈有共性，都是相对高龄的妈妈，都很富有，都用各种办法爱孩子，生怕孩子会受伤或吃亏，都为孩子包揽了一切劳动（有个妈妈曾怕低年级的孩子累着而长期直接代孩子写家庭作业），都在不断强化"儿子是问题孩子"的概念，不仅强化自己，也强化了孩子的自我认知，所以，孩子真成了"问题孩子"。后来就带着孩子到处寻找能解决"问题孩子"的问题的老师和专家。通过这些行为，孩子越发觉得自己是个"问题孩子"，就不断做出"问题孩子"应有的行为。越如此，妈妈越发觉得自己的判断是正确的，对孩子施以更多的爱。如此，在罗森塔尔效应反作用下恶性循环。

这些孩子原本可以正常地生活和学习，因为他们就是正常的孩子。但妈妈过度的爱，反而毁了他们。

没有机会深入了解本文开头出现的所谓"问题孩子"是哪种情况，也没有见到这个"爱动手动脚"的"问题孩子"，只知道开学一个半月来他并未给班上同学造成伤害。如果不是真的具有某些尚未发现的实质性问题（这个概率很小），那么这个孩子的"问题"就是在妈妈的特别关爱和其他家长粗暴行为的影响下形成的。如果这种影响继续下去，这个孩子有可能变成真的"问题孩子"。

那么，其他孩子呢？特别是那几位领头组织者的行为对自己的孩子会造成什么影响呢？

在参加各种教育类电视、网络节目访谈和专题讲座以及在不同场合与家长的交流中，我反复强调过一个观点：很少有老师不爱孩子的，不管是孩子跌伤了还是和同学打架了，都不是老师主观上想让发生的事情，家长应配合学校和老师做好处理工作，而不能直接去找老师和学校的麻烦，因为你的"英雄主义"也可能会毁了孩子。

二、低龄孩子在校学什么?

举例说明:如果让家长们去重学一二年级的课本,肯定用不了几天,就能学完全部知识。如果家长自己给孩子教这些知识,也用不到两年。可孩子为什么要在学校学两年呢?一方面是为了基础扎实;另一方面是为了让孩子学会和同伴相处,具备规则意识,具备爱心和帮助,具备善良和宽容,总而言之,就是要让孩子知道自己不仅是自然人,还是社会人。

家长是孩子的第一任老师,孩子做人的知识基本是在家长的言行下受到潜移默化的影响而来。如家长知道自己或主动或被动的行为会让孩子成长为一个自私自利、缺乏规则意识、冷酷、不合群、鲜有爱心和宽容的人。或者说,至少会在孩子心里埋下种子,家长肯定不愿意去折腾这种出力不讨好的事。若身边有这样的人,也许自己不愿意去接触和交往,因为这是不受欢迎的人。主观上也没有家长愿意让自己的孩子变成这种人,但在班级出现了一个据说是"问题孩子"的孩子,家长大张旗鼓地交涉、指责、吵闹,客观上,家长正在以润物细无声的方式引导孩子成为这样的人。

三、老师不再是偶像以后

在孩子心目中,老师是高大、完美、正确的化身,这种精神力量在低年级更明显。家长都有感受,如老师要求孩子晚上八点必须睡觉,即使是在家里,孩子也会遵照执行,因为是"老师说的",老师就是孩子崇敬的偶像。低年级孩子心目中一定是要有一个偶像的,上学前这个偶像往往是胆大威风、无所不知的父亲或幼儿园老师,或两者都是。上小学后偶像基本就转移到老师身上了——孩子心目中,老师很神圣,老师的地位比爸爸妈妈高大太多。若有家长当着孩子的面去找老师的麻烦,或者私下找老师的麻烦,孩子知道了,他会觉得老师也不过如此。职业和性格使然,老师不会直接和家长大吵大闹,这样在孩子心目中,老师在吵架中便是输了。或者在饭桌上,孩子听到父母商量着如何去和老师"斗争",也会让孩子觉得老师没有想象中的高大。如此,孩子心目中的偶像形象可能会轰然倒塌,至少也会黯然失色。而处于这个年龄段的孩子,他需要有个偶像来效仿和学习,如果老师退出了偶像的位置,爸爸妈妈通常填补不了这个空白。那么,孩子也许会去发现一个新偶像来效仿或崇拜。孩子自找的偶像可能是玩游戏高手,可能是"欺行霸市"的"大侠",可能是偷鸡摸狗的能手,可能是有大把零花钱和很多超酷玩具的"高富帅"。当然,也可能是个学习好的"小博士",但一般而言,所谓学好三年学坏三天,找个刻苦学习的孩子作为偶像的概率比较小。所以,不少"乖宝宝"长大后成了性格乖戾的孩子，根源可能在于家长曾毁坏了他心里神圣纯洁的偶像，等孩子大了再想更正，却悔之晚矣。

四、孩子的心理阴影

不管什么原因，家长公然去找老师的麻烦，在孩子心目中都认为是一件很丢脸的事情，即使父母确实有理，孩子也觉得在同学、老师面前抬不起头来，孩子心目中的老师代表的就是"正确"。如果孩子老放不下这件事，会和父母在心理上形成隔阂，到青春期阶段，性格会变得非常叛逆。

2013 年春夏之交，赏能小作家课后玩耍时，一个小女孩不慎滑到水里，一只鞋子和裤子弄湿了，提前来接孩子回家的奶奶很不高兴，硬拉着孩子来和老师"要说法"。其实是孩子脚踩的石头不稳，在水里晃动，导致孩子滑到水里的，而奶奶就在旁边看着。奶奶拉着孩子见到老师后，并没有发生争吵，在赏能老师得体的劝导下这件事得以解决。为防止"找老师麻烦"这件事在孩子心里留下不良影响，我专门和家长做了沟通和约定，但孩子心里还是留下了阴影。

有一次上课时，小女孩独自到我办公室，站着不说话，站了一会儿就慢慢流泪了。我不知道发生了什么事，在不断询问中，孩子塞给我一个纸条就跑了，我打开一看，上面写着："老师，对不起，是奶奶硬拉我来的。"我知道是为了上次的事情，于是专门和小女孩聊天，淡化此事，并和家长再次沟通，问是不是在家里又提起了此事，妈妈说没人在家里提起过，我就继续和家长商定，怎么淡化孩子心目中对这件事的看法。虽然一直在有意更像无意地淡化，但孩子过了很久才恢复平静。一个多月以来孩子先后又给我塞过两个纸条，上面都只写着三个字：对不起。这个孩子之所以来找我，包括塞纸条，是因为赏能教育研究院的老师都是孩子的朋友，都能和每个孩子进行平等的心灵沟通。

我知道全日制学校里，孩子和有的老师间不易做到亲密无间，特别是那些成绩不突出的孩子，他们更多的是对老师的敬畏，大多数孩子心里沉下来的事情和小心思不敢对老师说，这种心灵上的隔阂可能会成为孩子心理不阳光的诱因。所以，作为家长，不管你如何地关心爱护孩子，也要把思想放下来，学会用孩子的心理去思考孩子的问题，去适应孩子的心理环境，不要想当然地觉得你的所作所为都是为了孩子，就应该起到好的作用。你做的酸菜鱼再好吃，小鹿不会喜欢，遇到再肥美鲜嫩的绿草，小狗都不爱吃，别以为你累了一身臭汗为小鹿做的酸菜鱼晚餐，小鹿就应该领情而大快朵颐——如此思想，你就等着流泪伤心去吧。

五、老师的关注与不关注

绝大多数老师都具有广博的爱心，不会因为家长的某些言行而影响自己对孩子的关注。但从人性的角度来说，如果有人三天两头找老师的麻烦，作为正常人的老师，很难从心底里做到你越找我麻烦我就越关心爱护你的孩子。原本现在的班级都比较大，老师很难非常细心地关注每个孩子，假设老师的心理承受能力没有足够强大，那么即使他在形式上做到了关心某个孩子，但内心若不喜欢这个孩子，其表情与语气也难做到热情。这些细微的变化，孩子很快会捕捉到。他觉得老师是不喜欢他的，就会怕老师，遇到问题可能会不敢问，慢慢地某一门课也许就这样落下来了。低年级孩子不喜欢某门课，这就是所谓"胎里病"，"根治"起来比较麻烦。可以假设老师再冷酷一点，主观上也不愿意关注某个孩子，若老师在提问时，两个孩子都不会，老师以冷酷的声音对一个说"坐下，以后认真听讲，课后要认真复习"；同时以温柔的声音对另一个说"坐下，以后要好好学习"，或者还去摸摸孩子的小脑袋，给一个鼓励的眼神，你能说老师哪个地方做得不对吗？在孩子心目中老师永远是对的，但很明显这两个孩子接收到的信息是不一样的，一个只感到了害怕，另一个受到了鼓励。最终，这种"害怕和讨厌"以及"受到鼓励"的内心情感都会转移到孩子对课程的喜欢程度和对老师的喜爱程度上，自然也影响学习的状态和学习兴趣。

六、广种福田得福报

针对本文开头的事例，如果这个孩子的确有问题，使其他孩子不安全，学校也不敢把他放到正常班级。因为出了问题，学校和领导都要承担责任。没有问题时，学校也不能不让这个孩子参与正常学习，否则学校就是违法。闹事的家长也许可逞一时之快，但对自己孩子的影响却是深远的。若确需和学校及老师沟通，一定要采取理性、文明的方式。沟通，是为了让孩子健康成长，若结果适得其反，家长则应理性反思了。

这个"问题孩子"也许只是爱动爱闹。刚入学的孩子中爱动爱闹的很多，也有可能大家都特别关注这个孩子，就特别发现了他的不安静，还记得《列子·说符》中记载的那个丢斧子的人吗：

有个人丢了一把斧子，他怀疑被邻家儿子偷去了。他看到那人走路的样子，就像是偷斧子的，看那人脸上的神色，也像是偷斧子的，听他的言谈话语，还是像偷斧子的，邻家儿子的一举一动，怎么看怎么像是偷了自己的斧子的人。可是过后不久，他翻地的时候却在地里找到了自己的斧子，从此后再看见邻家儿子，就觉得他行为、表情、动作都不像偷斧子的样子。

如果这个孩子是个"问题孩子"，家长正好可利用这个机会教育自己的孩子如何关心特别群体，怎么处理和特别群体的关系。这种能力，是情商中的重要组成部分。社会是多元的，谁能保证自己的孩子将来遇到的全部是好人、善人、单纯人、心理健康的人？如果孩子长大了，遇到了有问题的人，遇到了难解决的事，他该怎么面对？怎么处理？这些经验从哪来？

所谓成功人士，大多是经历丰富、考虑全面、能抗压、善化解、不盲从、勇于面对生活的人，而不是温室里娇嫩孱弱的小花小草。

14　起跑线与跑道

不管你承不承认，"起跑线"一直在发挥作用。

如果你肆无忌惮地准备让孩子度过一个自由自在、无拘无束的童年，那么将来毫无疑问他将坐在观众席上，舞台上表演者队伍中一定没有他的位置。但"起跑线"一定不是给孩子报了多少辅导班，让孩子学了多少家长自己都不了解、不熟悉、没兴趣的知识。如果你把这个作为"起跑线"，孩子的前途将荒废得更严重。

孩子的模仿能力很强，他学知识的时候需要有个模仿对象，他做某件事情的时候需要很快地知道对错，如果他做某件事情很快有人给他激励和肯定，那么他在这个方向上的兴趣就会越来越高。如果你没有用心在一两年时间内给孩子从小养成认真学习、遵守时间、高效准确的规则和习惯，那么你将要至少花费十二年时间在学习上和孩子斗智斗勇，你将常常崩溃于孩子学习成绩差、做事情磨蹭、写作业不认真、胆小不敢表达等现象。如果这些事情已经出现了，不要过于焦躁，这些习惯只能是从家人身上学习来的。要让一份复印出的文件美观，最省心的办法当然是原稿就很精美，但若原稿有了污渍，复印件上自然会有污渍。想让复印件上不出现污渍，在修改复印件的同时，也要修改原件。

如果你总是迟到、早退、做事马马虎虎，想让孩子养成良好的习惯几乎不可能；如果你不给孩子养成良好的音乐基础，长大后他会在艺术品位上有所欠缺，而这将很难补救。这么想应该是没错，但你因此逼着孩子弹钢琴，可是你自己都不知道孩子弹的对错，就逼着他要不断练习；你自己不知道他所弹曲子的难易度，不知道曲子的创作背景，不知道曲子所要表达的意思，却要逼孩子下功夫，音乐零基础的孩子只会有越来越多的厌恶感。即使小时候考了级，考级后，他这一辈子也可能彻底与钢琴绝缘。并不是能把钢琴弹出叮叮咚咚的声音就叫会弹钢琴，并不是能弹几首曲子的人都是合格的钢琴老师。但这些，你知道怎么分辨吗？你希望孩子能够博览群书，从小打下很好的文化基础，但你自己从来不读书。你最多只能做到帮孩子买了很多书，自己乐于做书籍搬运工。

你的孩子该读并适合读什么书，你自己不知道，你只会看学校推荐的书单，看赏能老师推荐的书单，然后搬运了很多书回来。你认为孩子该读的没读，读的都是没意思的书，想努力让他认真读好书，这样做的结果只有一个，就是他不读书了，很多书放在手边也视而不见。

孩子成长中真正的"起跑线"就是父母。

如果孩子幼小的时候时常看见你在读书，那么他玩游戏过家家也是玩读书。稍微大点，自己就想读书，上学后成为学霸级高手的概率就会很大。孟母三迁的原因就是想给幼小的孟子找到一个合适的环境，让他和合适的孩子"过家家"。孟家住在墓地附近，孟妈妈发现众多孩子玩哭丧；首次搬家到集市旁，孩子又和其他孩子吃喝玩卖东西；二次搬家与屠夫做邻居，几个孩子学杀猪；孟妈妈还不满意，最后搬到学校旁，终于发现孩子学读书、学礼节，才放下心来。环境很重要。但有的家长限制孩子的玩伴，这种做法很不可取，给快乐单纯的孩子人为限制了条条框框，对孩子的成长只会起到反作用。

为人父母，若眼里根本就没有远方，考虑"起跑线"就没有一点意义，因为根本不知道为什么要让孩子"起跑"——仅仅因为别人家孩子都趴在一条线后面准备往前冲，所以你就不能让自己的孩子落后？

如果你的孩子悟性高，他可能会摸索出一套适合自己的学习方法，事实证明效果也不错，但它不符合你对学习的理解，可能也不符合某老师对学习的理解。此时很大的可能就是，你和学校老师一起或者你在学校老师的要求下把你家这个天才的孩子强行拉到平庸者的道路上来。你觉得你很努力地为了孩子好，其实是你的原生家庭影响了你的认知水平，并以此来继续影响你的孩子。历史上很多的高级将领小时候都不怎么喜欢听父母的话，很多人都在挨打叛逆中度过了自己的童年和少年时代。如果他们严格地按照父母亲的要求规规矩矩，很多的将帅只能一辈子种庄稼。

每个人关于家庭教育的目标也是"起跑线"的一部分，如果前面所言是开跑的起始线，那么教育目标则是家长为孩子所选的跑道，这条跑道的选择，不需要什么高深的学识，每个人都会自然而然地选择自己能看得懂的最熟悉的那条跑道，每个人都对自己所选的跑道深信不疑，都以为这是到达终点的最佳路径。都能到达终点这话没错，但其实每个家长为孩子选择的"终点"的内涵和外延大不相同。赏能教育把孩子起跑的"跑道"分为四条：

规则之道：要听大人的话，要遵守学校的纪律和各项规章制度；

结果之道：要把每件事做好，你可以选择你自己做事的方法，但要保证把结果做对；

创造之道：认为教育中最重要的是要培养创造性、独立性和规划性，其他都可往后排；

决策之道：一个人的决策和选择能力至关重要，所以这类家长既不刻意要求孩子遵守规则、取悦老师，也不太关心小孩是否能做出漂亮的简历取悦雇主。

请自我对照，你为孩子选择了哪条"跑道"？

读完赏能特斯拉班教学报告①，就能判断赏能教育主张对孩子按创造之道进行引导，少量孩子可采取决策之道模式培养。

这几条"跑道"的终点分别是：

规则之道，是培养普通白领和普通工人的教育思想。普通白领和普通工人阶层很热衷于选择这个终点，因为他的工作要求就是中规中矩地认真执行上级命令，有的人还要在严苛的管理制度下才不会偷懒耍滑，他认为做好本分本职工作，良心上过得去就可以了。他知道规矩听话、认真勤奋的好处，也知道与同事关系的好坏、对环境是否关心爱护对自己的计件式工资没有影响。有这种思想的家长，为了孩子未来能传承这种不用为工作负太多责任的想法，一定会要求孩子在学校心无旁骛地规矩听话、认真勤奋，除了课本知识学习什么都别管。可惜的是，如果他本人不是认真勤奋工作的人，孩子往往也不是认真勤奋学习的人，孩子长大后也很难成为认真勤奋工作的人。这类家庭出身的孩子往往平淡无奇。

结果之道，是培养一般中产阶级的教育思想。企业中高层领导、学者、老师、医生、公务员等一般中产阶级深知人生除了卷面成绩外，情商与智商同样重要，所以除了引导孩子认真学习外，还积极鼓励孩子参加各类社团活动，访问敬老院以懂得尊重，认真读书以拓展视野，关心时事以了解环境，假期旅游以饱览美景。因为该群体原本属于社会上成功者一族，他们的视野、学识、见解、经济实力等自然高了一筹，对孩子的期望也不一样。这类家庭孩子大多是快乐的，学习和生活都快快乐乐，但也有小部分孩子是痛苦的，特别是那些经过艰苦奋斗才跻身中产的人士，希望孩子能比自己当年更勤奋，但往往事与愿违。

创造之道，是培养高等专业人士的教育思想。这是高级职业经理人或高级技术人员家庭的"专用跑道"，这些人处于高级成功者阶层，其眼光与看问题的角度自然异于常人，他们很清楚自己所追求的是一己的成功，而非大多数人眼中的成功。为了自己能成为受人瞩目的明星，他们不太在乎别人的看法，一门心思只考虑如何合理合法巧妙地做成某件事，所以他们最终站在了聚光灯下，成为英雄主义的偶像。多数人所谓的创新、独立、坚韧、规划性等优秀品质，于他们而言只是生活常态。所以，他们孩子的同类品质无须刻意培养，而是自然而然形成的。他们的孩子往往轻松愉快，积极上进，他们有一种与生俱来的

① 即本书第二部分第四章的 07 和 08 两个教学报告。

贵族气质，他们尊重孩子，也尊重孩子的选择。

决策之道，是培养规则制定者的教育思想。这类人会统筹安排人和事，他们可能站在舞台上，也可能在幕后做推手，他们更多考虑的是如何才能做成某件事，让谁来做某件事更合适，而不是一定要亲自去做。也就是说，他们考虑得更多的是如何以更简捷的方式到达目标，而不是在众人都走的路上和众人赛跑。体现在学习上，他知道自己该学什么，该怎么学，老师布置的和习题集上的作业，哪些值得做，哪些不值得做；学校开设的课程，哪些要认真刻苦学，哪些稍作了解即可；坐在课堂，或者不坐在课堂，他都会积极地创造条件按自己的意愿去达到学习目标。即使他知道学生大都要经过考大学一途，他也大致知道什么是自己为考大学而做出的最好的努力。在学校上课，是以自己为主体来吸收老师的知识，而不是人云亦云、按部就班地听老师安排和布置。这类学生学习上自由自在甚至表现得吊儿郎当，思想上也可能标新立异，但成绩上总是出类拔萃。不是因为他有多聪明，而是他一直在按自己的方式去学，并用自己所学去完成试卷。不像大部分同学在按 ABC 多位老师传授的知识，去解答 XYZ 老师所出的试卷，碰上了就能考个好成绩，ABC 老师也就成了押题高手，碰不上，就考砸了。如果考砸了就觉得是试题出得太偏了。其实，如果没有你的"偏"，怎么会有某些考好的同学的"正"呢？选择了该道的同学永远不会遇到"出题偏"的问题，因为他原本就没有"出题正"的内在标准。

所以，要谈孩子成长的起跑线，当看父母的眼界有多高，要看父母如何理解学习，如何理解社会发展，并以之为基础给孩子的未来定位，这个定位标准才是每个人真正的起跑线。

15 普通孩子的超常学习

一、何谓"超常"

超常，顾名思义即超过寻常和超出一般。

我们通常所说的超常教育在欧美称为英才教育或天才教育，它是指为那些智力超常的儿童创立的教育。国内最早的超常教育实验班是中科大少年班。

通常很多人认为超常教育与我们家的孩子无关，因为我们家孩子只是个普通孩子，各种超常教育都是对天才儿童而言的。我们也没有能力让老师把我们家孩子当作超常儿童来教育，虽然我们很希望自己的孩子是超常儿童，可这个结果并不以我们的意志为转移。

但反过来看呢？

超常教育，往往是教育者对超常儿童的教育，对受教育的孩子而言，则是被动接受的。我们凭什么来否认孩子不能超常学习吗？该如何学习，主动权在孩子自己手上，只以孩子自主的学习状态为主，只受制于孩子自己。

超常学习，每个孩子都应该能做到。

关于超常儿童，其"超常"的能力（智商、情商、创造力、逻辑能力、语言能力等各方面各角度）究竟来自遗传还是后天培养，或者哪方面因素更多一些，教育家、心理学家、生物学家、哲学家等各类关心教育的人各有见地，此类问题并无固定答案。英国科学家、达尔文的表弟高尔顿爵士认为，有的人再怎么努力也无法达到更高水平，因为每个人都受到心智能力极限的约束①，他认为个人的卓越才能、性格、包括勤奋的天资等都是可遗传的。但科学家经过追踪诺贝尔奖得主及其他杰出的作家、科学家的家庭背景发现，在他们的父辈中没有发现直接的创造力遗传证据。针对高尔顿的观点，达尔文在给他的信中说出了赏能教育系统中大家都熟知的那句话："除了痴呆，人类智力差异不大，区别只在于勤奋和热情。"②

只要有热情和执着，就能实现诸多人生目标。在经历、见证了很多孩子的成长过程后，本文只想针对性地谈谈孩子的学习热情如何养成，谈谈普通孩子如何"超常"学习成为"学霸"。

二、"超常"何来

对成人来说，每个人的思维方式、学习习惯、兴趣爱好等自有不同，但这些差异，对孩子而言并无太大分别。

我曾在不同的场合给家长们介绍过三个孩子：①能背诵诸多古文的六岁小姑娘李尚容③；②演讲能力很强的"演讲帝"杨心龙④；③五岁时独驾飞机遨游蓝天并出版个人自传、多次刷新世界纪录的"裸跑弟"⑤。他们都在不同领域表现出了"超常"才能。大家还知道赏能小作家中不少的"超常"孩子：④有各科成绩优异的游戏大王；⑤有以优异成绩在四年级时通过苛刻选拔跳两级读初一的孩子；⑥有博览经济、金融、历史、物理、科幻及古典文学等各类书籍并已完成20万字文学创作的小学生；⑦有才拿到节目单即能边看边直接上台主持

---

① 戴耘. 超常能力的本质和培养［M］. 刘倩，译. 上海：华东师范大学出版社，2013.
② 戴耘. 超常能力的本质和培养［M］. 刘倩，译. 上海：华东师范大学出版社，2013.
③ 2015年，六岁的李尚容参加中央电视台综艺节目时，随口抛出大段"四书五经"中的句子，熟读国学经典且能活用，让主持人连呼佩服，她称自己在父母的指导下读过《黄帝内经》《易经》《大学》《中庸》《论语》《孟子》《三字经》《弟子规》《笠翁对韵》等书，已经认识4 000多个汉字。李尚容从此被国人熟知，后来李尚容参加董卿主持的诗词大会，表现不俗。
④ 见第一章03《孩子的潜能有多大》。
⑤ 见第五章的01《迥异的成长与结果》。

各类文艺节目的高情商孩子；⑧有直接欣赏英美原版电影的初中生等。至于独立原创长篇小说数万至几十万字的中小学生在赏能教育体系中更是比比皆是。有的家长在听到赏能小作家们的"超常"成绩时总会说："这些都是个例，我家孩子只是普通孩子，我家这个孩子只有各种毛病，难有任何超常之处。"真的是这样吗？

以上所举例子中，关于长篇创作暂且不谈，因为不管哪个孩子，也不管哪类孩子，在赏能教育体系中都能创作长篇小说，且人人都变得自信阳光，这点大家已经见识到了。现在已少有人说赏能小作家们的创作、演讲、辩论、善于表达等是"超常"孩子的成长结果。但几年前，也有很多人说过赏能小作家的成长是特殊孩子成长个例。

如下图，我们姑且把上例中八个"个例"孩子和他的成长环境以他们当前的"超常"特点来命名，比如熟读古文的孩子称之为"1号孩子"，她的家庭称为"古文家庭"。善演讲的孩子称为"2号孩子"，他的家庭称之为"演讲家庭"，以此类推。

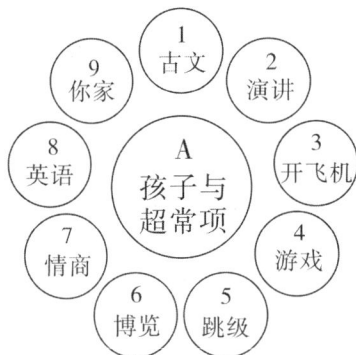

如有神力相助，我们把曾经"存盘"的人生重新"读取"，换个轨迹重新运行，给上例九个孩子的出生全部右移一个家庭，让你家当前的9号孩子出生在"古文家庭"，让1号孩子出生在"演讲家庭"，让2号孩子出生在"开飞机家庭"，如此转个圈，每个孩子成长至今，结果会如何呢？

我们将看到这种景象：

你家的9号孩子将成长为熟读古文的孩子，而原本"1号古文孩子"现在会成为演讲高手，曾经的"2号演讲孩子"会在五岁时独驾飞机遨游蓝天并在五岁出版10万字自传刷新世界纪录，曾经的"3号开飞机孩子"将成长为游戏大王，并将在中考中排南京市前几名。反之，那个常做英语高考试卷的"英语超常"的8号初中生，很大的概率会丧失其英语优势，发展成为当前你家孩子的状态（见下图）。之所以会有如此的变化，只因为每个刚出生的孩子都如一张优质画布，没有区别。每家的父母和家庭氛围没有改变，每位父母都会继续饱蘸着由自己研磨的成长颜料，按照各自的"画法"挥毫泼墨。因为存在"美学修养"的差异，各位"画家"都在按照自认为最好的方式"画画"，自然而然地画出各自的画作，不管画多少遍，也只能画出与自己"画技"相当的作品。

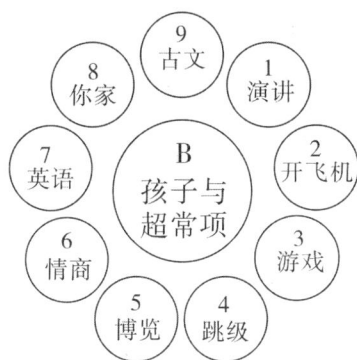

回到教育上来说，只要是基本正常的孩子，只要出生在具备某个特点的家庭中，虽然各个家庭的父母都觉得自己就是在自然而然地教育孩子，貌似与别家的父母并无两样，貌似孩子的"超常"是自然而然形成的，但其实这些"超常"都是必然会产生的。当然，这里有概率会使某个孩子形成的特点不那么"超常"，比如双胞胎或亲兄弟姐妹可能会发展成不同的个性，但这应该是双胞胎们在相同的大环境中遇到了微小的小环境的区别，从而形成了各自的小宇宙。如果能够精确地假设，每个孩子都能在完全相同的大小环境（包括室内外温度、爸妈说话的语气与心情、饮食与营养等所有方面）中成长，那么绝大多数孩子的个性、脾气、思维、习惯等也应该是一致的。如果你的孩子当初出生在以上某个特点的家庭里，他基本上也会形成这个家庭当前孩子的"超常"特点。

以上是从不同的家庭环境差异的角度对"超常"教育的看法。之所以形成这个看法，除了跟我读过不少成长传记及部分教育学、心理学、哲学、生物学、物理学等方面的书籍有关，也因为这几年来我还一直在观察不同的孩子及其家长、家庭的变化，更因为我对以上 A 图中 3～8 号孩子及其家长都很熟悉，这些孩子都是赏能小作家。这些年来，我看着这些孩子逐步成长，看着他们从区别不大的懵懂幼儿逐步分化为保持着 13 项世界纪录的知名儿童、中考成绩优异的、《知心姐姐》向全国推荐介绍过的把游戏玩出正面形象的"游戏大王"、跳级读初一的男孩、自主学习能力强并为考取大学少年班做准备的博览群书的小学生、善处理各种情况和协调工作的高情商班长、英语水平超常的初一孩子。当然，我也熟悉很多的"你家孩子"及他们的父母。平日可能有家长并没有意识到孩子的当前状况完全来自自己的"培养"，或者意识到了，但没想到孩子当前的状况与自己有这么多的相关因素。当我们郁闷于这个孩子怎么这么怪、这么不争气、这么没出息、这么不专注时，其实都只是在自我讨伐。

三、"超常"养成

为了孩子能正向"超常"，家长可以从以下几个角度做点尝试。实践证明，孩子越小，家长努力提升自我后在孩子身上的投射作用会越大。

（一）静心并读书

你已经多久没静下心来思考过了？是否有段时间没有认认真真地读过书了？

生活的压力总是很大，诱惑总是太多，很多人迷失了自己，不知道自己是谁，不知道自己想要什么，不知道自己的目标在哪里，只是随着众人慌慌乱乱、忽东忽西瞎折腾。看到打折商品，别人在哄抢，不管自己是否需要，先抢着买了；貌似感觉到自己要损失点什么，不管价值多少，先死死抱住，他人休想占便宜；行车路上有人要超车，不管自己是否急着赶路，马上加速不许他人超越；别家孩子在学钢琴，不管自己孩子是否有乐感，不能输在起跑线上，马上去报名；听说某专业求职容易，不管孩子是否喜爱，高考后直接给孩子填上志愿；据说哪里有个好的培训，赶紧报名去学；有人议论某一本书很有用，马上跟风先买了；听说……看见……风闻……，每天忙忙碌碌，很少静下来去想，这是自己真正想要的吗？我在哪里？我是谁？我的目标是什么？

朋友圈常有人"义愤填膺"地转发有关国家大事、世界走向、政策调整、某企业家冷血等此类消息，还危言耸听地配上自己为人类社会生存发展痛心疾呼的声音文字，但这些帖子中的内容你真的认真读过吗？这些事真的与你关系很大吗？有人一直在朋友圈号召跟随大师读四大名著，你是想告诉大家你自己读不懂这四本书，还是至今你尚未读过四大名著？时时见到有人每天转发很多条鸡汤文字的朋友圈，貌似他每天不用做其他事情，也没时间去实践他所发的内容，他的主要工作就是从早到晚搬运朋友圈中的文字。

举这些例子不是说不用关心国家大事，不是说不用读名著，也不是反对鸡汤文，只是想说，让自己静下来，找到真正的自我需要，找到自己，勿迷失了自我，而不是每天貌似忙忙碌碌，实则空虚无聊。

人生其实很简单，各种事情不复杂。大大小小的事情，都只是一件事情而已，各种事情，解决的方式往往也不复杂，常常也就是 A 与 B 方案二选一。心大了，事情就小了，理顺了，就不会慌乱。有人惶惶不可终日，貌似很着急，但也仅是"很着急"而已，他不愿静下来思考。

孩子教育亦复如是。

不管孩子当前如何，你最终希望他如何成长，先让你自己静下来好好想想，当前你能为孩子做点什么，一件件去做，只要你在做，做一点就会有一点收获。

即使收获没有预想的丰厚，那毕竟是自己的孩子，是一个正在成长中担惊受怕、无所适从的孩子。和孩子成为朋友，成为他成长的顾问，孩子就会少走弯路，他的生活就会增加许多喜悦，你的家庭教育过程也会变得很简单。生活简单、喜悦、清净了，你会有更多的时间去读书，越读书，人生越清明。

（二）善良并宽容

让自己成为真正的善良者，成为不求回报的行善者。古人云"积善之家必有余庆"并不是空话，只要自己能成为不求回报的善良者，孩子的人生大多是幸福的。善良与懦弱以及无节制的付出和毫不利己专门利人有区别。每个人都有自己的人生底线，都有自己的生活原则，只要实实在在实践自己的善良就可以了。赏能小作家课堂上，新成员报到后，有的孩子很快成为大家的朋友；但有的孩子一直得不到同伴的喜爱，大家不愿意和他交往，如果我们不对这些孩子进行相关的训练，尽可能让每个孩子都成为大家喜爱的人，以当时的状态走向社会，哪个孩子的前景更光明，是不言而喻的。我们老师甚至能从有的爸爸妈妈说话、走路的状态上判断出这是谁的家长。有的孩子常在一起讨论与交流，有成绩大家就称赞欣赏，有不足大家就热烈讨论并指出，有的孩子只能一直独来独往，少了很多获取知识的途径，也少了很多学习的乐趣。如此一来，不同孩子在学习与生活中的"得到"不一样，能学出"超常"结果的概率也大不一样。孩子是家长的复制品，越小的孩子，复制的相似度越高，家长越是善良与宽容，孩子的朋友就会越多，他的生活就会更有意义。

（三）惜时且不抱怨

生活中，我们应该有这样一种心态：无论遇见谁都是该遇见的，无论发生什么事都是该发生的，结束的事情就已经结束了，对你想做的事情而言当前都是最佳的开始时间。具备了这种心态，就不会抱怨，因为抱怨实在起不到任何的正面作用，它只会生产负能量。

会不会遇见某个人，往往不由我们决定；各种事情是否发生，往往也不由我们决定。如果不希望某个人出现，不希望某件事发生，提前就该有所准备。当没准备或准备不足时，已经来了的，就按当前做计划并马上行动。不管好坏，每个当前都是最佳开始的时机。我们应该把更多的精力投入到从当前开始的"以后"怎么做上，只有当前的所作所为才能对以后产生影响。已经结束的、过去了的，说再多遍也不能重来一遍。所以积极者更看重未来，消极者往往对过去有各种抱怨，且这种抱怨是无始无终的。

不抱怨过去，不抱怨他人，不代表不自责、不反思。你参与过的事和与你相关的事，如没有得到想要的结果，你都有责任。某件由你主导的事，结果不理想，甚至搞砸了，当然由你负全责，你是唯一的事故责任人，即使确实是其他外因导致了失败，事前为什么没考虑到？为什么没采取相应措施？如果能从这个角度思考问题，你可能已经是领导了。真正的领导就是这么考虑问题的，也鲜有能如此考虑问题而不是领导的人。这种思考问题的角度传递给孩子，孩子的学习与成长还需要家长费神吗？他自然而然就是非常优秀的学生，自然而然就是学生干部或非正式群体的领导者。

四、培养"超常"

如果家长做到了以上三条，也没有对孩子过分地溺爱与纵容，那么孩子往往已经是那个传说中的"别人家孩子"了。如果还能熟悉孩子的学习体系，形成自己的教育理念并引导孩子，孩子一定能成为"超常"学习者。

关于超常学习，本文以 1~9 年级义务教育阶段的数学学习为例。

如果你家孩子的数学学习没有超前很多，只能说明孩子不会学习，家长也不会真正引导孩子学习。

教育部 2011 年版《数学课程标准》[①] 规定，这九年数学学习的目的是学习数学知识、具备数学思考能力和解决问题的能力，并养成对数学的情感态度，对数学有好奇心和求知欲。具体学习分初级（1~3 年级）、中级（4~6 年级）、高级（7~9 年级）三个阶段，各阶段所学的深度与广度不同，但都集中在数与代数、图形与几何、统计与概率、综合与实践这四个方面。按高级阶段的要求，初中三年所学数学内容为：

（1）数与代数：有理数、实数、代数式、不等式、方程组、二次函数等；

（2）图形与几何：图形性质（点、线、面、角）、平行线、三角形、四边形、圆、尺规作图、图形的对称和相似、投影、图形与坐标等；

（3）统计与概率：抽样分析、制作统计图、通过频率估算概率等；

（4）综合与实践：解决实际问题。

以上是初中三年全部的数学知识，小学数学只是给初中数学打了点基础，这里忽略不计。

假设一个上过正规大学的家长突然失忆，忘记了学过的全部数学知识，但已经养成的学习精神还在，那么完全学懂以上内容需要多少时间？夸张一点，三五个月时间也足够了，但孩子整整学习了九年，仍然学不会考不好，只能有两个原因：不爱学和不会学。

---

① 中华人民共和国教育部. 义务教育数学课程标准 2011 年版［S］. 北京：北京师范大学出版社，2012.

到这里，你大概能理解为什么赏能老师不教写作，但小作家们个个那么能写了。2017 年暑假，参加赏能小作家自强班学习的最后一个晚上，所有孩子宁愿不睡觉也要在宾馆写作，三四天时间里，好几位小学生的写作量超过了一万字，就是因为赏能老师让他们爱上了写作，让他们觉得写作很轻松，很有意思。但老师要"教出"这个效果，却不是一蹴而就的事。这也是我们在招聘老师时高标准的原因——不在于老师会不会写作，重点在于老师的知识量与思维发散度，以及个人综合素养高不高。因为赏能老师原本就不主教写作，老师要让学生相信自己的优秀，并主动提升自己的优秀。只要学生具备了想优秀、敢优秀、努力优秀的思想，具备了学习兴趣，哪一样他想学的知识会学不好呢？写作只是赏能常用的让学生体会自我优秀的表现方式之一，当他意识到自己原本可以如此优秀的时候，数万字的作品对他们而言又算得了什么呢？我们坚信，只有老师有高度、有格局，才能指引孩子昂首阔步走向远方。

我们继续说数学的例子。

很多孩子已经形成了好好学习就是好好完成作业的意识，诸多家长也认为不缺课、好好写作业就等于认真学习，这是一种不负责任的态度，这是一种把孩子的成长完全交给他人（老师）的态度。孩子优秀成长最主要的因素还在于家长及成长环境的影响上。对很多孩子而言，学校只是催化剂，在人数众多的孩子群体中，学校让优秀者更优秀，让后进者更后进，让平庸者继续平庸。如果家长没有给孩子养成"超常"学习的习惯，那么家长最好站在终点来引导孩子的学习过程。如果孩子在小学，家长要把整个小学阶段该学的内容都了然于胸，然后再引导孩子学习。这种引导不止于课本与作业，散步中、超市里、放学路上、旅游途中等都可以通过聊天和游戏进行数学学习的引导，将学习和生活充分结合，学习变成了乐趣，成了好玩的事情。在这种状态下，学习整个小学的数学知识还需要六年时间吗？整个小学阶段所学的语文，简言之就是字词句和记叙文，如果平日能找到学习语言的乐趣，能见缝插针自己学习，那么小学语文也完全用不了六年时间。

如果你家孩子和那些"超常"的赏能小作家一样，用四五年甚至更短的时间学完了六年的课程跳级了，或者虽然没跳级，但是能把知识的广度扩大到更高的水平，远超同龄人，那么，他是不是也会被别人称为"天才"？即便如此，你家孩子也并没有"超常"学习，因为更多人都在懵里懵懂、稀里糊涂、无头苍蝇般地跟着感觉胡乱走。这时，如果有人是正常的，是清醒的，在沿着自己的方向走，不管快或慢，他都将成为大家公认的"超常"的人。

秦孝公为富国强兵求变法时，曾遭几位大臣的反对，当时商鞅说过这样的话：

能做出比他人高明的行为的人，一定会被世俗非议，有独特见解的人，也会遭到他人的嘲笑。愚者事成之后尚不明就里，智者却能提前预知尚未萌芽的迹象。立法度以爱护百姓，明礼制以方便办事，只要能使国家富强、百姓受益，就不必遵循旧的做法。夏商周礼制不同都能称王天下，春秋五霸法制不同却能称霸诸侯，所以聪明的人能根据实际创造制度，愚笨的人只能接受固有做法的约束，商汤周武并非因遵循古法才称王天下，殷夏灭亡也不是更改了旧制才走向没落，所以，根据当前的实际情况，施行符合自己的法度，才能做到国富兵强，让百姓安居乐业①。

结合以上对大多家长和学生学习状态认识的分析，以及商鞅富国图强的观点，我们可得出一个结论：在当前的学习环境中，每个孩子都有机会成为"超常"学生，也都完全可能成长为"超常"学生。之所以你家孩子还没有"超常"，是因为你和他都只是按照学校的进度亦步亦趋地上课、下课、写作业。你家孩子的学习不是有兴趣地探索性自主学习，源于你的骨子里也很少想过要突破常规。孩子随着父母的教育成长，当很多人都懵懵懂懂随着大众跟风成长时，你让孩子学会了自主学习，那么他迟早会鹤立鸡群。

————

————

————

---

① 此为译文，原文见《商君书·更法第一》。

第二章　赏能写作基础

01　赏能教育的目的是培养出智慧型优秀生

赏能小作家是指所有以长篇创作为抓手接受赏能教育法训练的孩子的统称，通常我们把青蛙和天马级别称为小作家初级，凤凰级为小作家中级，小天使、大天使及大作家系列的孩子统称为高级赏能小作家。

赏能课堂的班级组成并不严格遵从学校的教学班级的要求，比如天使班有初三的孩子，也有四五年级的孩子，他们在一起上课，并不影响教学效果；相反，只会彼此促进互相进步。

赏能教学的目的是把每个孩子培养成优秀的学生。赏能的优秀，并不是只能考出高的分数，也不是只能写出优秀的长篇小说或优秀的诗歌、散文。其实这些都只是赏能教学目标的一部分，且是小部分。赏能课程学习中，若家长和孩子只关注这些方面，则属买椟还珠了。

写作是语文的一部分，语文是学校教育的一部分，学校教育也只是教育方式之一。不同形式的教育模式中，对青少年而言，当前最常用的衡量学习效果的方式是考试的卷面成绩。其他以结果衡量、以思考过程考评等方式不是对孩子们的主流考核方式，但不能否认它们的存在。

就考试成绩而言，除极少数特例外，不管是数理化成绩，或是作文竞赛成绩，各类成绩不佳的孩子，大都因学习习惯不良或学习兴趣不足所致。赏能教育法一直在强调，每个人所看见的，都只是自己想看见和能看见的，对不愿学习的孩子来说，不学习的理由俯拾皆是，根本不用刻意去寻找，随手拈来的都是很好的客观理由。反之，对爱学习的孩子来说，学习的地点、时间、方法同样到处都有。所以赏能以培养具有良好学习习惯与浓厚学习兴趣（含写作的习惯与兴趣）并且具有各方面综合能力优秀生为己任。

一、赏能体系中优秀生层次

赏能教育培养体系中，我们把优秀的学生分为高分型优秀生、学习型优秀生和智慧型优秀生三个层次：

（1）高分型是最低层次的优秀生。该层级的孩子能通过刻苦学习取得好成绩。这里的刻苦可能是孩子自己的刻苦，也可能是家长高压下的刻苦，还可能是温顺的孩子在家长的安排下亦步亦趋的刻苦。这类学生最常用的学习方法是不断压缩睡眠、游玩、读书等一切与做作业、刷题无关的时间来进行高密度的低效学习。虽然成绩不错，但此类孩子能考上最优秀大学的概率不会太高，这类优秀生中高分低能者居多，当前学校教育体系中正在培养出大量的此类"优秀生"。这些孩子大学毕业后思维僵化，所学知识局限在课本上，很多事情都不会干，进入职场面试时常说的话是"我学过什么课"，而不是介绍自己会做什么，他也不明白自己能做什么。即使读完硕博，有人除了一张学位证书外，仍一无所得，他只知道要找工作，但不知道自己该干什么，不知道自己的方向。

（2）学习型是中间层次的优秀生。他们自己会学习，知道怎么学，知道看什么辅导书，知道去问老师，学习效率比较高，换句话说，他会用自己的大脑学习。此类学生对学习及未来的工作大约都有相应的计划，考试成绩当然不会差。他们应该能考上一所比较好的大学，这类优秀者的性格不管是桀骜不驯，还是低调胆小，毕业后大多会有一份不错的工作，他们具备了优秀的白领阶层所需要的基本素质和能力，大多数将拥有幸福的生活。

（3）智慧型是最高级优秀生。这些孩子的学习超出了课本、老师和学校，超出了一切的条条框框，能随时随地学习，耳闻目睹的所有内容都可成为学习对象，但不会局限于任何一种固有模式。学习是生活的一部分，生活也是学习的一部分。不放弃，不抛弃，但也不拘泥，不苛求。如此一来，生活与学习都很轻松，他学东西很快，学了就能用，用时也在学。《倚天屠龙记》中有个情节：武学宗师张三丰在战斗现场教张无忌太极拳和太极剑，张无忌一会儿就把所教内容"忘"了，旁人很着急，张三丰却回答："不坏不坏，这么短时间就能忘掉，不简单。"印度电影《三傻大闹宝莱坞》中大学生们起床后因洗澡间水龙头少而着急排队，兰彻却常到外面去冲凉：不就是需要一个水龙头吗？何必一定要洗澡间的水龙头，哪里的水龙头里都有水啊。这个层次的优秀生，他们的未来一定是光明的，不管是搞科研还是办企业，或者插花种菜卖红薯，都能很快乐地成为佼佼者，他们的幸福度也会很高。

下面举例说明三种不同类型优秀生的学习方式：

因为考试成绩都不错，以上三类孩子都是家长心目中的优秀者，但其学习方式却有较大不同，随手拈来几个通用的学习的例子，对几类优秀生的学习及思维方式进行大致区别。

学语文：第一类常背课文、猛做试卷，没时间看"闲书"，除了大量做题，对很多事情都兴趣索然；第二类多读课外书增加知识，喜欢写写画画，家长对孩子多是放心而放任；第三类面对秋意萧瑟、绵绵阴雨，可背诵出应景的诗句或者现场赋诗，读书写作信手拈来。这一类优秀生读《三体》《安德的游戏》等科幻类图书以发散思维；看《平凡的世界》《五星红旗迎风飘扬》《忠犬八公的故事》等影视作品从而学会爱与忠贞；旅游中记录景区大门上心仪的对联以丰富自我；读名家传记与传主心灵沟通；欣赏舞台剧、音乐会、画展以提高修养；扶老携幼、助残抚孤来传送温暖；乘自动扶梯靠右站、聚会中不痴迷玩手机、常微笑赞美以尊重他人。总而言之，学语文与用语文的地方，无处不在。

学数学：第一类做大量试卷与习题；第二类能对比同一题目的不同解法，独立完成解题，知道自己的薄弱环节并加以巩固；第三类能发现生活中处处有数学，能把语数外等各门功课与生活中所见所闻结合起来学习，能真正发现数学无处不在，而不是老师布置了"生活中的数学"之类的作业后抓耳挠腮、苦思冥想编一份作业去应付，能从图书馆、网络公开课等处找到学习并交流数学的平台，不拘泥于某个"大家认为好"或"妈妈认为好"的方式与平台进行学习，他看重的是"我"喜欢的学习方式。

学地理之气象部分：第一类背课本以考出高分；第二类读课文并按课本或老师要求做实验观察；第三类精读课文并进行实验观察，随时分析当前天气，注重对比学习与应用。

学生物：第一类背课本做习题以考出高分；第二类要家长带到植物园等处观察记录；第三类观察放学路上的小草及昆虫、在厨房的菜篮子里观察蔬菜的成长变化，窗外的花草树木也是观察分析对象。

总而言之，高分型优秀生在按别人的"好方法"认真刻苦机械学习；学习型优秀生能主动学习，把他人的好的学习方式方法化为自己的方式方法来学习，善于融会贯通；智慧型优秀生灵活机智，善学善思善用知识的习惯已经融入骨子里，处处可结合自身来学习和应用。

二、差别：知识不等于智慧

虽然都是优秀生，但优秀生和优秀生差别非常大。

学习如战场，指挥官指挥小部队小打小闹，凭借个人的聪明才智应该够用；但指挥一支大部队，则需要军事理论作指导才能制胜。指挥战役，缺乏一定的哲学基础也许很难取得满意的结果。与之对应的是，学习中单凭呆板的刻苦，在小范围内也许能胜出，但随着中高考的选拔而进入更高一级的学习环境中，没有良好的学习习惯通常会掉队；真正进入职场后，不懂得灵活机变的死读书者，基本上就唯唯诺诺过一辈子，很难做出什么成绩。

同样是学习好的学生，如果用一个概念来定性，一种是会背书的人，一种是会学知识的人，一种是有智慧的人。知识和智慧是两个概念，知识是固定的，智慧是用来解决问题的。战争中，双方统帅都读《孙子兵法》，结果还是有输赢。学生坐在同一个教室，由同一批老师上课，成绩却有优劣之分。家长都读过我们推荐的有关孩子培养方面的书①，但仍有家长时时焦虑。父母都在向孩子传递爱和希望，但有的亲子关系很紧张，孩子不领情且反感父母的爱，有的其乐融融，彼此轻松，孩子各方面都堪称表率。所有这一切，差别就在于知识转化为智慧的能力强弱不同。

三、赏能教育的目标：培养智慧独立的青少年

赏能教育的教学目的，是在极力把孩子培养成为一个能主动学习的有智慧的人（写作是智慧学习的内容之一）。对比一下赏能各阶段教学的收与放，对此教学目标的理解更容易。

（一）青蛙和天马阶段

紧收（行为习惯）：如坐姿端正、言行文明、微笑赞美、专注认真、纪律严明、信守承诺、分项合作等。教师对孩子作为一个优秀者最基本的部分要求得比较严格，这部分也就是我们常说的"底层代码"。赏能教育法认为，一个只会思考搭草房子的固执脑袋，是想不出高楼大厦的建设步骤的。这个阶段，赏能要让孩子意识到，高楼大厦需要更高级的建筑材料和更精密的计算做准备，而不是找到更好的木棍和更长更茂盛的茅草。这个阶段，只要求孩子具备从这个角度思考的意识就可以。养成一种意识很不容易，特别对那些已经受限于父母要"建更好的草房子"思想的孩子而言。意识转变是一个因人而异的过程，年龄越小越容易养成。

并非所有的孩子都需要大转变。因原生家庭的传递，优秀的父母已经给孩子"写好了优化过的底层代码"。那么这部分孩子将很快升级到更高级别的赏能班级接受下一个阶段的学习。

放开（写作部分）：写作内容、修辞章法、字词句段等都很自由，由孩子自行安排。只要他爱写善思，并受到孩子们的接纳与喜欢，能交到好朋友，这个阶段的学习就算完成了。

（二）凤凰阶段

紧收（写作部分）：根据不同孩子的不同状况，以不同的方式教会孩子学会写长篇作品、写诗、写应试作文。因学习中受到的表扬和批评形成的自信、爱好、心理创伤等不同，老师会针对不同孩子以不同的方向导入写作，通常由孩子喜爱的长篇写作开始，也会从诗歌、作文、日记、随笔等角度入手。总而

---

① 注：本批同期出版的《诗词美文伴赏能》一书中有具体的对家长、孩子和老师的推荐阅读篇目。

言之，方法因人而异，但都以爱写善写、高效写好为最终目标。

放开（情商部分）：通过演讲、辩论、课题研究、互相讨论等方式学会阅读、学会学习、学会大胆表达。

（三）天使阶段

紧收（思维及学习方式训练）：该阶段形散神聚，以看似随意轻松的方式，协助孩子形成发散性思维，形成学以致用的习惯，把学习和生活充分结合。通过课题研究、辩论、阅读引导、分享等方式进行思维与学习方式拓展；通过欣赏科幻电影、推荐科幻文学作品阅读、参加科学知识讲座等进行思维发散训练；通过优秀图书和影视作品欣赏、讨论，引导感恩、友爱与奋斗的情怀；通过优秀生互相影响与交流以吸收彼此优点进行自我约束与自我提升的训练。这个阶段，在培养孩子豁达阳光的性格以及自律奋进方面我们不断在动脑筋。我们希望孩子们都能成为快乐、幸福、友爱的优秀生，希望孩子能知道自己为什么学、如何学，并以此促进自己更高效更愉悦地学习，做一个积极快乐的学习者，做一个智慧阳光的青少年。

放开（文学创作）：该阶段的孩子已经有了数万字的创作量，老师会通过各种方式继续促其思维发散，让他从骨子里意识到各类问题都有不同的解决方案，每个人的言行思想都有各自不同的角度，学会从别人的角度进行思考。作品创作中，同样要学会以作品中的人物的角度去做思考，对语言、行为、环境、心理等描写要善于从角色的视角去观察。解数理化难题时要学会不断变换角度和方法去做思考。学语文课文时要善于从作者的角度去揣摩其写作意图，而不仅仅是背下语文老师的讲解。因为基本具备了发散的思维模式，所以写作部分是大幅度放开的，老师对其写作内容很少干涉，只做必要的引导。

孩子的成长过程中，家长都应把孩子的良好习惯和良好品行养成当作重点，相信孩子的优秀与独立。学习成绩优秀只是这个良好基础自然而然开出的一朵花而已，而这个良好基础的能量，足可万紫千红形成一片美丽花园。若这个花园的花朵永不凋谢，孩子的一生将永远幸福相随。

02 特优生如何学习[①]

成绩不好都是因孩子不努力吗？我们先假设答案是正确的，那么为什么孩子"不愿"努力？

---

① 本部分写于 2016 年元月。文中"至今""当前"等时间段均指 2016 年初。

先分解一下特优生的学习状态是什么样的：

小陈同学读五年级时，各门功课已经自学到了八九年级了。请注意，是自学，不是在辅导班跟老师学，也不仅仅跟着高年级的课本学，而是在貌似漫无目的的阅读和探索过程中掌握了八九年级的功课内容。因学习轻松，他的课余时间很多，这些富余时间基本用来大量阅读。四年级时，他用一学期读完金庸的全部武侠作品后，再在暑假中用两个下午读完了新垣平博士32万字的《剑桥简明金庸武侠史》，又用一下午读完新博士的《剑桥倚天屠龙史》。爱读书的孩子一定能写出优秀的长篇作品和短篇的应试作文，这点毋庸置疑，小陈同学也不例外，他用大半年时间已创作10万字左右的长篇武侠小说，目前该小说还在创作中。在此之前，他已经完成了10万字左右的《特优生成长记》。小陈同学不仅阅读大量的文学类书籍，对理工科的书籍也广泛涉猎。三年级时他曾提出了一个貌似简单实则高深的物理学问题①，并一直在做探索。小陈同学的理想是将来做一名公交车司机，这个理想从幼儿园开始至今，爸爸妈妈都很支持。他的玩具基本上都与公交车有关，画画的主题也大多是有关公交车及"公交线路设计"。

小叶同学正读六年级，读书范围比小陈同学更广。相较而言，小陈同学偏专，小叶同学偏博。除了同龄孩子的阅读内容，她四年级就通读了古罗马哲学家马可·奥勒留72万字的《沉思录》。本学期赏能小作家在明故宫上户外课，老师们课前随机准备了六十余个关于明朝与南京的问题，包括明朝政治制度、经济发展、战争外交、宫廷斗争、名人逸事等内容及与南京相关的各方面知识。小叶同学基本上都知道答案，让现场的小作家们敬佩不已。总体而言，赏能小作家群体已属同龄孩子中的佼佼者，但这些"兵王"在"特种兵"面前还是小巫见大巫了。临近小升初，小叶同学除了继续阅读和写作外（正创作中的长篇小说已达数万字），还在忙着探究她着迷的同余及相关数论的基础问题。可不要以为小叶同学是书呆子，她和其他赏能小作家一样顽皮可爱、善良大度，在和同伴的嬉戏打闹中处处表现出大姐姐的风度。

赏能小作家中还有个读四年级的小勇同学，平日表现犹如一可爱的小猴子，但这个"小猴子"也是个大量阅读者。我们偶尔和家长讨论一些有利于发散、思维的问题，小勇同学也会积极参与，参与的结果常让家长们大跌眼镜。举两例：

（1）1 = 4，2 = 8，3 = 16，4 = ？大多回答 4 = 32。小勇同学则一口报出 4 = 32 和 1。

（2）用火柴棍组成数字 6008，移动两根火柴，组成最大的数字是多少。大多孩子会组成 9908，发散些的组成 611108，四年级的小勇同学稍作思考就给出

---

① 小陈的问题是：正运行的高速电梯中若有一只苍蝇，它会不会忽而掉在地上忽而被摔在天花板上？如果苍蝇会思考，它能否判断出电梯在匀速运行或者处于静止状态？该问题类似于相对论产生时爱因斯坦的思想试验。

了一个大数字的阶乘的答案。这个答案足以说明他的思维方式很发散、很超前，这种思维方式一定不是只跟着课本学出来的。

网上到处都能看到"猫爸"常先生对女儿常帅的教育方式。常帅在与美国优秀学生的竞争中获胜，当地报纸称她"跳舞跳进哈佛"，这个女孩坚持跳了12年舞。更让其他学生"羡慕嫉妒恨"的是，这个经常因跳舞出访或演出而"翘课"的女孩，在中学的学业成绩名列前茅，年年都获奖学金。被网友称为"猫爸"的常先生告诉女儿：要自愿去遵守一些游戏规则，要能分清轻重缓急，比如学习是第一位的任务，没有讨价还价余地，你学习很自觉，就让你自主决定一些事，给了你自主权你用得很好，可以给你更大的自主权。给孩子自主权会形成一个良性循环，孩子的自信心、被信任感、被欣赏感增强，她觉得自己是被爸爸妈妈信任的，所以对自己也会有要求，而且自己是能处理好一些事情的，所以也会自信。自信的孩子自立要求也更强，要争取更大的自主权，就会要求自己做到更好。这个阶段是有游戏规则的，但不是清规戒律。

这几位被称为"学霸"的优秀者，他们有几个共同点：①父母做事认真积极上进，但在孩子的学习与成绩上比较淡定，不为一时成绩高低而着急；②孩子爱读书，阅读范围不拘一格，爱好广泛；③孩子学习轻松，热爱且主动学习；④学习效率高，学习范围广，学习内容不限于课本与作业；⑤有独到的高效利用时间的方法；⑥父母充分尊重孩子。

按媒体报道，常帅上学期间常外出演出，成绩并未因缺课而下滑。上文中的小陈同学更是"逃课老手"，因他超前学习较多，课内学习内容对他而言较简单。在参加学校为使优秀生更优秀的各类提高班时，他与老师和家长"斗智斗勇"、能逃就逃，有时候为了读某本书，也会千方百计逃课，但考试成绩总是名列前茅。父母很了解自己的孩子，对孩子的学习持从容的态度。现任某省级领导多年前曾在高校共青团工作研讨会上，针对有的学校领导认为"难管"的学生思想活跃的问题时表达过一个观点："如果一个大学生在几年学习中确无任何违纪，这个人未来可能不会太有出息……我看到的不是守纪，更大可能是他没有自己的思想。那种以坚持不违纪来刻意锻炼自己的同学除外。"举这些例子不是要鼓励学生"胡作非为"大闹天宫，也不是说学校课堂不重要，只是想表明优秀的学生有自己的思想，他是在按自己的进度学习，而不是亦步亦趋地跟着老师走，更不是把学习恒等于上课和做作业。

我在高校学生管理岗位工作过十六年，对大学生的心理及学习状况有所了解。十多年前大学生的学习劲头优于当前大学生，但当时厌学的大学生也不在少数，不了解实情的人很难想象这些二十岁出头的年轻人大学四年在做什么。有人沉湎于游戏，有人热衷于恋爱交友，也有少量"奇葩学生"既不游戏也不交友。他们不知道自己想学什么，也不知道不想学什么，不知道自己爱好什么，也不知道自己不爱好什么，觉得什么都没意思，每天迷迷糊糊睡觉，几乎就这样睡四年。我们招聘赏能老师时并不迷信学历，我们鼓励自信阳光者前来展现自己。但我对有的面试者很生气。问及读书，学文学的人大学四年没正经读过几本书，有的只能说出诸如《读者》之类的杂志名称，学美术的分不清凡·高与莫奈的基本画作，学历史者所掌握的"历史知识"很明显大多来源于热播的历史剧。有观点认为，这些在大学迷失了方向的年轻人，是因为中学学习太累，把学习劲头用完了，犹如连续耕作的庄稼地，已没"肥力"了，所以到了大学才和中学判若两人。其实这些人都是中小学阶段被作业和课本引导着的被动学习者，他不知道为什么学，不知道怎么学。培养出被动学习的孩子的父母和老师往往对孩子压榨再压榨，"刷题"再"刷题"。所以不是"三十年媳妇熬成婆"后才突然放松，而是在被动学习阶段就对课本充满了"仇恨"。故此高考一结束，把课本扔得满天飞不是个别现象。更有"奇葩"学校军事化管理，以"产高分上名校"为旗帜，但若跟踪分析一下这些被"压榨"到名校的高分学子，相信有相当比例者毕业后难成中流砥柱。同一个原因，他不是在探索中主动学习，而只是为上名校而被努力打造成的考试机器。一个智商不低的年轻人，"沦落"到这个地步，只能说是教育的失败。

再回到中小学学习阶段。

所有持续学习好的学生，都是轻松的主动学习者。不优秀的学生各有各的原因，但优秀学生却是一样的。主动而轻松地学习是个系统工程，学生能修炼到这个层面，由很多因素融合而成，这些因素很难分解开。犹如健康体魄由锻炼和良好饮食等习惯形成，但你很难说昨晚上那顿日常的饭对体魄健康起到了百分之几的作用。赏能教育认为，如果硬要把学生主动而轻松学习的"综合功夫"尝试分解，大约可归为以下几招：

一、大量阅读

培养孩子爱读书的习惯对其一生非常重要。最简单、最有效、最不费力的培养阅读习惯的方法是父母爱读书。父母读书能提升品位让自己思想更丰富，从教育角度，更重要的是给孩子树立一个"身教"的榜样。有的家庭除了给孩子买各种低幼童书外找不到一本大人的书，在网上买书如此方便、网上图书价格如此低廉的时代，父母不读书，怎么可能能让孩子爱读书？

大量阅读的孩子理解力较强。有位家长说，已学过相关知识的孩子面对"小羊沿相同方向绕周长为一米的树转了三圈，拉紧绳子后，小羊距树两米，拴小羊的绳子一共有多长"的问题一直很晕，很明显这是理解力的问题。考试中数理化题目"绕弯"出现后，有的孩子就不会做了，同样是理解力的问题。

大量阅读的孩子在同伴中有较高的号召力。在同伴中有号召力对孩子自信心的树立和学习兴趣的提升很重要。小伙伴谈到的很多知识他都知道，无形中会让其他孩子羡慕，就会刺激他更加努力地学习。他不仅从书本上掌握知识，也会不断请教父母，以期保住自己因"博学"而被同伴羡慕的"宝座"，客观上让孩子进到了主动学习的良性循环环境中，这个习惯对一生无比重要。具备了自信和探索的习惯，就算将来卖烤红薯，他也一定能烤出最好吃、最好卖的红薯，也一定能从烤红薯起步走向更高的平台，因为主动学习、主动思考已经融入骨髓，成了他不可分割的一个部分。这种孩子，学习成绩怎能不优秀？

大量阅读的孩子心胸开阔，易获帮助。孩子的模仿性很强，读过的故事能很快变成他自己的一部分。从父母身上学来的行为方式有优劣之分，但从书上学来的往往是正能量。比如说脏话的习惯，通常来自父母，书中很少有脏话出现。初级的赏能小作家中个别脏话连篇的孩子和他彬彬有礼的高知父母貌似反差很大，其实大多是因为父母在外人面前善于伪装而在不经意间常说脏话，孩子学会了，但在父母面前不敢说，离开父母，到了宽松的环境中，很快"原形毕露"。

有"豪爽"的家长咨询孩子教育，开口就说："我读过赏能教育法对家长的建议了，你不用给我介绍，我很现实，现在你别说让我读书的话，直接告诉我，怎么让我的孩子爱读书就行。"所有优秀的孩子都是由家长在润物细无声中养成的。从孩子出生前，人家就在读书学习提升自己，所以孩子会如此优秀。你的孩子跟着你在"豪爽"中虚度这么多年，现在你来找"灵丹妙药"，希望孩子突然脱胎换骨变优秀，这就像你常年不存钱，看到那个一直在存钱的邻居家境富裕了，就来问我："你别告诉我怎么挣钱存钱，你就直接告诉我从哪里可以突然拿到钱。"那我只能认为你想去抢劫了。

我不相信存在没时间读书的人，只有不愿意读书的人。通过"身教"影响孩子非常有效，但开始阶段却是孩子年龄越小越好，孩子越大越事倍功半，年龄更大时甚至会归于无功。如果真到这个地步，你再认真读书当然也没坏处，子曰："朝闻道，夕死可矣。"为什么自己就不能认真读几本书呢？曾经，大家都是爱读书的好学生。但这时，再以自己读书来影响孩子，为时已晚。所以，最好你就是个爱阅读的人，而不是为了某种目的装出来的爱阅读的人。

二、主动学习

主动学习是学生的终极目标。如果孩子已懂事，学习认真刻苦，作业认真完成，但成绩上不来，问题就出在不会主动学习上。大部分孩子（或者说大部分家长要求孩子）认为认真学习就是不缺课（甚至带病上课）、认真听讲、认真做作业，只要作业本上常见"√"，只要考试成绩还不错，孩子的学习就没问题，那就错了。

不缺课甚至带病上课，应该归于孩子的纪律意识和意志力强，这也是人生很重要的品格，但它与学习关系却不大。如果人在教室，却心猿意马或头脑昏沉，都不会对学识的增长起到大作用。中小学课程和成人聆听名家授课不一样，后者更重要的地方在于名家睿智的思辨能力和渊博学养，会对我们的思想起到当头棒喝、醍醐灌顶之效。就像在网上看一部大片，虽然是相同的故事情节，却缺乏专业电影院的那种视觉和听觉冲击效果。所以对名家课程需要近距离耳提面命，但中小学课程内容都展现在课本上，如果老师缺乏研究精神，不能因材施教地"传道"，只熟练于"授业解惑"，对孩子学习力的提升不会有太大帮助。中学生课后作业比小学生多很多，相当比例的中学生既不再大量阅读，也不再花时间独自钻研题目，遇到难题，网上查答案可能会成常态。虽然大部分孩子即使查到答案也会先认真看懂解题过程，但这不算是真正的学懂弄通。真正学懂是在探索中走出一条以前没走过的路，到了一个陌生环境中，能在很短时间内判断出这条路怎么走，而不是等别人告诉你怎么走后，再判断人家说的对与错。这两个层面上的"学懂"，前者会一路披荆斩棘、高奏凯歌，后者之路必将越走越窄，最终只能左冲右突于题海中难以自拔。

这种现象的出现，不是因为学生变懒，而是因为学生没了自己可支配的时间，为了做作业而做作业，很少自己独立思考。小学生晚上八九点完成作业已让很多父母发狂，但初中生从放学开始就抓紧时间写作业到十点多却不是少数，不少孩子要到十一点左右才能上床睡觉。高中生的时间之紧更可怕，不少孩子在十二点之前很难上床睡觉，这里不赘述。

优秀孩子都在超前和超范围学习，他知道老师当前课堂上所讲的内容在整个知识体系中居于何种位置，该如何学，他是心中有数的。同时，因为超前学习，完成当前作业的质量和速度都比较高，学习更轻松，也更有积极性。马太效应在这里充分发挥了作用，优秀者越来越优秀、越来越轻松，吃力者越来越吃力、越来越辛苦，但仍是只见成绩下滑，而且往往会持续下滑。

若出现这种状况，面对着能够认真主动学习的学生，有能力辅导孩子学习的家长，不妨让孩子离开学校一段时间，这段时间由学生自学（或需家长引导学习）。引导学习，不是由家长或辅导班老师给孩子上课，而是帮学生做好每天的进度规划，学习的部分由学生自己完成。此行目的只是想把课堂和作业的时间全部抽出来由学生做主，给他充分的时间支配权，让孩子学会自主学习，从"学习等同于上课和完成作业"的概念中走出来。一段时间后，若已找到自学的感觉，就仍回到学校课堂上。成绩不算差的学生，只要能合理利用时间，学校课堂上一周要学的某门课的知识，也许孩子只需一天（甚至更短）便可学完，然后可通过作业予以巩固（到处能买到同步练习题）。当然，这里所说的"离开"和"回到"课堂，并不一定要脱离教室和学校，可以形式上脱离，也可以形式上不脱离，只需做到思想上的脱离。

何宜德（裸跑弟）是年龄最小的赏能小作家，他七岁时读六年级，是十余项世界纪录的保持者。五岁时，正读四年级的何宜德在爸爸的支持下，停课三个月在赏能学写作，完成了 10 万字的日记体个人自传《我是裸跑弟》（该书是他的第五项世界纪录）。何宜德也是"逃课"老手，作为成功企业家的爸爸何烈胜（鹰爸）很清楚地知道，要完美完成一件事就必须要知道它的意义并了解整个过程，没有激情、缺乏主动、人云亦云地邯郸学步，不能全身心投入，那么自己所做的事情必定难以圆满。

只有老师倾注了全部的热情和爱，知道为什么教，知道自己的言行在孩子的整个知识体系，甚至在整个人生中会起到的作用，老师的"教"才是有灵魂的"教"，而不是有口无心地为了"挣薪水"。只有学生知道了为什么学、怎么学，他才会精神饱满、如饥似渴地从知识海洋中汲取养分，学习也才会变得充满乐趣。

三、独立思考和契约意识

要培养孩子独立思考的能力，而不是一直要求要听父母和老师的话。如果孩子非常听话，一直在按老师和家长的要求认真做，那么未来的孩子无非也就能达到父母和老师的层次，很难超越。因为老师和父母是模板，孩子在模仿中必有所衰减。

小黄同学是天使级赏能小作家，2013 年《知心姐姐》杂志向全国小朋友介绍小黄同学时，大标题是"游戏大王"，因为他一直热衷于玩电脑游戏（2012—2013 年共有九名赏能小作家被《知心姐姐》大版面向全国介绍过）。该同学小学住校，只有周末才回家，他对游戏很着迷。幸运的是小黄的父母没有视游戏为洪水猛兽，而是和孩子平等对话，大家共同定制度并彼此严格遵守，约定何时玩游戏，可玩多长时间，爸爸还和孩子一起玩，孩子住校期间还忘不了给爸爸打电话，希望爸爸帮自己买卖游戏装备并帮自己闯关升级。睿智的爸爸因势利导教孩子如何在网上开店做生意，如何与客户交流，如何帮助弱小，这些知识让小黄在游戏中拥有了优良的武器装备，他不但是游戏达人，还在游戏世界里拥有乐善好施的美名。成为赏能小作家后，小黄同学创作的十几万字的作品基本都是游戏脚本，他还参与了游戏形象设计，并获江苏省一等奖。小升初的时候，小黄同学更是以南京市第十名的成绩被一所私立学校录取。有消息说，初中毕业时，小黄同学被某高校（预科）录取。

"裸跑弟"何宜德是个普通的七岁孩子，他每天也只有 24 小时，小时候每天也要睡十几个小时。他之所以能保持 12 项世界纪录，能七岁时读六年级，一个重要的原因就是"鹰爸"帮孩子养成了契约意识。言必信，行必果，孩子的时间利用率比较高。"裸跑弟"能做到的事情，你我身边的每个孩子都能做到，但因效率及习惯等诸多因素，以及随着年龄增长，不同孩子之间的差距会越来越大，即所谓差之毫厘，谬以千里。

举这个例子是为了说明独立的思想对一个孩子来说是多么重要，可现实中更多的家长一直在居高临下的不平等中要孩子听话，很多家长意识不到优秀孩子的思想在某些方面已超出了父母的认知。坚持原则"认死理"的有棱有角的孩子，被父母一步步教成了得过且过的鹅卵石。鹅卵石只能用来铺路，用来建高楼大厦的栋梁之材一定是要有自己的棱角的。

本月初，我曾在地铁里见过一位正培养孩子养成契约意识的妈妈。她早上送孩子上学，小学二年级的女儿在上地铁时吃完了半个包子，上地铁后想把剩下的一半吃完，但妈妈坚持认为不能吃，只能下地铁以后再吃（妈妈一定很清楚下地铁后包子会凉）。从妈妈平和的语气、严格的要求和母女俩的气质推测，这个孩子长大后一定很出色。可能有人习惯了"从善如流"和马马虎虎，但层次越高的人，对契约意识的要求也越高。我将这个地铁上的例子和众多妈妈说过，不少妈妈承认自己做不到这一点，这应该也是不少年轻人求职困难的原因之一。在写刚才这段文字的时候，有位朋友来访，谈及刚回国探亲的在德国上中学的儿子，她说感受到了不同，因为逛新街口时儿子宁愿绕远路上天桥也不愿意横穿马路。这也是遵守规则和具备契约意识的体现。在遵守基本的公共道德的底线上，保持独立的思想对学习者来说相当重要，只有具备了诚信的基础，才可能被大家更好地接纳，才能生活在快乐阳光下。

当前我们的星球上有近二百位国家元首，我想很少有人会否认这是个精英群体，但这些精英个个都是"不务正业"者，因为没有哪个大学开设了总统、国王之类的元首专业。这些精英也全部是自主学习者，他们所面临的很多问题没有先例可循。精英们也全是独立思考者，他们的环境中时有意想不到的情况出现，需要他们马上做出判断。所以说，真正优秀的孩子，他在潜意识里的反应正如瑞士著名心理学家荣格所说的那样，能够直接面向逼近前来的黑暗，没有什么偏见，眼光纯真，竭尽全力去发现其神秘的目标是什么，以及它想向你索取什么[①]。如果希望孩子能真正优秀，能有真正的好成绩，并在未来有大出息，那就不要指望孩子在该有自己思想的阶段还处处听话，处处被别人（老师、家长或任何人）牵着思想往前走，除非你坚持认为孩子的引导者是当前人间最优秀的分子之一，也是未来世界最优秀的成员之一。

03　优秀孩子各具特点

某日，一位在海外大学做了近一年少儿教育类访问学者的朋友来访，我们

---

① 荣格，等. 潜意识与心灵成长［M］. 张月，译. 上海：上海三联书店，2009.

谈起了海内外教育的差异，我颇受教益。当谈到教育的目的和方法，以及对孩子们的培养时，我邀请了另一位正在等候孩子上课的教授爸爸一起来聊一聊。这在赏能是常事，因为我们身边有很多这样的优秀学者。

两位教授都是赏能小作家家长，我们在一起交流的时候并没有意识到，直到写这本书时才觉得两个家庭有不少共同特点。

一、家庭

小杨妈妈原本就在师范院校任教，刚从台湾访学归来。对一个爱学习的人、一个研究教育的人、一个通过开办艺术培训学校来实践自己教育理念的教育探索者、一个优秀的四年级孩子的妈妈来说，做访问学者的一年时间，是真正的认真思考、不断实践的一年。有自己教育理念的杨妈妈从理论到实践，与权威学者们为伍，从各个方面对教育进行了更深层次的思考和探索。小杨爸爸在另外一所大学工作，从事美术教学工作。很明显，小杨生活在一个教授之家，一个充满艺术氛围的家庭环境中。

小勇爸爸曾在国外做博士后研究，现在在大学里做生物化学方面的教学与研究，才结束在外地的挂职回到南京。小勇妈妈也是大学老师。总体而言，小勇生活在一个以理工科为主的教授之家。

我今天的重点不是想说两个家庭的学术成就，因为从事教育研究，我更关注出自两个家庭的孩子的成长。

二、课堂

不同的家庭造就不同类型的孩子。

小勇在课堂上灵活机变，像快乐的猴子，是课堂的积极参与者，也是各种活动的积极参与者。这里所说的参与，不单是指身体和言行的参与，更多是指心灵的主动参与。我们在教学中遇到不少孩子，参加各种活动（这些活动包括但不限于读书写作、演讲辩论、游戏游玩等），你能感觉到他身体参与了，他也随同伴叫着笑着，跑跑跳跳，但他的内心是茫然的。比如长篇写作，有的孩子一开始就能勾勒出整个作品的框架，心灵参与的程度越高，其构思就越缜密绵长，他的写作只是在用笔记录心灵所"看见"的场景，这些场景可以回放，可以打乱重组，直到行云流水般顺畅的画面出现。这就是好作品的写作过程，也是我们努力的方向，我们在积极地培养孩子用自己的大脑处理自己的所见所闻所思所想，这也是我们对天使级小作家最主要的要求。有的孩子还达不到这种可以重组场景的五维思维能力①，但他有自己大致的轮廓和方向，经过训练，大多孩子是能达到这个高度的。孩子的五维思维能力在"凤凰班"的训练中开始形成，在天使班时便可灵活运用。

三、心的参与

这里所说的这种五维思维能力，就是我说的心灵的参与。具备了这种能力，其外在表现结果就是大家常说的预见能力、自控能力、主动学习能力、积极上进不断创新的能力。这种能力是优秀的学生、优秀的老师、优秀的文员及各类优秀者所共有的能力。那些知名的作家、科学家、军事家、企业家、政治家等都是具备了这种能力的人。

我们常看到很多孩子参加各种不同的活动，大多孩子都会积极参与，但有的孩子不知道为什么参加，要和谁一起参加活动，自己想要达到什么样的效果。所以同样的活动参加了很多次，有的人进步很大，有的人和原来一样，差别就在于是不是用心去参与。

2016年暑假，我在给天使班上课时，邀请小勇同学去听课。小勇同学当时已读四年级，赏能天使班成员中出现过好几位四年级的孩子，我就让他试试，结果他坐了不到五分钟就跑出去了。回到自己的凤凰班教室后跟老师说，他完全不知道天使班这些人在做什么，听不懂也看不懂。听到他的反应后我挺高兴的，因为他知道自己该去或者不该去，他知道自己想要的是什么。我们身边更多的孩子只要能升级就特别开心，只要坐在高级班教室里面就觉得自己是高级班成员了，有的家长还为孩子升级不够快而找老师。

四、家长期望与孩子的思维

赏能老师在培养节目主持人时对学生的普通话、站姿、表达、交流能力等做了测试，给家长指出孩子在某些地方需要纠正和提高。但有家长会说我们孩子在某某主持人班已经升到10级了，那已经是最高级了。家长以为升到高级，水平也就上来了，但她并不去关注孩子的胆小、普通话不标准、不敢演讲、站没站相、坐没坐相。如果说呼吸、发声等专业内容家长不太懂，至少这些外在的表现家长应该是能看见的，但遗憾的是家长只关注那张升级证书，而不去关

---

① 五维思维能力是我借用的一个描述学生思维发散度的概念。当前我们处在由 *XYZ* 轴组成的三维空间，加上时间轴 *T* 构成四维时空。我们身处四维时空，我们的时间轴只能由前向后而不可逆。赏能小作家对各种场景可灵活运用，可随意前后行于各时间点，为描述他们的思维模式即需要把他们的思维维度增加到五维，也就是说优秀的赏能小作家可在五维空间里随意调遣思维中的立体信息。五维空间的形象体现可参考美国电影《星际穿越》。

心孩子是否确实得到了改变。不管是在过去、现在还是未来，大家真正看重的都是每个人的实际能力和工作结果，而不是手里拿了几张证书，那些证书不但证明不了未来，证明不了现在，甚至连过去都证明不了。

我们再回到两位孩子身上。

小勇是课堂的积极参与者，是全身心的参与。但小杨与之不同，小杨也在积极参与各种活动，他的身体和行为都表明了自己对活动的热爱与不热爱，但他的心却没有完全随着行为而动。小杨在积极参与活动的同时，他的心在旁边观察与评判，所以他参与活动时就没有小勇的那种完全沉浸的感觉。反映在行动上，有时会因理智而表现得与同伴不亲密，显得有些高冷；反映在其作品中，小杨更善于写类似散文诗一样的带有哲理性的文字，因其"一心二用"的观察能力，他具有比同龄人更广的宽度和更高的高度。可是，这类思维模式往往不易写出长的章节。小勇写作的章节也不是太长，但原因与小杨不同，小勇的思维方式中缺乏小杨的那种以"面"为单位沿着周边发散的方式，他的思维方式是以"线"为单位，沿着纵深发散，所以他就比小杨显得更严谨，更有深度。两个孩子都很优秀，都完成了数万字的长篇写作，但小杨留下了更多的未完篇章，小勇的作品不管篇幅长短，基本都是一篇完结后再开新篇章；反映到学校的学习生活上，如果放到同一个班上，也许老师对小勇的喜欢程度要高于小杨，在大多老师看来，小勇比小杨更容易了解，小勇也许会表现得如我们通常所说的"没心没肺"，而小杨可能更喜欢向老师表达自己的看法和想法。

在和两位教授家长的交流中，小勇爸爸说，希望小勇将来能从事金融或计算机类工作。小杨妈妈没有明确说明自己对孩子的期望，但她举了一个例子：她在教别的高年级孩子画画时，小杨在一旁边玩边自己画，家长开玩笑说小杨妈妈偏心，因为她把自己的儿子教得那么好。小杨妈妈回答说，其实我根本就没怎么教我儿子，他自己在一旁画着玩，但现在画出了自己的风格，说明他还是有一些美术天分的。

到此，我们就明白了，为什么两个孩子会有思维上的此类差别。艺术家庭的孩子具有艺术类思维，理工科家庭的孩子具有科学类思维。

两位小朋友因成长环境不同而形成了不同的思维方式，思维方式各有长短，没有优劣之分，他们都能成长为很优秀的人才，当前的结果已经显现出了各自的优秀。比如参加活动，小勇神行合一，小杨部分心思用于观察，但他们的共性是都在以自己的思想指导着自己的行为，玩乐和学习都是发自内心的。所以，他们表现得比大多人云亦云的孩子更加机灵和主动，更知道自己想要和不想要的。他们都很有主见，学习成绩都不错，也许将来他们会走上不同的人生道路，但两个孩子一定都会有很光明的未来。

五、主动与被动

赏能小作家家长大都知道有一位六年级的孩子小陈，整个三月和五月不再去学校上课，专门在赏能读书自学，四月和六月因为期中考试和升学考试，他会回到学校跟着学校的步调学习一段时间。这也是有自己思想的家长培养出来的有自己思想的孩子，他们都清楚学生为什么要在学校学习，在学校需要学习的是什么，知道了这些，就能主动安排自己的学习。至少，他们知道认真在校学习和认真上课认真做作业完全不是一回事。上课做作业只是学习知识的方式，但很多人实际上把它当成了上学的目的，把缺课当成了学习之大罪，因为大家都觉得学生就不能缺课。

常有家长向我咨询如何让孩子全方面优秀，我也一直在和学生打交道，从不同方面观察不同的学生。很多孩子学会了遵守规则，老师让上课就上课，让安静就安静，让读书就读书。或者是跟着别的同伴，别人吃饭他就吃饭，别人出去玩他就出去玩，别人玩游戏他就玩游戏。他一直在遵守规则，但没有意识要去理解规则，他对规则的遵守是因为别人让他遵守，而不是自己理解后觉得应该遵守。这不能怪孩子，如同小杨、小勇和小陈自主用脑的习惯来源于家长的培养，缺乏自我的孩子的思维方式同样来自于家长的培养。

再举个例子：有的孩子写作业时需要家长紧紧盯着，一不小心他就会磨蹭，有手机的孩子家长更为是否让孩子再使用手机而大伤脑筋。你也许觉得你的孩子离开你的监督会一塌糊涂，你验证后发现事实上也是如此，但确实有很多不需要监督就能自觉做好各种事情的孩子。当不少家长为孩子玩电脑游戏大伤脑筋的时候，曾有赏能小作家在家里可以放开了玩游戏，《知心姐姐》杂志将他称作"游戏大王"，读初三时这位"游戏大王"小黄曾取得过南京师范大学附属中学省招班年级第一的考试成绩。这些差别只在于孩子是否能主动学习，主动学习的习惯来源于家长对孩子从小的培养。家长可能觉得自己和别的家长所做的并无两样，孩子也觉得自己的做法一切正常。其实每个人都在按自己认为正确的方式在做事情，每件事情的发展，都是在自己预设的方向上前进，每个人基本上都不会错。

六、第三种思维

举个 2017 年 3 月发生的事例。

一位中学生放学后走出校门，向接她放学回家的爸爸借 150 元钱。

"老师让我给班上买 50 个本子，他前几天看好了，是每本 4 元，但老师只给了我 100 元。老师上课时身上只有 100 元。跟你借 150 元先用用。"

"不是只需借100元吗？"

"万一它要涨价了呢？"

拿到150元，把书包放到车里，她边东张西望边对爸爸说："我要抓个男同学帮我去拿，50个本子我可能拿不动。如果抓不到，就要劳您大驾，帮我做一回搬运工。"

才说完就跑到马路对面，迎面走来的男生被"抓到"了，他们一起向文具店方向走去。

过了一会儿她两手空空回来了。

"怎么没买到本子？"

"文具店没有了，卖完了。我给老板留了妈妈的电话号码，让他进货，货来了后打电话，我再来买。"

第二天在家吃完晚饭后写作业，她八点左右时起身说要给老师打电话："刚才吃完饭时想打电话的，怕老师也在吃晚饭，就不打扰老师，现在肯定吃完了。"

"老师，昨天我去看本子了，您说的那个本子文具店卖完了，我给老板留了我妈妈的号码让他有货打电话。今天下午老板给我妈妈打电话，说那种本子不生产了。"

"昨天下午我看了文具店的其他几种本子，还有两种也是4元，厚度和纸张和您说的那种差不多，不过看起来外形和颜色有点不一样，一种是……，另一种是……还有一种跟您说的那个本子的颜色、大小几乎一样，不过比较厚，价格也高，要8元一本。我觉得8元有点贵，我们要不要换一种本子用？我觉得我刚才说的那两种4元的本子都还不错，我更喜欢那种橙色格子的。老师您看我们买哪种，您定一下，我明天放学后去买回来。"

老师当时只是扬起手里的本子对班长小王说："你到某某文具店去给班上买50本这样的本子回来，我身上只有100元，不够的钱你自己想办法先垫上。"我相信更多的孩子会去看看，然后汇报老师"本子卖完了"，就完成了任务。

其实成年人群体中汇报一句"店里没这种本子"就觉得自己已完成任务的大有人在。我敢保证每个人身边都有很多这样的人，事实上，大多数人也就是这样，他们并没有觉得自己所做的有什么不妥——文具店里确实没这种本子了，你能说他如此回答不算完成任务吗？如果你要批评他没完成任务，他还会怪你没交代清楚，因为你没让他看看其他本子，他会觉得自己被批评得非常委屈。可这确实不是老师布置任务的初衷，老师希望的结果是要买50个本子。为了节省时间并不破坏心情，我相信你会微笑着说一句："辛苦了，谢谢。等有货了我们再买吧。"

和刚才所介绍的小勇、小杨不同，班长小王的言行中体现的是另一种思维方式。

七、你所嫌弃的也许正是别人眼馋的

我介绍了这几个孩子各一个维度的思维特点，不是说他们都只有这一个方面，每个人都是全方位的立体的人，我只是从他们各自的思维特点中，选取了一个主要方面而已。当然，小黄和小王的思维特点同样来自各自家庭的影响，小王爸爸就是一个遇到问题第一时间先思考解决方案的人，而小黄的父母非常民主，一切都可平等讨论后做决定。

回到我们的主题上。为了孩子更加优秀，也许我们首先要让自己明白过来，我们所做的一切，是发自内心认为确实要这么做，还是让别人的做法永远左右着自己的思想，因为觉得别人都是这么做的，所以我也要这样做。当你真正具备了自己的思想的时候，孩子也就有了主动学习的思想，他的学习与成长不再需要你焦急万分又万般无奈地劳心劳力。

焦虑的家长常常处于迷茫中，他并不知道孩子身上某些令他着急的"不足"正是别人家父母绞尽脑汁希望自家孩子能具备的优点。如果他家孩子没有了这些"不足"，他也许会和别家父母一样，也会挖空心思希望孩子能具备这种"优势"。今天所举例中几个小作家都是优秀孩子，但他们又不一样。希望自己孩子更优秀时，你需要先想清楚一个问题：究竟让孩子如何优秀？究竟希望孩子学什么，怎么学，要达到什么目标？想不清楚这个问题，孩子就会一直处于你慌乱而瞎折腾所带来的无所适从中，孩子将一直缺乏主见，在学习中往往和你"斗智斗勇"、不断抵抗你的期望结果。虽然，他可能知道你是对的。

注：本节内容写于2017年5月，初发于"赏能教育"微信公众号上。随着时间推移，经过了2017年暑假，本文所举例的几个孩子都经历了一次羽化成蝶的过程。①小勇同学通过了全省的层层选拔，跳级到无锡上了一所很知名的中学，去超前学习更有深度的相关知识。②2017年暑假，正读四年级的小杨同学参加了为期两周的意大利和法国的艺术游学，在参观佛罗伦萨美术学院和罗浮宫等艺术名胜时，小杨同学毛遂自荐全程做起了兼职导游，让同行者惊叹不已。回国后他又独自到北京六天，参加《演讲与口才》杂志社举办的面向全国的演讲比赛。经层层选拔，从普选到预赛再到决赛，小杨捧回了金奖奖杯，并独自在北京接受了媒体采访，用他自己的话说，收获了粉丝无数。2018年春节期间，小杨同学游学美国，再次大放异彩，获中美两国师生的高度赞扬。③小陈同学读小学期间，几乎每个学期都是年级成绩第一名，2017年暑假后小陈上了中学，仍以自学为主，他已初步决定九年级时参加高考。④"游戏大王"小黄2017年夏天初中毕业，据说已被国内某知名大学的预科班录取。⑤班长小王按

部就班读了某重点高中，2017 年秋，在高一年级学生会和校广播站竞选中分别获胜，现为高一学生会主席和校广播站成员。

04 赏能写作初期字数何以如此重要

赏能小作家的写作能力大都很强，每个人都能独立完成几万字甚至几十万字的作品，他们的演讲与辩论能力也都很强，不但学校几百字作文对他们而言较简单，而且经过一两年的训练，大多数孩子都能成长为各校的大队委和三好学生。这一切，都是从不允许家长参与写作过程和初期超出预料的写作字数中演化出来的。

孩子参加赏能教育法训练后，赏能老师对家长的要求是对孩子的写作过程不允许督促、不允许辅导、不允许修改。何以如此？不让家长们参与过程，是因为很多家长很难改变自己的教育理念，太关注孩子写出来的文章本身。而我们以写作为抓手进行赏能教育法训练，在初期训练中，我们更关注孩子写出的数字。又何以如此？

孩子参与赏能写作，往往从总结自身优点开始。目前在本子上一笔一画写出自己优点的最高纪录是 296 条。所有的父母都可回顾自己的孩子，如果这个在本子上写出自己 296 条优点的是你的孩子，他的 296 个优点是什么？目前初级赏能小作家总结自己优点的平均水平大约是 80 ~ 100 条。也就是说，平均每个孩子都可在本子上写出自己这么多优点。从小学二年级开始，你家孩子也可做到。那么，你家孩子的近百条优点是什么？

我确信你说不全。这说明家长和孩子的思维有差别，说明家长按自己的思维和习惯给孩子设限很多，也给自己设限颇多。

二年级开始，赏能小作家在赏能写作课堂上每次课一般能独立完成写作 500 ~ 2 500 字，二年级孩子的平均水平在 500 字，三年级平均在 800 字。四年级以上，每次课堂写作量在 1 000 ~ 2 500 字，目前单次课最高纪录是 5 200 字。陕西安康八年级的赏能小作家四个月完成 40 万字；五岁的网络名人"裸跑弟"在赏能集中学习三个月，完成了 10 万字的个人自传《我是"裸跑弟"》，已由广东人民出版社于 2014 年 5 月出版。到赏能小天使级别，孩子们一般完成大约 1 500 字。赏能小天使们的写作总量基本上都超过了 10 万字，其写作能力和情商①、逆商②、形商③等已远远超越了他们的同龄人。他们可随时随地在街头演讲，也能随时投入即时辩论。这些都是从最初的写作字数中演化出来的。

写作与阅读，以及与之相随的对未知世界的探索，是小孩子最喜欢做的事情。通过读书，他们知道了从父母这里得不到的知识；通过写写画画，感受到自己的创造能力，可以时时用来回忆并激励自己，可以获得大人的夸奖；通过玩泥巴、捉虫子、追逐打闹等，享受到新感觉、新刺激、新内容，是非常惬意的事情。可是，慢慢地，有的孩子不爱读书了，大部分孩子不写作（写写画画）了，上学后不少孩子不敢举手回答问题了，为什么呢？大人在望子成龙中拔苗助长，都觉得在为孩子成长做好事，实际上，家长花费了大量财物与精力，把孩子原本固有的、对其人生非常重要的好奇心、探索心和自信心消磨完了。

我们看看以下情景：

读书，一定要读"好书"，很多孩子被告知只有父母和老师推荐的书才是好书，有的乖孩子以不读非大人推荐的书为优点；爱玩爱探索是孩子天性，但三年级的孩子在总结自己的优点时把"我从来不玩游戏，我不会开电脑"作为优点来炫耀；到书店去，只要拿起绘本，就被家长制止，要求读"好书"，要读名著；写作文一定要父母修改，不修改的文章就不是好文章，越是写作能力强的，越要让父母修改，这样可以在老师那里得高分；每天的时间怎么安排，要听父母的话，孩子的大脑几乎没有使用的机会，充其量也就用来做作业，可是做作业却不是生活的全部；某篇文章好坏的评价标准是父母觉得好，那就一定好。老师打了95分，那一定是好文章，这篇文章为什么好，那一篇文章为什么不好，孩子不知道，也不用知道，知道了也没用，那是大人说了算的地方。于是，孩子的大脑就形同虚设了，孩子也不需要是非对错标准，因为一切都有大人做裁判。

刚到赏能写作，老师让孩子们自由写，想写什么就写什么，把自己的感悟写下来，写什么内容，写多少篇幅，什么时间开始写作，什么时间结束，全部自己决定，老师不作要求。不少孩子一下子傻眼了：平时都是按父母和老师的

---

① 情商（简称EQ）通常是指情绪商数，主要是指人在情绪、意志、耐受挫折等方面的品质。总的来讲，人与人之间的情商并无明显的先天差别，更多与后天的培养息息相关。它是近年来心理学家们提出的与智商相对应的概念，从最简单的层次上下定义，提高情商是把不能控制情绪的部分变为可以控制情绪的部分，从而增强理解他人及与他人相处的能力。

② 逆商（简称AQ）全称逆境商数，一般被译为挫折商或逆境商。它是指人们面对逆境时的反应方式，即面对挫折、摆脱困境和超越困难的能力。

③ 形商，一个人管理自己身材和形象的智力商数。一般来说，能够通过各种方法控制好自己形象的人，其形商更高。也就是说，看一个人的形象，就可知道他的修养、意志力和对人生规划的管理控制能力。

要求来写的，现在要按自己的要求来写，什么是自己的要求和自己的感悟？不知道。

因此，赏能才有了让孩子总结自己优点的开始。

刚开头，有的孩子往往抓耳挠腮地说自己没有优点，或者也就三五条优点，但在孩子们的彼此启发中，这个数字会节节攀升，10 条、20 条、50 条、100 条、200 条，不断超越自我。在这个过程中，老师并不知道每个孩子写了自己的哪些优点，因为老师不关心具体的优点内容，只关心孩子写了多少条，具体内容中，只要不太离谱，只要孩子自己写出的，都算是他的优点。孩子突然就兴奋了：我居然有这么多优点，我太厉害了！我知道我们班上其他同学都没这么多优点，我确信！但父母未必高兴：你写的都是什么乱七八糟的东西？看看你写的字像蚂蚁爬一样，就不能认真一点？老师也不指导一下他，就让他这么胡写吗？孩子好不容易从自己优点的条数上感觉到自己比同龄人优秀了，而且是自己评价出来的，结果因为"内容乱七八糟""字写得像蚂蚁爬一样""胡写"等原因，一下子把那点兴奋与自信又打回到原点。而且，再次证明"大人永远正确，我永远存在问题"这句话是颠扑不灭的真理，让自己大脑的评判功能永远处于休眠状态是最理智的做法，一切以父母的判断为自己的判断。所以，孩子写作过程中我们要求家长不允许辅导，不允许督促，不允许修改，一切由孩子自己决定。我们保证结果，但家长不允许参与过程，就是因为家长太过于关注这篇作品本身，而不是孩子的感受。

但是，我们要的是孩子自己安排自己的事情，要让孩子有充分的自信，让孩子从内心相信自己可以安排好自己的一切，"自己就是如此厉害，没有父母的帮助，我也很优秀"。可是孩子的知识结构和阅历却不能对自己做出复杂的判断，很多事只能以大人的判断为判断。从小以父母对不同事情的判断为标准，造就了不同孩子的差异化的性格特点和行为习惯，有的爱学习，有的很马虎，有的脾气暴躁，有的文笔优美。

孩子对自己的评判没有固定的标准，没有把握和自信，上了学的孩子能自己判断数字的大小，可以借助数字评判自己，这点是可以做到的，但日常却缺乏自己判断自己的机会，于是赏能制造了这个机会。

赏能让孩子自己总结自己的优点，比的是条数；让他们自己安排自己的写作，比的是字数；字数总量多的和同伴横向比；总量少的和自己纵向比；写字慢的通过老师打分比情节优美或书写工整。总而言之，要让孩子们自己判断自己的优秀与否。所以，孩子就对自己的字数特别关注。字数多的大多请老师帮助计算，字数少的往往自己挨个数，生怕漏掉了一个字。他们知道学校的同学写作文的字数，很得意于自己远远超出了自己的同学。所以，孩子们乐此不疲地写作，写作成了他的快乐。

常规课堂上，孩子们或者因为懂事，或者因为不得已，以自己的"快乐"

作为成本，来换取知识的丰富或写作能力的提高，或者换取老师布置的作业的完成。而自由自在的赏能写作，原本就是快乐，孩子们不用付出"快乐成本"，也不用付出"自由成本"，是"免费"的，是他们所喜欢的快乐和自由的增值。更何况这种"免费"写作的结果还能让内心得到极大的满足，因为自己远远超越了同伴"水平"，班上其他人也超越不了自己。这一点，自己凭数字就能判断出自己的优劣，不需要借助老师、家长和其他大人的智慧。最主要的，在这件事上，班上那些学习成绩很好的"学霸"们，基本上是没有胜算的。

这就是孩子们为什么如此喜欢赏能写作的原因，也是喜欢到赏能来写作的原因。

写作之初，就从字数入手。随着孩子们写作兴趣的浓厚，随着想象力和观察力的提升，应试作文已成轻松自在的事情。因为一开始的起步和平台很高，他们的眼界和目标自然也不低。与之相随，大部分孩子的学习目标与人生目标也水涨船高，孩子自然而然站到了全方位优秀的青少年队列中。高级别的赏能小作家已形成了自信，大幅提升了写作能力。这时写作字数已不是最需要关注的了，写作质量、逻辑结构、思想水平、作品中体现的人生观、世界观等都被提上了日程，但这已是赏能小作家中高级阶段的事情了。

05　学习与考试，认识之误贻害无穷

学生常常在考试，大部分孩子和家长都在为每次能考个好成绩而努力，现在我们要谈谈考试和学习的问题。

考试是为了检验学习效果的手段，但不管怎么考试怎么出题，所能检验的都只是当前阶段需要掌握的知识的一部分。因为考试时间有限，不可能把所有应该掌握的知识都考一遍，所以家长对待考试成绩的方式和态度，对孩子的未来产生了重大的影响。

一、客观题考试都应该得满分

总而言之，对待考试，特别是针对客观题目的考试，我的看法是每个孩子都应该考满分。除此之外，不管是考了 95 分，或者 99 分，都不能因孩子成绩达到了优秀等级而掉以轻心。当然，也有一种并不少见的例外，那就是如果孩子是因为马虎而丢掉了少量的分，家长倒是可以稍微放下点心思的。

从赏能教育法开始探索与实验的 2010 年开始，我们已经见证了诸多孩子数年来的成长。当前已处于中学或小学高年级阶段的学生，如果成绩不是很理想，

请家长回头想想，在小学一二年级，孩子的成绩如何？是不是基本上都不错？大部分孩子是考试拿"双百"回家的。但现在，当初拿"双百"的孩子，有的成绩仍然很好，有的成绩很一般，难道是因为孩子的智商低吗？答案是否定的。不管成绩好坏，这些孩子都很聪明，成绩掉下来的，都是因家长曾为孩子考过98分或者99分而不加分析地高兴过的孩子，而原本他们都应该在客观题上考100分的。这一点，那些尚在为低年级孩子考到优秀等级而高兴的家长，为学龄前儿童的聪明而沾沾自喜、到处炫耀的家长，尤应注意。因为，你的看法都还来得及改变。你尽可问问那些已成为过来人的家长朋友，他们当初是否曾和你现在一样自豪过。

有个成语叫"一叶障目，不见泰山"，一片树叶大小和一座山的大小自然不在同一数量级上，但它却能遮住整座山的雄伟。还有句俗话是说"针尖大的窟窿能透斗大的风"，在这里讲的是同一个意思。因为某个微小的知识点没有完全掌握，导致以后所有与此知识点相关的知识学起来都别别扭扭。比如小学学分数时对通分掌握得不够扎实，在以后的学习与成长中虽已慢慢掌握了这个知识点，但凡是涉及通分的题目做起来心理上都可能不太顺畅，都可能缺乏自信；到了中学，物理、化学、生物、地理等，哪一门学科不用到分数呢？每当需要用到分数时，他可能就有心理阴影，这时的影响就不是一个简单的分数通分问题了。再比如某个孩子小时候可能因为写字不漂亮而受到过家人或老师的耻笑，也许你是善意的，但因某个说不清道不明的机缘巧合，让孩子记住了曾因写字不好而受过讥笑，可能会导致以后在写字上缺乏自信。我们长大了，如果有人现在对我们说起这两点不足，我们会分析思考并努力改进，学会自己不懂的地方，让自己变得更优秀，但孩子不太一样，他们的思维模式更容易给自己定性，同时遇到不会做的题目，他们往往会磨磨蹭蹭一直不会做。所以，孩子考完后，不管成绩好坏，家长都要帮孩子分析分析，看看各个知识点是否都掌握了。如果在某个知识点上有所欠缺，现在解决起来也许只是举手之劳，分分钟就能令其完美，若没有解决，越往后，问题越多，解决起来困难越大。

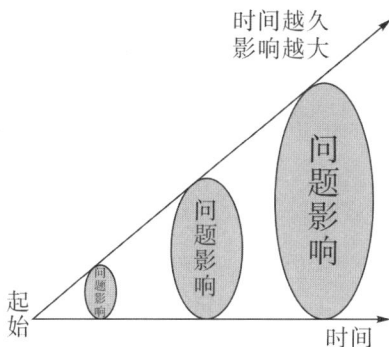

上面的示意图中，与角的两边内接的椭圆面积为需要解决的问题，小时候出现的小问题解决得越及时，对以后的影响就越小；越拖拉，到后期需要解决的问题就越多、越难。

这里所谓的满分，是指主动学习中对各个知识点都应该掌握，这种满分是水到渠成的分数，不是孩子在被动逼迫中不得不去争取的那个满分。那种饱含怨恨的满分，不要也罢，因为它是为分数而分数的学习，已背离学习的本意。引申一点，以各种押题得到的分数，都仅仅只是个数字而已，对学习、对人生没有任何意义。

二、学习应该是快乐、主动、终身的

也有很多孩子，小时候考试的成绩也不是每门课都100分，但后期为什么人家的成绩还是那么好呢？区别就在于孩子是否已经养成了自我学习的习惯。如果父母已经给孩子养成了良好的学习习惯，那么即使这时他因为某个知识点没有掌握而丢了一些分数，后期如果遇到了与此相关的知识，这个孩子也会在快乐且自然而然的心态中反过来去学习，或者去向老师和同学请教，因此这些与各类知识有关的问题对他而言都不是问题。这种孩子就是通常被称为学得比较灵活的孩子，而另一些被称为学得比较死板的孩子，遇到问题不太愿意去请教老师，不愿意去问同学，自学能力也不够强，这些曾经的小疑难问题到后来就会演化成大疑难问题。这就是曾经常考优秀分数的孩子，越到高年级成绩越下滑的原因。

有的家长会着急，孩子已经到高年级了，那怎么办？是不是什么都来不及了？其实，这个问题对每个阶段都是一样的，比如已经上中学了，对个别在小学造成的知识缺陷也许来不及轻松补充，但对于他当前所学的知识，原理是一样的。中学当然没有分数的问题了，但也许三角函数有欠缺，若当前解决不了，后期又会影响一大批以三角函数为基础的内容。每个阶段有每个阶段的问题，每个阶段的问题最好在每个阶段解决掉，这样最轻松、最省事、最高效。

有人认为学习是个苦差事，不相信学习是快乐的。但我们身边都能发现快乐而主动学习的人，这些人未必认为学习是辛苦的，他的学习也未必有什么功利的目的，他就是为探索未知领域而学习，且乐在其中。这种学习不是别人逼迫的，他不觉得学习是苦不堪言的。其实，我们身边就有不少孩子，他们也没把学习当作辛苦的事，他们也都是乐在其中。我相信一定有感觉不到学习快乐的人，也有能感觉到学习快乐的人，但我们不能以我们的感受涵盖所有人的感受，觉得所有人都和我一样，或者都应该和我一样，这显然是不对的。我们常常能感觉到，大部分成绩优异的孩子的学习状态是快乐的，感受不到学习快乐的孩子，缺乏发自内心的学习动力，而其优秀的成绩也往往是暂时的。

当然，家长也不用过分紧张。孩子考了高分当然值得高兴，千万不要让孩子觉得在你面前，不管他怎么努力都不能让你高兴，让孩子觉得你的要求和期望就像无底洞，永远也填不满。长此以往，孩子将失去学习的兴趣，失去与你分享成败得失的兴趣。

三、不是每个孩子都会做试卷分析

因为我们有理性思维，我们能从试卷上看出来孩子哪部分掌握得比较扎实，哪些学得不够好，这种分析归纳的能力，大部分孩子是不具备的。所以，如果你从孩子的试卷上看出来问题了，最好在一种平等的氛围中告诉孩子，和孩子一起交流，并确立以后努力的方向。最不可取的方式是家长看出来了一些问题，然后逼着孩子去看，一定要孩子也要看出问题来，并因此责骂孩子不认真不努力。对大部分孩子来说，这种结论是冤枉人家了。这种现象在生活中比较普遍，很多人会要求比他弱小的人必须达到自己的认知，他认为他能知道的事情，别人也必须知道，否则就是愚蠢，就是笨蛋，并因此高高在上、盛气凌人。有一种人，对身边的亲人也是如此，所以有人常常对亲人冷嘲热讽、讥笑挖苦，貌似已经不会对亲人好好说话了。如果以这种态度对待孩子的成绩，那么你将和孩子越走越远，孩子的成绩也将会下滑得越来越严重。

四、学习有计划执行，忌找借口

很多孩子都会制订学习计划，特别是在寒暑假里，我们希望家长和孩子能一起制订学习与成长计划。计划尽量轻松一些，操作性强一些，并把计划分阶段所要完成的目标确定一下。这个目标要非常清晰，如果目标模糊，制订计划和不制订计划的效果往往是一样的，基本完不成。这个学习计划最基本的内容最好包括家长和孩子分别读哪些书，写哪些文章，孩子最好能把暑假作业和自我知识拓展也安排进去，要尽可能把时间往前安排，不要把计划时间安排到最后一周，并且一定要坚持做点什么事情，比如坚持每天读书，或者每天晨跑，或者每两天写一篇日记等。最好让孩子把它写下来，然后大人小孩彼此监督，计划执行中不要给自己找借口，这样一个暑假下来，你会发现大人和孩子都会有很大的进步。如果你给自己找到了第一个不能完成当天计划的借口，那基本可以确定，这个暑假的计划都完不成。因为，那些促使你不能完成计划的借口一直都是客观存在的，根本不用刻意去找，它一直都在诱惑着你大把大把地使用。

06　不爱读书的孩子如何写出好文章

　　爱读书的孩子一定能写出好文章，能写出好文章的孩子一定爱读书。毋庸置疑，这个观点是对的。

　　那么，不爱读书和写不出好文章这两个概念间是否也有正相关关系呢？

　　为什么有的爱读书的孩子也写不出好作文，甚至根本就写不出作文或者怕写作文？

　　为什么有的孩子不爱读书？如何让他爱上读书？

　　只要能流利书写的孩子，经赏能教育训练后，人人都能进行长篇创作。截至 2017 年底，赏能小作家们已完成了共计约 3 000 多万字的长篇创作了。结合赏能小作家人人都能创作且大都会爱上写作的状况，本节我谈谈不爱读书的孩子如何写出优秀作文和优秀的长篇作品。

一、不爱读书者如何积累写作素材

　　要写出好的文章，有三个条件必须具备：会积累素材，会用素材，还要想写，这几个条件缺一不可。

　　读书是积累素材的一种重要方式和途径。爱读书的孩子知识储备比较丰富，他从书中已经积累了大量的知识。这些知识包括众多的故事本身，还包括一件事从起因到发展到结尾的过程描述的方法、世界各地的风土人情、哲学和修辞、思想和理论方面的知识与情怀等。所谓秀才不出门能知天下事，书中有个丰富而无穷的世界任由喜欢的人去拓展和发掘。爱读书的孩子的精神世界比较丰富，积累的写作素材也很丰富。

　　那么，不爱读书的孩子如何积累呢？

　　读书只是积累的一种方式，是重要方式，但不是全部。更多的写作素材的积累应来源于自己的感知。比如，只要我们没睡觉，我们的眼睛就一直在看。

　　数学课上，坐在教室第三排的张小毛可以看到这些内容：讲台上，教室前面有个黑板，李老师在黑板前上课，黑板上有老师写的数学公式、例题证明和布置的课外作业题目。这个黑板实际是一块墨绿色的玻璃做的，既不是黑色的，也不是木板、水泥板。老师在讲台上时而转来转去，时而面对大家讲解例题，边说话还边带有夸张的动作，显得手舞足蹈。这几天有点冷，李老师多穿了一件灰色夹克，整个夏天里，他穿的可都是 T 恤衫。夹克的左胸前沾上了一片粉笔痕，他自己还没觉察到。老师前面有一个高高的讲台，上面放着老师上课用的木制的三角尺量角器和教材，旁边堆着高高一摞我们的作业本，作业本旁还有一盒粉笔。粉笔有红、粉、黄、蓝、白几种颜色。刚才下课时张小毛从讲台路过，看到盒里的粉笔已经用得差不多了，除了仅剩的几根还斜立在盒角，其他的都变成半截或粉笔头躺在盒底了。

因为大家都穿校服，坐在前面的同学从后面看起来都差不多一样，女孩子只能从她们不同的发型和头饰来区分，男孩子就只能从他们上课安稳不安稳来区分了，因为前面这几位男生头发长短差不多。当然，对这几位同学，张小毛闭着眼睛也能区别开来，他们在一起坐了整一年，做同班同学都两年了，谁只要一张嘴他就知道他们会说什么话。甚至不张嘴，只要从后面看到他们身体稍有扭动，就能知道他要说什么。王大宝最常说的是："这道题怎么做？"和"今天的家庭作业是什么啊？"李小兰最关心她的偶像："你知道吗？杰哥昨晚参加某某晚会唱了一首新歌，太帅了！"有点自私的学霸赵丽丽一扭头一定会说："吵死了，你们能不能不要这么无聊，还让不让人家做作业？"钱刚一定会幽幽地接话茬："就算不让'人家'做作业，你可以照常做啊。"

窗外，秋天的天空湛蓝湛蓝的，几朵白云飘啊飘地浮在高空。杨树叶子一直在微风中抖动，时时有叶子从树上落下，飘飘扬扬落到地上。

以上这些是张小毛眼中所见，是他坐在座位上每天都要见无数遍的场景，他把这些写下来，很生动。不同时间所见的差别只是同学的衣服、黑板上老师所写的内容等细节发生了变化。

记得网上广为流传的"民国"学生作文吗？是不是和这个很像？

春郊游记
广东番禺三区南田小学　卢焯坡

某月某日，校中放假。课余在家，殊无聊赖。闻街外有卖花之声，遂知春日已至。披衣出外，不觉步至山下，牧童三五，坐牛背上，吹笛唱歌。再前行，青山绿水，白鸟红花，杨柳垂绿，桃梅堆锦。仰望白云如絮，俯视碧草如毡。见有茅亭，乃入座。未几，炊烟四起，红轮欲坠，乃步行而回。就灯下而记之。

同样，只要醒着，我们就能听到各种各样的声音，且大多的声音会让我们产生联想。

国庆节假期后第一天上课，课间，懒虫张小毛趴在桌上假寐，但他的耳朵却没闲着。王大宝嗓音最大："国庆节除了出去玩了一天，每天都在家做作业和上辅导班，最无聊了。我想死你们了。"钱刚蔫蔫地说："想死我们了，也包括想死赵丽丽了吧。"话音没落，"啪"的一声响起，张小毛知道钱刚那颗硕大的圆脑袋被赵丽丽桌上某一本书急速接触了，当然是在赵姑娘手臂的引导下。紧跟着桌凳挪动与碰撞声杂乱响起，快速的脚步声与大家的哄笑声同时响起："你活够了吗？""救命啊，有女汉子！防火防盗防女汉子啊。"这边，李小兰一直追问王大宝："那你有没有看某某台的节目，杰哥唱得帅呆了吧？我出去玩了几天，没看上，都急死我了。"听着他们的说话声，张小毛能想出来每个人的表情，赵丽丽满脸通红追着打钱刚，钱刚搅得教室鸡飞狗跳，并用满脸夸张的表情做着配合，只有这个时候他那平日波澜不惊的"死人脸"才能有活力。李小兰一脸期待和焦急，王大宝故意拿腔拿调、慢条斯理。想到这两人，张小毛心里偷偷笑，他知道王大宝也没看那期节目，当时他们俩正联机玩游戏呢。

以上这些，都是耳闻目睹的，每个学生每天都在经历的，但有的学生能看到并写下来，有的却不能。

还记得清人林嗣环的《口技》吗？

忽一人大呼："火起！"夫起大呼，妇亦起大呼。两儿齐哭。俄而百千人大呼，百千儿哭，百千狗吠。中间力拉崩倒之声，火爆声，呼呼风声，百千齐作；又夹百千求救声，曳屋许许声，抢夺声，泼水声。凡所应有，无所不有。虽人有百手，手有百指，不能指其一端；人有百口，口有百舌，不能名其一处也。于是宾客无不变色离席，奋袖出臂，两股战战，几欲先走。而忽然抚尺一下，群响毕绝。撤屏视之，一人、一桌、一椅、一扇、一抚尺如故。

还有陆定一的《老山界》：

四围的山把这山谷包围得像一口井。上边和下边有几堆火没有熄；冻醒了的同志们围着火堆小声地谈着话。除此以外，就是寂静。耳朵里有不可捉摸的声响，极远的又是极近的，极洪大的又是极细切的，像春蚕在咀嚼桑叶，像野马在平原上奔驰，像山泉在鸣咽，像波涛在澎湃。不知什么时候又睡着了。

这些是耳朵里听到的声音，孩子和我们一样，每时每刻都在听。
听和看是很重要的写作素材收集渠道，这个渠道更生生不息、源源不断。

二、"书虫"何以写不出好文章

生活中不少孩子（实际上还包括父母和部分老师）同样在听和看，但就是写不出文章，有不少嗜书如命的孩子和成人同样写不出来文章，为什么？

赏能教育一直倡导要把包括写作在内的各种知识的学习充分结合生活，把学习和生活融为一体，不能把对课本知识的学习和生活割裂开。可是，很遗憾，有的老师把课本教学教成了上不沾天下不靠地的空中楼阁，让学习的目的就是考试，写作的目的就是写作文，或者"给老师交作文"，读书也仅是为了读书，写作、读"好书"、读"闲书"、在学校学课本知识、做作业、游玩于大自然、捉蚂蚱等彼此间泾渭分明，各吹各的号，各唱各的调。学习与生活被隔成了好多个小格子，学生要努力去记住一个个小格子里的内容，然后还要努力融会贯通。孩子已经苦不堪言，又岂能指望他在短期内使一个个小格子水乳交融？因为拘泥和受制于这一个个知识的小格子，所以孩子写不出作文或写不出好的作文就不奇怪了。那些"大书虫"有可能把"读书"或读"闲书"的格子装得鼓鼓的，但写作的格子却空空如也，格子与格子间彼此不通，所以同样写不出来。写不出作文或写不出好作文的初级原因只有这个。其实，听老师讲课也罢，写作文也罢，捉虫子也罢，这些都只是一件事，叫作"学习"。上面所列那些不同的格子仅是从不同角度描述学习的细微差异状态而已。

三、赏能老师如何让孩子独立创作出长篇作品

赏能小作家们之所以能人人写出数万字的作品，之所以他们爱写作，是因为他们在赏能学习中不需要关注那一个个泾渭分明的小格子，他只需要关注一个装载的工具，所以头脑要轻松很多。这个装载工具是个大组合桶，名字叫"学习"，关注这个大桶的目标也只有一个，就是"要让自己变得更优秀"，为此他们需要时时从语言文明、行为文明方面做起，要从尊重他人、尊重生命、尊重环境与自然做起，要经常和霍金斯的能量表对照自己是不是"正能量"，要不断发散自己的思维，思考老师们那一个个古怪的问题。比如为什么衣服上洒了水滴的地方颜色会变深；为什么超市中看到的可乐瓶子是圆的而牛奶盒子是方的；为什么白天天是亮的而晚上天是黑的（可别简单到仅仅是太阳的向背问题）。所以，就教学内容而言，赏能比学校的要求更为严格与宽泛，但从做法上却比较单一。老师全方位关注着孩子的言行，全方位关注着他的写作内容，因为孩子们的作品中体现着符合其年龄阶段的统一性。

如果一个孩子的内心比较暴力或者阴暗，那么在其作品中一定有所反映。这有点类似于一个例子，我们不能直接用眼睛看出来光滑美观的影碟里是什么内容，但我们可以在影碟机上放出来，让它投影到白墙上，我们看着白墙上的影像，就知道这张碟子里究竟是爱丽丝在梦游仙境，还是虎克船长在干坏事，或者里面有更暴力的事情在酝酿。赏能专门设计的漂亮的赏能小作家专用创作本就是这面白墙，孩子们一笔一画创作的文字内容就是投影出来的影像。因为

他们是孩子，他们没有太多的掩饰能力，他们的一切都是那么透明与单纯。我们能通过这种方式知道孩子的思想，你只要随着他的性子因势利导，一切都能变得更加美好。

赏能老师一直在努力往孩子们的内心刻入美好和正能量，只要"碟子里的数据"替换成了蓝天白云，投射出来的自然是精神愉悦。但生活中有很多父母以及部分老师不是在关注"碟子里的数据"，而是把更多的心思花在了改变"投射出来的影像"，效果自然要大打折扣。

在数年或者十余年的时间里，不同的"影碟"中被各自的生长环境刻入了不同的数据（数据大多来源于父母的人生观和世界观），有的数据比较美好，有的不美好，甚至是邪恶。面对千差万别的底层数据，要改变它，需花费的时间和精力大不一样。有的底层数据本身是美好的，只是逻辑混乱，那么稍加整理就会投射出美景。有的底层数据大部分是阴暗的，要把阳光替换进去很不容易，因为孩子的潜意识会对抗。就如我们努力要把阳光放到那个充满阴暗的黑屋子，但门口的"守门"如果是阴暗一族的，它自然会干扰阳光进房间的行为。所以，老师首先要感化"门卫"，要让"门卫"阳光起来，然后它才允许阳光把整个房子照亮。

为了达到让每个孩子都优秀成长的目的，我们时时在深切关注每个孩子（当然不是平均分配精力，也不是平均高度地针对每个孩子），时时在读书、研究和讨论。有个孩子准备写《三体》续集，他的老师马上就买了加来道雄的《平行宇宙》来读。有个孩子读完金庸全集，老师马上推荐了《剑桥简明金庸武侠史》。有的家长和孩子都热衷数学，老师就给孩子和家长推荐《几何原本》和《天才引导的历程》。为发散思维并接触最前沿的科技知识，老师们常在一起欣赏诸如《超时空接触》《超体》和《星际穿越》之类的科幻电影，或者欣赏《卡特教练》《弱点》《追梦赤子心》和《摔跤吧！爸爸》等电影以修正自己的教育观。有不少孩子在写穿越作品，老师们可不仅只是看看《时空急转弯》《功夫之王》或《星际之门》就可以讲给孩子们了，大家还在一起研究、讨论时间和空间的问题，了解一点量子物理。我们希望孩子们写穿越不仅只是编一通故事，还要把物理意义上的时间穿越和空间穿越的概念大致了解，也就是说，要尽可能引导孩子们写出"硬科幻"的穿越作品，而非如某些影视剧中的胡乱穿越。赏能老师需要具备博学和不间断学习的能力，这也是赏能老师以不断积累与学习的学者为主体的原因。

非常可惜，越是由"黑暗系门卫"守门的孩子的父母，越希望能在短期内让他家孩子脱胎换骨，如果短期没有突破性的教育效果，这类父母往往就会放弃。其实，问题孩子"黑暗的内心世界"就是在问题环境中养成的，那个守门的"暗黑系门卫"也是由孩子的成长环境培养出来的。但这类父母往往认为自己和自己的孩子没有问题，一切都是外部因素造成的。至少，自己是没有问题的，充其量只是孩子有时不够优秀。

四、为何产生了熟视无睹

我们继续回到写作的直道上来。

虽然每人每天都在看、在听、在想、在读，但你要告诉孩子，你怎么看、怎么听的就怎么写，想到什么就写什么，很多孩子会觉得自己什么也没听到、没看到，什么也没想。读的那些书中的故事能记得，但这与今天的作文有什么关系呢？与之相反，如果一个热衷于游戏且学习很不认真的孩子，正心不在焉地学习，如果他听到了哪怕是细微的与他喜爱的游戏有关的声音，他是不是能非常敏锐地捕捉到？如果这时正处于被禁止玩游戏的阶段，一个礼拜后他见到玩同类游戏的同学，他大概能眉飞色舞地说出这段话：

> 我一直被我妈妈管着不让玩游戏，但是星期四那天中午，我听到我们楼下也有人在玩我们那款游戏——我听到声音了。他的身份是魔法师，因为我听到他打怪的时候的声音是用魔法的声音，不是射箭声也不是刀剑声。他的级别还不够，因为那些魔法的声音都是低级魔法的声音。

看电视剧的时候，有的妈妈对哭哭啼啼的肥皂剧很感兴趣，可以彻夜不睡觉地追剧；如果某一天一起看新闻时，爸爸问她某个国家领导人出访了哪几个国家达成了什么协议，估计妈妈会一脸茫然。爸爸通常难以理解那些情节雷同、内容老套、剧情狗血的电视剧，妈妈却能一部接一部地看，好像从来不会厌烦。

这些现象也只有一个原因，那就是主人喜欢。反之，孩子对身边的事情熟视无睹，对很多应该知道的事情"没有想"，对学习心不在焉，爸爸不爱看肥皂剧，妈妈对领导人出访及国际协议没有概念，都只因为不关注它，对它没兴趣，因为这些事情和自己内心所关心的没有共鸣。而孩子能捕捉到微弱的游戏声音，能知道是低级的魔法的声音，是因为他在关心这件事。否则，何以周围那么多的声音，唯独这个声音有"定向功能"？在双方没有"引力"的情况下要强行"吻合"，一定要把油和水混合在一起，要让他们的分子间紧密结合，互相吸引，用加压的方式能起到一些作用，但一定没有如磁铁的两极间彼此吸引来得轻松愉快。

五、如何增强写作的磁力

外部环境不会有太多改变，孩子写作中需要观察的人、景、事每天都差不多，每天能读书的时间也是有限的。为了增强孩子对这些需要学习和掌握的内容的吸引力，最简单的方式当然是家长通过潜移默化从小就给他养成爱读书、爱观察、爱探索、爱思考的行为习惯，尔后孩子就会自动吸收外界内容。如果父母已经培养出了不爱读书、不爱思考的孩子，那么就需要通过改变外力的条件，增强磁力来吸引他。赏能的课堂上，老师就是通过竞赛、激励、引导、诱发等形式上的自由与放松来达到这个目的。需要说明的是，不管孩子优秀或顽劣，都是父母及其成长环境影响的结果。从这里也就知道了赏能课堂为什么不希望家长太关注，孩子写作后，其作品不允许家长修改、不允许辅导和督促，就是为了避免有的父母对孩子继续进行不太好的言传身教。

我们通过对孩子尽可能全方位地了解，让孩子抛开公式化的写作，开始记录身边的所见所闻。

南京的赏能小作家在作文中写秋天是不允许写"红彤彤的高粱"和"金灿灿的水稻"的，也不允许写北雁南飞，因为不少赏能小作家不但没见到水稻，秋天偶尔在南京的田边地角见到的高粱穗大多是绿色的，南京也极少见到天上成行的大雁飞过。秋天就写不再酷热的天气和大街上梧桐叶的飘落，写天高云淡的清爽和田地里收割后的零落，写偶尔看到的一朵逆季节绽放的蒲公英花。写春天也不准写公式化的"小燕子飞回来了"，除非确实见到了"飞回来的小燕子"。至少我在南京多年没见过燕子，孩子们能看到的机会应该也很少。

春天校园里路边冒出的嫩芽和开出的紫的白的小花是我们能看到的，吹在脸上的风不那么刺骨了是我们能感受到的，我们鼓励孩子们记下真实的能见到、能感受到的。初级的赏能小作家即使写了到处可见的春天的桃红柳绿，老师也可能会要孩子们说明是在哪里见到的桃红柳绿，总之不能是仅从课文里学来的概念。只写出头脑中春天"应该具备"的表现，在赏能课堂上是得不到更多表扬的。

六、"流水账"的强劲疗效

有位妈妈发给我分数为 A 的儿子的作文，文中写自己在大街上扶起摔倒在地的呻吟的老爷爷，"老爷爷说：'谢谢你，小朋友。'我回答：'不用谢，我是光荣的少先队员，为人民服务是我光荣的义务！'"。这段话露出了较明显的"编作文"痕迹，且有很大概率是家长帮着修改的，因为用词超出了大部分二年级孩子的范围。这种对话方式一般也不会出现在真实生活中，这类作文在赏能的课堂上是不允许出现的，赏能只允许写自己真实的感受，所以有的孩子就开始写流水账。因以往的作文大多凭概念写，当我们要求把作文放到生活中来时，孩子会发懵，不知道该写什么了。但即使是流水账，只要是在记录真实的生活，孩子就会越来越发现生活中居然有这么多可写的内容，会发现生活居然如此丰富多彩。

老师会在适当的时候为"流水账小孩"做写作引导，会让他们的"流水账"变得越来越丰满。写"流水账"的目的是要让孩子觉得写作原来如此简单、如此轻松。只要是自己觉得简单的事情，做完了还能得到老师、家长的表扬，孩子们是很乐意去做的。这个"记流水账"的过程，根据每个孩子的实际情况不同，所需要的时间也不同，但现实中越是写作有问题的孩子，家长越希望有种"灵丹妙药"来让孩子一夜间脱胎换骨，如果一段时间后发现孩子学校的作文没有得到更多的"优"，有的妈妈就开始要换个地方继续寻找"灵丹妙药"了。其实"灵丹妙药"本不存在，所有的优秀，都是由笨功夫积累起来的，都不是一朝一夕养成的。

赏能不是不允许孩子联想，相反，联想是我们大力倡导的，这从赏能小作家那些数万、数十万字的长篇作品中得到很好的实证。赏能的写作和学校的作文也不是对立的写作方式，而是同一件事。个别孩子在赏能写得不错，学校作文写不好，说明孩子还没有真正掌握这种"简单的生活化写作的真谛"。一旦真正进入"我手写我心"的自由王国，赏能的长篇写作也罢，学校作文也罢，产品说明书也罢，法律文书也罢，都是一回事，都是用最简洁的文字写出最实在、最有用的内容。

七、写作与阅读乃优秀成长的根基

学生写作文是"学习"这个家庭中的一部分。作文写得好、对文字理解得全面透彻，数理化成绩一般也不会差。数理化学得好，会把所学的内容融入生活中（而不是只会考出高的分数），那么孩子的作文内容一定非常丰富，一定不会无病呻吟。能把各科知识融入生活中，读书自然也就成了生活的一部分，就能从书中读出更丰富的内涵。做到这一点，不是像有的家长和老师认为的那样，必须要有一定的积累才能做到。其实，这只是一种习惯、一种思考方式、一种处事方式和一种生活方式，这种方式是高压压不出来的，只能从小由家长言传身教，或由家长有意识地培育。孩子一直在深刻而无误地学习、领会着环境中他的监护人的一言一行。所以，墨子见染布会感叹：遇到什么颜料，原本白色的布就染成什么颜色了，染布一定要小心！

07 写作课堂纪实：秋天的树叶

秋风萧瑟中，阳光失去了应有的温暖，微微的风成了寒冷的信使，把冰凉送到每个角落。寒冬来临之际，我到江宁区的赏能课堂，给孩子们上了一堂写作课。

走进小作家班，看着神态各异、满面热情的孩子们，心里充盈着满满的爱，这种爱是任何寒冷都侵袭不了的。

白白净净、胖乎乎的脸上永远挂着笑意的二年级学生小曹，听到我的声音，专门从他的小作家初级班教室跑过来笑眯眯地和我打了个招呼，笑嘻嘻地回到自己的教室。最小的天使级（高级班）小作家、聪明美丽的五年级姑娘小夏看到我进教室很夸张地喊了一声，跑过来和我双击掌后拥抱了一下，问道："您要给我们上课吗？"得到肯定答案后"哦，哦，哦"叫着蹦蹦跳跳地回到了自己的座位，其快乐的言行和文静的名字大相径庭。小陶姑娘早就没了三年前在我面前黏皮糖般小跟班的样子了，现在成了"大家闺秀"，在座位上灿烂地咧着嘴招手。被同伴称为"章鱼"的美女小作家小张走来以单掌相击作为见面礼。已上初三的"师兄"是目前年级最高的赏能作家，比读初二的"章鱼"还高一级，他保持着一本正经的神态："老师，你真的来给我们上课？"得到肯定答复后高兴地说："太好了，谢谢！"雪儿瞪着大眼睛、小洪眯小了眼睛都在座位上满面笑容地招手。张开手看，才发现不知道哪个小皮猴给我手心放了一块软糖，只有半个玉米粒大小，但我知道，这个糖应该也是来自青蛙教室的小家伙偷偷放上的。

别小看这些孩子们，别看他们或秀气，或张扬，或安静，他们有个共同的名字叫赏能小作家，他们都在创作长篇小说。虽然，有不少人单篇作品超过了10万字，有的才忙着以打怪兽、小魔仙过生日的情节开始其人生的首部作品，也许这个首部"大部头"作品写完了才数千字。但是，他们都爱写，他们都觉得自己的作品很不错，都觉得自己有写作的天赋，都觉得自己能成为最优秀的孩子。

课间，五年级的雨航同学来找我，探讨下一步的写作。他的创作一直是以游戏为切入点的。在听他简介了以往的作品后，我建议他改换门庭，回到生活中来。他通过写游戏，已经把赏能写作最初阶段所需要的"原始积累"完成，可以进入到写作和思考的"增值"阶段了。

上一周学校的语文老师在作文课上布置的作文题是《秋天的树叶》，雨航把自己的作文给我复述了一遍，然后告诉我："老师，这篇作文是我编的。"孩子们都知道可以在赏能课堂上直截了当地说出自己的任何观点而不会被打击和嘲笑，不管这个观点是多么离经叛道和不可思议。我们讨论过他的长篇作品和作文后确定长篇写作重新开篇。新作品将离开游戏世界，回到人间，新作品的开篇还写《秋天的树叶》。

我让雨航同学自己站在窗前朝外望，把他看到的秋天的树叶一一说来：

金箔路加油站屋顶上露出的是叶子已经发黄的法国梧桐的树冠，旁边高高的白杨树的叶子已经落得稀稀拉拉。杨树左侧，一棵小一点的梧桐的树叶也是黄绿相间斑斑驳驳，与春夏的树叶已大不一样了。近处，窗下，是一排桂树，那是一种叫作月月桂的桂树，现在还在开花。如果拨开树叶去闻，还能闻到散发着的清香。桂树叶子绿油油的，即使在大雪纷飞的日子，它也不会发黄飘落……同样绿油油的还有茶花。老师办公室的窗台上，放着兰花和绿萝，它们的叶子也是绿油油的，但它们和茶花、桂树不一样……

听着雨航絮絮叨叨的描述，我坐在沙发上想起了窗外的"秋天的树叶"，并打开了思绪。

寒冬将至，众多树叶已经干枯发黄，做好了随时飘落的准备——只要天再冷一点，风再大一点。

夏天，在南京抢尽风头的法国梧桐，现在的树叶已斑斑驳驳、黄绿相间，正挂在枝头观察着环境的变化。如果温度不那么低，风不那么大、不那么冷，它可以在枝头挂得更久一些。环境一旦恶劣，树叶马上飘落。冬天凛冽的寒风中，光秃秃的梧桐树干只能瑟瑟发抖。

被茅盾先生礼赞过的白杨呢？它是高大、挺拔、伟岸的代表，曾阅尽人间赞美，稍有风吹草动，树叶哗哗作响以显示存在。现在，天气才转冷，树叶已脱落大半。它知道的，天寒地冻前树叶会离它而去，它也已做好了在寒风中瑟瑟发抖的准备。但是我已经想到了寒冬过后：

> 吹面不寒杨柳风，挺拔新绿迎晴空。
> 桃花红兮李花白，杏梅燕雀争新功。

春天里还有比"桃李杏春风一家"更风光无限的组合吗？桃李杏的娇艳、杨柳依依的婀娜、白雪中点点红梅的冷傲，直惹得诗人说到今。但在怒号的北风中，这些风光无限的主角无不枝叶凋零。

随着雨航的描述，我边看着眼前的风景，边继续想：

窗台上的几盆兰花和绿萝无关窗外的秋冷，一个个仍绿油油的，神采飞扬，展示着枝繁叶茂，它们有足够的理由去嘲笑窗外那些衰败的家伙。但是，如果房子里没有了高于窗外的温度，如果一段时间不给它们浇水，或者，请它们去室外独立生活几天，我敢打赌，它们一个个将变得蔫头耷脑并最终走向消亡，它们坚持不了几天。

楼前有一排桂花树，坐在办公桌前一抬头就能看到。这是被称为月月桂的桂树，据说一年花期达八个月，至少现在正开着花。这些桂花树太普通，它不高大也开不了大朵的艳丽花朵，人们赞美它仅限于丹桂飘香时。桂花虽清香，但花朵太小，以至于树下经过的细心孩子也会问妈妈什么味道这么香——站在树下，孩子也辨不清这香味来自何方。

看着桂树，想起了楼下的另一种四季常青的植物，它不但永远绿油油，而且几乎整年都在开花。有一次，不知哪个顽皮的孩子把全树五十多个花骨朵都摘下来了，但没过多久，我不经意间却发现它又挂了满树的花苞。其实，它的个头才一米多点，还很难称得上是树。它是茶花。

桂花和茶花四季常青，不管是在温度、水分都适宜生长的春夏，还是万木萧瑟的秋冬，树叶和树枝都紧密相连，枝繁叶茂的桂树和叶片稀疏的小茶花树都充分展现着生命的美好。环境适宜生长时，它们努力向上，但不与桃李争艳。气候恶劣时，它们抗争风霜，展青葱于天地间。不仅生机勃勃，还要努力展现出自己的美丽。在那些伟岸和艳丽正走向光秃秃的季节，桂树和茶花却正在开花。虽已难打造出八月桂花遍地开的盛景，但哪怕能绽放出微弱的香味，桂花也在积极开放。一直努力奉献着鲜艳美丽花朵的茶花，从来就没有香气浓郁过，但这并不妨碍它在冰天雪地里继续绽放。

不菲薄于劣势，不得意于优势，不矫情于顺境，不停滞于严酷，我忽然想夸奖茶花和桂花了：

> 任尔东西南北风，我自专心向青葱。
> 四季一体寻常事，岂有花落叶飘零。
> 枝叶花朵本同根，共生共进共繁荣。
> 简单清晰无旁骛，哪管顺境与逆境？

桂花叶和茶花叶，终其"一生"都与枝、花、干同进退，共迎昼夜，共造繁茂，永不分离。

这，便是桂花叶与茶花叶的品性，也是桂花与茶花的精神。

我们一起谈完秋天的树叶，雨航决定重写《秋天的树叶》，不再"胡编乱造"，就写刚才从窗户望出去时的所见所闻所思所想，我相信这篇《秋天的树叶》一定是生动活泼充满了生活气息的佳作。我和雨航同学一起返回教室。看看正襟危坐奋笔疾书的徐辰阳、赖文梁、何牧恒、杨爱超等小作家们，略忆每个孩子的成长过程，与茶花、桂花何其类似。

每个孩子的天资、习惯、爱好、反应速度、写作基础、知识范围等都有不同，老师在为孩子营造适合其成长所需的阳光雨露时，每个孩子和老师的努力结果的契合度各有不同。园丁为大部分小苗营造了春天后，一般会发现有几棵小苗仍在冬眠，于是再为他们营造小范围的春天。尔后，也许还有零星小苗仍未苏醒，于是再次营造更小范围的春天，直到每棵小苗都能茁壮成长。当然，同是苗壮成长，也有快慢、先后之分，只要他的生成速度还不达标，园丁会不断探索育苗方式，直到看着这棵小苗成长为大树才能略有放心。其实，只要这棵小苗没有停止生长，他的成才只是时间问题。每棵小苗都要长大，园丁会因势利导地引导并促使其自发成长为合适领域合适类型中的优秀者。这就如桂树，冬天就慢长、春夏就快长，条件适合就满园飘香，条件不适合时也努力释放微弱的幽香。这一切，都是自发自愿的快乐行为。

是桂树，园丁不会要求它开出大红花；是茶花，园丁不会要求其香气袭人。只要全身心地快乐释放出自己的最佳状态，哪怕不美或者不香，也是天地间受大家爱护和尊重的美丽。

孩子中，有若艳丽的大朵茶花，有若清香的害羞桂花，有若保护并衬托花朵的稠密绿叶，也有干巴但挺硬的强劲树干，他们以不同的姿态展现自己，他们共同组成了可敬和谐的茶花和桂花王国，他们都是英雄。

我坚信，赏能小作家一定会长成人间的美景，或艳丽，或清香。

08 赏能小作家何以能写出优秀文章

一、离开套路回归生活

如果写作成为兴趣爱好，则无人会在写作面前发怵。一到写春天，老师喜闻乐见的是孩子作品中出现了"春暖花开""燕子飞回来了""桃红柳绿"等类似描写春天的词语，孩子、家长和老师都习惯了这么写。但赏能小作家如此写春天是不允许的，我们会问你在哪里见到这只飞回来的燕子的？至少我在南京这么多年几乎没见过燕子。哪里的桃花红了？哪里的柳树绿了？都要交代得明明白白，必须保证是自己所见所闻。春天来了，放学路边搭眼一望就能看到一种紫色小花开了，校园的花圃里至少能见到蒲公英开了，操场上砖缝里草色遥看近却无，这些都是亲眼所见，写出来就言之有物，不会空洞无聊。写妈妈辛苦的，妈妈每天早早起床给自己做早饭；今天披着头发昨天扎着头发；今天穿着紫色睡衣昨天穿着粉色睡衣；今天穿着棉鞋昨天穿着棉拖鞋；今天煎鸡蛋昨天炸牛排；今天心情高兴哼着小曲昨天安安静静只能听到偶尔的锅碗瓢盆交响曲，如此种种，每天做早饭的妈妈都是不一样的。在训练孩子们真实记录身边所见所闻的过程中，真情实感就产生了，生活就变得丰富多彩。有的老师和家长一起教孩子"编作文"，几百字的作文虽然能编出来，但像赏能小作家需要写出十几万字的作品的时候，如果不会从生活中汲取素材，纯粹靠胡编乱造是难以为继的。所以，赏能小作家都是能从生活中发现写作素材的"高手"，只要把写作回归到生活中，每天的生活不一样，永远有用不完的素材。

二、鼓励孩子大胆写，以量取胜

常规作文中，老师有时候会要求孩子用排比、拟人、比喻等修辞手法，并以这些技巧使用得多且使用得好的文章为优秀文章，那些不善用修辞手法的孩子自然就得不了高分。老师告诉孩子好作文是改出来的，于是家长不断帮孩子修改。最终老师见到的孩子交上来的作文究竟还有多少是孩子自己的思想就很难说了。因为评判标准在老师和家长笔下，孩子只是被动地遵从，所以孩子稀里糊涂地写，家长稀里糊涂地改，老师稀里糊涂地评分，只要写作文的本子是孩子的，字是孩子自己写的，就算是孩子写的作文了。如此恶性循环，最终大家都在稀里糊涂中度过几年，稀里糊涂写作的孩子还是不会写作文。爸爸妈妈也没有能力跟着孩子到考卷上去帮孩子改。赏能小作家参与写作后，我们规定家长不允许辅导、不允许督促、不允许修改。课堂上，老师明面上只要求孩子努力加快写作速度，并以字数为评判标准。这个标准下的优劣，孩子自己是可以判定的，不需要借助他人。于是，写作成了你追我赶的很好玩的事情，写作成了兴趣，于是每个孩子都在兴趣的驱使下快马加鞭，越写越多，最终个个成了优秀的赏能小作家，学校的几百字应试作文成了小菜一碟。

三、写外貌、语言、思想等不要平铺直叙

对初级写作的赏能小作家，老师也会通过一些常规的"技巧"引导孩子，虽然这个不是主要的。比如让孩子比较以下三句话。

小毛说："我不去。"
小毛无可奈何地说："我就是不去。"
小毛摊了摊手，哭丧着脸，一副无辜的样子："为什么一定要我去？"

让人物说话有多种方式，写说话可以不出现"说"这个字，可在语言前面加上动作和神态。通过赏能小作家课程训练，善写长篇的孩子很容易掌握这样的技巧，这种写法让孩子的写作水平切实得到了提升。

孩子的作文里总会看到类似这样写外貌的句子："张老师可漂亮了，她有一头长长的头发，有一双乌黑的葡萄般的大眼睛，有一个高高的鼻子，还有一张小小的红嘴巴。"如果去掉文中的"有"，把文字重新串联一遍，会发现作文顺了很多。把上段文字改为："张老师可漂亮啦。一头长长的头发自然地披在肩

上。她黑葡萄一样的眼睛很吸引人，高高的鼻子，红红的樱桃小嘴，配着白皙的皮肤，很漂亮，同学们都很喜欢她。"是不是读起来和前文不太一样？

遇到描写心理活动时，最常用的就是"我心想"。如："老师出了一道难题要带回家写。我心想：天哪！这道题我都没看懂，这可怎么办呢？"如果改成"数学老师出了一道难题要带回家写。天哪！这道题我都没看懂，这可怎么办？"是不是更简洁？心理活动也可通过语言的方式来表现，这是善写长篇小说的赏能小作家常用的手法。如《天使历险记》[①] 中作者为了衬托诸葛亮夫人的淡雅高贵，就通过茶花之"口"来做了描述：

我看到茶花不说话，就随口问了它一句对自己的评价，没想到它很谦虚地说："我只是最普通的茶花，我的花颜色也不是很多，也不香，也不是最美的，所以，我认为我没有资格得到别人的夸奖。别人说我好，或者不好，我也不在意，我把所有的精力都用在坚持一年四季开花上了。我就悄悄地走我自己的路，开好我自己的花，不管别人怎么去说我。"

我听了，很感动，没想到一朵小小的花儿竟会说出这么有哲理的话，它完全有资格去做花王的。我忽然又觉得，茶花有点像诸葛夫人，诸葛夫人应该喜欢茶花的……

四、慎用成语，写出动态

赏能写作初期，用不用成语全凭孩子自己的爱好和对成语掌握的程度，无须刻意追求，只要不模式化地按套路使用成语就行。写文章要生动就需要细节，把自己实实在在看到的感受都写出来就是很好的细节，不要刻意地去用什么天高云淡、风和日丽、桃红柳绿、炯炯有神、心旷神怡这些成语。比如写春天未必要用"风和日丽"，可以这样写："风儿拂过林梢，原本平静的湖面漾起了圈圈涟漪，湖边的柳树轻摇着身姿，我也忍不住张开双臂，任风抚过我的每一寸肌肤，暖暖的，痒痒的。"用具体的句子替换掉别人用滥的成语，也是解决孩子作文写不长、写不细的方式之一。孩子的生活阅历有限，细致的观察能力也有限，所以不能强求孩子们写出一波三折的生活内容，但可以让他们学会一波三折地使用动词，也就是要动作连着动作，连续使用动词。如写一场乒乓球赛："他发了一个旋转球，让人看得眼花缭乱。"学会动词技巧后将其修改成："只见他高高地将球抛起，眼睛死死盯着，球接触球板的一瞬间，他手腕轻轻一抖，脚一跺，球高速旋转着，向这边飞来，让人看得眼花缭乱。"一个动词转瞬变成

---

① 赏能小作家王珮璐原创长篇小说，已由暨南大学出版社出版。

六七个，文字即刻灵动丰富起来。

五、在环境中把形容词细化

赏能写作初期，对于文章写不长的孩子，可以训练的另一个方式是：遇到"很"和"非常"两个词时，不要轻易下笔，停下来想一想，是不是非要出现这个字眼？比如写热，别出现"很热"两个字，学会用其他的描写来体现热："骄阳似火，没有一丝风，树叶低垂毫无生气。"文章自然就能写生动。到了五六年级孩子都要学习环境描写。如有的孩子会写："早上天气还挺好的，放学回家时，却哗哗下起雨来。雨珠在下，泪珠在滴，老天也好像在为我哭泣。"孩子能用环境衬托自己的心情首先要表扬，但是很多孩子只要一写环境，肯定就是小花微笑、小草点头、小鸟歌唱、小雨哭泣，成了套路。难道世界上只有小草、小鸟、小花吗？为什么不能写身边更真实的东西呢？云、雾、桌子，哪怕是电线杆都可以写，提醒孩子不仅要让人生活在环境里，还要让人生活在真实的环境里，要让周围的环境与花鸟虫鱼随着自己的文章想要表达的情绪而有所不同。

六、把文章写长是初期的基本要求

赏能写作初期，在进行让孩子把文章写长的训练时，通常我们会告诉家长和孩子编故事玩，用几个风马牛不相及的词语（比如茶杯、天空、春天、下雪等）看谁能用最短的句子把这些词都用进去，比如"春天下雪的时候我看见一个茶杯从天空飞过"。同时看谁能用这些词编出怪异而生动的长故事。在这些比赛中，让孩子赢率达到百分之八九十，让他输的几次一定要让他输得心服口服，也就是说，你要明显地比他高明很多，没有争议。这样，孩子就会绞尽脑汁地调动各种因素（包括带着目的地阅读）来赢你。一年级小朋友写《天使历险记》的时候，文中的平行宇宙、反物质、暗物质等概念，就是通过课外阅读得来的。最简单的方式，也可建议孩子用三百字来描写一秒钟内发生的事。如关于破校运会跳高纪录瞬间的描写原本只有几十字：只见某某纵身一跳，一下子飞过横杆，新的校运会纪录诞生了！怎么变成三百字？可以有条理地加上动作解剖：如何助跑、起跳、翻越、落地；加上联想：往届校运会有人挑战失败，平时如何一次次练习等；还可以加上细节来充实，起跳前如何与同学们进行眼神交流，成功后同学如何向他祝贺等。

七、用好标点，写短句

很多孩子不会用标点，习作中常只有逗号、句号，甚至句号都没有而一逗到底。有的孩子为了凑字数不断用各种标点把句子断开，还特别喜欢用省略号和破折号这类可占两个格子的标点符号。针对这个现象，我们对孩子进行了正确使用标点符号的训练，把各种标点符号都尝试着用起来。经过数次训练后，你会发现孩子的惊人变化：意味深长的句子会写了，人物语言会加进去了，心理活动结合进去了，还会用反问句、设问句了。有了这些句子，文章当然生动起来。在赏能写作训练中用这种方式，效果比较明显。

训练孩子写短句。因为赏能写作是直接从长篇作品创作入手的，大部分孩子每次课能当堂完成一两千字的写作，有的孩子参加赏能写作后，爱写长句，而长句写不好就变成病句。所以，我们后期就会训练孩子写短句。写作中，家长可提醒孩子注意控制每句话的字数，建议把十几个字或几十个字的长句改成只有三五个字的短句，孩子们会发现这样的作文有语感，会舒服很多。如原文："高高的绿绿的草散发着诱人的清香。一根一根都看得那么清楚，很挺拔的样子。"可改成："草绿了，高了，散发着清香。一根一根，看得清清楚楚，很挺拔的样子。"

八、家长解放自己也解放孩子

成为优秀的赏能小作家一般要经过四个阶段：①写作不神秘，自己很优秀，自己也可写出优秀的长篇作品；②需要找到自己的写作方向，适合自己的方向就一定能写得很快；③为写作而"输入"的方式很多，读书自然是一种方式，但更重要的方式是耳听、眼看和大脑思考；④写作就是生活，生活即可写作。写作仅是把感悟用笔表达而已，而表达是人的本能，与饿了要吃、渴了要喝是一样的。家长和老师除了鼓励孩子进行大量阅读，鼓励他们的个性创作外，还要把自己从教写作、教阅读中"解脱"出来，一切都是自然而然、水到渠成的事情，最无益的就是学校老师和家长们把写作当成了需要顶礼膜拜、沐浴焚香的神圣事情，要让写作回归到写作的本意上来，要让孩子愿意写作，就像我们教婴儿时期的孩子说话，不要套路、不要像提前设计一样，一切顺其自然。所以，赏能老师们都知道一个规则："教是不教，不教是教，因为赏能不教写作，所以赏能小作家人人都能写作。"

09　长篇写作带动全面优秀

一、赏能教育与长篇创作

赏能教育法是一种教育思路和方法，它是通过让孩子自己独立完成一个非常高难度的工作，真正感觉到"我真棒"，从而带动自己全方位的发展。这个高难度的工作方向可能是画画、可能是弹琴、可能是跑步、可能是捏泥人。它可能是任何一种特长，只要能让孩子产生"我与众不同"的自我认知就行。不同的孩子，在不同的家庭氛围、不同的个人爱好、不同的周围环境中，可以采用不同的方式方法。赏能教育者善于利用周围的环境，因势利导，让一切水到渠成。就像武侠小说中描写的暗器高手，具备了高深的内外功，且招式纯熟后，随心所欲，目力所见之处，皆有武器可用，摘叶飞花皆可成为利刃。但对于初学者而言，学飞刀的只会用飞刀，学飞镖的只会用飞镖，身边没了趁手的武器，就不知道该如何去用自己的功夫了。所以，对孩子进行赏能教育，需要教育者本身具备较高的教育者素养，这个素养并非与学历绝对成正比，也不表示教育界中的人就一定具备了较高的教育素养。懂教育的人未必在教育界，未必就是高学历的人。反之，教育界中人、高学历者未必就是懂教育的人。这个素养与教育者个人道德品质和个人修养的关系更密切。

我们一般将长篇创作作为赏能教育的工具，是因为赏能教育实验的起因是通过长篇写作带动的。还因为所有的孩子都要写作文，而作文教学是大部分语文老师很头疼的一件事，作文写作也是大部分学生很头疼的一门作业。通过给孩子"赏能"，我们基本上把这个让大家头疼的问题解决了。能写出几万字长篇作品的孩子，谁还会为几百字作文发愁呢？

虽然赏能教育法训练过的孩子们每人都能独立完成一万字或好几万字的作品，但写作却不是赏能教育的终极目的。赏能教育的过程，是让每个孩子通过独立完成自己的长篇作品，充分树立自己对学习、对生活、对人生的自信，同时在同学羡慕、老师夸奖、家长自豪、自己得意的过程中，真正从内心感觉到"我真棒"，使孩子自觉遵从罗森塔尔效应，走向真正的优秀。

赏能教育的最终目的是为了改变一个人，让他爱上学习并会学习。

孩子在快乐、自觉自愿的状态中独立完成一万字左右的作品后，其写作能力的提升是水到渠成的事情。写作本无诀窍，只要愿意写，经常写，写多了，水平自然会提高。

写作能力的提升是一个积累和循序渐进的过程。在进行赏能教育实验的过程中，时不时会碰到火急火燎的家长希望能给自己不会写作文的孩子找到一颗仙丹，让孩子一夜之间脱胎换骨，遗憾的是人间并无此宝物。只要功夫深，铁杵自然磨成针，写作无诀窍，勤能补拙是良训。

2012年，中国教育网暑期征文比赛中，摘取了全国唯一一个少儿组一等奖的小赵同学，原本是老师和家长都认为不会写作文的孩子。经过长达两年左右的练习，这个四年级的小姑娘取得了包括她自己在内的所有人都不敢相信的成绩。从此，她的精神状态发生了明显的变化，自信和阳光时常洋溢在她稚嫩的脸上。同样一个赏能教育实验班中期的男孩小朱同学，也属于妈妈认为他不会写作且无计可施的孩子。刚来时，他几乎见谁都不说话，也不答话。经过一年半的训练，现在演讲能力、写作能力、与陌生人交往的能力等都得到了大幅度的提高。2012年11月，这个孩子面对一棵小何首乌，原创出了动人的观察类民间故事，这个妈妈简直不相信这是自己的孩子写出来的作品。其实，不相信孩子的作品是自己写出来的家长大有人在，有的家长始终认为孩子的作品是赏能的老师帮孩子写的，只是赏能给孩子做了严格规定，不让孩子回家告知父母。

赏能老师在教学中很关键的一步就是要让孩子感觉不到老师的存在，要让孩子觉得自己的这数万字的作品从头到尾都是自己独立完成的。为此，即使遇到不会写的字去问老师，老师也不会提供帮助，最多说一声"实在不会写了就用拼音"。让孩子感觉到即使没有人帮助自己，自己也能独立完成"一万字的长篇小说的创作"这么伟大的工程，这也是赏能教育的目的之一。那么，生活中还有什么事情是自己做不到的呢？

二、长篇写作与全面优秀

以目前比较成熟的长篇小说创作为例，一般通过三个层面的赏能过程，孩子会变得更加优秀。具体实施步骤如下，这些步骤之间是层层递进的关系。

（一）第一层：写作带动作文的进步

（1）引导孩子独立完成一部长篇小说的创作。经过赏能教育老师们的引导，每个孩子（不论其学习成绩好坏，也不论其作文能力强弱）都能在一个学习期内独立完成一部长篇小说的创作，其作品平均篇幅为：二三年级四五千字，四五六年级一万字。

（2）让孩子惊讶于自己有如此强的写作能力。小学语文老师布置的作文篇幅一般要求在300～600字，很多孩子常常为作文问题发愁，很多父母也因孩子不会写作文而犯难。但在赏能教育老师的引导下，在孩子感觉不到老师帮助的情况下，孩子完成了"超出自己正常能力"的作品，他会给自己一个"原来我的写作能力很强"的概念。既然能写出这么长的作品，那么就不再畏惧于学校几百字的作文。

（3）孩子处在大家的夸奖与羡慕中。因为超出了语文老师的预期，语文老师会在课堂上表扬，并把孩子作为典范予以赏识；超出了家长的预期，家长会在适当的时机告知于亲戚、朋友、同事，孩子的成长环境中时不时会有赞扬出现；小朋友们觉得自己难以达到这个目标，或者心中暗暗决心要超越他，孩子成了大家学习与羡慕的对象。

（4）孩子努力保持自己的优越地位。因为这篇小说的完成，孩子得到了实实在在的表扬与鼓励，身边也会出现准备赶上或超越他的伙伴，为了保持自己的优越地位，少年儿童的心理特性决定了他会更加努力地学习与写作。

（二）第二层：语文带动各科成绩的进步

（1）主动写作客观上促使了孩子语文能力的提高。作文能力的提高并无秘诀，只要经常写，自然下笔有神。不管孩子是在什么原因的刺激下进行写作，只要喜欢写，写作水平自然都能提升，阅读理解能力也会相应提高，阅读理解加上写作能力的同步提高，语文成绩自然而然得以进步。

（2）以亮点带动全面。因为写作的亮点，带动了语文成绩的提高和良好学习习惯的养成。从而带动了英语、数学等相应学科的共同进步。一般情况下，很少出现某一门课非常优秀，而其他科目表现不佳的状况，往往是优秀者各科会综合优秀，不优秀者，各科都表现不佳。

（三）第三层：罗森塔尔效应促使孩子全面优秀

学习成绩优秀的孩子会全面优秀。在校生，特别是小学阶段，成绩的优秀会让孩子处在一个特别的心理阶层。不仅是老师，还是家长与同学，都已经认可了孩子的优秀，孩子自己也定位了自己的优秀。如此，一方面孩子身边聚集着同样优秀的同伴，他们互相影响，促使彼此更优秀。另一方面更重要的是，孩子从心理上觉得自己是优秀的，优秀者就应该努力学习，优秀者遇到不会做的习题或不懂的问题，可以大大方方地向老师请教或者和同学讨论，而不怕别人讥笑自己笨。得到信任、表扬、认可的孩子为了保持自己的优势，还要更加努力以保持优势地位，避免对方失望。这样良性循环，孩子就会越来越优秀。只要认真学习、大方请教，学生想不优秀都难。

第二部分

炭能研究历程

宇宙中最不可理解的事情，就是宇宙是可以被理解的。

——阿尔伯特·爱因斯坦

第三章　赏能教育法研究过程

01　浮光掠影赏能教育法

初识赏能教育法者，往往觉得赏能教育法有点神秘，甚至有点玄。不少老师和家长对经过赏能教育训练的孩子所取得的成就难以置信，总觉得孩子们不可能取得这么好的成绩，总觉得那些是所谓的"神童"才能做到的事情，可是持久关注并见证这些孩子成长的家长，却是眼见着这些曾经普普通通的孩子到后来被称为"神童"的。

初识者浮光掠影见到的"难以置信"的内容大致如下：

截至 2017 年底，赏能小作家已完成各类长篇创作 3 000 万字左右，经过一段时间训练的赏能小作家，人人都能创作出单篇不少于万字的作品，单篇十万字的作品也很普遍，五岁"裸跑弟"① 是最小的赏能小作家，完成那本打破世界纪录的、10 万字的日记体个人自传《我是"裸跑弟"》的主体部分也只用了三个月时间②。我们自行编印了 20 种学生作品集给孩子们参考学习，孩子们爱不释手。

2011 年暑假，八名赏能小作家自行参加中国教育网、中国教育在线、中国教育人博客联合举办的以"我的暑假我做主"为主题的第二届全国师生征文比赛。入围的 515 篇作品中，少儿组共评奖 16 篇作品，其中赏能小作家占了八

---

① "裸跑弟"本名何宜德，乳名多多，2008 年出生。除夕清晨，多多以他自己的独特裸跑方式在美国纽约 –13℃的暴雪中迎接 2012 农历新年。2012 年 2 月，这段视频被孩子的家人放到网上，三岁"裸跑弟"迅速爆红网络。几年来，"裸跑弟"在父亲何烈胜"鹰式教育"的培育下，屡屡取得出乎预料的成绩：四岁独驾帆船参加国际比赛、五岁开飞机、六岁出版日记体个人自传、曾徒步穿越罗布泊无人区、摘取机器人竞赛亚洲冠军桂冠等，"裸跑弟"的辉煌成绩一直是国内外诸多媒体关注的热点。对这种极限教育方式，网民议论纷纷，褒贬不一，但随着时间的推移，网上的正面评价已远多于负面评价。

② 指 2013 年 10—12 月。

位，所有参赛的赏能小作家 100% 获奖①。第三届同名全国征文比赛评奖结果于 2012 年 10 月 22 日揭晓，在全国受表彰的少儿组同学中，赏能小作家还是有八名获奖，再占全国获奖者中的一半②，且成绩好于第二届。第三届获奖的赏能小作家中，首次有非南京籍的赏能小作家获奖。

截至 2017 年底，赏能小作家优秀作品已经正式由广东人民出版社出版了两套七本，其中小作家优秀作文选系列"赏能：小学作文能力一步提升"四本，"裸跑弟"个人自传"我是'裸跑弟'"系列三本。我们先后选取了孩子们原创的约 300 万字的长篇作品，结集成天使系列作品集十八本书。江苏教育电视台、《内蒙古日报》、《现代快报》、《东方卫报》、《家教周报》、网易、新浪、中国教育网、陕西教育网等各类媒体多次报道赏能小作家"创造的奇迹"③。

共青团中央所属、以卢勤老师为顾问的《知心姐姐》杂志每年向全国介绍 12 位优秀的孩子，即每月一个，《知心姐姐》于 2012 年 7 月通过中国教育网了解了赏能小作家后，从 2012 年 9 月开始，先后有七名同学被《知心姐姐》杂志全国专版介绍④，并有多名小作家的作品发表在《知心姐姐》杂志上。这些孩子都是早期的赏能实验班孩子，上学期间曾持续接受赏能教育法的引导与训练。天使和凤凰级别的赏能小作家⑤，大部分都通过竞选成了各自学校的大队委和"三好学生"。

2013 年 6 月，中国教育网、中国教育在线专门派了摄制队伍来南京，围绕赏能教育法与家庭教育组织了为期三天的教育沙龙，对赏能小作家王珮璐、吴子溪、黄今做了专访，并在中国教育在线网站做了关于这三位小作家的专题报道，中国教育台、网易、新浪等主流媒体都进行了报道。

---

① 中国教育网系统 2011 年第二届全国征文比赛赏能小作家中八名获奖同学名单、奖项和作品分别为：王珮璐，四年级，《我的爸爸老师》，三等奖；卢龙阳，六年级，《海上桂林：下龙湾》，三等奖；吴子溪，四年级，《我的新学校》，优秀奖；谢妍，五年级，《暑假日记》，优秀奖；顾骧，四年级，《暑假日记》，优秀奖；陈若妍，四年级，《大米日记》，优秀奖；马兆帅，四年级，《内蒙古之旅和第五篇作文》，优秀奖；赵奕帆，四年级，《〈假如给我三天光明〉读后感》，优秀奖。

② 中国教育网系统 2012 年第三届全国征文比赛赏能小作家中八名获奖同学名单、奖项和作品分别为：赵琳，五年级，《暑假七天乐》，一等奖；王珮璐，五年级，《小蜜蜂之旅》，二等奖；吴子溪，五年级，《我与妹妹的口舌大战》，三等奖；陈清扬，六年级，《玄武湖一日游》，优秀奖；丁方龑，六年级，《海底世界》，优秀奖；卢龙阳，七年级，《第五届中美双语夏令营》，优秀奖；王祎涵，五年级，《我的夏令营》，优秀奖；李叶（陕西西乡），九年级，《难忘的暑假生活》，优秀奖。

③ 《现代快报》B1 版 2011 年 2 月 16 日专版：《南京八岁女孩写出万言大童话》；江苏教育电视台 2011 年 2 月 18 日江苏教育新闻：《南京八岁女孩写出万言童话》；2013 年 6 月 21 日《家有儿女》栏目播出对郭马丁同学的专访《求求你表扬我》；《东方卫报》2011 年 3 月 9 日小记者版专版：《四年级孩子写十余万字长篇小说》（副题：《这样的孩子不止一个，他们来自南京竹山小学的赏能教育》）。

④ 《知心姐姐》杂志先后专版介绍的赏能小作家有王珮璐（201209 期）、黄今（201211 期）、许欣妍（201212 期）、吴子溪（201301 期）、陈若妍（201301 期）、张雨（201303 期）、丁方龑（201305 期）。

⑤ 赏能小作家的综合级别分为五级，从低到高依次为：赏能小青蛙（青蛙级）、赏能千里马（天马级）、赏能火凤凰（凤凰级）、赏能小天使（天使级）、赏能大天使（天使级）。

2012 年，南京市竹山小学将赏能教育法的核心理念"唯赏识可出才能，以亮点带动全面"镶嵌在教学楼一楼大厅的正面墙上，并在全校践行赏能教育。陕西汉中市西乡四中也已在全校践行赏能教育法，并在 2012 年暑假派语文教研组负责人靳念文老师来南京学习赏能教育法。广东、湖南、陕西、河北、北京、上海等地都有家长在寒暑假期间专程带孩子来南京接受赏能教育法训练。

2013 年底，陕西省、汉中市、西乡县三级教育科研机构①同时立项研究赏能教育法。陕西西乡县的"赏能教育研究"课题成果还被西乡县授予 2015 年度科技进步奖（三等奖）荣誉称号②。

2014 年 6 月，赏能小作家优秀作品集一套四本由广东人民出版社正式出版。年龄最小的赏能小作家"裸跑弟"用三个月时间完成的 10 万字的个人自传也由广东人民出版社正式出版，该书打破世界纪录。

赏能教育法不断在制造"奇迹"，那么，什么是赏能教育法呢？

02 赏能教育法定义

赏能教育法是一种人生哲学，是教育方法论和认识论，也是培养少年儿童元认知能力和科学思维的重要途径，还是一种全方位立体式的教育思路。本节对人生哲学和方法论进行简介，认识论部分请参见第五章。

一、赏能教育法是一种人生哲学

作为人生哲学的赏能教育法，主要包括以下两层含义：

（一）做真正的好人，孩子才能真正优秀

这是相似论③在教育中很具体、很直接的体现，孩子的一切都和环境相似、

---

① 陕西省教育厅（局）所属教科所和教研室。陕西省教育科学 2013 年度课题编号 SGH13854，结题编号：陕教科规办〔2015〕鉴字第 053 号。陕西汉中市 2013—2014 年度基础教育教科研课题编号：HZJKY—307031。

② 陕西西乡县科学技术奖获奖证书编号：2015－03。

③ "相似论"属于哲学范畴，就是客观事物存在的同与变异的辩证统一。在客观事物发展过程中始终存在同与变异。只有同，才能有所继承；只有变异，事物才能往前发展。相似绝非等于相同，相似就是客观事物存在的同与变异的辩证统一。所谓变异，就是事物发展过程中和运动过程中的差异。相似现象就是客观世界物质的基本粒子在统一场作用下运动的一种和谐协调又互相适应的组合形式。在钱学森教授的建议下，张光鉴研究员正式提出"相似论"概念，并于 1992 年正式出版专著《相似论》。

和父母相似。

只有自己是真正的好人，才能觉得自己生活环境中的大部分人是好人，才能让自己生活在一个由"好人"组成的世界里，孩子自然就潜移默化成了谦虚、礼让、关心他人、尊重爱护公共财物和他人财物、遵守秩序和公共道德的人，才能有所敬畏，相信只有通过自己的努力才能得到更美好未来的道理，孩子就不易产生歪门邪道的想法，孩子才能优秀。而品质的优秀是成为一个优秀的人最基本的条件。一个慈善的人、内心充满了爱的人，不但会让孩子有个充满阳光的未来，而且一般情况下，自己身体比较好，心态比较好，中年以后的容貌往往也比较慈祥，并受到孩子们的喜欢和爱戴。

如果父母是不顾他人只为自己谋利的人，那么他们在思考如何为满足自己利益的过程中，可能就少了规则意识和契约意识，或者他们还需要时时提高警惕，防备着被同样不遵守规则的别人算计。如此，他将生活在一个由"坏人"组成的世界里，孩子从小生活在这个由"坏人"组成的世界里，更容易养成一种超越年龄的"精明"，或者喜欢占便宜，或者有着通过暴力手段和其他不正当方式获得自己想得到的物品的想法和言行，或者常担心别人的暴力行径和歪门邪道对自己的伤害。总而言之，因为担心自己的人身或财物安全会受到"坏人"的侵害，他会下意识地处于防备状态而怀疑一切，对于老师和环境中发出的正面的言行和消息，他会先来个预防恶意伤害的分析，不管多么正能量的内容，都在他那里打了折扣，能吸收进去的自然就少了很多。比如，有人无私奉献，他可能先想到炒作和作秀；某人修桥铺路，他先想到人家可能会获得更大的隐性利益；听到朋友的好建议，他可能先防备着是不是在给自己洗脑。老师传授给孩子的方式方法，老师讲的某个活跃气氛的笑话，都有可能被孩子恶意理解为"你无非就是想让我听你的话并按你的要求去做"，从而产生"抗体"。所以，这类孩子的进步往往比较慢，常常表现出一种"看透一切"的状态，对什么都提不起兴趣。生活在由"恶人"组成的世界里的人，身体素质容易变差，容颜容易变得不招人喜欢，特别是不受孩子喜欢。

需要说明的是，这里的"善"和"恶"并不是指绝对的大慈大悲和绝对的恶贯满盈，只是一种表述方式。这里指出的是两个极端，其实，生活中大部分人生活在"善"和"恶"之间的区域。善人会有恶行，恶人也会有善行，每个人的"善"和"恶"都是相对的，我们所说的"善"和"恶"以公众和公众利益为标准来进行评判。大多数人自身很难评判自己的善恶，其实，只要把身边的人基本过滤一遍，看看急公好义的侠士和唯利是图之辈孰多孰少，看看周围人群中好人和坏人的比例高低，就能折射出自身的善恶程度，这就是你给孩子打下的人生基础。

（二）任何环境任何时候都能让自己更优秀

因为大部分人不能随意选择自己的生存和生活环境，并且人生短暂，赏能教育法倡导不要在生存和工作环境的选择上下太细太大的功夫。大方向选择好后，在自己的环境中精耕细作，只要认真努力，一定能做出一番伟大的事业。这就像一朵成熟的蒲公英种子，被风吹着，飘飘荡荡，有可能落在瓦砾堆上，有可能落在贫瘠的荒原，有可能落在泥塘。还有个小概率事件就是可能落在肥沃的土地上，但是，这一切都不是蒲公英种子所能决定的。蒲公英的种子唯一能决定的就是要在自己落脚的这片土地上——哪怕是在瓦砾缝隙里——开出最美丽的花朵。

孩子的成长过程与此类似。孩子没法选择自己的父母，不能选择自己的家庭，不能选择生活的区域和学习的环境。赏能教育法倡导老师要尽可能地和孩子的父母沟通交流，力争使孩子成长环境中的大人改变自己说话的方式、改变自己对孩子教育中的思维模式、改变自己某些需要改进的行为习惯等。赏能教育努力让孩子在自己当下的环境中，在自己现在的家庭里，在父母一贯的教育方式中，成长得更优秀。赏能教育没有要求老师去改变某个孩子家庭的贫富贵贱，他不能改变孩子父母的工作阶层和知识水平，但可以通过和家长的不断交流，使得那些愿意改变的家长改变教育观念，改变他们对孩子成长的看法和平日对孩子的一些不正确的做法，通过彼此的配合，促使孩子变得更加优秀。这一切，通过赏能教育法的引导体系都是可以做到的。

任何时候意识到自己教育中的问题都不算晚，不过从效果来看，时间越早越容易"解放"孩子，能够更顺利地让孩子走向优秀。

二、赏能教育法是教育方法论

赏能教育法是教育方法论，是指通过赏能教育法对孩子的引导和与家长的交流，每个孩子都可以成长为优秀的孩子，也就是通常而言的"没有教不好的学生，只有不会教的先生"。这句话的内涵，全日制学校教育未必能做到，原因有二：客观上，教育资源不均衡和班级学生数量过多（有的小学的班级人数超过80人），导致教师难以兼顾到每个人，难以实施个性化教育；主观上，部分教师只把教书当作一门职业，缺乏专心研究教育的思想，导致其能力的欠缺。但赏能老师必须要努力做到让每个孩子优秀成长。

就方法论而言，赏能教育法重点在于着眼未来、修正现在。

大多数人对赏能教育法的了解是从孩子们超强的写作能力开始的，但写作能力却不是赏能老师教出来的，赏能老师真正关注写作质量基本上是从小作家升级到凤凰级别才开始。赏能青蛙和赏能天马级别的孩子都是自己独立写作，老师的主要精力放在协助他们养成良好的学习习惯和其他行为习惯方面。只要孩子养成了良好的学习习惯、思考习惯，不管是写作还是其他成长问题都会迎刃而解。

虽然我们身边的孩子每人都能写出几万字甚至十几万字的作品，但写作在赏能教育法体系中却不占主导位置。赏能教育真正关心的是孩子成长的状态，我们在努力帮孩子养成一种高贵的气质，这种高贵不仅体现在大方得体的言谈举止和行走坐卧方面，还体现在对规则和自然的尊重，体现在对众生平等的深刻理解和身体力行的认知上，体现在勇于表达、勇于担当的责任感上，懂得需求的满足只有通过自己的努力才可达到。写作是我们达到此目的的工具与桥梁。当然还有个很重要的副产品是学生写作能力的大幅度提升，这不仅提升了作文能力，更为学生学习成绩的提高奠定了坚实的基础。

三、赏能教育法是培养科学思维的重要途径

张光鉴[1]教授认为："赏能教育法是培养少年儿童元认知能力的一个重要方法，也是培养学生科学思维的重要途径，对当前教育改革与创新研究很有价值。"[2] 张教授认为赏能教育法能使所有仅具备基本写字能力的小学生独立创作出长篇作品，是因为赏能教育提高和改变了少年儿童的元认知能力，赏能教育法的训练方式有其神经科学和思维科学的理论依据，是相似论在少年儿童教育中的具体实践。

同时，作为一种教育思路，每个老师和家长或其他教育者都可引导孩子由"赏"而"能"。

家长或老师通过有意识的赏识和认可，引导孩子独立完成一项或几项大多数人（包括孩子自己）觉得难以完成的事情，使孩子意识到，他通过努力取得的成绩，能得到大人的赞叹和小朋友的羡慕、敬佩，从而使孩子从内心真正地肯定自己的能力，树立通过努力就能取得好成绩的思想，重新认识自己并重新将自己定位成优秀者（至少是某方面的优秀者），激发其全方位的学习自信和动力，带动自己全面发展与提高。

03　赏能教育法的思想基础

通过多年的探索及教育实践，我们逐步总结出了赏能教育法之所以能改变

---

① 张光鉴：我国思维科学学科带头人，中国思维科学学会筹备组组长，"相似论"的创立者，国家有突出贡献的科学家，五一劳动奖章获得者，全国劳模，第六、七、八届全国人大代表，曾是钱学森的助手。1992 年出版《相似论》，2000 年出版《科学教育与相似论》。

② 2013 年 6 月，张光鉴教授两次考察赏能教育研究过程后，于 6 月 18 日给赏能教育法研究团队题词，该段话即为张教授题词内容。

每个孩子，原因如下：

一、不同的孩子由不同的环境塑造

已故著名科学家高士其先生在给相似论[①]创立者张光鉴《相似论》一书所写的序言中写道："世界上的事物，虽然千姿百态，但究其内在的本质，都有其相同的哲理，当我们摸清了事物各自迥异的个性后，就需要开始去寻找它们内在的共性，这才是明哲、智慧的做法，也是认识事物的最好的途径。只有这样才能掌握大自然的运动规律，从而站在哲学的高度，通晓自然科学和社会科学领域的真谛。"[②] 不同的孩子，其成长的结果，都由其成长的环境所塑造，每个孩子成长的结果都是其生活环境的相似性原理的具体体现。

孩子出生后，在不同的环境中接触和认识世界，最终形成对世界的总的看法，并形成自己的世界观和人生观。古语云："近朱者赤，近墨者黑。"表述的就是此意。这和饮食习惯的形成类似，云南、贵州、四川等地的孩子从小就被辣味食物所包围，家里的饭食、外面的小吃乃至零食，大多偏辣，所以最终形成了偏辣口味。苏州一带的孩子生活在吃甜食的环境中，大多数养成了吃甜食的习惯。孩子出生后，如果父母都很爱读书学习，孩子大多也能养成读书学习的爱好。如果孩子在一个脏话连篇、麻将声声的环境中长大，一般难养成读书学习的习惯。所以，墨子观看染丝者而感叹曰："染于苍则苍，染于黄则黄。所入者变，其色亦变，五入必，而已则为五色矣。故染不可不慎也。"[③]

孩子的未来主要由成长环境决定。心理学研究表明，儿童生下来只是一个生物实体，还谈不上社会性，社会性是在生物实体上形成和发展起来的，……生物因素只给个性发展提供了可能性，社会因素才能使这种可能性转化为现实，而个性作为一个整体，作为一个系统，是由社会生活条件决定的[④]。

上小学以前，孩子年龄小，外界给他的压力也小，大多数孩子仍然在家庭

---

① 关于相似论的问题，钱学森先生在张光鉴等著的《相似论》（江苏科学技术出版社1992年版）一书扉页上写道："关于形象思维，文艺理论家谈得很多，也有不少引人入胜的见解。科学技术人员一般不提什么形象思维，只有少数有成就的科学家在说到科学方法时讲过这个题目。文艺家和科学家的议论都近乎思辨性质，对我们有启发，但还有待于深化。是张光鉴同志，对形象思维做了有意义的探索，他归纳了大量的人的创造过程，提出'相似'的观点。当然，'相似'和'不相似'是辩证统一的，'相似'中有'不相似'，'不相似'中又有'相似'。'相似'的观点，或'相似论'，对说明形象思维在科学技术、工程技术中的重要性，很有价值。"赏能教育认为，青少年成长阶段，相似论一直在起主导作用。

② 张光鉴，等. 教育科学与相似论［M］. 南京：江苏科学技术出版社，2000.

③ 语出《墨子·所染》。大意是：墨子曾见人染丝而感叹说，白白的丝，放到青色染缸就变成青色，放到黄色染缸就变成黄色。染料不同，丝的颜色也跟着变化。放在五种不同颜色的染缸里，白丝就变成五种不同颜色的丝了。所以印染这件事是不可不谨慎啊。

④ 叶奕乾，孔克勤. 个性心理学［M］. 上海：华东师范大学出版社，1993.

养成的生活与学习习惯中自由成长。但上学后，因为有了分数的对比，也有了老师和同学形成的生活圈子，并通过考试，让每个孩子都有了"学习好"与"学习不好"的基本判断。孩子很快就能发现，老师更喜欢学习好的孩子，同伴也更喜欢和学习好的同学玩，这时他的潜意识慢慢地开始了给自己的"阶层"定位，考试成绩稍差一点的孩子就觉得自己是学习不好的孩子。如果老师和家长（主要是家长）没有意识到这些问题，通过一次次的考试，家长和老师对"你是差生"这种概念再度强化，最终他就会"认命"了："我就是个不优秀的孩子。"

事实上，在小学阶段，孩子的世界观、人生观尚未形成，即使是这种"认命"，也只是肤浅和表层的，通过一定的引导，这种自我认知是可以改变的，就像假性近视通过治疗可以治愈一样，但若任其自由发展，假性近视很容易就转化为真正的近视，这时再想治疗，就非常困难了。对孩子的自我意识的引导，比较有效的方法，莫过于让其独立完成一件或几件一般小朋友不能完成（或能完成但大家都没做）的事情，使其周围的生活环境中充满了对他的赞美。如此，通过外围的强大的"你很了不起"的赞语，磨掉孩子内心"我不是个优秀孩子"的烙印。只要他能真正觉得自己优秀，那么罗森塔尔效应会通过孩子的自我认可和周围人的赞扬而起作用，使他越来越优秀，丑小鸭最终蜕变为白天鹅。

二、每个孩子都潜能无限，任何孩子皆有独到才能

九岁被网友封为"演讲帝"的辽宁抚顺的杨心龙和生于安徽的龚民都是普通家庭的普通孩子。他们家庭条件很一般，对其施教者都不是一般意义上的教育专家，但杨心龙在九岁成了口若悬河的"演讲帝"，龚民12岁上了大学。中央电视台先后采访过这两个孩子。杨心龙的父亲和龚民的爷爷只是把两个孩子的一部分潜能引导出来，并使其发展，最终使孩子在愉悦的感觉中完成了一般人难以企及的成就。网上对龚民没有太多的负面评价，对杨心龙的成长过程却褒贬不一。在各种评价中，其同年龄阶段孩子的家长大多力挺并请教教育方法，大多非该阶段的网友对杨心龙父亲持批评态度，认为其炒作、作秀，专家意见也分为两派，但批评稍多于褒奖。本书无意评价杨心龙父母的教育方法及目的，仅就其口若悬河的能力来说，一般的同龄孩子确实难以达到。目前在国内影响最大的是屡破世界纪录的"裸跑弟"何宜德。截至2015年初，六岁的"裸跑弟"已持有十项世界纪录证书，"鹰爸"何烈胜①的"鹰式教育"和"裸跑弟"

---

① "鹰爸"何烈胜，著名企业家，曾任金陵商会会长。为了让早产带病的儿子体魄强健，何烈胜对儿子从小进行了近似严酷的训练，结果不但使儿子达到强身健体的目的，还因儿子不断取得令人瞠目结舌的成绩而引起教育界及国内外诸多媒体的关注。其极限式教育模式因类似雄鹰断崖教子而被大众称为"鹰式教育"。

本人一直是国内外诸多媒体关注的热点。"裸跑弟"第五项世界纪录（出版日记体自传的世界纪录）是2013年底在赏能教育法引导下完成的。作为一个当时年仅五岁的孩子，虽然已经读四年级，但毕竟年龄较小，孩子的特征明显（比如写字慢、忘性大等），但赏能教育法是让孩子愿意去写，觉得有兴趣，他就会不断写下去，近10万字日记体个人自传的主体部分仅用了三个月时间就完成了。

生长于不同家庭类型、在不同生活环境中的杨心龙、龚民、"裸跑弟"都不是天才，他们与其他孩子并无二致，但他们确实在某方面取得了突出成绩，这些成绩让不少迷茫的父母们疑惑不解。其实，每个正常的孩子经过一定方式的引导，都能完成一些让旁人难以相信的"瞩目"成就，因为每个孩子都潜能无限。

事实上，与其说每个孩子潜能无限，还不如说每个孩子天生就具备了能完成一切任务、学会一切技能的能力。只是随着孩子年龄增大，随着家长和其他教育者不断教给孩子一些所谓的规则和方法，随着孩子不断从环境中潜移默化地学到一些新的知识和能力，原来那个具备"全能冠军"素质的孩子，只剩下越来越少的可选择项，最终，成长为具备了鲜明个人特点的人。曾经，他可以成长为一个或儒雅或急躁，或文明或粗野，或学富五车或目不识丁的任何一类或优秀或不优秀的人。这有点像单向的行程，前面不断出现岔路口，环境让孩子选择了这条路，就不能同时选择另外的路，所以，原本可以走向任何方向的人，必须且只能从一个出口出来。

三、"不优秀"的孩子往往受过心理伤害

通常意义上的不优秀的孩子，多因最初某件事情未完成得很好，或曾在某个方面不如其他小朋友，产生过自卑或胆怯的想法，并对通过努力完成预期目标产生畏惧心理。同时，由老师、家长、小朋友等形成的社会人文大环境不断通过批评、逗乐、玩笑、谈话、说教等方式强化其不如别人的概念，久而久之，小孩产生了心理定式，自我定位为不优秀的孩子，这是外因被动形成的心理伤害。还有一种内因主动对孩子形成的心理伤害，即家庭成员对孩子过分关爱，使孩子失去了很多动手动脑锻炼的机会，一旦孩子到了群体中，因为他的无知与低能，自我感觉到与其他孩子间存在差距，也会变得怯懦与胆小。因自信缺乏，造成学习不主动、学习能力下降，最终确实导致了结果的不优秀。这一切可通过他完成周围小朋友难以完成的高难度的工作，在小朋友等组成的大环境的羡慕和夸奖中得到改变或改善。当然，欲改变内因造成的心理伤害，一个必要的前提是家庭成员要舍得让孩子的手和脑得到锻炼机会，让孩子的心理和手脑协调能力逐步强大。若家长一直舍不得放手，则孩子很难从心理伤害的阴影

中走出来，随着年龄增大，也可能终生难走出这种"心比天高，手脚不动"和自觉低人一等的状态。

四、孩子更希望得到关注

每个人都希望自身有亮点，都希望自己得到他人关注，孩子比成人表现得更明显和直接。这种亮点或是学习好，或者跳舞、弹琴、演讲出色。缺乏正面闪光点，且自认为经努力也不会有正面闪光点的孩子，为了引人注目，个别孩子会通过打架、旷课、玩游戏、挑战规则、挑衅权威等方式赢得别人的关注，也有一部分孩子因缺乏勇气，可能会在自卑与消极中度过酸涩暗淡的童年。

五、孩子更愿意展现自己

一般来说，孩子幼时没有太多的顾虑，他们很愿意把自己的优势展现给外人。孩子们若在某方面特别优秀，会让其信心大增，会把与之相关的其他方面带动起来。比如学习好的小学生一般是全科成绩优秀，严重偏科的孩子在小学生中几乎没有。再比如，孩子小的时候，学会了几句外语，他会利用一切机会来说这几句外语，不在乎发音是否准确，有时候把这几句外语的中文含义弄混，照样会乐乐呵呵地到处卖弄，但随着年龄增长，很多孩子越来越不敢开口说外语了，他怕说不好别人会笑话他。所以我们要趁孩子在急于展示自己的年龄尽快让他具备可展示的内容，这对孩子的成长很有好处。

六、皮格马利翁效应

每个人都有优秀与不优秀的方面，优秀与不优秀组成了对人的完整的评价。尽量拔高优秀的比例，不优秀部分的比例自然会缩减，依据皮格马利翁效应和马太效应，越是优秀的孩子会越优秀，即通常所说"好孩子是夸出来的"。青少年时代的可塑性很强，通过引导使其思维发散，每个孩子都可完成很多让家长和自己瞠目的成果。

04　赏能教育三个观点

赏能教育法理念可总结为以下三条：

（1）"天才"能训练出来。

（2）赏识出才能，亮点带全面。

（3）家长好好学习，孩子天天向上。

这三条分工不同，角度也不同。第一条是思想认识，第二条是操作方法，第三条是孩子优秀成长的基础。

一、天才能训练出来

（一）长高的苗未必都是拔出来的

时常有来和我探讨孩子学习与成长的家长和老师，如果听到一些早慧孩子的成长经历，常常会说一句"拔苗助长""逼孩子"或"剥夺了孩子的快乐童年"之类的话，总觉得只要是取得了超出大家心中平均默认值的成绩，都是拔苗助长的结果。有文化的还会提起《伤仲永》，如果继续探讨"方仲永"的事情，有家长会善意纠正："老师是不是记错了，是伤仲永，不是方仲永。"

但是，长得苗壮、长得高的小苗，未必都是拔高的，有不少小苗确实能比别的苗长得高，难道一定要把那些吸收能力强、长在肥沃土地上的小苗的尖掐掉，一定要让他和其他的小苗同步成长吗？

（1）陶哲轩：华裔澳大利亚人，2岁就能进行简单的算术，14岁时正式进入弗林德斯大学，16岁获该校荣誉理科学位，一年后取得硕士学位，24岁成为加利福尼亚大学洛杉矶分校有史以来最年轻的全职正教授，2006年获得数学界最高荣誉"菲尔兹"奖。

（2）克里斯托弗·希拉塔：美国人，13岁时获国际奥林匹克物理金牌，跳过中学于14岁进入加利福尼亚理工学院学习，16岁就职于NASA（美国国家航空航天局）从事火星移民研究，2001年18岁时在加利福尼亚理工学院完成了数学学士学位，四年后完成"弱引力透镜理论及数据分析"论文而在普林斯顿大学获得博士学位，是加利福尼亚理工学院天体物理学助理教授。

（3）金雄镕：韩国人，2岁时会说四种语言，4岁时进入韩国汉阳大学物理系特别班学习，7岁时编入韩国建国大学四年级，8岁进入科罗拉多州立大学进行热物理学和核物理学的研究生研修，12岁开始在NASA（美国国家航空航天局）进行研究工作，15岁前获得了科罗拉多州立大学物理学博士学位，16岁时回韩国，转攻土木工程领域，再获博士学位。

（4）朱迪特·波尔加：国际象棋大师，1976年7月出生于匈牙利布达佩斯，父亲为匈牙利心理学家，她对美国行为主义心理学创始人华生曾经想要做的一个实验十分感兴趣，即她想用不同的训练设计将不同的孩子培养成不同的人。在父亲的实验教育下，她 15 岁成为世界上最年轻的国际象棋大师，是历史上第一位进入世界前十名的女棋手。从 1989 年到 2014 年宣布退役，她一直排名国际象棋女子世界第一长达 25 年，入选吉尼斯世界纪录。

（5）刘通：2013 年 02 月 04 日的《中国青年报》报道了 14 岁的吉林大学附中高一学生刘通收到八个国际会议邀请的专访。2012 年末，刘通带着论文《基于 M 带小波和余弦变换的水印嵌入主成分分析复合算法》，参加在法国巴黎举办的计算机视觉的图像与信号处理国际会议。该论文被编入会议论文集，1998 年出生的刘通成为在会议上做报告年龄最小的成员。刘通十岁开始拿国际赛事金奖，高一到高三，他参加的数理化三门奥赛都获过省一等奖。

（6）薛逸歌：1999 年 5 月出生，4 岁开始学钢琴，喜欢阅读和画画，11 岁拿到亚洲钢琴公开赛儿童组第一名。2012 年 8 月，12 岁的薛逸歌被世界著名音乐学院、奥地利国立萨尔茨堡莫扎特音乐学院破格录取，是该音乐学院 2012 年在中国招收的唯一一名少年大学生。

（7）王嘉乐：1998 年出生，小学连续跳级，10 岁上初中，12 岁参加高考，13 岁以高分考入南方科技大学，大一即发表学术论文，17 岁提前大学毕业，入牛津大学攻读材料科学与工程系博士。王嘉乐用一年时间学完初中课程，又用一年时间上完高中。2010 年，13 岁的王嘉乐进入南方科大读书后，王嘉乐的哥哥，22 岁的王浩斌从美国名校加州大学伯克利分校毕业，进入耶鲁大学攻读博士学位。

少年成才的例子举不胜举。

其实，把这些少年英才称为"天才"也许并不恰当。天才确实存在，但生活中大多孩子都只是普通孩子，普通孩子经过恰当的训练也会成为被别人称为"天才"的那类孩子。比如上例七个人中，有的人我未作进一步了解，但有公开信息表明，至少第四、六、七三位"少年天才"属于"人造天才"，他们的非凡成绩都是家长有意识地培养出来的。为了方便，我把这些取得了比同龄人更高成就的少年们统称为"天才"。

天才要经过训练，未经训练的"准天才"如同混迹于拉车耕地马群中的千里马，充其量只是力气大走得快而已，如此，千里马则不成为千里马。很难想象，以上七位"天才"若都在常规学校按部就班地进行常规学习，家长若不对他们进行有目的性的引导与训练，他们还能否取得如此傲人的成绩吗？天才的训练，要选择合适的时机，要趁早，面对一匹曾具千里马素质的卧槽老马，很难再期望他日行千里、夜奔八百。

有一种观点认为，大多天才一出生就应该比别人的智商高，或等于一个 18 岁正常人的智商，但如果不再发掘，不再探索，那他的智商就会停留在一岁里（等于正常人的 18 岁）。小的时候，他可能会很聪明，但没有得到提升，一直在原地踏步，到 18 岁时，他和别的 18 岁者没有区别，就成了一个正常人。其实他没有退后，只是停滞，别人却一直在提升。18 岁学小学的东西很简单，但到了 18 岁再学 18 岁该学的知识，大家不都一样吗？越是聪明的人就越难提升，因为一张纸上已经画满了东西，想再画就很难，但正常人就像一张白纸，想画什么就画什么。方仲永长大后"泯然众人矣"，就是这个原因。

（二）传统教学体制不利早慧少儿成长

关于早慧少儿的成长与教育，有位在小学做校长的朋友给我讲过一个他直接参与的真实教育案例：

南京曾有一位聪明的小朋友 X，初入学报名时，家长要求直接报二年级，学校很重视，经多方测试，发现 X 确实掌握了很多知识，且情商也高，就允许他直接从二年级开始上学。曹校长（时任副校长）很重视，亲自教这个孩子的语文课。经过一年学习，X 同学各科成绩都很优秀，跳级越过三年级，直上四年级，尔后又跳过五年级读六年级。在他的同龄人上三年级的时候，X 小学毕业了，脱颖而出，以优异的成绩走在激烈竞争队伍前列，考进南京一所著名的中学。曹校长说，就是怕这位早慧少年在学习和生活方面出问题，所以，他一直跟着这个小孩的班级教学，X 同学跳级到四年级、六年级时，曹校长一直在调整自己的教学班级，跟着他的成长过程去教四年级和六年级。到了中学，情况就不一样了，初中阶段，X 同学还跳了一级，七年级读完后直接读了九年级，但再到高中，X 同学就趋于平常了，高中毕业后，X 只考上了一所普通大学。

我没有实地考察过这个孩子的状况，不知道他的成长与学习中发生的变化，但大致能判断出来，他受到了传统教学体制的制约，最终"泯然众人矣"。这个现象，也是我以前经常和"鹰爸"讨论的问题，因为"裸跑弟"一直在超前学习，他也将遇到同样的问题。

一般来说，四年级的孩子大约 11 岁，四年级的教材也是按 11 岁孩子的理解能力来编写的，在四年级教室上课的也就是这一批孩子。我现场见证过"裸跑弟"的学习能力，他的数学学习能力很不错，但语文学习和数学学习不一样。一般来说，语文学习有三个目的，能读、能写、能说，这几点，单靠课本学习显然不够，就像学了多年英语不会开口说英语一样，很多人学了多年语文仍不会写、不会说。对"裸跑弟"而言，因为年龄小、积累少，学起来有点困难，尽管如此，经过赏能教育法的写作训练，三个月时间，"裸跑弟"还是完成了 10 万字作品。也就是说，只要训练得当，语文学习的三个目的也应该是能解决的。让很多同学头疼的英语，是因为学习过程中缺乏语境，如有必要，放到英语环境中一段时间，也不难解决，特别是对孩子来说。

课本学习的问题好解决，但另一个问题在常规的教育体制中解决却有点难度，这就是前例所言曹校长教过的 X 同学的问题。

以一个 5 岁读四年级的孩子为例做如下分析。这个孩子不一定是"裸跑弟"，可以是任何一个早慧的孩子。

学生在学校上课与学习，不仅学课本知识，还有一个很重要的方面是学习如何与同伴相处。如果同是四年级的孩子，大家学一样的内容，做一样的作业，玩一样的游戏，想一样的问题，这个阶段的女孩子常会欺负男同学。但这些同伴间平常的交流，对一个 5 岁的孩子而言，也许难以理解。5 岁的孩子还热衷于过家家、玩滑梯、互相追逐，他们对这类幼儿游戏乐此不疲，但这些内容很明显会被 11 岁的孩子斥之为幼稚，而常规的四年级孩子玩的游戏，5 岁的孩子不理解，更谈不上兴趣。在 11 岁的四年级，男孩女孩的性别认知已经比较明显了，女孩男孩都有了自己的群落和朋友，但对 5 岁的孩子的认知能力而言，男孩和女孩大约只是个不同的名词，男孩和女孩身上穿的衣服不一样，女孩子可以穿裙子扎蝴蝶结，男孩子不能像女孩子那样穿很艳丽的漂亮衣服，他分辨不出更多。

所以，5 岁小孩虽身处四年级的同学中，却有一种孤独感。别指望小孩会有多强的自我认知能力，他对自己的评价更多来源于他人对自己的评价，所以他会感到自己另类，觉得大家不和自己玩，是因为自己不优秀，是因为别人不喜欢自己。这种孤独感最终可能会影响到生理的成长状态和心理的健康成长，最终可能会导致学习成绩的下滑。

5 岁的孩子生活在 11 岁孩子的群体里，虽然语数外成绩可能不错，但因为自我感觉成了另类，所以有可能最终影响到成绩与成长。那么，反过来，如果一个 11 岁的孩子落在了由 5 岁孩子组成的群体里，虽然大家都在学习四年级课程，虽然这个 11 岁的孩子曾经学习成绩很好，但这次是不是该轮到他郁闷了？他会觉得自己很笨，很不正常，因为同伴们那么喜欢滑滑梯、喜欢互相追逐，自己怎么就没兴趣呢？逐渐地，虽然自己很努力，可能成绩也就慢慢掉下来了。这个结果不是绝对，也会有孩子表现正常，逐步走向优秀，就像小小孩落在了大孩子群里，也有人会继续优秀一样。

如果有几个 5 岁的孩子，都在学四年级的课程，都是头脑很聪明的孩子，他们一起上课一起玩耍，一起学习三角形、平行四边形和倍数，一边乐不可支地过家家、滑滑梯、追逐打闹。在这种环境中，他觉得可能所有的学生都是这样的，都是边滑滑梯边学习平面几何，他们在一起讨论的也就是谁考了多少分，谁多吃了个棒棒糖。如此，则天才孩子会越来越天才，彼此影响相得益彰共同进步，那么，连跳几级的优秀学生就不至于"泯然众人矣"。

2010 年，我在读《卡尔·威特的教育》一书时，注意到一个现象：老卡尔·威特允许朋友们出题考小卡尔·威特①，但不允许朋友们夸奖小卡尔·威特。小卡尔·威特出生时有智力缺陷，没和其他孩子一起上学。老卡尔·威特自己在家教孩子。小卡尔·威特的学识已经远高于同龄孩子，但他一直以为别的小朋友和他是一样的，所以他没有一点懈怠，仍在认认真真地学习。如果有更多的孩子一起超前学习，且大家水平基本相当，这群孩子都认为自己的能力和水平也不过是同龄人都具备的能力和水平，为了争强好胜，他们可能还会想比别人更超前一些，如此，岂非能培养出一群的"超常儿童"？当时我只是有过这样的想法，时至今日，现在将赏能小作家群体与同龄孩子相比较，实际上已经比同龄人在情商、形商、知识面、独立性、计划性等方面强得多。

传统的课堂是按孩子们的平均认知能力和爸爸妈妈们的平均教育能力来设置的，早慧者毕竟是少数，但这些少数派在课堂里可能比大部分智商一般的孩子更痛苦。

2013 年暑假前，有位在大学任教授的妈妈来找我，问能否把自己四年级的孩子交给赏能，由赏能的老师全科教学，孩子不再到常规学校上学。因为赏能的条件尚不成熟，教授最终只能遗憾地走了，我建议她给孩子转学。这个家庭的妈妈是大学教授，爸爸是企业家，日常在家里他们会用英语交谈，所以孩子的英语基础很好。暑假前孩子上四年级，属于那种全科优秀的孩子。妈妈说从学校开始教英语起，孩子就烦躁起来，上学期开学初英语老师还专门把她找去了，专门告诫："这一册书，你儿子最多两星期就能全部掌握，也有可能课本上的知识点他已经全部掌握了，但是，既然在我的班上，那么就要按我的教学进度，作业必须要做。"所以，孩子每天都要抄写那些很久以前他就非常熟悉的英语单词，每天听老师讲英语课，听课中心猿意马就会被老师点名批评，有一学期还差点因此取消了"三好学生"的评选资格。晚上抄写单词时，儿子边写边哭边发脾气，她非常担心儿子的状态，但她说服不了英语老师，只能转学给孩子换个环境试试看。

孩子早慧，家长应有一套自己的教育方式和理念，不能把希望寄托在学校

---

① 小卡尔·威特（1800 年 7 月 1 日—1883 年 3 月 6 日），德国人，出生于德国萨勒河畔的哈勒市洛赫小村，是 19 世纪著名的天才。小卡尔·威特出生后被认为是个有些痴呆的婴儿，全赖他父亲教育有方，八九岁时小卡尔·威特就能自由运用德语、法语、意大利语、拉丁语、英语和希腊语这六种语言，并且通晓动物学、植物学、物理学和化学（尤其擅长数学）。小卡尔·威特 9 岁考入莱比锡大学，10 岁进入哥廷根大学，13 岁出版《三角术》一书，年仅 14 岁就被授予哲学博士学位（小卡尔·威特目前仍然是"最年轻的博士"的吉尼斯纪录保持者），16 岁获得法学博士学位并被任命为柏林大学的法学教授，23 岁发表《但丁的误解》一书，成为研究但丁的权威。与那些过早失去后劲的神童们不同，小卡尔·威特一生都在德国的著名大学里工作，在赞美声中度过了自己的学术生涯。小卡尔·威特的父亲把小卡尔长到 14 岁以前的受教育经历写成了一本书，这就是《卡尔·威特的教育》，书中详细记述了父亲的核心理念，一个人最终能否有所成就，禀赋起着一定的影响，但最主要的还是后天的教育。教育得当，普通的孩子也能成长为天才，教育不当，即使再大的天才也会被毁掉。他记载了他的孩子成长的过程，他的教育心得和方法，提出了早期教育的理念。

老师身上，面对着那么多孩子，面对着那么多需要批改的作业，除了个别确实有心的老师，大多老师不可能实施个性化教学。所以，这种教育只能靠家长自己，或者由特别的教育者来完成。最不可取的是家长把孩子盲目随大流塞到某些培训班。很多的培训机构就是把学校课堂换了个地方，内容还是那些内容，老师还是那些老师，教法还是那种教法。辅导班里填鸭式的题海教学，结果可能会使孩子的学习成绩提高一些，但这种提高对孩子的成长和未来是不利的，特别对那些早慧和智商高的孩子负面影响更大。

天才是可以训练出来的；每个孩子都可能是早慧儿童；传统课堂对早慧儿童的教育不利。但教育者若要实施超前的天才教育，则至少要清晰两个观点：第一，千万不要硬逼着孩子成长，如果拔苗助长硬压着孩子学习和成长，未来必会收获酸涩的苦果；第二，孩子的成长环境如果是轻松平和且积极上进的，那么孩子在早期就已经在适合天才成长的土壤中培养了良好的基础，但若孩子成长于紧张、冷漠、抱怨、指责等负能量的环境中，那么培养出天才的概率就要小很多。此时，若急功近利要强行培养"天才"，往往会收到事倍功半的效果，在孩子和大人彼此痛苦的折磨中，事与愿违的概率倒是会大大增强。关于孩子成长环境的问题，请参考本书第一部分。

二、赏识出才能，亮点带全面

让每个孩子都成长为优秀的孩子，在"教"的过程中没有放之四海而皆准的方式方法，优秀的教育者会根据每个孩子已经形成的个性与行为习惯、根据其成长的家庭环境、父母的知识水平与学习能力等，对其进行个性化的教育。

对孩子施行赏能引导教育时，孩子年龄越小，对未来的优秀成长越有效。

赏能教育认为，孩子的学习成绩基本上取决于小学阶段所养成的学习习惯和对待学习的方式与态度。而小学阶段的成绩与学习习惯基本上取决于两三岁时父母亲对孩子的教育，也就是孩子问题特别多、老缠着家长讲故事的那个阶段。这个阶段的孩子的状态，与孩子出生后的几个月内家长的引导至关重要。孩子在婴儿期的相关教育的方式与内容，已经有很多的书籍在做介绍，这里不再赘述。有兴趣的家长可参考蒙台梭利的特殊教育法和斯宾塞快乐教育法之类的书籍，本部分重点介绍对幼儿期和青少年期孩子的正向赏识对后期的成长与学习的影响。

先介绍孩子两三岁时所受的引导及对后期学习的影响。

通常而言，家庭文化氛围好，孩子会更优秀。但我们还会遇到另一种现象，即孩子的父母都是高级知识分子或者说是有文化的人，但孩子的学习状态和成绩都不理想，与之相反，孩子的父母都不是有文化的人，但孩子的成绩非常出众，各方面表现出色。造成这种反差的原因何在？

除了前文所述孩子的父母是好人、崇尚好人哲学、相信规则、有契约意识、相信通过努力可以使自己更优秀这些基础原因外，还有个因素是与孩子两三岁时父母对孩子的教育方式（或者说话方式）带来的赏识的角度密切相关。举例如下：

两三岁的孩子特别爱学习和创造（比如撕纸和乱涂乱画等）。

妈妈教孩子认识了果盘里那个红红圆圆的东西叫苹果，爸爸教孩子认识了什么叫作书，恰巧爸爸把一个苹果放在了书上，孩子又听到了一句话："苹果放在书上"，并且认识了一个方位词"上"，头脑里有了"上"的概念。

妈妈兴致勃勃地教孩子："宝宝快看，挂在墙上的那幅画漂不漂亮呀？"这位宝宝同学就有点疑惑了：不是刚才才学会什么叫"上"吗？现在，那幅画明明挂在墙的"侧面"，妈妈为什么说是挂在"墙上"呢？难道我刚才理解的"上"是错误的？

带着疑惑的宝宝同学被爸爸接过去了，他们一起在床上玩。爸爸问宝宝："快看快看，我们天花板上的荷花灯好不好看？"原本，爸爸妈妈都是想给孩子以漂亮的视觉印象，但孩子的疑惑又多了一层：按我刚才"苹果放在书上"的意思来理解，这个灯不是应该在天花板下面吗？为什么爸爸也说它是"上"呢？哎呀，郁闷了：究竟什么是"上"啊？

正如荣格①所说，在生命的早期，为数众多的儿童急切地寻觅某种生命的意义，以帮助他们来应付他们内心的混乱和他们外部的混乱②。现在知道为什么这个阶段的孩子的问题特别多了吧？

幼小的孩子擅长感性的思维方式，有些在我们觉得司空见惯、习以为常的内容，在孩子的幼小心灵里是很复杂的，更何况他们还有更多的未知内容需要请教亲爱的爸爸妈妈，因为这个阶段的爸爸妈妈在孩子的心目中是无所不能、无所不知的。这么多的新知识和原本我们认为很简单的"复杂"知识都堆积在他的头脑中，他需要一点点把它们理清楚，所以，他会不断地问父母亲那些永远也问不完的奇奇怪怪的问题。

不是说孩子的每个问题你都要答、都能答，影响以后成绩的是你对待这些古怪问题的态度和回答这些问题的方式。

---

① 卡尔·荣格（1875—1961），瑞士心理学家。1907年开始与西格蒙德·弗洛伊德合作，发展及推广精神分析学说，后与弗洛伊德理念不和，创立了荣格人格分析心理学理论，提出"情结"的概念，把人格分为内倾和外倾两种，主张把人格分为意识、个人无意识和集体无意识三层。曾任国际心理分析学会会长、国际心理治疗协会主席等，创立了荣格心理学学院。他的理论和思想至今仍对心理学研究产生深远影响。

② 荣格，等. 潜意识与心灵成长［M］. 张月，译. 上海：上海三联书店，2009.

妈妈累了一天回到家里，刚想休息休息，孩子带着满脑子的疑问来缠着你了："为什么小鸟能飞，我不能飞？""为什么小狗是四条腿，我是两条腿？""为什么张小丫是女孩，我是男孩？""为什么电灯会发光？""我为什么不能像孙悟空一样学会法术？""为什么……"这时，妈妈指着积木说："宝宝乖，妈妈太累了，你自己一个人玩一会儿，搭个漂亮的城堡吧。"宝宝问爸爸时，得到的回答是："爸爸现在有工作要做，你自己先看看图画书吧。宝宝真乖，你看我们每个人都在做自己的工作。"家里来了客人，客人看到如此"懂事"的孩子还会夸几句："这孩子真乖，一点也不劳大人烦神，你看他一个人在那儿玩得多好啊！"

每个小孩都愿意做乖宝宝的，他们都很敏感，父母按此方向长期赏识与引导，为了做"乖宝宝"，孩子明白了：遇到不懂的问题，我不去问爸爸妈妈，自己玩玩具，我就是乖宝宝。于是，这个概念就潜移默化进了大脑。上小学了，遇到不懂的问题，孩子既不愿意问老师也不愿意问家长，你问他为什么不懂还不问老师，他会找出各种理由为自己开解：老师一下课就走了，或者我不知道老师办公室在哪里，或者老师没空，或者我才去上了个厕所就上课了。其实，根本原因是他没有问问题的习惯，他甚至害怕问老师，就像小时候害怕自己做不成"乖宝宝"一样。

再回到孩子两三岁的问题阶段。这时孩子的问题，大部分家长是不能做到有问必答的，遇到自己确实忙累的时候，要和孩子约好何时给他解答，不可食言。遇到不懂的问题，老老实实告诉孩子自己不懂，等自己知道了，就告诉孩子答案。最好也约定好时间，不要食言。约定的时间不要太长，尽量在孩子能记得的时间范围内。家长可以做不到有问必答，但不能有问必不答，不能给孩子留下家长从来不回答问题的印象。高学历父母家里的孩子没学好，原因各异，但没文化父母的孩子成绩好，一定是这个阶段处理得比较成功。

父母的言行一直在引导并潜移默化地影响着孩子。有的父母把婴幼儿期的孩子当作玩具，教孩子骂人打人，甚至打骂父母，觉得很好玩，其实这都是在对孩子进行方向性的赏识和引导。从小种此因，长大收此果，一点也不奇怪。每个孩子都愿意成为好孩子，幼小时，孩子把父母当作依靠和偶像，此时父母对孩子的赏识角度决定了孩子大部分的未来品格和人生态度。

三、家长好好学习，孩子天天向上

本节探讨三个和做家长有关的问题。一是如何让孩子的学习自然而高效，二是多关注孩子的心理状况，三是帮孩子树立正确的世界观、人生观和价值观。这三个问题有个共性的前提，那就是：家长超前学习，孩子学以致用。

（一）家长都有能力让孩子轻松而高效地学习

学习是辛苦的事情，这个观点，相信大家基本上都认同的，但是我们有能力让孩子的学习变得不那么辛苦，且能使学习高效，做到事半功倍。

目前，孩子的学习状况大家都很清楚，因为我们都曾是"状况"中人。孩子上学这些年，班上同学的表现各有不同。表现不尽如人意的孩子，其原因各式各样，但是好孩子的学习状态基本是一样的，他们一定有好的学习方法和良好的学习习惯。优秀孩子的家长的做法可能有差异，但一定有健康但相对轻松的教育理念。

孩子的课堂学习，分为语、数、外、史、地等科目，在孩子看来，每个科目内容都是孤立的，彼此少有联系。事实上也是如此，每门课有不同的课本，由不同的老师教，各门功课分头考试分头复习。我们都对孩子的课本不陌生，课本知识都很简单，是提纲挈领式的。因为内容孤立，孩子学起来就累，再加上他们的知识积累比较少，很多知识只能靠死记硬背，即使考试成绩好的孩子，其所学大多也是被割裂开的知识，就学习效果而言，事倍功半属于正常。家长如能在这里做点努力，帮孩子把课本上提纲式的内容还原到整体中去，就能让这种现状予以改观，孩子就能轻松一些，掌握的知识也灵活一些，这才是真正的知识，而不是只用来考试的、要花力气死背的知识。

历史课上有很多的时代、人名、战争、事件等需要记下来，这是学习中必不可少的，但我们可以给孩子放宽泛一些。比如秦始皇在历史进程中是功大于过的，统一春秋以来乱纷纷的局面，统一度量衡，都是很有意义的事情。我们在给孩子讲秦始皇的时候，可以把战国七雄的地盘在现在的地图上的位置告诉孩子，这是从历史延伸到地理。按时间往前拓展，可延伸到李斯的《谏逐客书》，延伸到《张仪说秦王》和《范雎至秦》，这是语文、政治和论辩。就这几篇文章而言，语文课本上可能会学到。就文章内容而言属于名篇。再延伸，文章内容属于谋略和管理，若说到管理知识对某些孩子也许早了点，则可归属在孩子的情商范畴，或者叫会说话，有全局观。延伸到秦穆公，到百里奚，这是人生观和励志故事。往后也可延伸到楚汉战争，刚烈的霸王被汉王打败，这里面有草木皆兵、四面楚歌、破釜沉舟、明修栈道暗度陈仓，有兵法和语文等内容。为什么电视中秦朝的官员都穿黑衣服？汉朝及以后官员在朝堂上很少穿纯黑色衣服？我们为什么是汉族、叫汉人？这些知识，都不用孩子坐在书桌前硬背，在和孩子走路、散步、聊天、游戏中，就能以故事的方式告诉孩子了，又轻松，又好玩，又容易记住。有这些铺垫，孩子学到这个章节，他所知道的秦朝，就不仅仅是课本上那几页纸面上所记录的内容了。

学语文要背课文、要写作文、要组词造句、阅读理解等。纵观语文学习的三个目的：一是能以文字准确表述自己的情感与思想，二是能读懂别人的文字所表达的意思，三是能通过语言完整发表自己的意见和观点，简言之，就是能写、会读、善说，所有的学习都是为了这三个终极目标。家长意识到这一点，就能提前做很多准备。比如，在公交车或地铁上和孩子编故事、成语接龙，找个话题和孩子辩论等，家长就不会把孩子为表达自己观点的争辩一句话呛回去，就不会因为孩子的辩解而火冒三丈，因为这也是他学习语文的目的之一，也是生活必需的技能之一。

2018 年春节前，翻看工作笔记时，看到了一段我写于 2014 年的工作记录：

> C 同学，四年级学生，中级赏能小作家，已经创作了几万字的长篇小说，目前仍在创作中。他的语数外成绩都很好，数学经常免考。他的最高愿望是将来做一名公交车司机，为此，他背会了南京多条公交线路的站点名称和票价，一直通过不同途径了解各类型公交车的性能和差别。面对这样一个学习能力超强、人生目标专一的孩子，他父母很淡定，只要是孩子喜欢的，他们就极力支持。C 同学的英语成绩一直很好，他父母是怎么做的呢？所有的孩子都爱看动画片，这个小家伙也是一样。一直持续到现在，他每天都要看一个半小时的英语配音的动画片，他会在很短的时间完成家庭作业，作文也就用二三十分钟写完。从一年级开始，除了学校的作业，他没有额外的试卷要做，所以养成了快速作业的习惯。平日高效学习，考试前也如平日，家长和孩子都很轻松。

这位 C 同学目前仍在赏能学习，他从二年级开始接受系统的赏能教育法训练，现在已读七年级。C 同学小学阶段每学期期末考试成绩都是年级第一，几乎不参加课外辅导班的学习，从四年级开始，他每周至少抽出一天时间来赏能读书，语数理化、天文地理、逻辑哲学、经济金融、传记历史以及科幻类纪实类各种文学作品等书籍都大量阅读，他抽出的读书时间不是周末的赏能学习，一般是星期一到星期四中的某一天，到六年级最后一学期，他干脆整月请假来赏能读书，爸爸妈妈很支持他的决定，全力"配合"孩子的想法，想办法帮他向学校请假。因为读书多，思维敏捷且发散，他的成绩一直很好，虽然请假读书，但学校的各种考试他从不缺席，只要他在考场上，全班（甚至全校）第一的名次大多非他莫属。

我曾向家长推荐过欧几里得的《几何原本》和梁衡的《发现》（又名《数理化通俗演义》），工作笔记中提到，有一次在和这位 C 同学的妈妈交流时提到了这两本书，妈妈说孩子在三年级就读过《发现》了，《几何原本》却是这位妈妈早就研读完的著作。C 同学在赏能读完了吴晓波的《大败局》和"吴晓波企业史：激荡·跌荡·浩荡"系列，读完了李伯钦八卷本的《中国通史》和高洪雷的《另一半中国史》，读完了唐浩明晚清官场三部曲，读完了刘慈欣的"三体"系列和吴军博士的《大学之路》《文明之光》《浪潮之巅》和《硅谷之谜》，读完了史蒂芬·列维特的《魔鬼经济学》和蒂姆·哈福德的《卧底经济学》以及宋鸿兵的《货币战争》，读完了奥森·卡德的"安德"系列与艾萨克·阿西莫夫的"银河帝国"系列，读完了《平凡的世界》《大江东去》和《金瓯缺》等大量茅盾文学奖获奖作品。他还热衷于金庸先生的"飞雪连天射白鹿，笑书神侠倚碧鸳"。读完数遍金大侠15部作品后，C同学开始创作武侠小说，在赏能完成了10万字的"桃花龙虎经"武侠系列。C同学的每年都会读完一两百本书，他读的每一本书基本上都是很认真地阅读，而非走马观花。从这里就能看出，C同学的轻松学习，来源于自己的大量阅读，更来源于父母平时的知识积累和良好的教育心态，他们都在之前完成了知识积累，父母在平日生活中给孩子传授了相关基础知识。

如果翻开初二的物理课本，会发现光学的部分只有几页纸，这几页纸中还有好几个关于知识点介绍的注释类内容。就这么几页纸，若没有外来知识的补充和延展，物理实验中如果没有加深的理解，孩子在学习中就只有硬背下这些课本文字。问题在于，即使背下来了，也未必能全部理解折射、反射、漫反射、实像与虚像、凹透镜与凹面镜等知识。这些内容，家长可提前在洗碗的时候、在阳光下散步的时候、旅游时在小溪中戏水等诸多地方和孩子讨论这些知识，一根筷子、一段小树枝等都是道具。

让孩子潜移默化地学习各种内容和知识，而非带有明显目地地灌输和强迫，应当成为亲子生活中的常态。如果为了学这些知识而去旅游，那么，一定是玩也玩不好，学也学不好。只要家长平时爱读书，做了知识积累，在生活现场随手拈来，那么孩子就在这种潜移默化中掌握了很多知识。到了课堂上，老师和课本的提纲挈领只是在他的知识积累中做了梳理，有一个很厚重的"底盘"作基础的学习，一定比只有"纲"和"领"的学习要来的轻松，要容易理解，也更有兴趣。死读书的孩子和这种处于知识潜移默化中的孩子，有时学习成绩感觉差不多，但基础能力和后劲差别就很大。两个学习高度共同达到100的孩子，死学的孩子的知识就像一个高度为100的竹竿，处于潜移默化中学习的孩子，其知识就像一座山，虽然山的高度也是100，但其广度和厚度，却是竹竿难以达到的。所以，这是两个掌握知识的能力和未来人生完全不同的孩子。

（二）孩子的心理健康至关重要

不管你是否提前做了准备，孩子的叛逆期、青春期都会不约而至。这个阶段，与孩子的交流多多少少都会出点问题。青春期前后的孩子，有时觉得自己是大人，遇难题时又觉得自己是小孩，这个阶段，父母和孩子的关系很微妙。为了让孩子平稳度过这个阶段，父母同样需要提前做好思想准备，并有意识地在自己的言行上做调整，否则，可能常常会因为孩子的"无理取闹"而生闷气，并百思不得其解。

看过一个帖子，说的是父亲形象在不同阶段的儿子心中的变化：

5 岁：父亲无所不能；

10 岁：父亲主宰一切；

15 岁：父亲有时没道理却不敢说；

20 岁：父亲过时了；

30 岁：嘲笑父亲如能像自己一样早就成功了；

35 岁：认为父亲的话有些道理；

40 岁：再次认识到父亲的伟大；

50 岁：痛恨自己当初为什么没有听父亲的话，而这时，父亲已经变老了；

60 岁：回想父亲的各种意见，简直就是万能的百科全书，可惜的是，有的人父亲已经不在了。

一代代的人大都是这么过来的。孩子青春期的叛逆也属正常，只是提前有了心理准备，平日就能以孩子的方式和孩子无障碍交流，更有利于处理好即将到来的一切。

除了青春期叛逆，另一个阶段也即将到来，那就是男女生之间开始产生朦胧感情的阶段。

这种感情不会出现在每个孩子身上，但一定会出现在很多孩子身上。这个阶段，这种感情产生了，孩子不会像小时候那样什么都会给你说，有的孩子会把它藏在心里。因为不解，因为向往，所以会困惑并为之焦虑。这种情感，若自己的孩子没有，很正常。如果有，也很正常。这些情感在此阶段都属于正常现象。如果父母和孩子能成为无话不谈的朋友，那么孩子也许会把内心的困惑告诉你，希望得到你的帮助，因为这是他以前所未遇到过的新鲜事物，他会困惑，他想说，但又怕诉说对象藏不住话而四处广播。如果父母能提早把自己变成孩子诉说的对象，这样能让他们减少很多不必要的担心。

我们还需提前了解孩子的同学间的交往，了解他的朋友是谁，是什么样的人，他们一般在一起干什么说什么等。这些都不是通过"窥探"得来的"情报"，而是孩子成为你的朋友后，他时常会分享的内容。家长通过这些朋友，就能大致了解到孩子在学校是什么状况，把他的朋友的各种情况一综合，就是自己孩子真实情况的反映。

中学生已经给了自己很大的压力，有来自学习的，来自同学的，来自父母的，来自周围无形的环境的，等等。父母要经常关注孩子思想和情绪的变化，了解他和朋友们的关系的变化，如果孩子出现了负面情绪要积极化解，不要让它逐渐累积。如果孩子和同学、老师或学校有什么不愉快，如果他认为自己能处理好，那么家长就不要多插手，至少不要在明面上插手，孩子的事情要让他自己处理。尽管我们出面可能会让事情的结果更圆满一些，但终究他是要离开我们独立生活、独立处事的，这种能力只能通过实践来获得。为获得这种能力而必须经受的内容，自然越早越好。因为早期我们还能监控，还可调整，将来离开了我们到外地上学或工作，他就得自己处理一切了，我们看不见，能帮助到孩子的只有他的经验和能力。

在大学做学生工作时，我处理过学生自杀的事情。自杀听起来非常惊悚，但这种事情每年都会发生。这些孩子的父母以前肯定听过类似的事情，但都觉得这件事和自己无关。为人父母者必须要从孩子的心理上杜绝这类事情的发生。我在大学工作的十几年，一直都在研究学生的心理，一直在关注学生的成长。现在我身边有很多优秀的孩子，按照他们当前的心理与思想状态，到了大学后，大概会成为一个什么样的人，我心中基本上有数。反过来，我是按学生会主席的标准培养赏能小作家团体的，如果这个孩子将来要成为大学学生会主席，还需要从哪些角度来锻炼，我们就直奔主题开始训练。比如演讲、全局规划、领袖气质、阅读量、无领导小组讨论的组织等各种能力的训练，比如时常坐着抖腿、走路缩头缩脑、语言逻辑混乱等不良方面，都是需要及早干预的，真正到了后期，孩子长大了，你想纠正而纠正不了的时候，悔之晚矣。

（三）家长需关注孩子人生观世界观的形成

到了中学，竞争比小学更激烈，不管是考试，还是其他事情，总是有输赢和先后，如何让孩子正确对待输赢呢？个人感觉，一是承认差距的存在，承认自己在某些方面不够努力，但不能自我放弃，需要积极赶上。二是不要事事都争强好胜，要正确认识自己。这些，一方面来源于父母日常对孩子的灌输和影响，另一方面要通过这个阶段的影响和引导，让孩子树立起在人生道路上的前进方式。

班级集体活动中，地上出现了一个废纸团，有人会视而不见，有人会把它丢进垃圾桶；要上课了，黑板不干净，有人会熟视无睹，有人会喊远处的值日生，也有人会随手把它擦干净；课桌椅摆放得不整齐，大多人走过就走过了，有人会让它规规矩矩回到它应该在的位置上；日常集体生活中，有人随手乱扔垃圾、有人说脏话、有人缺乏规则意识等。这些都是小事情，很多人会对其司空见惯，但有人会用自己的行动而让环境和氛围变得更美。就是对这些小事情的处理方式，成就了每个人层次的高低，以及未来所能达到的人生高度。除非你是奇才，别人也许可以容忍你不够文明，可以容忍你的低情商，但这么多孩子成为奇才的概率并不大，所以这些看似小事情的细节，却决定了一个人的未来。而孩子对这些细节的习得，只来源于父母的一言一行，想临时抱佛脚在特定的环境中再去装作"文明人"是根本不可能的事情。从这个意义上说，我们就是孩子的标杆与榜样，我们就需要从细节处时时严格要求自己，身边有人和身边没人都要做到随心所欲不逾矩，如此，则孩子未来必有贵人相助。

不仅是行为习惯，语言习惯也是通过父母的言传身教而习得。如果父母在日常生活中满满的负能量，对社会、人生、单位和他人更多的是负面评价，孩子在学校就会是个看不起一切、到处挑刺的人，就是个不受人喜欢的人。在这个阶段，这种习性正式融进了其世界观和人生观、审美观、价值观，其未来的人生也必定是不受人喜爱的怨天尤人的人。所以，至少在这个阶段，我们需要让自己成为乐观、豁达、善良、关心集体与他人的人，成为善于发现他人和环境中优点的人，成为传播正能量的人。其实，我们都知道，很多事情，只要换个看问题的思路和角度，就能得出不同的结论（包括孩子的学习和做作业）。事情还是那个事情，但自己的心境却发生了很大的变化。

以前，在大学做学生处长给毕业生开座谈会时，我给大学生讲过一个故事，大意如下：

两个旅行的天使到一个富有的家庭借宿，这家人对他们很不友好，让他们住冰冷的地下室。晚上，老天使发现墙上有一个洞，就顺手把它修补好了。

第二晚，两人到一个贫穷的农家借宿，主人夫妇俩对他们非常热情，把仅有的一点食物拿出来款待客人，又让出自己的床铺给两位天使，但第二天一早，小天使发现农夫和妻子在哭，因为他们唯一的生活来源——那头奶牛死了。

继续上路后，生气的小天使质问老天使为什么会这样：第一个家庭什么都有，你还帮助他们修墙洞，第二个家庭人这么好，你却没有阻止奶牛的死亡。小天使说："我还小，没有能力，你有能力改变这些，为什么你什么也不做？"

老天使回答："有些事并不像它表面看上去那样。我们在地下室时，我从墙洞看到墙里面有金脉，因为怕主人被贪欲迷惑，所以我把墙洞填上了。昨天晚上，死神来召唤农夫的妻子，我让奶牛代替了她。所以，有些事并不像它表面看上去那样。"

这个故事用在这里也许不够恰当，很多学校可能都遇到过家长因为孩子间的矛盾或问题找学校麻烦的事情，看似家长给孩子找回了胜利，其实，事情并非如此。二十余年来，从担任团委书记到学生处长再到现在，我接触过数万学生，从大学生到小学生，从好学生到问题学生，也处理过众多青少年阶段的问题，深切感受到，很多上大学后出问题的、不够优秀的孩子，在中小学成长阶段，其父母要么是不闻不问，要么是管得太多太细，因为心疼孩子，反倒害了孩子。往往最爱孩子替孩子包揽一切的家长对孩子人生的伤害最深。很多家长都站在自己的角度尝试改变孩子，结果却导致孩子往家长期望的反方向成长。其实，教育应该是家长用正确的爱来影响孩子建立起正确的人生观和价值观。

每个孩子都很优秀或曾经优秀，只要家长能提前学习，做好准备工作，那么孩子终究会成为优秀的人。这个准备工作不仅仅是具体的某本书某件事，更重要的是自己平日的言行举止和修养。

05　赏能教育方法及名称由来

通过总结自己引导小学生独立创作的教育实验过程，并结合赏识教育法和才能教育法，2010年12月，我把这种通过写作引导孩子树立学习兴趣和生活自信的方法命名为赏能教育法。寓意因赏识而促使孩子自发完成对其才能的证明，从而激发自信，带动自己全面发展。以下是我对八年来研究赏能教育法早期阶段的过程回顾，希望这个过程能对关心教育的读者起到一点启发作用。

一、璐璐与《天使历险记》

璐璐在读完一年级时，写出了一部童话故事《天使历险记》，故事篇幅9 000字左右，南京《家教周报》做了专访报道。

璐璐小的时候，我常和她一起玩编故事的游戏。游戏内容不固定，地点也不固定，可能是去幼儿园的路上，也可能是晚饭后散步的时间，或者在从动物园游玩回来的地铁上。游戏的时间可长可短，编故事中如果孩子的注意力被其他事情所吸引，可能这个故事也就半途而废了，大家一起把注意力投入到新的事情中去。编故事的方式也不固定，都是用随手拈来的词语。

比如，夕阳下从幼儿园回家的时候，路过一个教古筝的培训班，我出四个词语：小朋友、阳光、马路、古筝，要求璐璐先用一句尽可能短的话把四个词都要用上，然后再编一个离奇的故事，故事中同样要出现这四个词。

一句话：阳光下的小朋友坐在马路边弹古筝。

故事：从前，有个小朋友很喜欢在幼儿园玩滑滑梯，可是有个古筝变成的妖怪非要缠着他，让他弹古筝。小朋友虽然非常不快乐，但是他没有办法。一天，他想偷偷跑到马路上去玩，可是被古筝妖怪发现了，妖怪就追他，他就使劲跑。天气很热，阳光很强，小朋友跑得很累。跑着跑着，他发现妖怪不见了，原来，古筝妖怪被热死了，小朋友非常高兴，他就又回到幼儿园玩滑滑梯了。

完成了自己的一句话和故事后，璐璐会马上出四个词语让我也开始说一句话，并要编个故事。璐璐说出的四个词语可能是：树叶、汽车、芭比娃娃、泥巴。因为编故事是在比赛，所以，璐璐和我每次出题的时候，都会尽可能地想一些古里古怪的词语来为难对方。为了下次能出一些尽可能怪的词语，璐璐经常会从书中找一些她认为能难住我的词语，客观上，这个过程促使了孩子主动阅读（这就是一年级的璐璐后来在《天使历险记1》中出现了反物质、平行宇宙、虫洞等天文学概念的原因）。一般来说，在编故事的过程中我会保持20%的胜率，而且，只要我准备赢，就会让一句话变得既精炼又好懂，会让故事变得非常精彩，要让孩子自己感觉到这次我真的是输了，为了赢老爸，不下功夫好像不行，因为老爸知道的知识太多了，以后一定从书上找到更怪的词语才行。当然，为了增加编故事的乐趣，必要的时候，大人也可以赖皮一点，目的是让孩子感觉到爸爸和自己是平等的，而不是那种居高临下命令式的老爸。

一年级末，在一次编故事后，我告诉璐璐南京曾经有个六岁的小孩，写了一本书公开出版了，这是我所知的目前年龄最小的小作家。在说这些话的时候，自然要把什么是吉尼斯纪录解释给孩子听。璐璐当时很兴奋：我也要写一本书！我非常高兴地支持女儿："好，真想早点读到你写的书。"

一星期后的一个早上，我帮璐璐穿好衣服准备上学，璐璐边穿衣服边说她准备写《天使历险记》。我差点忘记这茬事情了，因为根本就没想过一年级的女儿真能写出一本什么书，以为就是当时说说而已。听到孩子重提写书的事情，我赶紧从记忆中搜索出孩子要写书的记忆片段问孩子："为什么要写《天使历险记》呢？"

"因为我们平时就在玩天使游戏啊——我们下课后经常玩小天使的游戏，我是风神天女，杨诗雨是百花公主，我就写我们两个人吧。"

"真的呀！太好玩了，我支持你，我们家要出一位小作家了。"

又过了一个多礼拜，一天晚饭后，璐璐开始拿一个硬抄本，郑重其事地在扉页写下了"天使历险记"几个稚嫩的大字，在这几个字右下方写上："作者：璐璐"，然后，开始编写作目录：

一、女孩不见了

二、爸爸妈妈很着急

三、太阳上的战斗

四、魔法书

五、月亮上的战斗

六、遇见龙娃凤娃

七、老鼠变大象

八、阿童木学艺

……

基本上把她所知道的动画片中主人公全部用上了，写了十几个故事目录。

如果说，开始时看她认认真真地写书名，写作者名字，有点出乎我的预料。但看着孩子用胖胖的小手，以稚嫩的笔触写出十几个故事目录，则让我有点惊讶了。原本，我根本就没想过女儿真的会想写，也没想过能写出什么，看到这十几个题目，我觉得也许女儿真能写点什么。

璐璐写得非常慢，上一年级的孩子很多字都不会写，我让她用拼音代替，可是她不愿意，孩子说，她看过的书上的正式内容都是用文字写的，所以，她写的书也不能用拼音。她把字典放在桌子上，遇到不会写的字就查字典，可是一年级的孩子查字典也很慢，有时候，忙忙碌碌一个多小时，才能写出三四行，甚至一两行，着急的时候，孩子边写边哭。妈妈心疼女儿，让她别写了，可是，倔强的孩子不听，一定要写。就这样，断断续续地，期末考试前，她写完了四个故事。

一考完试，璐璐就独自乘飞机到北方的姥姥家过暑假去了。为了锻炼孩子的独立自主性，从四岁开始，我们每年都让她一个人独自乘飞机到姥姥家过暑假，暑假后，再一个人乘飞机回来。首次送独自远行的孩子的时候，看着四岁的孩子胸前挂一个"无人陪伴儿童"的大牌子，被空姐带进安检口，我们都很揪心，但看到孩子开心快乐的样子，便能稍稍缓解一点。这次再去姥姥家，独自乘飞机对她而言已经不是问题了，她带上了自己的"创作本"，说要在暑假里完成自己的"书"。暑假的某一天，我接到了孩子的电话，说她写不出故事来，我很清楚姥姥家几个年龄相仿的孩子天天在一起疯玩，肯定是什么也写不出来的，而且，也并没把孩子"写书"的事情太当回事，所以，就告诉孩子，暑假里不用写，可以和小姐妹们一起讨论，可以先想想，回来再写。孩子高高兴兴地答应了。

暑假后，我从机场接到孩子，返回的路上，璐璐又说，她要在开学前把书写完，我劝她别着急，慢慢写，因为有的作家为了写一本书要写好多年呢。

爱玩是孩子的天性，暑假里的几天孩子没动笔，我们也并不提醒她，一切由着她自己来。

开学后，上二年级了，可能是学校的氛围让孩子收心了，上课没几天，晚饭后就又开始"写书"了，仍然是那么慢，仍然是那么辛苦。看着着急的女儿，我建议，由孩子口述，我来帮孩子记录，为了让女儿觉得这也是"写书"的一种方式，我还告诉孩子，世界上有个非常有名的科学家，全身瘫痪，不能说话，全身只有两只眼睛和三根手指能动，其他地方都不能动，吃饭时嘴巴也张不开，最初他写的书都是由秘书帮着记录的。知道了有著名人物也可以由别人代笔写作，于是女儿同意了这种"写书"的方式，此后，写作速度和每个故事的篇幅大幅度提升，9 000多字的《天使历险记》终于在国庆节假期前完成了。我们都很激动，我帮女儿在电脑中做了排版，还按照她故事中出现的不同的人物，找了些相应的图片穿插在"书"中，妈妈帮孩子用 A4 纸彩色打印出来，我把这些打印稿做成了一本书——《天使历险记》诞生了。

手工制作的《天使历险记》一共做了两本，一本送给了班主任郭凤老师，一本拿到班级供同学们阅读，璐璐成了同学们口中的"小作家"。我把《天使历险记》发到 QQ 空间中，被《家教周报》的记者发现，对孩子做了专访。专访报道和璐璐的照片刊登在 2009 年 12 月的一期《家教周报》的《阳光少年》栏目中，该报在小学生中有大量的订阅群体，于是"小作家"的名号被更多的同学知道了，璐璐开始对自己的写作能力产生了较强的自信。一年后，同样从网上得到信息的《现代快报》以"南京八岁小女孩写出万言大童话"为题在 B1 版作了整版报道，江苏教育电视台也在同期的江苏教育新闻中作了报道。这些报道，都为璐璐对自己写作能力的自信起到了进一步的强化作用。

二、琪琪与《六年级 A 班》

2010 年暑假，小学毕业生琪琪来到南京，住在我家，她早就计划着要在上中学前到外地度过一个暑假。整个小学期间，一直被各种补课、作业羁绊的小鸟要出笼遨游一番。她叫我小姨夫。

两个小女孩，一个小学毕业生，一个小学三年级，都是能玩会玩的年龄，她们有很多自己的乐趣。几天后，我和琪琪之间有了如下对话：

"小妹妹在一年前写的那本《天使历险记》，你还记得吗？"

"记得。"

"怎么样，你要不要也试试，反正你也没事做，看看你能不能超过妹妹，也写一本书。"

"好呀，好呀，我也试试。"

这样，璐璐弹琴和做作业的时候，两个人不能一起玩的时候，琪琪开始了自己的写作。她给自己的作品取了个挺特别的名字，叫《六年级 A 班》。

小学毕业生琪琪的写作速度当然比璐璐一年级时快了很多，几天下来，居然写了 5 000 多字，这个速度超过了我的预期，也远远超出了琪琪自己的预期。在她的概念中，5 000 字是非常多的，虽然上学期间她的作文一直写得不错，但从未想过自己能写出 5 000 字来，而且是在这么短的时间内。"5 000"这个数字，使琪琪的写作兴趣大增。同时，因为兴奋和得意，每天晚饭时，她基本上都会叽叽呱呱地把自己已经写成的和将要出现的情节讲给小妹妹、小姨和姨夫听。

按计划，我要带大家去上海参观世博会。姥姥心疼早上没吃完的一个半馒头，她知道八月南京的"火炉"天气，如果馒头留在家里肯定要放坏，但是扔了可惜。于是，不顾大家的反对，姥姥把馒头也带上了，准备路上吃。高温中出行的老人没有食欲，姥姥一路向两个小孩推销她的馒头，但是谁也不吃，因为，她们早就给自己准备了更美味的食物。一直到第二天中午时分，在"东方明珠"下，姥姥不得不让这个推销了一路也没推销成功的、放坏了的馒头进了垃圾箱。

因为天气太热，也因为世博会参观过程中没完没了的排队，对参观失去了兴趣的琪琪一路上都在惦记着她的创作，但是写作的本子没带，她就在上海重新买了一个本子，开始了新的写作。这个新的篇章就是针对那一个半馒头的，虽然她没吃，但姥姥一路上频频向她"推销"馒头的过程让她记住了这个馒头。她以馒头的身份、以日记体、以第一人称写了这"两位"馒头从"出生"到最终进了垃圾箱的过程。几天的上海之行，除了大家都带回了对世博会参观过程中排队的抱怨、带回了对这"火炉"样天气的无奈、带回了一身的辛苦劳累外，琪琪还带回了她的新作《馒头日记》。

出于孩子的天性，琪琪把她的《馒头日记》和已创作了5 000字的"大作"一并用电子邮件发给了她很崇拜的一位老师，她说这位老师的教学水平在当地很有名气，她希望从自己崇拜的老师那里得到夸奖和赞许，但结果却等来了相反的评价。

我发现这件事情已经是三天后了。因为在连续三天的晚饭时，琪琪都没有像以前那样兴高采烈地说她的故事，而且表现得有些蔫头耷脑。

"琪琪，不舒服吗？"
"不是。"
"你怎么不告诉我你写书的事情了？"
"我不写了。"
"《六年级A班》写完了？"
"没有，反正我不写了。"
"为什么不写了？不是写得很好的吗？"
"我写得很烂，写出来，别人也会笑话的。"
"谁说你写得很烂？你写得很好，非常优秀，我说的是真的。"

不管我怎么说，她反正是不写了，而且认定自己写得很"烂"。
经过一段时间的交流与沟通，琪琪终于愿意给我看老师给她的留言了。
导致琪琪不愿意继续写作的评价大致为：

首先，馒头不可能会写日记。而且即使能写日记，馒头的妈妈只能是小麦和面粉，怎么也不可能是机器，说明作者写作的基本功差（城市孩子的农业功底确实不高，孩子的本意是现在的馒头都是机器做出来的，所以她就让机器做了馒头的妈妈）。

其次，《六年级 A 班》条理不清，和《馒头日记》一样构思混乱。

还有更难听的一些说辞。

没想到孩子会得到这样的评价，也许是老师和孩子太熟的缘故而开玩笑，或者是老师当时心情不好，这些不是我能控制的，我没做太多的询问，而是想办法补救。

我告诉琪琪：

首先，馒头妈妈问题。只要你高兴，可以让任何东西给它当妈妈，《功夫熊猫》里熊猫阿宝的爸爸能是鸭子，机器给馒头当妈妈有何不可？何况馒头确实是机器"生"的。

其次，结构问题。不同的人有不同的看法，有人觉得好，有人觉得差，就像贾宝玉觉得林黛玉很漂亮，焦大却觉得她是最没用的手不能提、肩不能挑的娇小姐（琪琪已读过《红楼梦》），也许你们老师就是觉得你这种结构不好的那一类人。

"我们老师很厉害的，他说他教过的学生考大学的时候语文成绩都很好的。"

"别忘了，我曾经是教语文老师语文的老师，我确实认为你写得不错。如果你还不相信，我帮你也开个博客，把文章放上来，看看这些网友怎么评价。教育博客可不是任何人都可申请的，只有非常优秀的老师才能被批准。"

为了激励孩子鼓起斗志，我用了很多夸张性的言语，希望她能相信我，觉得自己很厉害，却没收到明显效果。不过经过了以上对话，网上多了一个初中生的博客"moli 贝儿幸福小圈"。她将自己花了二十多天写成的"书"和《馒头日记》一起放到了博客上，同时，以《馒头日记》参加了中国教育网、中国教育在线、中国教育人博客联合举办的首届以"我的暑假我做主"为主题的暑期征文。

开学前，琪琪回到了银川的家。作品发到博客上以后，诚如所愿，收获了很多人的鼓励，博客编辑还将两篇被老师"损"过的作品加了精品标签——因为教育人博客给予了她肯定，而且是些"很厉害的教育家"给予的肯定，她认为这些"很厉害的教育家"应该都比她的老师高明，所以，写作兴趣被重新点燃了。

"我的暑假我做主"征文评奖结果公布后，《馒头日记》成了 2010 年暑期全国十佳少儿作品。

因为琪琪的文章获了奖，且《六年级 A 班》字数远远超过了《天使历险记》。于是，璐璐决定续写《天使历险记》，并把新作品取名为《天使历险记2》，原来的《天使历险记》就成了《天使历险记1》。

06　教育实验缘由

在引导完两位小朋友后，一位作家朋友对我说："璐璐和琪琪都能写出这么长的作品，实在出乎预料，而且，琪琪在写作过程中的一段曲折经历也反映出了一些家长和老师在孩子教育中的问题，你能否试教其他孩子，说不定也可以完成这种作品的。如果你的实验成功，对学校和家庭来说，无疑是一件大好事，因为有太多的家庭和语文老师在为学生不会写作文而愁肠百结。"

从参加工作开始，我就一直在高校工作，从团委干事到后来的团委书记、学生处长等，都是和大学生打交道。对少儿教育的关注和经验，仅限于对女儿的教育，现在要进行的教育实验对我来说，是一个完全陌生的领域，一开始也没想能实验出什么结果，仅是业余时间的爱好，但随着实验的深入和对少儿教育领域的关注，我发现了越来越多的教育中的问题。

能发现这些问题，与我在大学分管过心理咨询部门的工作经历有一定的关系。

很多学生打心眼里排斥课业学习，不管是学校的学习还是被家长逼迫上的各种辅导班，他们都会以做作业磨蹭等方式来表示反抗。按孩子的天性，他们会喜怒形于色，但这些孩子很少有直接公开的表达，而是压抑着自己去上课，很多孩子一直处于一种纠结心理中。这种心理上的纠结，若顺其发展并深化，势必会影响其人生的道路，但很多的家长和老师并未意识到这些问题。

如果孩子学习中出了问题，有的家长便忙于给孩子报各种辅导班，特别是热衷于报某些"有名"的辅导班。似乎只要孩子到了这里，问题就解决了，家长意识不到自己和家庭在孩子所表现出的问题中占主要因素，或者不去分析孩子所表现出的问题的起始因素，报辅导班纯粹成了一种"我很关心孩子"的自我心理安慰。有的家长把赏能教育实验班当作作文辅导班，孩子来参加只是因为孩子不会写作文，而赏能小作家每个人都能写出很长的作品，且个个作文都写得非常好。即使因为这一点来接受赏能教育法的训练，也可以理解，虽然不明白珠宝的珍贵，至少还有个漂亮的盒子可供欣赏。但个别家长在孩子上三四次课后，便着急地问老师，孩子的作文还是不见提高，这可怎么办？

有位妈妈从孩子二年级下学期开始，每学期给孩子换一个不同的作文班，更换的理由很简单，就是一学期下来孩子的写作没有进步。2011年经别人介绍到赏能实验班，已经是她更换的第四个作文班了。这个家长属于那种很关心孩子进步的家长，但每次见到其风风火火的样子，就能知道孩子写作问题的根源在哪里。在和这位妈妈交流的过程中，她会不断地自我检讨，但实际上还是我行我素。还有位家长也是经别人介绍而让孩子来参加赏能实验班的，因为是中间插班，家长没有在赏能家长学校学习过，这个孩子在参加赏能教育训练中，妈妈不断告诉老师应该怎么教他的孩子，也不断告诉孩子应该怎样向老师学习，应向赏能老师学什么。后来，老师和她面谈后，家长才知道了自己的言行在孩子的学习中造成了多大的影响。

一个孩子成长中出了问题，一定与其成长环境关系密切。如果孩子全按家长意愿变得非常听话，孩子最终也只能达到家长的高度，若希望孩子的前程更加光明，必须得让孩子有自己的思想。

由于教育资源紧张和教育资源不均衡，很多全日制学校老师本应师承孔夫子"因材施教"和"有教无类"的教育理念，客观上却只能要求学生整齐划一变成流水线上的标准化产品，只要外观上中规中矩，在学校的日常管理中不出差错即可。这和园林公司修剪行道树如出一辙，为了看起来整齐，任何伸到外面的枝枝丫丫都要被大剪刀"咔嚓"掉，至于树丛内部如何乱七八糟，园丁也不会去管他。行道树丛中自然长不出栋梁，不仅仅因为树木的品种，还与园丁的修剪思路和方式有关，为了美观整齐，行道树必须整齐划一。学校老师由于教学任务重，不仅要日复一日年复一年地上课、批作业，面对几十位秉性各异活泼好动的孩子，很多老师更愿意自己的班级平平安安别出事，而不是标新立异。如此教育的最终结果如何，是否能让孩子个性张扬，自身能力得到更好的发挥，结果不言而喻。

当时我从网上看到了中央电视台报道过的两个孩子，一个是辽宁抚顺九岁的"演讲帝"杨新龙，一个是安徽籍13岁的大学生龚民。这两个孩子都是普通家庭的普通孩子，他们的特殊能力都不是学校教育培养出来的，都是在一种偶然的无意识状态中由普通的教育者而非所谓教育专家教育的结果。网上针对部分特殊能力孩子的家长教育方式和教育动机褒贬不一，我无意评判其教育目的，而是对这些孩子的特别能力的引导过程比较感兴趣，当时产生了一个想法：

既然普通的孩子能被普通人培养成有特殊能力的孩子，既然璐璐和琪琪都无意中完成了远远超出大家预料之外的作品，如果这也算是一种特殊能力，那么其他孩子是否也能被激发出这方面的特殊能力？教学一线的老师都知道，作文教学一直是一个大难题，在这方面做点探索应该是很有意义的。

孩子上学后，几位熟悉网络的朋友建立了一个孩子学校的家长QQ群，我是管理员之一，我在小范围内对几位群主谈了我的想法，大家都很支持。于是，从 2010 年 9 月开始，每到周末，身边首次出现了四位处于小学阶段的学生，他们都是群主的孩子。从此，我开始与青少年教育联系起来了，在此之前，我从未思考过自己的职业生涯会和小学生有关。

07 教育实验的扩大

未见到这几位白白净净、胖乎乎的小朋友之前，我从未感觉到自己内心对孩子的爱如此之多。除璐璐外，其他孩子和我并不熟悉，甚至素未谋面，看着他们一个个可爱顽皮又腼腆拘谨的样子，当时我的第一感觉是，这些孩子要是能一直和我在一起该多好。

既然是实验，没有现成的路可走，一切都在探索中前进。

一、孩子们会不会怕我

开始实验时我比较担心孩子们会怕我。如果还像很多学校老师那样，师生之间是猫鼠关系，那么就不容易走进孩子们的内心。按照我的设想，孩子们要从内心开始产生写作的兴趣，要主动写作，而不是在老师的压力下写作。孩子们写作热情的产生，不能像电饭锅里加热那样，从外向里传递热量，我想达到的是微波炉的效果，经过分子间的运动，要从中心开始向外传热。这么多年在大学，除了身边熟悉的老师和部分学生干部，很多人觉得我是个严厉的人。一次，学生会主席告诉我，如果我办公室的门开着，有个别学生会绕路走，而不会直接从我的门前经过。学生会主席说我虽然很少批评同学，但不怒自威在学生中是有名的。如果这几个小孩感受到的也是"不怒自威"，那就要大费周折。不过，事实很快就证明我的担心是多余的，我喜欢孩子们，孩子们也喜欢我，这种喜欢似乎是天生的，首次课不到半个小时，我们便成了亲密无间的好朋友。

二、课怎么上，教什么

还是直接从长篇写作开始，在写作中发现问题再解决问题。

璐璐自然是写《天使历险记 2》，这是她早就定下来的目标。琪琪姐姐写了15 000 字的《六年级 A 班》，并且《馒头日记》在全国获奖后，璐璐早就按捺不住想写了，她要超过琪琪，也要在全国获奖。没想到的是，现在来了好几位小朋友和她一起写作，更让她乐不可支，她的写作内容也基本上确定了。当时正值中国云南大旱，电视上经常报道，璐璐也参加了江宁区组织的为云南"捐献一瓶水"的文艺演出，所以，她设计了关于制伏制造旱灾的妖怪的故事情节。事后归纳整理，便能看出这些创意的灵感来源：

(1) 这场旱灾是由一个妖怪造成的，这个妖怪是一只三条腿的乌鸦。（这个创意来源于她读过的太阳乌三足乌的故事。）

(2) 三足乌制造这场旱灾的原因是人类不注意环保。（学校经常向孩子们介绍环保知识，教育孩子们从小就应该养成环保理念。）

(3) 三足乌原本是一个美丽的小姑娘。（此原型由小女孩的天性决定，即使是妖怪，她们也会让妖怪尽量漂亮一些。）

(4) 妖怪原本是天帝的女儿，为了帮助轩辕黄帝大战蚩尤来到人间，结果变身旱魃，回不去了。（该情节来源于我给她讲过的一个电脑游戏的故事。）

从以上情节设计就能看出，孩子的生活阅历和知识面有限，他们所能做的就是尽可能多地把自己所知道的内容糅合发酵后以一种更高级的组合方式写出来。璐璐的阅读面和兴趣点我是熟悉的，其他孩子怎么开头，我心里还没底，于是决定通过和孩子们一起玩乐，先了解并熟悉他们。很快，孩子们就和我玩成一片了，原本我担心孩子们会自己在一起玩而不理我，但这种现象并没有出现，当时就得意地想："也许我本该就是属于一个更大教育范围中的一员，而不仅仅只适合于高校，不仅仅只适合于小小孩阶段。"

小溪是个文静内秀的孩子。小溪妈妈曾系统接受过赏识教育的理念，对赏识教育深有感悟，所以在孩子教育方面形成了自己的独特思路。她的教育结果明显地体现在小溪的充分自信上，这种自信是发自内心的，是骨子里的自信，而非由外在促成。小溪的阅读量也很大，她最喜欢的是曹文轩教授的一系列农村题材作品，对《青铜葵花》最感兴趣。据她自己说，她把《青铜葵花》读过很多遍了，看到《家教周报》上关于璐璐完成 9 000 字《天使历险记》的专访报道后，曾想过要给《青铜葵花》写续集。了解了这个信息后，我知道了小溪该从哪里入手开始写作了。

欣欣是个洋娃娃般可爱的小家伙，她被《知心姐姐》杂志选中作为 2012 年12 期秀吧吧主向全国小朋友介绍前，编辑二部主任金萱老师就说，这个孩子太可爱了，简直令人"爱不释手"。璐璐和小溪都很白，但欣欣比她们俩还要白嫩，圆嘟嘟、胖乎乎的脸上，一双眼睛永远是笑成了两道弯月，一头天然卷曲的金发永远蓬蓬松松的。欣欣妈说，曾经给她专门去美发厅把头发拉直，但没几天，就又变成蓬蓬松松的卷发了，干脆就由着它吧。欣欣的爸爸妈妈都是优秀的小学老师，欣欣从小也受到良好的启蒙教育，也具备着良好的性格特点。她不仅是长得可爱，各种搞怪主意层出不穷，是同伴中的开心果。欣欣以前没想过写作的事情，关于写作，她和我一样，都不知道从哪里开始。看着璐璐和小溪已经开始写作了，她也选了一个类似于《天使历险记1》的童话类故事开始写作，可很明显这个不是她的写作方向，写起来非常辛苦，而且也出不了成绩，典型的事倍功半。于是，我继续开始了解小欣欣，要找到她的兴趣点。现在已经很清楚了，赏能写作过程中，找到每个孩子的兴奋点是写出高质量作品的重要因素。能否找到这个兴奋点，是赏能老师从助教升任高级教师的一个重要考核步骤，但在当时，这个过程还在探索中。

和欣欣的外貌与性格一样，她喜欢各种各样可爱的童话造型，比如小鹿斑比、小熊维尼等。她喜欢游泳，喜欢旅游，热爱生活，热爱大自然，人缘好，同学们都很喜欢她。欣欣给我讲了很多她幼儿园和上学过程中发生的有趣事情，于是，我建议她以小熊维尼作为主角，回忆自己上幼儿园上小学的事情，按照能记起来哪件事就写哪件事的方式来写作。果然，这次欣欣找到了适合自己的写作方向，写作也更游刃有余了。《维尼的美梦》后来成了初入赏能之门的孩子的重要启蒙"教材"之一。

天天是个胖乎乎的男孩，他说话的声音经常被几位小女孩模仿，因为那是一种被女孩们称为娃娃音的声调。和其他几位小姑娘不同，天天直接告诉我，他不爱读书。我问他为什么不爱读书，他说他经常被爸爸"押着"到书店去读书，而且他读书时还必须在爸爸给他买的一个厚厚的本子上记下书中"优美的语句"和"精炼的词语"。读书很痛苦，他非常非常不喜欢读书，但是他经常被爸爸"押着"去读书，他不敢不去。很明显从读书的角度引出天天的写作兴趣不太容易，我就换了个角度，从动画片开始，但孩子告诉我，爸爸妈妈不允许他看动画片。

我能想象得出来，从小学开始，孩子们就已经进入一个竞争非常激烈的环境，爸爸妈妈的压力也很大，爸爸妈妈希望孩子把精力都放到学习上，来促使学习成绩的提高。因为孩子的时间有限，家长常限制其阅读及各种课外学习的范围，希望阅读精华化，但这种期望反而让孩子失去了对读书的兴趣，他不再主动阅读。因为知识面的狭窄，反过来影响学习，特别是影响语文的学习，这是一个非良性循环。

如何破天天写作这个局，让孩子找到适合他的写作兴趣呢？我尝试了各种不同的方式。有一次，我让几位小朋友轮流讲故事，天天虽然不如其他几位小姑娘擅长此项，但被激发起讲故事兴趣的天天还是讲了自己喜欢的几个故事，有《西游记》、沉香劈山救母、龙娃凤娃等。他最感兴趣的人物是孙悟空，觉得孙悟空"最厉害"，《西游记》也"最好看"，于是我就激发他从《西游记》入手。他把较早进入写作状态的璐璐和小溪的作品挨个看了一遍，发现小溪作品的名字是"青铜葵花续集"，于是确定了自己的作品的内容。他要写《西游记》的续集，在他的续集中，取经的已经不是孙悟空和唐僧几个人了，取经的主角成了手拿开山斧的沉香，他要把沉香和《西游记》中手持金箍棒的孙悟空区别开来，他不愿意完全模仿《西游记》。

几个孩子的写作方向都定下来了，他们开始投入各自的写作。璐璐是因为前面有过《天使历险记1》，再加之近期有一篇文章《我的爸爸老师》在全国征文中获奖，自我感觉非常良好，她的《天使历险记2》创作进展一直不错。小溪早就构思过《青铜葵花》续集的情节，而且她本来就属于比较自信的那种孩子，所以她的写作进展也不错。在她们俩的带动下，欣欣和天天紧随其后，在自己的创作思路中驰骋遨游。参照他们现在所写的内容回头来看，他们所写的都比较稚嫩，但在当时，我却经常被这些孩子的创造力所震撼着。我小时候属于不会写作文的那种孩子，从三年级开始，每周三都要写一篇作文，我经常被老师留堂不准回家。当时我不是不想写，也不是想浪费时间，就是不会写作文，留堂了还是不会写，小时候我非常怕写作文。现在这些孩子个个都能写出这么多文字，先不管内容如何，单就篇幅而言，已时时让我出乎预料，也经常被自己的实验结果所喜悦着。

孩子们的写作积极性很高，不断在创造着自己的写作奇迹，写作字数也在1 000、2 000、3 000地往上蹿。不过三年级孩子受知识储量、生活经历、写作经验与技巧所限，作品中也反映出越来越多的写作问题。有的孩子不善于写场景，和某个妖怪作战，打了一架，赢了，又和某个妖怪打仗，打输了，来来回回就这么几句话，缺乏细节；有的孩子写了很多的话语，一直在重复，实质内容没有几句话；有的孩子写的整个故事中没有现场和时间背景，一切都像空穴来风，此类问题层出不穷。为了解决这个问题，我就带他们到小区的绿地上开始观察，把视角放到最小。小溪对小区里的四块石头感兴趣了，趴在地上从不同的角度进行观察。璐璐对一棵枫树感兴趣了，这是一棵新栽的约两米高的小枫树，因为新栽再加上初秋，树叶青黄不接、稀稀拉拉，还有不少树叶被虫子咬过，到处斑斑驳驳的，树干下半部分还缠着草绳。观察后每个孩子都写出了非常写实的观察日记，小溪写的就是《奇特的石头》，璐璐写的是《烂枫树》。

· 赏能小作家现场创作作品

奇特的石头

吴子溪/三年级/2010 年 10 月

今天，我去我家楼下的游乐场玩，游乐场后面的草坪上有四块奇特的石头引起了我的兴趣。

为什么我说这几块石头奇特呢？因为这几块石头都有一个特点：可以当桌子用，可以趴在上面写字。这四块石头还是两个特大，两个特小，所以远看就像两块石头，而近看就是四块石头了。

它们的颜色呢，是青绿加上一点淡白。它们的形状有一个是圆圆的，有一个是三角形，有一个是椭圆形，还有一个形状不规则。

用手摸一摸这四块石头，是坑坑洼洼的，再用鼻子闻闻，嗯！一股青草的气味！

再走远一点看看，像躺在草坪上一样。

这四块石头的旁边还有一棵叶子全都红了的枫树，还有一位正在喂小宝宝喝奶的老奶奶呢！

石头很奇特，万物很奇妙！

烂枫树
王珮璐/三年级/2010年10月

小区里有一棵"烂"枫树。

这棵"烂"枫树的树干有四个叉。在枫树叶子早就该红彤彤的季节里，它的叶子却是深绿色和淡绿色的。它的每片叶子都像一个张开的手掌，不过它有七瓣，比人的手掌多了两个"指头"。说它"烂"，是因为它是新栽的，大多数叶子的"手指头"尖上都枯黄了，而且，很多叶子都被虫子咬了好几个洞。它长在一片小树丛里，那些小树都显得生机勃勃，这棵枫树和这些小树比，显得七零八落、病歪歪的。

它为什么会这样？是思念家乡，还是不喜欢冬天？

我想对它说："快点好起来吧！"

为了给他们的人妖大战找到一个合适的场景，我带着四个孩子上了方山。这是一座死火山，整座山因火山喷发而形成，山顶平平，又名天印山。孩子们在山上找到了适合自己作品中的人物打斗的地方，开始实地比画着谁从哪里攻过来，谁又从何处躲过去。在攻防过程中，带动了哪一棵树的晃动，震落了哪棵树上的叶子，这棵树本来是什么样子，经过这一场战斗后变成了什么样子，从反面衬托战斗场面之猛烈。如此这般地训练与催化后，作品中的人物明显地血肉丰满起来，而不再像以前那般空洞，可读性大大增强。

随着和孩子们的接触与聊天，我越来越感受到了家庭教育的某些问题。比如家长对孩子写作态度的看法；家长从一种功利的角度对孩子读书范围的看法；家长不能在孩子面前正确处理家庭矛盾问题；家长的日常行为习惯对孩子人生观及写作效果的影响等。这类问题，都对孩子的写作及成长造成了不同影响，但部分家长意识不到，或者意识到了，但实际操作中不知道如何改正。随着和更多的家长及孩子接触得越来越深入，我就越能感受到这些问题的影响之深刻。

大多数家长都觉得别的家长和自己在孩子教育方面的做法与想法是一样的，之所以孩子间出现了差异，是因为孩子努力不够，与自己日常的行为没有关系。针对这些问题，我召集家长们开了第一届教育研讨会，大家畅所欲言，把各种问题及其关联后果等，都摆在桌面上分析。这次研讨会也是让家长们彼此感受到别人在孩子教育方面的言行和自己是不一样的，不一样的教育方式造就了现在不一样的孩子，为了孩子更加优秀，家长要尽量地让自己优秀起来。

同时，当我有意识地开始关注并研究少儿教育，我越来越感觉到自己过去在孩子教育中存在的各种问题。我就职于教育行业近二十年，自认为是一个喜欢钻研与思考的老师，在大学先后教过语文、哲学、计算机等课程，为了让学生更容易接受上课内容，我不仅仅研究教材，还研究学生心理，所以，我上的课学生都容易接受。很多大学生不喜欢哲学课，但在我的哲学课堂上，学生一直是热情高涨。在应天学院任学生处处长时，因为自己做爸爸了，就经常向学前教育系的教授们请教孩子教育的问题。应天学院学前教育系的前身是著名的教育家陈鹤琴先生创办的江苏省幼儿师范学校，该系的教授们都是有一定造诣的少儿教育专家，在和教授们的交流中我受益匪浅。我自信是对教育有所了解的人，我把璐璐和琪琪先后完成的长篇作品当作了我对教育比较了解的佐证，可随着研究少儿教育的深入，我却对"了解教育"这个概念产生了越来越多的不自信，甚至有芒刺在背的感觉。当然我也发现了更多的家长在孩子教育中存在的问题。我买了十几本关于青少年阶段教育的书送给每位孩子的家长，把自己的感悟和想法与家长们做了交流，希望家长们都能抽空读读这些关于孩子教育成长的书。我送给家长的书是《世界三大教育圣经》，包括了《卡尔·威特的教育》《蒙台梭利的教育》和《斯托夫人的教育》。

刚开始并不知道很多家长是不爱读书的，送了书也不爱读，希望家长们间彼此多交流孩子教育，好像大家也只交流一些关于生活和作业的问题。我常把家长们组织到一起，针对孩子的成长和所发现的问题进行研讨，以期与家长共同进步。我正式组织过两次赏能教育研讨会，总的感受是，家长们很难改掉自己的教育方式和理念，或者是觉得自己没问题不愿改，或者是想改不知道怎么改，还有人并未把孩子的进步与自己的成长相联系，觉得孩子交给老师就万事大吉了。

讨论实践无果，我改变了想法，希望家长不要过多干预我对孩子的教育过程，孩子的赏能进步由赏能的老师负责。这并不是说赏能的老师有多么高明，也不是说赏能对教育的探索就是白璧无瑕，只因为我一直在思考和改进，相对家长而言，在教育上我花的功夫更多一些。对大部分家庭而言，我不让家长参与进来只是扬汤止沸的办法，为了对不合理的教育理念与方法釜底抽薪，还是要培养和提升家长对教育的认识，只是这个过程有些漫长。

到了 2010 年 12 月，这几个孩子每人都完成了六七千字的作品。我的教育实验被更多的家长知道了，更多的孩子被送到了我身边，实验对象扩大到十几个孩子。

因为参与赏能教育实验的孩子们学习成绩进步明显，个个更加阳光自信，慕名而来的孩子越来越多，赏能教育系统逐步走向正规。

回顾往昔，从 2010 年 9 月开始引导四位同学进行教育实验，到发现青少年成长中很多家庭教育、学校教育和社会教育中的诸多问题而决定全面辞职，决心把青少年成长教育研究作为终生的奋斗方向，尔后不断学习探索，想把这种孩子自由开心学习、学习效果明显的方法归类到国际上通行的某种教育方法中，经多方了解，才发现我所用的教育思想及教育方法很难清晰地归到某个类别中。一直到 2010 年 12 月，我放弃了"归宗之旅"，把这种"无家可归"的教育方法命名为"赏能教育法"，缘于它更靠近周弘先生的赏识教育法与铃木镇一先生的才能教育法，大约三分赏识七分才能。从此，开启了我数年来以个人之力、自费研究实践赏能教育法的崎岖之路。

第四章　赏能教育实验报告

赏能教育法命名后，我确定了自己以后的奋斗方向。为了更深入、更准确地了解到更多的第一手资料，除了大量阅读相关典籍、论文和各行业的名人传记，我在不同地域的不同学校，面向不同类型的学生开设了很多赏能教育实验班，并对每个实验班都作归纳总结，写出了数十万字的实验报告。以下选取八篇与教育者共同探讨。

01　父母犹豫与孩子胆小的关系

这是一个有待验证的因果关系，即父母的犹豫不决与孩子胆小之关联关系①。

在基本知道了每个孩子都能写出一部相对而言的"长篇"小说（孩子们称之为写书），且每个孩子确实都在进行创作的实验过程中，我不断比较着不同孩子间的差别。不仅是学习成绩的差别，还有开朗程度、书写与学习习惯、是否合群、思维的发散程度以及独立自主意识等。同时我还把每个孩子的现状与变化与家长的现状与变化对比着分析，试图在不同性格类型的孩子和家长间找到一些关联关系。目的是更好地因材施教，希望在个性化的教育中发现共性的东西，同时也为赏能教育法的进一步完善做积累。

归纳分析中，我发现了一个"规律性"的因果关系：胆小且缺乏主见的孩子，妈妈必定是个优柔寡断者或蛮横强势者这两种极端之一。之所以给规律性用引号，是因为目前的样本还不多，只有 15 个同学，且我接触的这几个个性胆小的孩子的家长全部是妈妈。

为了方便描述，我把孩子无性别地分为 A、B 两类，不同孩子分别用序号区分。因为每个孩子都在进行文学创作，所以介绍孩子的情况的时候，不再针对写作方面做说明。

A 类：活泼开朗、独立性强、反应敏捷，思维跳跃、知识面广、很容易融入新集体。

---

① 据几年来的研究与实践的验证，该因果关系事实存在。

B 类：胆小、不敢表达、有些木讷、不易合群、思维古板。

A1：很优秀的孩子，四年级，因有良好的英语习惯与环境，正在学习高中英语，爱好广泛，不仅钢琴弹得好，且可独立作曲。

A2：成绩优秀、思维发散跳跃、爱幻想、凝聚力强，是同学中的核心人物。

A3：成绩优秀，基本上都是学生干部，思维活跃，到一个新的集体中很快能与新同学打成一片。

以上的孩子个性都相对张扬，都知道来赏能的目的是要"写一本书"。也有的孩子不知道怎样才能写一本书，反正他觉得自己就是能"写一本书"出来。他们的家长有个共同特点，做事情都干脆利落，说话的语气也都比较和善，性格平和。

B1：三年级，胆小，不敢讲话，很怕生。第一次参加新同学的活动自我介绍时，因我规定了一种比较特别的方式，孩子们每介绍一个，其他人都乐得哈哈大笑，介绍者自己也经常笑得前仰后合，但这个孩子一直不笑，好像大家的介绍与己无关，一副怅然若失的样子。轮到她介绍时，表现得手足无措，低着头，两只手的拇指和食指转来转去，小伙伴越催促越显得窘迫。为了不致难堪，我让她不用介绍了，用暗示的方式引导她参与到大家的活动中，但能感觉到她想参加却实在缺乏突破自我的勇气。后来我专门和这个孩子聊天，天南地北地寻找着她的兴奋点闲谈，她一边翻着我给她的一本彩色漫画书，一边表示很羡慕别的小朋友的开朗与能干，我正在做进一步启发时，她妈妈进来了，在旁边看着孩子，她可能是想观察孩子的表现。一见到妈妈进来了，这个孩子又不说话了。

为了缓和一下气氛，我换了一种话题，问："你喜欢看动画片吗?"

"喜欢。"

"你喜欢看什么动画片?"

这个孩子马上回头问："妈妈，我喜欢什么动画片?"妈妈替女儿回答了女儿喜欢的动画片。

我又问："你喜欢吃麦当劳还是肯德基?"

"妈妈，我喜欢吃麦当劳还是肯德基?"妈妈又替女儿回答了。

我建议 B1 妈妈不要在旁边，让孩子们自己开开心心地讨论他们的问题，就像其他妈妈一样。可是这位妈妈却认为，自己的女儿还小，很多事情自己不懂，她要好好看看。后来我专门和 B1 妈妈谈了一次，觉得她替孩子做得太多了，孩子没有了自己锻炼的机会，所以很多事情都需要依赖父母，B1 妈妈觉得自己一点也没有替孩子做得很多，她觉得自己给孩子创造了很多锻炼机会了。我建议 B1 妈妈，以后孩子来上课，她不要站在旁边，要给孩子一个独立的空间，让孩子自己完成她该完成且能完成的事，同时拓展她自己的社交活动。B1 妈妈答应了，可是以后的两次课中，这位妈妈还是全程陪在孩子身边，或站或坐，其他孩子在一起吵闹争执，这位小姑娘一直很文文静静地参与不进去。我再次和这位妈妈明确地谈话，要她以后不要站在孩子能感受到的地方，因为这对孩子很不利。这个小姑娘已经开始慢慢地融入小团体了，只有融入团体，他们才能一起讨论他们的写作计划，才能开始进行各自的写作，妈妈的存在让孩子觉得不自在。B1 妈妈觉得我们的赏能教育法不适合自己的女儿：其一，其他的孩子都开始写作了，可是自己的女儿却还写不出来。其二，参加其他的辅导班都是老师给孩子上课，然后布置作业，可是我们既不正正规规地上课，也不布置作业，好几次了都只见到其他的孩子嘻嘻哈哈地吵闹，我和她的孩子有一搭没一搭地说话闲扯，所以，她女儿既不适合这种教育方式，也不可能写出小说来。最终，这个已经很明显地喜欢我们的教育氛围的小女孩被妈妈带走了。我感到很心痛，这个小姑娘最终也没明确地对妈妈表示她喜欢这里，只是眼泪汪汪表现出了恋恋不舍。随着教育研究的持久深入，我才明白我将要遇到更多的这种以爱的名义"残害"孩子未来的家长，但我也只能是心痛却无能为力，毕竟我不能强行要求家长该怎么做或不该怎么做。

B2：三年级，表现方式和 B1 非常相似。第一次上课，我将大部分心思花在了她的身上，就是想打破她的沉默与表现出来的淡漠。其他的小朋友不断来邀请她参与自己的活动，但小姑娘要么不回答，要么摇头，或小声地说不。后来，慢慢熟悉了，她去看其他小朋友的游戏，或者听孩子们在讨论各自的创作计划，尽管有的孩子乐得哈哈大笑，但她最多面露微笑。三个小时中，没听到她大声说过一次话，更不用说大笑一次了。我问这个孩子是否知道到这里来是干什么的，孩子回答："不知道。"

"一大早被妈妈从被窝里拖出来送到这里来了，不知道要干什么。你也没有问一问？"

"没有。"

所有的问话她都是用最简短的文字回答，而且一直不抬头。我和颜悦色地让她把头抬起来，她像自己做错了事情一样，迅速抬起头，但一会儿又自然地低下了。

几次课下来，孩子慢慢地开朗了，也能怯生生地参与到同学的讨论中了，但她始终表现出一种心不在焉的感觉。她说妈妈一直对她说，要看看她能不能像其他孩子一样写出小说来，什么时候发现她写不出来，什么时候就不让她来了，她也不知道自己能否写出来，但她很喜欢和小朋友一起玩，她喜欢这里。我和 B2 妈妈联系过，表示所有孩子都能写出来，不仅仅是我能引导孩子写出来，每个家长只要引导得当，都可以让自己的孩子写出来，所以不要怀疑孩子的能力，更不能当面告诉孩子你在怀疑她的能力。但 B2 妈妈坚持认为，她的孩子和别的孩子不一样①，再看看她到底是否能写出来。B2 妈妈根本没有意识到，她的怀疑已经让自己的孩子落后于同期的几个孩子了。其他孩子都很自信，因为我给了他们自信，在家里家长给了孩子自信。在同学中 B2 告诉大家自己在写书，赏能教育网上确实已经有了自己写的书的开头。只要她写出来了，马上就会有人阅读，并且有人写评语给予鼓励，大家都觉得她了不起，她更觉得自己很伟大，为了不辜负这种"伟大"的感觉，她会一直努力地完成自己真正的"伟大"——要写出一本书。

遗憾的是，B2 妈妈不断以语言、表情、行动告诉孩子：我在怀疑你的能力，你和别的孩子不一样，你就是比其他孩子笨，即使其他孩子都能写出"书"，你也写不出来。

B3：三年级，感觉很活泼开朗，可是真正到了观察与写作的时候，却表现出了与平时相反的样子：胆怯、目光躲闪、推脱等。这个孩子的妈妈也是我们长期沟通的，她也很质疑孩子的能力，不仅仅质疑自己的孩子，也质疑其他孩子。小孩子真能写出小说？那些小说真是小孩子写的？是不是你给他们说他们才写的？或者就是你写了以后以孩子的名义发布在网上的？一方面对孩子不信任，另一方面又有些放任，我希望她在家里协助、鼓励与教育孩子，基本上没有任何行动。

B4：四年级，开始时表现得比较沉闷，同样是长时间低着头，似乎启发不出什么想法。我们课后分析每个孩子的特点的时候，觉得这个孩子也许是另外一种类型的，因为她妈妈是那种风风火火、干脆利落的人，对孩子也挺关心的，和我们交流时，目标非常明确。我们面谈时，交流过两三个问题后，马上就认为这种教育方式正是她所希望的，也是她的孩子所需要的，不像有的家长拖泥带水、欲言又止的样子。

实验到这个阶段，我已大致能从父母的言语与性格中判断出孩子的性格状况了，同样，也能从孩子的表现中大致描述出父母的状态。但这个孩子不属于我所能判断的类型。

上完三次课后，这个孩子已明显地像变了一个人，头抬起来了，也能跟着大家大笑了。我明白了，B4 妈妈因为在家里较强势，孩子平时比较害怕妈妈，所以性格内向，不敢表达，但因为妈妈的干脆利落，她骨子里已培养了孩子自信的苗子，通过和小朋友的交流，通过我们的野外活动，这棵小苗终于破土而出，恢复了它本来的面目。同时，B4 同学的小说创作也已经开始了，而且头开

---

① 很多因为自身原因导致了孩子胆小、怯懦、敏感、蛮横、粗野等不良性格的妈妈，大多会认为自己孩子或因某些子虚乌有的"疾病"，或因曾受过创伤而留下了子虚乌有的"后遗症"等而与别的孩子不一样，觉得自己的孩子需要特别关照。其实，她的孩子与别的孩子并无二致，只因为她过分关注孩子，而导致孩子存在了诸多问题。欲让孩子健康苗壮成长，只需要妈妈改变自己的心态，但往往这些妈妈都认为自己的认识没有问题。

得不错，很有吸引力。

其实，B4 同学应该归到 A 类同学，其初期表现出来的 B 类同学的性格，只是一种假象。这种假象也许连孩子以及孩子妈妈都未意识到。

父母的拖拉疲沓和孩子的胆小之间的因果关系是我在归纳分析中的意外发现，这两个看似风马牛不相及的性格表现之间的联系如此明显，虽然目前我的研究对比的样本还不够多，但值得肯定的是它们之间必定有因果关系。初步的考虑，应该是父母常常对某些事情的不确定，导致了孩子无所适从，孩子在父母的犹豫中自然不能养成迅速决断的能力。如果孩子有过错，父母的批评可能也只是一种模糊的批评，孩子不知道什么地方出了错，自然也就不能真正地改正，同时还不敢问，也许他会认为父母生气的就是他的乱问呢？于是，干脆就不为所动如老僧入定，任尔东西南北风，我自岿然不动。为了少犯错不挨骂，干脆就不说不问不辩解不表达。久而久之，父母成功地将一个天真活泼聪明伶俐的小家伙培养为胆小而缺乏自信的孩子了。这时，尽管父母急如热锅上的蚂蚁，想让孩子优秀再优秀，但孩子仍然低眉垂目，心如枯井。

2011 年 3 月 15 日

02 懂教育的家长与慢腾腾的孩子

写《父母犹豫与孩子胆小的关系》时，因为部分孩子在赏能教育实验中表现有点"异常"，所以开始了一个研究分支，从研究孩子到同时研究父母，发现了这个关联关系。经过这么长时间的验证，现在可以认定，这个关联关系确实存在。

2011 年暑假，赏能教育进行了第二阶段的实验，看孩子们究竟能否在短期内完成大篇幅的创作。这个实验模式是一个孩子 2010 年暑假二十余天完成 1.6 万字《六年级 A 班》的创作模式，加上首届"我的暑假我做主"之十佳少儿作品《馒头日记》，实际她在不到一个月的时间内完成了 1.75 万字的作品。暑假的实验结果令人满意，大部分孩子能够在短期内完成大篇幅的创作，原计划预计可完成 10 万 ~12 万字，现在统计下来发现，能完成 15 万字左右。

赏能教育不是写作训练，是通过创作来树立自信，甚至改变一个孩子的精神风貌。进行这个大篇幅写作实验，赏能教育之首导思想并未撇开，即孩子的自信和精神愉悦仍然排在一切因素前面，如果有孩子对创作或写作表现出不愿意或不高兴的情绪，那么会让他按自己的意愿去玩。赏能教育的各种实验中，孩子的兴趣永远排在首位。

高

父母综合素质

明显

赏能教育效果

父母"懂"教育程度　　低

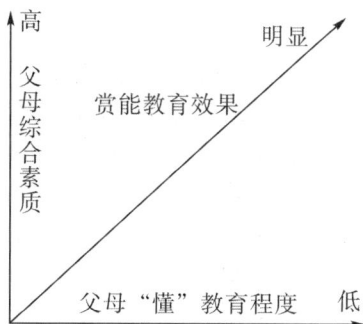

　　暑假已结束，现在可以归纳本次实验中另一个有待验证的因果关系了。这个因果关系可以用上图表示。

　　绘制上图时，我一直在犹豫，这样的表达方式是否恰当，是否需要换一种柔和的说法，使教育界的朋友们感觉好一些。思之再三，还是觉得用我的直观感受实话实说较好，绘制上图的目的是给这种关系分析出一个看似合理的理由，以利于赏能教育以后的实验，并在以后的教育实践中加以求证。

　　上图中的"父母综合素质"与孩子的文学创作表现之间的显性关系看似不大。综合素质的含义是家长身上所体现出的中国传统意义上的美德。按佛教的说法，就是教育者能否达到"自觉"，在父母面前能否做一个好的子女，在孩子面前能否做一个好的家长，在邻居朋友面前能否做到诚信与关爱，能否自觉遵守社会公德等。显性关联不明显，所以就从隐性关联中推测。

　　造成这种表象的原因大概是：如果教育者能自觉修身齐家，做到孝悌忠信、礼义廉耻，那么孩子在一种规范和谐的氛围中成长，他就能正确看待他的所见所闻，有正确统一的美丑是非标准，所以，在赏能小作家的课堂上，他能比较正确地对待老师善意的引导或者批评，容易和老师的思想产生共鸣，他的思想更容易发散与跳跃，时不时冒出来奇思妙想也就不足为怪了。因为产生了比别的小朋友更有意思的思路，因为他自信于自己的写作水平或构思能力，所以更愿意把它写下来，以之与小伙伴一比高下，客观上促成了他勤写作的习惯。这类孩子在向家长描述自己的生活学习过程时，总会很兴奋，家长也会高兴地予以鼓励，如此，良性循环，越来越好。

　　反之，有的家长在生活中首先怀疑社会的不公与阴暗，首先对周围的人（甚至家人）做"有罪推定"，经常以一种防御者的心态处世。此类家庭的孩子在潜移默化中接受了这种抵御为先的生活方式，逻辑思维和辨别能力较弱的幼小的孩子大多只会直线思维，这种孩子在向家长阐述自己学习和生活中的某些事件的时候，家长有时会从阴暗面做分析，同样一件事，孩子接受的是阴暗面还是阳光面，在他心里会产生不同的效果。同样一块石头，在认为它是老虎的时候，李广能使箭射入"虎身"，在知道了那是石头的时候，同样的李广同样的箭，却产生蚍蜉撼树之感觉，足见主观能动性的主导作用。

需要对图中横轴上的"'懂'教育"做个说明。身在教育行业，未必真正懂教育，真正懂教育的人，也未必就在教育界。这里的"'懂'教育"，自然不包括那些真正懂得教育的本质并能实践的人，这里是指外人或自己都觉得自己懂教育，但实际上游荡于教育大门之外的人。因近朱者赤，貌似懂了教育，自己也觉得自己懂了教育，实则并未真正理解教育，所以他以他理解的教育来"归纳和规范"赏能教育的理念，觉得赏能小作家们取得的成绩及我们的教育思想是不真实的，是说大话和说教，他只凭自己的本能与想法来教育自己的孩子。

因为有的家长不太懂教育，所以，对孩子的赏能教育就由着老师来"折腾"，家长只按老师的方式做必要的配合就行了。其实这个配合一点都不复杂，我们对很多家长的配合要求是在家里对孩子的赏能教育部分可以不闻不问，可以一点也不管。有的家长是因为忙，或没时间，或管不了，有的是看过赏能教育培养了的孩子的优秀作品，读了我写的一些教育笔记。认同赏能教育法，确实按我们的要求去做了。反正也简单，不管就是了，这些孩子或迟或早都改变得比较好，比较令人满意。但懂一些教育的家长、心急的家长、对孩子成长规划得比较细的家长，或者并不完全相信我们强调的"孩子在家想写就写、不想写就不写"的观点，或者对孩子在家里不想写作的"懒样子"看不下去，所以就督促孩子，并拿自己孩子写出来的内容和优秀的赏能小作家的作品相比，以自己对教育的理解和经验，对孩子和作品做一番评价，然后在孩子头脑里不断强化一个概念：你不如别人。如此，这些孩子在进步上确实变得慢腾腾了。[1]

虽然只是孩子，但现在的孩子加给自己的学习压力并不小，他也并不愿意比别人差，所以有时会强迫自己去"写书"。不管幼稚与否，这毕竟是文学创作，创作和抄课文有本质的区别，没有思路就写不出来，当孩子创作的自信和兴趣一再被主动或被动地打击，孩子的自信缺乏程度就比原来更甚，因为他目睹了更多更厉害的小伙伴。来到我们身边，我们要做的第一件事情，是要帮这些孩子把那种固有的"写作文"的概念去掉，通过一定的方式帮孩子恢复自信和兴趣，这样自然要耗费孩子一定的精力与心智。如果回到家里，要经受父母再一轮的打击，这个过程一次次地重复，他当然比不上有的家长一次次为孩子的自信加油让孩子改变得快。

这有点像一道小孩的奥数题：一只青蛙从深井里向上跳，白天跳上 3 米，晚上滑下 2 米，问几天能跳到外面？青蛙的速度一致，都是白天跳上 3 米，有的青蛙晚上滑下 2 米，有的不往下滑，停在原处，明天接着跳，还有更快的，

---

[1] 为了防止家长对孩子自信的打击和对孩子写作能力的质疑，从 2014 年起，赏能小作家写作用的本子不再带回家，当堂写作完成后，赏能统一印制并发放的文学创作本全部留在赏能老师那里。

白天跳 3 米，晚上也在跳。不管快慢，只要在往上跳，只要在努力，不管跳多少都是进步。

懂一些教育的家长还有一个共同的特点，那就是把孩子的时间安排得很满，几点上奥数，几点学钢琴，几点学游泳，几点学舞蹈，都是规规整整的，这些孩子只要到了点就到相应的地方去学习，他们没有机会安排自己的时间，所有的事情都是父母决定，孩子也很享受这种时间和事情安排上不用自己下决定的逍遥。久而久之，孩子的想象能力肯定受影响，又怎能要求他的思维突然发散、时空与逻辑能力瞬间变化？这些能力都是平时锻炼来的，没有什么秘诀能使孩子突然改变。

2011 年 8 月 26 日

03 赏能教育法整建制实验班中期教学报告

在南京市竹山小学的支持下，赏能教育以竹小四年级一个整建制班级作为实验对象，已经进行了为期月余的赏能教育法实验，现将实验情况总结如下。

一、背景

赏能教育实验已走过了一年多的历程，从最初的无意识引导到有意识的教育实验，赏能教育已经通过文学创作探索出了一条适合所有小朋友的教育思路。这个思路已经经过了两个实验阶段的验证，并取得了明显的效果。第一阶段的实验从 2010 年 9 月开始，2011 年 6 月结束。实验内容是按照正常的时间进度引导孩子的文学创作，并以其创作成果为工具，带动孩子的学习自信，进而全面提高自己。三个季度中，孩子们创作出了十余万字的作品，我们把这个阶段的成果编成了赏能小作家首个长篇作品集《快乐小天使》。该书八万字，包括六位小学生的七篇作品。《快乐小天使》使孩子们充分提升了学习自信，并使自己的创作热情得到了更大的提高。暑假中，针对十几个一到五年级的学生开始了第二阶段实验，这些孩子"赏能"时间长短不一、写作水平参差不齐，实验内容为快速创作。该实验的起因是有位小朋友曾在二十余天里完成了 1.75 万字的作品，并有同期作品在全国征文中获奖。2011 年暑假，孩子们的创作成果超过了预期的 12 万字，实际达到 15 万字。9 月初，我们选择了七篇暑假优秀作品编辑成《梦幻小天使》。该书 12 万字，总体而言，文字水平远高于第一本书。现在，几位小天使级的孩子正常创作中的作品平均单篇篇幅达五万字，赏能教育法研究仍在快速推进。

一年来，通过对来自不同学校不同年级的二十余个样本的实验，已经证明了每一个孩子都可通过适当引导完成各自的长篇创作，一般来说，每个阶段（一个学期或一个暑假）小学生平均的独立创作作品篇幅为：低年级五六千字，高年级一万字左右①。

二、目的

为了让更多孩子从赏能教育法中受益，本学期开始，在竹山小学支持下，以四年级一个完整的建制班为对象，我们开始了另一个范围的实验。实验目的是通过对一个完整班级的赏能教育实验，探索出赏能教育法和传统学校教育的结合，使更多学生对自己的学习和生活更加自信，以自我充电的良性循环方式促使自己健康成长。

目标：全班完成 10 万~20 万字的文学创作，选优后编辑成书，让孩子们觉得原来"写书"也不是特别复杂的事情，以此提升自信心和敢做"大事"的心态。

三、步骤及过程

（1）通过引导，在罗森塔尔效应和皮格马利翁效应的"指导"下②，使学生相信这个实验之所以放在他们班，是因为他们班是全校最优秀的班级，而且教语文课的班主任秦老师也是全校最能写、最会教作文的老师。

（2）通过让学生书面总结出自己优点的方式，来强化自己的班级是最优秀班级的概念。绝大多数孩子总结出了自己的 20 余项优点，夏诗雨总结出了自己的 80 条优点，超出我的预料。不过，很快就有同学把自己的优点总结到了 90 个，打破了她 80 项优点的纪录③。通过这些心理暗示，很多同学已经相信了自己的班级是全校最好的班级，因为每个人都有这么多优点，这么多优秀孩子组成的班级当然是最好的。

赏能教育的目的是让孩子对自己建立充分的自信，而后完成创作的目的，通过创作再次提升自我认知中优秀的概念，以此提升对语文、数学、英语、人际交往等方面的全面自信。这是一个螺旋式自信上升的过程，实验班中有部分家长一直把赏能教育理解为写作训练，是误解。

---

① 经数年的改进与实践，当前学生的写作量已远高于这个数字，成熟的赏能小作家每阶段平均完成三万字已属平常。

② 这里指教学中运用罗森塔尔效应和皮格马利翁效应。

③ 截至 2017 年底，学生书面总结自己"优点"的最高纪录是 296 条。

（3）既然是优秀的班级、全班都是优秀的学生，而且周末参与赏能教育实验的学生中写作最优秀的学生也在本班，那么，全班每个人都能写出长篇小说就是水到渠成的事情了。上完两节课，孩子们纷纷摩拳擦掌跃跃欲试。我告知每位家长为孩子准备一个厚一点的横格软抄本作为写作本，从下节课开始进入写作阶段。

（4）向每位同学赠送一本赏能小作家暑假创作作品集《梦幻小天使》，该书的七位作者中，有六位就在竹山小学，其中两位作者就在本班，就是大家熟悉的朋友。既然他们能写出来，自己肯定也能写出来。至此，文学创作的积极性全部被调动起来了。

（5）为巩固并加深孩子初步树立起来的对学习的自信，同时为了保持和维护"全校最优秀"班级的荣誉，需要家长在家里做一定的配合。家长配合的具体内容为：①加入专为实验班建立的 QQ 群，因为我们需要和家长沟通与交流。②我为每个孩子开通了博客，请家长上传 10 篇孩子的近期作文，我需要随时了解每个孩子语文课上的实际写作能力。③帮孩子把在实验班课堂上的创作内容当周上传到博客中，我需要在网上随时了解每个人的写作状态。④在家里对孩子多鼓励，少责骂，同时希望家长能阅读一点诸如卡尔·威特、斯托夫人、卢勤、尹建莉等人关于教育方法的书。我给家长推荐了具体的阅读书目。

（6）写作开始，孩子们首先要完成创作计划。被激发出热情与自信的孩子跃跃欲试，有的计划要写几万字的作品，要列出几百个写作小标题等。豪言壮语不绝于耳，我一方面给予鼓励，另一方面建议大家先规划 20～30 个篇章标题，一节课后检查，大部分同学都能完成任务。

写作过程中，我和语文老师的做法有点不一样，对于学生不会写的字，我要求他们自己解决，如果问同学也不会的，建议先用拼音代替；写错的字不允许使用修正液、修正贴之类的工具进行修改，直接拿笔用两条线划掉；写作过程中向我询问他们不认识的字，我一概不予帮助，自己能解决的问题，一律不帮忙，速度永远第一。为了速度，不允许管其他同学所犯的各种小错误，每个人只允许管好自己。四年级的孩子很善于报告老师其他同学诸如不听讲、不写作等问题，这类问题，凡属同学反映的，我都不会处理，目的在于课堂上只允许管好自己，培养自控能力。

总而言之，老师在日常的课堂上已对孩子们有所要求的，我不再重复，只在老师们已辛苦织好的"锦"上添"花"，不再花时间去"织锦"。

（7）此后进入正常课堂写作，每次课大约引导 15 分钟，其余时间都留给孩子去写作。所有的写作内容及故事框架结构等，都是独立完成，我不予干涉，也不参与修改意见。同时也要求父母，除错别字外，不要替孩子修改，把他写作的内容按原貌上传到博客。

（8）10 月 20 日，为了让家长进一步了解赏能教育实验课的情况，竹山小学召开了该班的家长会，学校领导在会上向家长说明了实验课的安排情况，并向家长介绍了赏能教育法的基本思路。我向家长介绍了实验步骤及具体的实验内容和方式方法，以及希望家长配合的方面。向家长现场演示了如何操作孩子的博客和微博，如何通过网络进行交流，如何支持孩子等。课后和家长们做了进一步的详细交流。学校领导邀请家长们参加一次实验班的赏能教育课程，现场感受一下自己的孩子是如何大篇幅写出各自的故事的。

（9）正常情况下，大部分孩子每次课可完成六七百字的创作内容，多的超过 1 500 字，也有比较调皮的孩子动来动去，完成的字数偏少，一次课完成两三百字的孩子也不少。

（10）11 月 8 日下午，按学校领导安排，我在竹山小学上了一堂赏能教育写作类的公开课。我们的课堂搬到了多功能教室，学校各级领导、当天下午没课的班主任、语文老师和部分家长一起现场感受了赏能创作引导课的氛围，效果很好。因为是带有观摩性质的公开课，所以对上课的时间做了调整，本次课用了一节课的时间"演示"如何通过激励来提升学生写作的兴趣，并让其豁然开朗于自己原来不用别人帮忙也可以写出很好的作品。第二节课 40 分钟，听课的老师和家长离开了，孩子们开始写作，全班孩子当堂在他们那横格大软抄笔记本上完成了 115 页的创作内容，大约两三万字。课后，几位坚持听完看完全部课程的语文老师对我说："我们要出去参加赛课或上观摩课前，都要一遍一遍演练，还要让领导和同事们提意见再改正，不管是上课内容还是时间安排都要一遍一遍练习，必要时还要让学生做配合（比如提问时会答的举右手，不会答的举左手）。哪像您这么上课，所有的课堂素材都是从现场随手拈来，看起来好像一点也不用做准备，但课堂氛围和教学效果却比我们不断演练过的要好很多。您上的这才是真正的语文课，我们更像是表演。"语文老师给了这么高的评价，这堂课上得比较成功。

（11）实验班的创作课已基本走入正轨，原计划本学期本班 10 万字的创作任务，一定会超额完成。

四、成果

（1）保守估计，全班预计已完成了五万多字的作品①。

（2）通过这种普遍式的鼓励，孩子们对赏能实验课充满浓厚的兴趣，大部分孩子的写作已渐入佳境。

（3）全班每个孩子都开通了博客，大部分家长加入了赏能教育 QQ 群，家长们开始关注孩子教育的方法，利用空余时间和其他家长做交流，并有部分家

---

① 实验班结束后统计，全班孩子完成了三十多万字的作品，很多孩子的作品超过万字。

长自己也开通了博客，与孩子一起写博文，总结孩子教育的经验，并和全国各地的教育者做教育探讨。

（4）发现了赏能教育法和传统课堂教学结合中的问题，比如班级人数多，孩子性格、学习能力、自控能力的差异等都会对其写作效果造成影响。因为孩子多，有时难以面面俱到，不像我们小班化教学时有足够的精力和耐心开发针对单个孩子个性化的赏能教育思路，来促使每个孩子发生转变。针对这个现象，目前还在实验中想办法破解。

（5）发现了不少家长在孩子教育方面的随意性和责任心的缺乏，现阶段，我们也在思考如何更有效地和家长沟通，以改变其对孩子教育口头上重视实际操作中却漠视的现象。

五、问题

从实验过程看，具体到每个孩子，影响实验效果的原因只有一个，那就是家长。

家长的问题表现在客观和主观两个方面。

客观问题1[①]：少数家长不会使用网络。竹山小学地处城乡接合部，家长的文化层次和家庭的经济状况高低不同，有的家里不通网络，有的虽有电脑，但家长使用网络的能力非常有限，而赏能写作实验非常依赖于网络的双向交流，所以，家长对网络的了解程度导致部分孩子写作能力受影响。

客观问题2：有的家长文化层次较低，分不清培育一个孩子和养大一个孩子的区别。

主观问题1：部分家长希望赏能教育有灵丹妙药，只要孩子参加赏能教育实验，至少其写作能力的提升效果立竿见影，家长彻底放手，似乎孩子的教育与他无关。立竿见影的事例在赏能教育实验中确实存在，但并不是所有的孩子都是这样。所谓立竿见影，我们的分析是，这个孩子本身就挺不错的，也积累了不少的信息，只是在原有的环境中一直有一种心理定式，觉得自己不管在写作还是其他方面不可能是优秀的。经过赏能教育的引导，孩子意识到自己本已优秀的品质，且能轻松地得到老师的表扬，于是，孩子的心态发生变化，觉得自己本来就是优秀的，从而立竿见影。这种类型，单从写作方面来讲，那些爱读书但不善写作的孩子中所占比例较重。但有的家长彻底不闻不问，他不是表象上的不闻不问，而是表现出了一种无所谓的态度，该表扬孩子的时候不表扬，需要简单过问的地方不过问，使孩子觉得自己不管怎么努力也得不到家长的认可，最终促使了孩子新鲜劲过去后的无所谓态度，这类孩子的进步很慢。

---

① 随着国家的发展和民众网络化程度的提高，该问题现在应已不成问题了。

主观问题2：约三分之一的家长效率极低，严重影响孩子的积极性。从9月末，我希望家长加入实验班QQ群，以便交流，但很多人并未加进来。为了促进教育效果，学校让每位孩子给家长带了一封公开信，把教育实验的目的和希望家长配合的方面做了具体的说明，全班除两个家长外，都在回执上表示非常支持孩子参加这个实验，也有的家长为孩子的作文能力发愁，给实验以极高的评价和期望，但希望他配合的地方迟迟没有动静。教育实验已经进行两个月了，三分之一的家长从来没去看过孩子的博客。我一再强调希望家长上传10篇孩子的近期作文到博客，学校也出台相应的规定。上传孩子的作文是为了便于我了解每个孩子的实际写作水平，有的家长却没有任何动静。部分家长确实不会使用网络和电脑，也有部分孩子说他爸爸妈妈每天玩电脑游戏很忙，没时间去看他博客上的作品，也没时间帮他上传作文。在和小朋友交流的时候，说到家长不帮自己，几个孩子在课堂上无奈地哭了。整个实验中，对家长的全部具体要求为：加入赏能QQ群，帮孩子上传10篇作文，然后每周抽出30分钟帮孩子上传本周创作的作品。但就连这点要求，有的家长还是做不到。

主观问题3：个别家长心态不正。个别家长因家里不能上网，所以不允许孩子参加赏能教育实验，尽管孩子想参加。家长觉得只要是实验就不能参加，他担心万一实验不成功不就把孩子教坏了吗？因为家长特别怕这个"万一"，全班有两个孩子是家长不允许参加赏能写作的。正常上课时，其他孩子兴高采烈积极踊跃地发言参与，这两个孩子一直低头坐着。为了不让孩子感受到孤立的状态，我有意识地提问他们，所有的活动都让他们参与，慢慢地孩子不再低头了，开始变得开朗起来。他们自己用零花钱买了写作本子，每堂课其他孩子进行创作，他们也兴致勃勃地进行写作，写作速度很快。一个孩子说，妈妈不让参加，他就偷偷写作，不让妈妈知道。这种家庭的孩子一般来说已经输在了"起跑线"上，因为家长特别怕尝试创新，即使学校组织的规模化的创新他也怕失败，这种谨小慎微的思维方式传递给孩子后，孩子的一生大概只能唯唯诺诺地度过。

主观问题4：家长不学习、不提高，导致孩子的积极性受挫。有个孩子比较喜欢写，也喜欢表现自己，这是好事。但说到把作文传到博客上去，她说妈妈一直认为她写的作文很差，创作的内容"惨不忍睹"，就不要发到网上去"丢人"了。每次上课，这个孩子都希望我能打开她的博客看看，并一直重复着妈妈说她的那几句话，失望和无奈溢于言表。长此以往，这个孩子写作的积极性必将受损，最终真的会变成"写作内容惨不忍睹"。

2011年11月18日

04　农村小学生赏能写作引导实录

利用回老家过春节的机会，我对十余名陕南农村小学生进行了为期两天的赏能写作引导，教学过程记录如下：

一、概况

孩子们在县城上学，我原以为他们是城里的孩子，了解后才知道大多来自乡下。

和大多数农村家庭一样，为了孩子和家庭的未来，父母在外打工，寄钱回家，供孩子在城里学校上学。孩子们平日住校，这几天已放寒假，辅导课程结束时，爷爷奶奶接送孩子者居多，基本上都属农村空巢家庭。

按我在南京引导孩子赏能写作的习惯，考虑到寒假孩子们要睡懒觉，加之北方天亮得迟，原本定了9:30开始上课，校长建议再推迟半小时到10:00开始。上课时才知道，这些农村孩子一早起床，在家吃完奶奶做的早饭，乘城乡间往来的公共汽车到城里的学校上课。城乡间公共汽车和城里十几分钟一班的公交车不同，和几分钟一列的地铁更不同，来往于城乡间的公共汽车每天早晚各开一班，腊月间早上进城的人多，傍晚时分回乡下的人多，孩子要和大人一起挤公共汽车。到每个村镇方向几十里路的公共汽车只有一两趟，错过了时间，或挤不上公共汽车的，只能挤乘一种摩托车改装的三轮"蹦蹦车"，或者干脆就走上几十里路来往于城乡间，私家小汽车对这些农村人来说无疑只是天外的奢望，从没想过自己会拥有。

这些孩子从一年级开始住校，每周回家一趟。现在学校有食堂，不用再吃我小时候吃的那种要坚持一周的浆水菜了，但条件依然艰苦。放学时，和几位家长做了简单的沟通，他们对孩子现在的生活水准很满意。这些孩子的生活现状如果放在大城市，会让家长心疼不已，但他们就像迎风生长的小松树，立根于破岩，咬定了青山，任东西南北风千磨万击，我自坚韧苦壮成长。有了这些经历，不管孩子们将来从事什么行业，他们都能顽强生存。从这个意义上来说，生活水平的高低，原本亦不足为叹。

二、被动

和孩子们见面前，我专门了解到学校老师是用普通话教学的，我接受了老师的建议，用普通话和孩子们交流。之所以用普通话，从心理学角度，还考虑到了一般人"外来和尚好念经"的心态。

在南京一年半的实验结果证明，如果家长不了解孩子所做的事情，不相信孩子能写出一万字的小说，经常有意无意地嘲讽或不信任孩子，那么孩子的写作往往成问题。于是，我按照在南京的做法，先向家长介绍了赏能教育的概念，介绍了孩子们将要做的事情，希望家长在精神鼓励方面予以配合。但总体而言，气氛比较沉闷，反馈与交流比较少，不知道家长是否听明白了。

开始对孩子进行由"赏"而"能"的写作引导。虽经多方调节，但总觉得孩子们和我之间有些隔阂。能让南京孩子（本文简称由我亲自指导的南京的赏能教育实验学员为南京孩子）笑翻天的笑话在这里却反应不大，通过网络播放搞笑视频，孩子们反应也并不强烈，到笑点上大多只见孩子嘴角上扬，没有出现预料中的大笑场面。视频是通过网络教室软件播放的，没有用大屏投影，孩子们各自坐在一台电脑前观看，考虑到气氛的共鸣相对困难，于是，带孩子们到小型圆桌会议室，开了空调，温度适宜，但孩子们仍然放不开，没有出现南京孩子有时捂着耳朵大声制止别人吵闹的景象。

我将话题转移到读书与写作上。因为参加赏能写作引导实验的都是老师选出来的比较优秀的孩子，我希望从他们擅长的地方入手，以调节气氛。首先我询问关于杨红樱、曹文轩、郑渊洁等儿童作家的作品的阅读情况，但只有两个孩子知道曹文轩，其中一个知道杨红樱，其他都没听过郑渊洁是做什么的。只有一个孩子清晰地说出读过一本《青铜葵花》，其他书都说不上来。皮皮鲁和鲁西西的名字都没听过，有两三个孩子知道舒克和贝塔。这和南京孩子几乎读完了曹文轩、杨红樱、郑渊洁所有作品的状况相比，差别太大。

书读得少，有几个原因。首先当然是经济落后，人均可支配收入不高，直白地说，就是没钱买书，或者舍不得买书。孩子们没有课外书读，不能简单批评家长不尊重知识。人活着，生存第一，那些大力宣扬饿死事小失节事大的先生们，都是不用为衣食担忧的人，他们属于无须担心生存的群体。虽然农民的日子比以前好过，但生存压力仍然很大，生活成本很高，农民大多只能出卖力气换钱。对舍不得买书的现象，应该能予以理解，但不值得提倡，这不是什么风光的事情。其次，很多孩子的父母常年在外打工，孩子由爷爷奶奶抚养，老人家只要看到孩子吃饱穿暖了，就乐滋滋地欣赏孙子的健康成长，至于从心智与精神方面教育子女的事情，这些文化程度不高的老人们本就不知道该怎么做。第三，孩子们从小住校，没有太多的活动空间。第四，有的家长觉得课外书是"闲书"，学生就应该把课本知识学好，读其他的书都是"不务正业"。第五，因为买书的人不多，书店不允许长时间免费阅读，即使要买书，也不允许长时间阅读挑选，致使孩子们没有免费阅读的机会，反过来也影响了书店的营业额。这和南京众多书店里提供了沙发、台灯、书桌供孩子们免费阅读的环境大不一样。赏能小天使班的孩子们大约每一两周都有半天时间去书店看书，一个下午，他们平均每人能读完五六本书，在这两种不同的人文环境里成长的孩子，其知识面与阅读量自然有很大差异。

换了个话题，我和孩子们一起编故事。就用现状的环境，我描述了一大段，大意是：

下午，王老师和十几个孩子一起在学校的小会议室里上课。突然，发现一个本来坐在椅子上的同学消失了，不见了。
——下面，谁来接着讲。
因为气氛不够热烈，于是我点名让有点跃跃欲试的孩子接着讲下去：
——原来，他是去上厕所了。
——原来，他摔了一跤，摔到桌子下面去了。
——他想和老师捉迷藏，蹲在桌子下面。
——他被老师叫到办公室了。
——他不想上课，偷偷跑出去玩了。

先后发言的内容大致相当，都是来源于现实生活。南京孩子编故事永远不冷场，孩子们抢着发言，开讲后我若不制止，孩子们就天南海北地一直往下讲，但这些孩子基本都是一句话。反差更大的是"原来"后面的内容，南京孩子也有现实内容的，但大多会加上更多的想象，比如被妖怪捉走了，通过虫洞到外星系了，穿越到唐朝了，他隐身了，他飞起来了……这里也体现出思维的发散程度和知识运用程度的差异。

后来，教孩子们玩游戏，跳兔子舞，虽然都喜欢玩，但其精神远未达到我所需要的天真烂漫的孩子应有的那种状态。

为了让孩子们完成自己的童话创作，我必须要找出足以引起孩子们思维兴奋的那个点。

第一天过去了，我向学校领导建议，明天老师们不要在现场，看看孩子们如何反应。因为校长的重视，再加上老师在网上看过南京孩子的作品，也知道南京已经有部分孩子开始创作十万字的小说，老师们很想看看我对孩子们的现场引导，几位语文老师放弃了寒假的休息，一直跟着观摩。我想，今天孩子们没有放开也许和老师在场有部分关系。

三、自信

第二天，我9:30来到学校，等着孩子们。老师把会议室打开，空调打开，然后就退出去了。

第一个孩子来了，我用当地方言和孩子聊寒假生活，并很快转到当时正风靡全国的"植物大战僵尸"上，孩子有点兴奋，但他只看过却没玩过。这时第二个孩子来了，从门外就开始接"僵尸"话题：气球僵尸用仙人掌和香蒲哪个合算，房顶上的伽刚特尔怎么布阵等。这个孩子一开始滔滔不绝，新来的孩子们就全神贯注了，会打僵尸的激烈争论，不会玩的也都在专心听，时不时插几句话，或请教几个不明白的新名词。待他们兴奋了一个阶段，我说用大喷菇、忧郁菇、大蒜、冰瓜等联合布阵更好，孩子们没试过这种打法，因为"高明"，他们热切地"崇拜"我了。我告诉孩子们，这种打法是南京一个叫黄今的小作家教给我的，黄今还是个小魔术师，他们马上对黄今感兴趣了，东问西问的，我趁机把几位比较优秀的赏能小作家做了介绍，给他们看了黄今和其他小作家目前创作中的优秀作品，也看了南京孩子刚开始赏能写作时的文字。看到黄今及其他南京孩子起初写得也不怎么样，这些小朋友高兴了：

"这篇关于秋天的作文我也写过，我们老师给我优秀了。"

"我的作文也经常得优秀的。"

孩子们在会议室动来动去，边参与各种话题的讨论，边骚扰别人，有一个还从后面跑过来一把抱住了我，见我并没有生气，大家全跑过来抱成一团，把我抱在中间。我问孩子们，昨天我们也说了游戏的事情，怎么都不说话呢？孩子们的回答大致差不多："怕老师批评我们玩游戏。"

我们从老师不让玩游戏开始，说到老师上课，说到学校的生活，说到过年"扫五穷"和"耍社火"，说到读过的书，看过的动画片，说到每个同学的绰号，说到每个孩子的理想等。没有目标没有方向，说到哪算哪。

快乐而放松的自由王国出现了。

我们开始讨论《快乐小天使》和《梦幻小天使》两本书中的作品，喜欢哪一篇，如果自己写，会写成什么类型。等他们的积极性被激发，他们意识到了赏能小作家都是"全国很优秀的孩子"，而且自信自己也能通过赏能写作成为"全国很优秀的孩子"。因为读过了南京孩子一年前所写的文章，觉得也不过如此，"学校很支持我们，我们寒假来上课，校长和老师还陪着我们，他们能在一年内写出这么好的小说，我们也能"。孩子们兴奋了，因为这个目标似乎并不难完成，他们跃跃欲试。

第一步，每位孩子写出自己至少20项优点。可以讨论，可以互相总结，可以参考别人写出来的优点。

很多小朋友开始犯嘀咕："我没有优点。""我没有那么多优点。"

"南京有个叫夏诗雨的小朋友，总结出了自己80项优点。你们都是学校挑选出来的优秀孩子，校长爷爷已经帮你们每个人总结过了，我看到过校长爷爷为你们总结的优点，每个人都超出了 20 项，不然老师也不会选择你们，我只是想看看你们是否了解自己的优点。先试着写写看。"

孩子们半信半疑，交头接耳中抓耳挠腮地伏案书写。一阵蹿来蹿去、交流合作、互相征询后，两个孩子率先总结完成了自己的 20 项优点。我鼓励他们继续努力，试试能否突破 30 项，最终两三个孩子总结出了自己的 30 多项优点，最少的写了 15 项。孩子们从来没发现自己居然有这么多的优点，一个个乐不可支，笑容洋溢在他们红彤彤的脸上。现在的兴奋与自信，与谈论伽刚特尔后的感觉又不一样了，这是一种发自内心的自信，具备了这种自信，就可以进入今天的主题了。

"孩子们，我们争取到暑假前，每个人完成至少一万字的小说创作，让校长帮你们印出来，你们将成为汉中市第一批会写作的小学生。别的小朋友都在为写三四百字的作文发愁呢，你们居然能合写出 20 万字的一本书，实在是了不起。"

"大家想不想写?"

"想!"

"好，你们现在就开始写'书'。"

"啊?"孩子们面面相觑，"老师，你还没教我们怎么写书呢"。

"不用教的，校长说你们本来都会写'书'，还说你们每人都有超过 20 项优点，我原来不相信，现在，你们不是都确实发现了自己的 20 多项优点吗? 别看校长爷爷没给你们上过课，可是他非常熟悉学校每一个优秀的孩子，校长考察过你们每个人，他说你们能写，我也觉得你们能写，你们有的孩子比南京的小作家们开始创作时的水平高多了。"

"有没有不想写的? 说不定校长爷爷也有看错的时候，把个别不优秀的学生看成优秀的了。哪位同学属于不优秀的，给我说说，就可以不写了。不过，以后你可以优先读到其他同学写出来的书。大家愿不愿意送一本书给退出的同学?"

"愿意!"

谁也不愿意承认自己是"被校长爷爷看错"的孩子，也不愿"享受"被同学"优先送书阅读"的优惠条件，所有的孩子都开始了写作。

"南京的小朋友是先写目录的，你们是不是也愿意先从目录开始?"

"我们也想先写目录。"

"他们每个人都是先写了至少 20 个目录，你们想先写多少个?"

"我们也写20个。"

"你们真厉害,才开始写作就能写出20个目录。"

通过阅读《快乐小天使》和《梦幻小天使》,孩子们互相讨论,每个人都开始朝新的目标奋斗:完成20个目录(篇章计划)。

"老师,我写不出来。"

"写不出来没关系,个别同学可能完不成20个目录的。"

"不会写的字词用拼音代替,写错的地方不允许用修正贴、修正液,拿笔用两条线划掉(只准划两条线)。目录和写作内容不会写的地方都可以问我。不管是互相讨论还是请教老师,只要能完成20个标题的,都是非常优秀的孩子,说明校长爷爷确实没看错。"

几十分钟后,大部分同学都完成了20个写作标题。我对没有完成数目的"个别同学"也给予了鼓励:"校长确实没有看错你们每个人,你快完成20个了,目录今天就先写这些,回去想到后再补上,我相信你能完成20个的。"

完成20个目录后,孩子们马上开始投入写作。下午三点钟放学时,大部分孩子完成了第一个故事的写作,部分孩子当时就完成了近千字的开篇故事。

四、后记

针对这些孩子的状况,我向学校建议,每周给这些孩子半小时到一小时的上网时间,让他们通过网络,读一读南京孩子的作品,作为自己创作的借鉴。回南京后,我向赏能小学员发出了捐书的倡议,目前已经收集了不少的图书,活动结束后,这些图书将陆续寄到爱写作、爱阅读的孩子们手中。

2012 年 2 月 23 日

05 农村小学生赏能写作引导延伸思考

本文虽因这次春节期间引导农村小学生的赏能写作而起,但内容却不限于实验学校,也不限于小学阶段。

一、课堂教学可灵活多样就地取材

春节期间，有的老师、朋友、家长在看了南京孩子（本文简称由我亲自指导的南京的赏能教育实验学员为南京孩子）的写作内容后，惊叹之余，往往会感慨一句："如果我们的孩子也有这样的机会，能参与到机器人武术擂台赛表演这类活动就好了，说不定他也能写出小说来。"言下之意，不能经常参加南京孩子的这些活动，却要让农村孩子也写出几万字的小说是不现实的。

无独有偶，春节前南京孩子的最后一节课是放牛，因为在离我们不远的地方恰好有人放牛被我看到了，所以就有了放牛这节课。因为孩子对放牛的印象深刻，后来一位家长担心地说："你现在的办公点离放牛的地方近，如果搬家了，距离远了，放不成牛了怎么办？"我答道："如果新的地方没有放牛的，可能有抓鱼的，可能有植树的，见到什么算什么，随手拈来的内容都能成为我们的体验课。"赏能教育的课程确实是这么安排的，只是大致安排不同班级（天使班、凤凰班、天马班、青蛙班）的孩子什么时间段做什么，课前并没有具体的安排，晴天有晴天的做法，下雨有下雨的做法。所以，有没有机器人看，有没有牛放，都无关紧要。

城市有车水马龙的热闹，农村有桃红柳绿的生机，不同的环境有不同的美丽。在引导孩子写作的过程中，老师要善于启发孩子发现身边的美，而不是只按课文中的描写，去幻想虚无缥缈的景象。毕竟，亲身经历的才是最真实、最有生命力的，写自己最熟悉的内容更简单，更容易创作出好的作品。

目前小学生使用的教材，不管是人教版还是苏教版，不管是语文还是数学，编者大多都是城市人，所以课本上所举的例子都是以城里孩子为出发点的。城市孩子司空见惯的公园、地铁、立交桥等概念，对不少农村孩子而言，仅是个模糊的名词，有的孩子可能从来就没见过地铁和立交桥，也从没进过公园，他只知道这是个非常美丽的地方，至于如何美丽，却没有直观印象。数学课本上让孩子们写一瓶色拉油大约多少升，农村家庭所用的菜油都是自己用菜籽榨的，大部分孩子们既不知道何为色拉油，更不知道一瓶色拉油的容积。所以，在课堂上，老师需要因地制宜地把文字内容还原到生活中。同一概念，多用身边的事例，用孩子们容易理解的内容做例题，才能收到事半功倍之效。

每个孩子的特点不一样，每个孩子也有各自长处，老师需全方位多角度去理解孩子，帮孩子找出闪光点，以自身亮点带动其全面发展，而不是要求所有的孩子都成为学习机器，如此，则不是教孩子，而是扼杀了孩子的创新精神。

二、教育者自身须学会在现状中探索与研究

春节见到一位老同学，他初中毕业后直接上了中专，十余年后却从中专生

变成了国内著名大学的博士后，今年三十余岁便做了博导。在和同学交流中，我们有共同感觉，老家有的朋友对现状的不满足感和满足感同时存在。不满足是因为对现状的抱怨，收入、福利、经济发展、人文环境、工作内容等都有涉及，同时感慨自己无能为力。满足是因为少有危机感而产生的对目前境遇的享受心态，从话语中能听到的努力的成分不多。其实，不管身处何地，不管在哪种岗位上，如果暂时没有改变的可能，那么，在现有的环境中，针对现在的工作，还是有很多工作值得做的。只要愿意努力，总能做出相应的成绩。现有条件中，如要研究与探索，比多年前方便多了，互联网四通八达，只要你想知道的现象、人物、思路等，网上都有线索可查，但老家的朋友普遍对网络利用不足，这里也包括有机会使用网络的老师们。

中小学老师的压力大，工作内容多，每天从早到晚很少休息，这是一种常态。如果老师不给自己确定一个方向，按部就班地度过每一天，那么，最终会在这种繁忙而规律的生活中磨掉所有的棱角，把自己变成关汉卿笔下那颗蒸不烂、煮不熟、捶不匾、炒不爆的铜豌豆①，外面的阳光水分进不去，里面的成分老化不发芽，最终有可能被花团锦簇的春天抛弃。不管你是否努力，社会都在进步，不管你是否学习，新知识总是层出不穷。一个人只有先抛弃了自己，才可能被外界抛弃。从该层面讲，不管是老师，还是家长，都需要站在现有的平台上，努力使自己不能太落伍于时代。

三、尽可能地释放孩子的天性

多年来，孩子的创造性和学习主动性被大人剥夺，孩子只能按照老师和家长的意愿行事，不能越雷池半步。因为教育者小时候就是这么被当时的大人规定的，听话的、守规矩的孩子就是好孩子，反之，标新立异之举即为调皮捣蛋。孩子们为了得到表扬，总是不断压抑着自己，直到把自己变成流水线上生产出来的规规整整的一个标准件产品。为了成为一个优质的、没有个性的产品，孩子们知道，按课本上背诵关于蒲公英的文字说明叫学习，到野外去观察蒲公英叫贪玩；按照课本背诵标准答案叫认真学习，按照自己的理解抒发见解叫扰乱课堂纪律；老师说的话，理解不理解都执行，叫好学生，指出老师的不足与错误叫骄傲。如此种种，渐渐地爱探索的活泼孩子不见了，摇头晃脑做八股文的小老头越来越多。小时候考试可能得高分，长大后头脑里缺乏必要的"风暴"，因为小时候老师和家长已经替他把骨子里那条叫作研究创造的神经摘除了。

用赏能教育法教孩子的老师，要尽量释放孩子的天性，把预设的教学内容和孩子的本性相结合，使孩子在快乐、兴趣、探索中主动学习，使学习真正变

---

① 蒋星煜. 元曲鉴赏辞典［M］. 上海：上海辞书出版社，2014.

成乐趣，而不是不得不学的责任和义务。诚如我们的赏能写作，只要其愿意写，每个小学生都能写出万字童话，如果能激发出孩子主动学习的乐趣和能力，教师也会在轻松愉快中感受到更深层次的幸福。

四、教育者需要知道为什么教

如单纯从赏能写作的角度探究，有人会把它归到语文学习里去。虽然，赏能教育法中的写作只是工具，仅是为了提高孩子学习与生活自信的手段之一，但一定要这样狭义理解，也不是不可以。因为通过让孩子独立完成几万字的小说写作，其作文能力肯定提高，这是在短期内能看见的。赏能教育是一种思路，各科老师在教学中均能使学生增强学习自信，但写作对语文学习的帮助看起来更大一些。因为孩子愿意写，喜欢写，起步阶段的作品篇幅大都超过万字，孩子构思万字童话创作的思路之复杂程度要远大于三四百字作文的布局，赏能写作实际上是孩子在课余时间主动高效学习语文的过程。但有些老师和家长不允许孩子写作，理由是孩子的作业已经很多，压力已经很大，不能再给孩子增加负担，在家长不断给孩子报各种辅导班的同时，爱写的孩子只能偷偷写。只有课本和老师布置的作业，以及各类辅导班中针对教材的补充教学才是学生应该努力完成的目标。他没搞明白语文学习就是为了阅读理解和写作，只要会写，且能读懂别人写出来的文字，语文教育的目的就基本达到了。孩子做语文作业和在辅导班中学习阅读、作文等，最终目的还是写作和阅读理解，各类针对语文的考试，也是为了测试写作与阅读理解的能力，那么，这些家长和老师的做法岂非典型的本末倒置？

除了语文教学，数学、英语等科目的老师最好也能清楚地知道自己要教到何种程度，为什么要教到该程度，而不是只按着教材与大纲去教学——因为大纲这么规定了，所以我就这么教。

只有教育者自己做一个有心人，才能做一个好老师，而不是俗称的教书匠。

五、实践出真知，请给孩子实践的机会

孩子不仅仅是孩子，还是个可独立思考的完整的人。他和大人一样，都需要反复实践，才能掌握并验证知识，所以，孩子更需要实践的时间和平台。同样的小孩，同样的学校，他们在学习、习惯、效率、诚信、思辨、参与、领悟、组织等各方面却存在差异，每个家长都希望自己的孩子在各方面表现优秀，但事实上总有差别，因为每个孩子所处的人文环境不同，所经受的锻炼不同，孩子的能力须经观察和学习，并亲身体验后才能掌握。有的家长和老师完全剥夺了孩子主动学习的能力，剥夺了孩子跌跤的机会，以爱的名义包办一切，久而

久之，有的孩子养成了顺从与接受的习惯，一旦离开父母亲就变得手足无措。

2011年秋季，沈阳女孩小菲（化名）考上南方一名牌大学，但选择了退学。妈妈叹气流泪带她去见心理辅导医生，她说："你辅导我也没用，我连袜子都洗不好，离开妈妈我怎么生活啊？"[①] 从网上搜一下就能发现，因为不会整理内务，不适应住校生活而退学的大学生大有人在。家长平时包办全部家务，孩子离开父母不会生活；照顾得特别精细的，孩子的身体素质往往很差；时时处处家长都满足孩子任何要求的，孩子会变得自私自利、目中无人；怕孩子受伤害天天被家长关在家里的孩子，胆小怕事、性格孤僻；被严格控制的孩子，性格叛逆，与父母关系紧张；常因孩子间的小摩擦去找老师麻烦的，老师在孩子心中不再有威信，导致孩子跋扈乖张，易和社会上的不良分子来往。孩子总是要离开父母的，父母完全剥夺了孩子锻炼的机会，不允许他出现任何失败和挫折，把孩子看成是自己的私人物品，忽视了他也是一个有独立意识的人，最终，家长会成功地把孩子培养成自己的"敌人"——或者叛逆，或者不能成为让自己引以为豪的人。

每个老师都可使学生由"赏"而"能"，每个领导都可使员工由"赏"而"能"。每个老师也可使自己因"赏"而"能"，能否做到这点，就看自己能否由衷地赞美、欣赏、帮助他人，能否使自己更有责任心和危机感，能否经常注意到外面明媚的春光。有时候，学校的围墙圈住的不仅仅是脚步，还有思想。

2012 年 2 月 23 日

06　2013 年暑假南京小学生领袖训练营赏能教学报告

2013 年暑假，南京学习力研训中心首次邀请赏能教育研究院为南京小学生领袖训练营（以下简称训练营）两个班进行了为期各一周的赏能教育法写作训练，两个班的教学成果都比较突出，诞生了赏能教育法写作训练中两个新的最高纪录，教学成果超出预期目标。

一、训练营简介

南京小学生领袖训练营由南京市中小学生学习力研训中心和南京市小学教师培训中心承办，师培中心主任谷力博士为总负责人，相似论创立者、中国思

---

① 搜狐新闻，2011 年 9 月 12 日报道。

维科学领导小组组长张光鉴教授和中科院院士陆埮教授为顾问。训练营开展专注于学生综合素质的教学与训练活动，包括语言训练、思维训练、行为训练、意志训练、游戏活动训练等。营员由各学校推荐并经考核后录取。

二、班级设置及构成

训练营的赏能写作课程共有两个班，一班 37 人，全部是来自南京各个学校的二年级学生，二班 39 人，有少量三年级学生，二年级学生占大多数。每班学习一周时间，一班从 7 月 7 日到 13 日，二班从 14 日到 20 日。这个班级的结构设置与赏能小作家班的结构有异。赏能小作家班每班 8～12 人，学习期限设定为 16 次课一个阶段，每次课三小时，每个班都由一个相应的老师带班，相当于学校的班主任。训练营的班人数多，且时间太短，相关配套内容跟不上，会有一个磨合阶段。[①]

三、教学结果

经过七天的训练与教学，两个训练营赏能写作班学生共完成了约 20 万字的作品，这些作品已经发布到了赏能教育网上，我们已选取了部分孩子的作品约 10 万字编辑成《领袖小天使》一书。常规的赏能写作教学一般从三年级开始，并非低年级学生不能写出优秀的作品，只因一二年级学生有很多字不会写，且写字较慢。曾有一年级的孩子经过一个暑假的引导与训练，从不会写作到暑假末每次课可写作 1 000 多字的事例，还有一年级学生完成 9 000 多字作品的写作先例。目前也有部分二年级的同学在接受赏能教育法的训练，且取得了不错的成绩，但训练营这种大规模的以二年级学生为主体的群体训练是第一次。

七天的训练结果，超出原来的预期，两个班的孩子共完成了 20 余万字的作品，大多数孩子的写作量超过了 1 000 字。其中致远外国语小学陆宇昕同学以《神奇的蝴蝶王国》创造了写作一班的总篇幅最高纪录（1 万字）和单次课写作最高纪录（2 400 字）。写作二班夫子庙小学二年级陈炫伊同学以《真正的爱》和《小羊安妮的一生》两篇作品把这两个纪录分别刷新到 1.5 万字和 2 880 字。游府西街小学二年级的特殊学生、五岁的何宜德也创造了自己单次课超过 1 000 字的纪录。

总体而言，这些孩子表现得都非常不错，按他们的写作状态，大多孩子在暑假中再完成一两万字的作品应该很轻松。应训练营老师之邀，我给每位孩子

---

① 从次年暑假开始的训练营教学模式，才有了完善的教法和体系，这种为期一周的赏能教学模式，为后期赏能特训课程、自强课程、特斯拉课程的设置起到了一定的先期探索作用。

的作品写了评语进行鼓励，希望他们能继续坚持写作，促使这些孩子朝更加优秀的方向前进。

四、关于赏能教育法及赏能写作

赏能教育法是一种教育思路，赏识出才能，亮点带全面，赏能教育法通过引导学生独立完成长篇作品创作、通过抗干扰演讲训练、通过即时辩论练习，使学生树立强烈的学习与生活自信，彻底解决作文问题、提升演讲与辩论能力，并且喜欢上写作和辩论，树立高度的学习与生活自信，创造出一个个出乎预料的成绩。中央电视台教育频道（CETV1）、江苏教育频道、《现代快报》、《东方卫报》、中国教育网、网易教育等媒体多次报道。

赏能写作练习是赏能教育训练体系中的初级训练，它让学生在兴趣与自信中超常发挥，创造出自己也难以置信的成绩，并以此为工具，反过来促使其写作与学习的兴趣，进入良性循环。所有的小学生都能在一个阶段内完成一两万字的长篇作品，已有一批五六年级的赏能小作家正创作单篇超 10 万字的作品。截至目前，赏能小作家当堂写作最高纪录是南京外国语学校仙林校区五年级学生黄今于 2013 年暑假创造的 3 200 字[①]，二年级学生当堂写作最高纪录是南京夫子庙小学陈炫伊于 2013 年暑假创造的 2 880 字，周纪录 1.5 万字[②]的创造者也是陈炫伊，学期纪录是南京竹山小学五年级学生樊梦芸保持的 6.8 万字，在 2012 年春学期创造[③]。

虽然每个孩子经过赏能教育法训练后都能写出一两万甚至十余万字的作品，但写作只是赏能教育法训练体系中的一个部分，它贯穿于整个训练过程。随着孩子们写作能力及写作兴趣与自信的进一步提高，演讲和辩论都将陆续成为训练工具。语文为各科学习的基础，学习语文是为了提高理解能力、逻辑思维能力、交流能力等。狭义而言，学语文是为了能读懂他人的作品与思想、能通过文字表达自己的思想、能口头阐述自己的思想和观点。赏能教育法的训练中基本达到了能读、能写、能说的学习目的，但赏能教育法关注的重点却是生活自信和学习兴趣。所以，我国思维科学学科带头人张光鉴教授认为赏能教育法是思维训练，是思维科学的一部分，南京教育局学习力研训中心主任谷力博士和"鹰式教育"创立者"鹰爸"何烈盛先生也持相同观点。

---

① 2014 年寒假，四年级的龚滢滢将此纪录提高到 4 100 字，2015 年春节前，南京东山小学五年级葛月再次将此纪录提高到 4 280 字。2015 年夏天，南京力学小学六年级查彦名将单次课纪录提升到 5 200 字，至 2017 年底，尚无人突破。

② 该记录于 2014 年暑假被金陵汇文小学二年级左亦菲以 2.1 万字刷新。

③ 据陕西安康岚皋县城关中学赏能实验班消息，其八年级学员陈久松在 2013 年 5—8 月完成近 40 万字作品，这是目前的最高纪录。

训练营1班部分学生写作成绩统计（单位：字）

1 陆宇昕	10 000	17 谢宇轩	2 160
2 高湘石	7 300	18 丁洁曦	2 106
3 董润天	5 000	19 汪超逸	1 988
4 张宁轩	4 000	20 骆俊锡	1 918
5 沙瑞莹	4 000	21 何禹翰	1 900
6 程贤惠	3 500	22 谢晓扬	1 892
7 吴 霜	3 300	23 余可心	1 863
8 朱子然	3 000	24 苏 畅	1 802
9 常康缇	2 900	25 蒋戴远	1 676
10 孙熠哲	2 800	26 朱奕高	1 469
11 钱昱延	2 800	27 刘一浦	1 444
12 傅晓彤	2 541	28 毛 帅	1 380
13 许 宸	2 413	29 杨 焱	1 360
14 李宇帆	2 376	30 马砚冰	1 220
15 丁星辰	2 373	31 艾 苏	1 000
16 胡崔璨	2 200		

训练营2班部分学生写作成绩统计（单位：字）

1 陈炫伊	15 500	15 陆晓波	3 300
2 纪 菲	7 500	16 王子瑞	3 200
3 陈乐瑶	7 000	17 蔡佳霖	3 200
4 陈昕然	5 300	18 叶欣玥	2 700
5 袁凡茜	5 100	19 葛深辉	2 400
6 孔誉晓	5 100	20 孙小茜	2 000
7 朱之翎	5 000	21 金 天	2 000
8 张梓玥	5 000	22 郭红鑫	2 000
9 吕卓妍	4 500	23 智图雅	1 500
10 凌一涵	4 000	24 顾百川	1 500
11 邓清仁	4 000	25 冯文凯	1 500
12 何宜德	3 700	26 董立彰	1 100
13 赵子熙	3 500	27 赵兮彻	1 000
14 黄文博	3 500		

五、教学过程

本次训练营的赏能写作课程主要包括以下几个步骤：

（一）家长会

赏能小作家上课前，家长均需参加一次赏能家长课，训练营也没有例外。曾以为，训练营的孩子由各校选送并经考核选拔，家长对真正教育的理解程度应高一些。写作一班开始时，我们只发了《告家长书》。《告家长书》介绍了赏能写作的目的、训练步骤、家长应注意的事项，并特别注明了家长不得对孩子的写作过程进行辅导、督促，不得修改孩子的写作内容，不得对孩子的写作内容做任何形式的负面评价。在第一次、第二次课后家长来接孩子放学时，老师们也分别向家长做了介绍和强调，第二次课上出现了当堂写作 1 600 字的孩子，并有好几个孩子超过了 1 000 字。当天晚上，却还是有 4 位孩子因为写作字数不够多而在家里被家长打，有 10 个孩子的写作内容被家长斥之为流水账并要求修改，有 9 个孩子兴冲冲地向家长报告"我开始写书了"后家长无任何表情反应，孩子觉得受到冷落。当然也有 14 个家庭从不同的角度表扬了孩子，或因字数多，或因写作整齐，或夸奖"居然开始写长篇小说了啊"。受表扬和关注的孩子只占到38%。同时，有几位家长向训练营组织者反映"赏能的老师不给孩子批改作文"。这些问题都在《告家长书》中做了说明，但家长的反应表明，很多家长并未阅读这个文件——至少是未认真阅读。于是，我向训练营提出开家长会的要求。

7 月 10 日上午 9:30，训练营召开了首次家长会。家长会主要包括以下内容：①向家长介绍赏能教育法的基本思路，让家长知道为什么赏能老师不教学生怎么写作，不批改学生作品，学员却能在赏能班上写出令家长和老师难以置信的成绩；②常规教育中学生怕写作是由于家长和老师没有掌握学生的心理状态，并在教育中时常犯错；③七天的训练营结束后家长如何辅导孩子继续写作；④家长应多提高自己，如果孩子身上有家长不满意的地方，那么家长一定要找出这个"不满意"的根源，而不是一味责怪孩子不努力。会上家长基本了解了赏能教育法思路，孩子们的进步明显提升。基于家长对《告家长书》的"阅而不读"，写作二班在开班之前即开了家长会。在家长确实做到"不过问孩子写作过程"的配合下，虽然写作一班的孩子取得了超出所有人预料之外的成绩，二班的写作成绩却远超一班。

（二）写优点

学生课仍然从孩子们自行总结优点开始，一般情况下，初次参加赏能小作家学习的孩子平均可总结自己六七十项优点，训练营的孩子们也不例外。拉萨路小学二年级高湘石同学当堂总结了自己 126 项优点，是写作一班总结优点最多的孩子。写作二班同学总结优点有 20 人超过了 50 项，12 人超过 80 项。其中赵天棋（144 项）、陈炫伊（143 项）、凌一涵（121 项）、叶欣玥（114 项）、许致杰（111 项）、葛深辉（106 项）、顾百川（100 项）、袁凡茜（100 项）八个孩子总结了自己超过 100 项优点。

（三）长篇创作

第一次课上，孩子们除了总结自己的优点外，基本上都完成了自己首部长篇作品的写作计划，大部分孩子当堂完成了第一个章节的写作。虽然这个章节可能很简单，可能是父母眼里的流水账，可能父母和传统课堂的老师觉得逻辑混乱毫无章法，但孩子很珍惜，毕竟开始写长篇小说了，这是自己的第一个章节，大多孩子的父母亲都不会写长篇作品，但是自己会写，且已经写完了。

写作一班的第一次课上（7 日下午），拉萨路小学二年级高湘石总结出自己 126 项优点后，在兴奋和自信的状态中，当堂课写作量达 700 余字，是当天的创作冠军。第二次课（8 日下午），夫子庙小学二年级董润天在课堂上完成创作 1 200 字，高湘石和陆宇昕以 1 100 字并列第二名。第三次课（9 日下午）的写作冠军是南京致远外国语小学二年级的陆宇昕，当堂完成写作 1 600 字。此后的几天，都是陆宇昕当堂写作量最多，第四、五次课上，陆宇昕的当堂写作量都达到 2 400 字，这个纪录是写作一班单次课的最高纪录。陆宇昕七次课写作总量为 1 万字。

写作二班的课堂和一班大同小异，不过该班每次课当堂写作冠军均由夫子庙小学二年级陈炫伊保持。陈炫伊首次课（14 日下午）约写 500 字，第二次课（15 日下午）就突破了 2 000 字，当天出现了十余个课堂写作超过 1 000 字的孩子，这些孩子都是二年级学生，是这几次课中出现过千字人数最多的一次：

夫子庙小学陈炫伊（2 250 字）

北京东路小学许致杰（1 750 字）

长江路小学纪　菲（1 600 字）

游府西街小学陈昕然（1 400 字）

五老村小学赵天棋（1 200 字）

石鼓路小学袁凡茜（1 100 字）

长江路小学朱之翎（1 100 字）

南京师范大学附属小学孙誉晓（1 060 字）

夫子庙小学蔡佳霖（1 050 字）

七桥小学陆晓波（1 000 字）

游府西街小学叶欣玥（1 000 字）

第三次课（16 日下午）陈炫伊达 2 100 字，第二名是长江路小学二年级纪菲，约 1 400 字。本次课上，游府西街小学二年级的"裸跑弟"何宜德（五岁）创作兴趣极浓，四页写作一气呵成，超过 600 字。

7 月 17 日下午的第四次课上，训练营出现了两个新纪录，五岁的何宜德当堂写作首次超过 1 000 字，创造了自己的最高纪录。陈炫伊创造了所有赏能小作家当堂课写作的最高纪录 2 880 字，刷新了原由南京仙林外国语学校五年级黄今同学（天使级赏能小作家）保持的 2 680 字的纪录，不过这个纪录只保持了一天。第二天，在赏能教育研究院上课的天使班孩子们马上再次刷新了这个纪录。

在赏能教育研究院上课的天使班学员当天（18 日下午）写作纪录约为：

黄　今（天使级小作家）3 200 字

张　杰（新学员）3 000 字

熊抒仪（天马级小作家）3 000 字

褚翌涵（天马级小作家）2 500 字

丁方夔（凤凰级小作家）2 400 字

陈清扬（凤凰级小作家）2 400 字

张　雨（天马级小作家）2 000 字

王珮璐（天使级小作家）1 700 字

何星睿（天马级小作家）1 200 字

许志成（新学员）1 050 字

陈若妍（凤凰级小作家）1 000 字（4.5 万字《神猴》本次课完稿）

赏能教育研究院的小作家一般情况下写作总量不会很多，通常保持在 800~1 600 字，因为写作只是他们接受赏能教育法训练的内容之一，他们还有很多其他的科目须要训练，比如常规演讲、抗干扰演讲、即时辩论等。但这些小作家们"功力"比较深厚，这个班的大部分孩子的创作总量都超过了六七万字，单纯写作对他们而言是比较简单的事情。

（四）赏能老师的"退出"

在孩子们具备了基本的自信和写作兴趣后，赏能写作训练的老师们就开始慢慢"退出"孩子们的视野。通常我们在第三次课彻底退出，因为训练营的特殊性：只有一周学习时间，老师在第二次课就开始"退出"。老师的"退出"是为了给孩子们强化一个概念：你在没有任何人帮助的情况下都能如此优秀，那么你原本就是一个非常优秀的孩子，你要把这种优秀保持下去。关于写作，在老师身边你要认真而努力地写作，不在老师身边，你也要热爱写作，认真而努力地写下去。因为原本你就很优秀，你天生具有写作天赋，但是以前你没发现，就像你以前没发现自己是个非常优秀的孩子一样。现在通过赏能教育法的训练，你发现了自己的写作才能，你也能发现自己身上作为优秀孩子的因子。既然你是优秀的孩子，那么你吃饭就不能磨蹭，做作业就不能马虎，见人就要有礼貌，做事情就要有恒心……如此循环往复，孩子自然会越来越优秀。对训练营而言，七天的课程结束后，即使没有老师陪伴左右，孩子也能认真地坚持很长一段时间。

六、教学感受

（一）关于课程设置

训练营的班级设置不是常规的赏能小作家班的设置，一是因为人数设置，二是学习时间安排。赏能小作家班的人数一般是 8～12 人，由专门的经过赏能教育法培训的老师负责辅导，因为人数不多，所以老师对每个学生都了如指掌，对每个孩子的写作进度和写作内容都非常熟悉。训练营因环境所限，两个赏能写作班都有近 40 人，远大于赏能小作家班的人数设置，虽然每次课都有 3～5 名赏能老师同在课堂，但还是关注不到每个孩子。赏能小作家班平常每周只上一次赏能写作课，由于课程的自由与有趣，孩子们非常愿意上课，对赏能课程有一种"饥饿感"，每次都心情急切，写作内容经过一周酝酿而才思泉涌，佳作屡出。从老师的角度来说，因为有一周的时间缓冲，老师有充分的时间来分析每个孩子的作品，从而使针对每个孩子的每一次的新课程都能做到有的放矢，一切都很轻松自然。训练营的赏能写作班每天下午连续上，持续时间只有一周，夏日的炎热天气使部分学生有了疲劳感，老师也来不及认真地分析每一个孩子的作品，只能在课堂上发现孩子的问题后用手机上网查阅相关作品，一切都显得急促，做不到常规赏能课堂那样让每个孩子都写出优秀的长篇作品，并变得更优秀。

（二）部分孩子作品篇幅难以提升的原因分析

在每天都有好几位同学写作篇幅超过 1 000 字的情况下，仍有少部分孩子的写作量一直上不去，有几个原因：

（1）竞争压力。受班级编排方式所限，所有的孩子在同一平台上写作，优秀者自然越来越优秀，而部分写作能力稍弱的孩子在优秀者群体的压力下慢慢地没了写作兴趣。

（2）不良习惯。少数学生坐在课堂，其注意力并不关注老师的言行和同伴的努力，而是一直在观察老师有没有注意到他，他一直在和老师的注意力玩"捉迷藏"，如果发现老师没注意到他，他会以各种方式玩耍和磨蹭。

（3）训练营写作班的人数多，老师关注不到每个孩子，特别是善于隐蔽玩耍的孩子。

（4）思维固化。有的孩子阅读量小，思维禁锢程度较高，思路不容易打开，而老师又不能长时间只关注他一个人。

（5）孩子逆反心理。有个孩子因为爸爸妈妈给自己报了太多辅导班，自己很不情愿，所以一开始他就打定主意，一个字也不写。

（6）父母溺爱。有的爸爸妈妈听孩子说写作非常累，怕累坏孩子，专门关照老师，别让孩子写累了，就让他来玩玩，所以老师不再重点关注。

（三）训练营和赏能小作家班比较

常规赏能小作家班和领袖训练营的赏能写作班有五个方面的明显差别：

（1）赏能小作家的写作过程追求的是细水长流，是持续的兴趣，类似于马拉松比赛；小学生领袖训练营的写作课是集训式的，是短跑比赛，一直处在冲刺状态，这种状态不容易长时间保持。

（2）赏能小作家每次课的写作时间大约为一小时，他们还有另外的训练（或在孩子们看来是玩乐），诸如和写作能力对应层次相关的朗诵、演讲、抗干扰演讲、辩论练习、国际象棋、围棋、中国象棋的兴趣培养，阅读与讨论，室外观察等，这些能力是用来支持孩子们创作的源泉；领袖训练营中大部分时间用来进行写作，虽有其他娱乐活动，但受道具、环境等所限，放松效果欠佳。

（3）赏能小作家班是小班教学，孩子们的写作内容是责任老师负责上传到网上的，老师对每个孩子都了如指掌，包括他们的写作进度、写作内容、父母家庭等，在集体备课时老师们经常会彼此讨论某个孩子某方面问题的解决方案。领袖训练营每个班有将近40人，虽然每堂课都有好几位老师，但老师不能兼顾到每个人，有的爸爸妈妈上传文章比较慢，老师欲对某个孩子进行引导时，网上查不到孩子的文章，就只能凭着自己的感觉来教孩子。

（4）为了培养孩子们的写作兴趣，赏能小作家的课程编排给他们留出了培养写作"饥饿感"的时间，因为孩子们愿意写，但平时又不能写，所以到下次课时，他们会先把脑子里积存下来的故事写出来，所以效果就比较好；领袖训练营每天下午都上课，时间跨度拉不开，有的孩子因思维疲劳而生厌。

（5）赏能小作家同一班孩子的写作能力相差不大，如果某个孩子的写作能力明显提高了，他就会升级到更高级的班级去，所以同一班的孩子在一起学习的时候，彼此间差距不大，压力也不大。训练营两个班的孩子人数较多，写作能力差异较大，有每次课都超过一千字的学生，也有进入写作状态较慢导致每次课只能写出一两百字的学生。根据罗森塔尔效应，前一批孩子自然是越写越有兴趣，后一批孩子因为明显感觉到自己的差距，导致越来越没了写作的劲头，有的孩子就不愿意做进一步的努力。

（四）家长教育方式的差异导致孩子间差异巨大

同为二年级孩子，都是经过选拔出来的优秀孩子，但孩子之间的差别非常大。有的孩子还存在不良习惯，比如骂人、比如带点逆反情绪的故意扰乱课堂纪律、比如娇气等。因为训练营赏能课程就是以写作作为评判结果的主要标准的，二年级孩子所表现出来的，也都是天性流露，下面我们姑且把愿意写、善于写的孩子称为优秀孩子。

总体而言，优秀孩子的群体中，孩子们的综合素质明显偏高，比如写作一班的冠军陆宇昕除了平时懂礼貌善于利用时间外，其他方面也表现良好。有一次放学后，接她的家长来得较迟，几个孩子在打闹玩乐，陆宇昕一个人在教室忙着把每个小朋友坐过的凳子推到桌子下面去摆整齐，同时检查每个桌斗里有没有垃圾，如发现哪个桌斗里有小朋友偷偷塞进去的面巾纸、零食包装袋等，她就把垃圾一一掏出来放到垃圾桶里去。

在等待放学的过程中，优秀孩子的家长一般都愿意和老师或其他家长交流几句，带孩子走时一般都会打招呼，很善于关注细节。有个小朋友和家长一起走时，随手把一小团用过的纸巾扔在外面大厅里，另一位接孩子回家的家长路过时，就顺便把纸捡起来扔进了旁边的垃圾箱，这种潜移默化对孩子言传身教的效果和培养孩子良好的综合素养非常重要，遗憾的是有的家长意识不到这些问题。有的家长在接孩子放学时，即使老师在身边，他也从不打招呼，老师主动对家长描述孩子的写作状态、成绩及家长应注意的事项时，家长也是面无表情，很机械地应答。

训练营老师在家长会上讲了一件事情。孩子们吃午饭时由生活老师给每个孩子盛好饭菜，需要孩子把餐盘从就餐窗口拿到旁边餐桌上去吃。有的家长反映自己孩子不会端餐盘，怕烫着孩子。第二天生活老师就在放学前把餐盘放到每个孩子的餐桌上，结果又有家长担心孩子中午吃冷饭。生活老师说，孩子们吃的饭菜都是餐厅做好后凉了一会的，餐厅不可能给孩子们吃刚出锅的烫的饭菜。并且，时值暑假天热，即使把饭菜放到桌子上也不会凉得很快，希望家长们不要替孩子们担心太多，这对孩子成长不利。结果，马上就有家长问能不能他们中午从家里过来照顾自己孩子吃饭，这个要求被生活老师拒绝了，因为训练营更希望培养孩子健全的人格及生活能力。

不同家长在不同的教育理念的指导下，孩子们表现各异，优秀的孩子都差不多，综合表现为懂礼貌、善于利用时间、课堂秩序感强、知识积累多、反应快、积极参与。另一个群体中虽各有差异，整体表现如下：骂人、性格急躁、贪玩、不爱读书、娇气、主动学习能力弱、注意力难集中等。通过对比孩子和家长教育方式及理念，可再次验证一个观点：优秀的孩子一定有使其优秀的原因，表现不良的孩子，一般都能从家长身上找到其表现不良的根源。要让孩子变得更优秀，家长需要努力提高自己，只有家长好好学习，孩子才能天天向上。

2013 年 8 月 2 日

07　2017 年暑假特别实验班①教学报告

一、背景

　　春学期赏能小作家班课程结束后，赏能教育研究院的老师们有了一个新的想法，想针对中小学生的学习能力及学习的深度与广度进行一番探索，找到这些能力的高点与边线究竟位居何方。

　　该想法的产生，除了研究院老师们在春学期常规教学中的观察与研究外，还缘于本学期我们身边多了几位离开学校教学的孩子，他们在自主安排的学习与读书中度过了几个月自由自在的快乐时光，这几个孩子一扫常规学习中对课程及作业的抵触，他们恢复了活蹦乱跳好奇探索的天性。虽然他们的某些举动给老师及周围环境带来了麻烦，老师也批评呵斥他们，但总体而言，老师们看到的是自觉自愿的学习与阅读。在这种自己安排学习内容的过程中，孩子们的学习进度都远快于学校的教学进度。学完后的测试中，成绩也都很不错，回学校参加期末考试，排名超过了以前按部就班学习的效果。其实，我们看到的并不是那个卷面上的分数，我们更看重孩子学习的状态和那种自觉自愿学习中迸发出的灵光，他们的阅读范围大大拓宽，涉及物理学、化学、经济学、"二战"史及少数民族历史、艺术史、科幻文学作品等。江苏美术馆每场书画展，我们都会带孩子们去欣赏，几位孩子也在学习中结下了深厚纯真的友谊，总体而言，几株幼苗都在茁壮成长，时时迸发出青少年的活力。

　　2017 年暑假来了，老师们在每周一天的例行教学研讨会上提出组建一个小团体，成建制地对孩子的学习状态进行拓展，在可能的范围内不断延伸他们学习的高度与广度，探究并拓展孩子们自主学习的顶点及边缘。这不仅会让参与实验的孩子重新认识自我与学习，对我们的教学研究工作也大有裨益，于是临时决定从七月中旬开始筹备设计实验教学模式，由我和耶鲁大学在读博士 Y 老

---

　　① 该模式的特别实验班后来被正式命名为特斯拉班，以塞尔维亚裔美籍发明家尼古拉·特斯拉命名。是因为该课程以发散思维为目的。特斯拉在思维发散方面堪称典范。

师分别组建特别实验班，各自进行教学探索。

Y 老师是耶鲁大学在读博士、耶鲁社会学硕士，曾任北京重点中学老师和新东方英语老师，Y 老师的助教 Z 老师是慕尼黑大学在读心理学硕士。两位来自海外的老师组建实验二班，计划从中西方文化融合角度入手，辅以外语学习环境，按照西方教育模式进行教育实验。由我组建实验一班，计划七天的全程陪伴，学完下学期主要课程。

二、班级组织

根据孩子报名情况，经过简单面试，实验一班共有八名学生，分布在三至七年级，以三、四、五年级稍多，报到的第一天，孩子们自由组合了三个学习小组，并分别给自己取了笔名。各组如下：

A. 眼镜侠组合二人：
　　大眼镜（叶雨琦·大侠）　　小眼镜（许钊文）
B. 三姐妹组合三人
　　草莓（魏一诺·梅花）　　杨梅（杨浩彬）　　话梅（陆宥言）
C. 三剑客组合三人
　　神剑（陈奕铭·剑长）　　黄剑（黄渝进）　　古剑（宋祺轩）

以上各组第一位是组长，括号中除了各位队员的姓名外，就是该组合负责人的"职务"称谓，这个称谓很有创意。

各组工作分工：眼镜侠负责外联，包括与老师的各种沟通，"侦查"午饭晚饭的各种信息，外出时的各种对外联络等；三姐妹负责监察，包括纪律、环境卫生和个人卫生、文明用语等；三剑客负责倒垃圾、收拾和整理内务等。七天的学习生活中，大家虽忙忙碌碌但有条不紊，配合得非常默契。

三、教学过程

（一）8 月 6 日：破冰

有经验的赏能老师对教育部制定的义务教育课程标准（2011 版新课标）都很熟悉，我也时常揣摩中小学阶段各科内容，并常对比不同版本的教学类书籍，人教、苏教等教材版本我都不陌生，再加上春学期引导孩子自由学习的心得，信心十足地开始了实验班教学。我知道赏能小作家读写教材[①]按不同的上课方

[①] 赏能教育研究院自编的学习教材，在赏能书系中编号为 19 和 20。

式可自由延伸到各个学习阶段，但数学和中学物理还是想尽可能紧靠学校教学。我给每位同学配了赏能小作家读写教材，并给每位同学买来了下学期的数学教材，给七年级学生也配备了下学期的物理教材，并以一本内容有趣的漫画书作为课程导入的历史教材。

课堂从自由阅读漫画书开始。每个孩子都看得津津有味，基本能理解所读的内容，不理解的地方，他们会彼此讨论与请教。所以，一本书读下来，每一幅漫画及所对应的文字内容和历史事件，孩子们全部懂了，根本不用去讲。在轻松愉快的氛围中认真读漫画书，孩子们很快熟络起来，形成了一个有高度向心力的集体。

阅读漫画类历史书之后，老师教会孩子们如何做课堂及独立生活笔记，且要求每人必须写每天的小日记（学习及生活记录）。同时告诉孩子们语文部分需要自行背诵，并规定了背诵的范围（天使级背诵区域），小日记的写作时间和背诵时间自行安排，课堂上不作要求，但会评比结果。一切安排妥当，开始进入数学教学。

让每个孩子打开各自的配发教材，了解下学期的学习内容，结果却发现，大部分孩子对下学期的内容都已经掌握。即使以前没有跟着教材刷"题"，没有参加相应的辅导班的超前学习，他们也已基本掌握了下学期的知识范围。我随即调整教学思路，要了解他们已掌握了多少数学知识，以安排以后的教学。通过提问、做题、游戏，发现了一个较严重的问题，大多数孩子只能按部就班跟教材走，遇到稍微考验发散思维的问题，立即不知所措，说明学的知识比较死。测试发现，不管是南京优生还是甘肃学霸，都有此种倾向。我开始以大综合的方式直接进入一次函数，以图像开始，到解一次方程、一次不等式，孩子们很快了解了自变量和因变量及其变化关系，有孩子惊呼："我们学了六年数学，原来只学了一个点。"他说的一个点，指的是因变量为 0 时求自变量的过程，即解方程。后来正式介绍笛卡尔坐标系，直接以抛物线引入二次函数及相关的二次方程和二次不等式，有关图像的性质方面，包括三年级孩子在内，他们都能听懂并理解。第一天下午的数学学习，孩子们兴趣很高：

（1）没想到数学还可以画图来学，真好玩。

（2）知道了八年级之前代数部分的高点即为二次函数，瞬间觉得数学原来很好学。

（3）预留作业：三天后解方程 $ax^2 + bx + c = 0$，自己先研究。

（二）8 月 7 日：命题及六位伟人

9:00 上课，但我 8:20 进教室，就发现孩子们都在背诗词及文言文。有孩子背诵《庄子与惠施游于濠梁》时说了一句："这人说话就像说绕口令一样。"

另一个同学说，古人说话有时候不讲道理，有个人说白马不是马。我当即决定给他们介绍诸子百家。我是到毕业走上教师岗位后才大致搞清楚春秋各门派的简况，上学时只知道各家的代表人物与似是而非的学术观点，我估计孩子们也是如此。今天先从说话的问题开始。

从改编过的马克·吐温故事导入。马克·吐温曾在报纸上骂"领导"："国会里有些议员是王八蛋。"议员很不高兴，逼他道歉，他就公开道歉道："国会里有些议员不是王八蛋。"先问孩子们：马克·吐温到底道歉了没有？为何看似道歉，实则没有道歉？待大家兴趣盎然后，开始介绍命题的四种形式（原命题、逆命题、否命题、逆否命题），大家很快明白何谓等价命题、集合、偷换概念等，又介绍了相关语言陷阱、语意嵌套等。最终孩子们明白了一个道理：说话要简洁，但不可有歧义。为了让孩子们明白语言严密性的重要，除了举出为说明问题的例子，还把生活中真实的事例做了列举。

说明问题的例句：

例1：你现在还骂你妈妈吗？

例2：有人请客，看着时间已过，仍有客人未到，主人焦急地说："怎么该来的客人还不来？"一些敏感的客人听到后想："该来的没来，那我们是不该来的？"于是悄悄地走了。主人发现走掉几位客人，越发着急地说："不该走的客人怎么又走了？"剩下的客人想："不该走的走了，那我就是该走的了！"于是又走了几位。他的好朋友抱怨说："告诉你很多遍了，说话不要拖泥带水，让别人误会。你看你一句'不该走的又走了'，就剩下我了，这饭还怎么吃啊？"这个人焦躁又委屈地说："我说'不该走的又走了'，又没有说他们，他们太敏感太爱多心了。"朋友一听，"不该走的"不是说他，现在就剩我一个人了，我肯定就是那个"该走的人"，于是朋友也默默地走了。

例3：生活中真实事例采用了江主席传记《他改变了中国》中的三次语言交锋[1]，实验班学员对领导人的机智反应深感佩服。

下午我在赏能课上介绍了他们熟悉的六位伟人：牛顿、麦克斯韦、爱因斯坦、居里夫人、达尔文和欧拉。我特意介绍了居里和居里夫人家庭生活的和谐，以及爱因斯坦和米列娃生活的糟心，让孩子们自己得出只有互相扶持、互相尊重才能家庭幸福的道理。

因为中午集体观影《超时空接触》，下午我便专门介绍了《暗淡蓝点》及

---

[1] 指《他改变了中国》中江主席答记者问的三个问题。（1）这张照片是否表明中国又重新回到世界事务的中心？（2）你今天还认为美国故意轰炸中国大使馆吗？（3）你是否同意中国报纸把美国描绘成世界和平的威胁的说法？罗伯特·劳伦斯·库恩. 他改变了中国 [M]. 谈峥，于海江，等译. 上海：上海译文出版社，2005：345－346.

物理学家、天文学家卡尔·萨根，谈到数学中的三体问题及科幻小说《三体》，谈到"执剑人"，又从《超时空接触》中"1 秒 = 18 小时"的科幻问题谈到时间和空间的相对性，谈到质能转换，谈到了与此相关的各种问题，大概有以下关键词：

力的统一、光电磁的统一、质能转换、时空统一、生物进化与原生家庭传承、居里与居里夫人、欧拉公式及欧拉

三体问题（牛顿、拉格朗日、庞加莱）、三体人脱水与生物进化、日地月三体何以稳定

分子、原子、质子、中子、中微子、光子、波粒二象性、双缝实验、薛定谔的猫、麦克斯韦妖、费米子、玻色子、上帝粒子、天使粒子、负质子、正电子、湮灭、量子纠缠、墨子卫星、潘建伟、暗物质和暗能量等

这些内容以故事的方式串起来讲，孩子们的大脑高速运转，不提醒他们上厕所，他们大多都忘了上厕所，一说休息十分钟，几乎全部冲向厕所。在讲述的时候，我一直在关注着孩子们的注意力状况，我想知道他们能否听懂，是否有兴趣，不过我很快就放弃了这种刻意的观察，因为孩子们的接受能力比我想象的还要强，所以以后的课我就开启了漫谈式讲座。

（三）8 月 8 日：诸子百家（上）

原计划要对孩子们介绍诸子百家，恰好教室有人在背诵《论语》和《老子》，就从孩子们背诵的内容，结合教室里墙上挂图中文章的出处开始，从《列子》《孟子》《墨子》《庄子》《荀子》自然导入。关键词如下：

最终目标：结束战乱，缔造和平

儒家：孔子（至圣、仁、克己复礼、周公）、颜子（复圣、安贫乐道）、曾子（宗圣、大学）、子思（述圣、中庸）、孟子（亚圣、人之初性本善、尧舜）、董仲舒（独尊儒术）、朱熹（四书五经）、六经与六艺、儒家十三经

道家：杨朱、老子（道、自然、水德与无尤）、庄子（逍遥、齐物）、列子、黄老、魏晋风流、《当道家统治中国》与林嘉文

墨家：墨子（组织严密、科研、非攻）

农家：许行（均贫富）

兵家：孙武（孙子兵法、道天地将法）、孙膑（孙膑兵法）、司马穰苴（司马法与司马穰苴兵法）、尉缭（尉缭子）、吴起（吴子兵法）

法家：法今、荀子（荀子）、韩非（韩非子）、李斯、李悝（法经）、商鞅（商君书）

纵横家：苏秦（苏子）、张仪（张子）、苏代

（四）8 月 9 日：诸子百家（下）

相对其他各家，阴阳家、佛家和儒家类似，对中国的影响更大，需要用更多的时间来说明。前一天时间有限，计划今天用半天时间来做说明。

进教室，以往常有孩子央求："老师，考核我们背诵吧，我们都背了很多了。"今天却有孩子提醒："老师，今天要解方程，时间到了，不过我们不会解。"大家七嘴八舌介绍了自己如何努力的。有人在网上查过，有人问了爸爸妈妈，有人问了老师或同学，每个带了手机的同学都在自己班的群里公开问过。虽然都动了脑筋想了办法，但都没解出来。从孩子们面对难题的解决之道上来看，作为教师和家长，教育及教学思路必须要与时俱进，只会走老路，也许就是在爱心驱使下，很认真很负责地毁灭孩子美好的未来——时代变了。

我把方程"$ax^2 + bx + c = 0$"写下来，从介绍中小学数学课本知识结构编排开始，从差平方与和平方的公式切入，在解题过程中介绍了配方法、乘方与开方、分数的乘除加减等。解出方程后，随着函数图像介绍根判别式、函数图像如何纵横移动、抛物线开口大小及方向、该方程与二次不等式在图像上的变化关系。有低年级同学问及为什么负数不能开平方，高年级同学马上叽叽喳喳插嘴解答"负负得正"的道理。待同学们的解题讨论告一段落，我又简介了欧拉和虚数，让数的概念扩大了一倍。

我从习惯性负数不能开平方的思维，引入"杞人忧天"故事中世人对杞人的讥笑，及对"天不会塌所以不会塌，地不会陷所以不会陷"答案的满足，导致李约瑟难题产生。随后我告诉孩子们不要轻易被"显而易见"的答案迷惑，任何事情都要经过自己大脑的思考，得出自己的答案，生活中也不要轻易评价别人，善从"他为什么会如此认为"角度做思考，牢记"子非我，安知我不知鱼之乐"的现实与人生意义。

因为午饭时有孩子讨论玛雅和亚特兰蒂斯，所以饭后我陪孩子们有选择地欣赏了两集《星际之门Ⅱ：亚特兰蒂斯》，为以后的教学做铺垫。

下午接着讲阴阳家和佛家（关键词略）。

（五）8 月 10 日：货币史和宇宙史

应孩子们要求，今天要进行一次诗词背诵的团队 PK，看看哪一队在课后下的功夫多，于是就有了一段背诵现场视频（视频略），这是一位当时没课的赏能老师拍摄的，幸亏留了这个视频，能让我们重现孩子们前几天的风采。因为是孩子们私下自发背诵，对某些字词的不同用法不太了解，比如四年级孩子自己背诵《马说》时对几个"食"字的读音把握不准确等，过后老师给孩子们一一做了纠正。此外，本次背诵不允许背诵青蛙与天马两个级别的诗词，因为这两个级别的内容比较简单。

背诵过后，针对《六神磊磊读唐诗》的部分篇章，孩子们进行了热烈讨论。

而后，同样是因为孩子们要求，我给孩子们介绍了一番有关"钱"的知识。这部分关键词大致如下：

普通货币（牛/羊/玉米/贝壳等）、一般等价物、金本位和银本位、纸币、交子、金匠、银行家、准备金和存款准备金率、布雷顿森林会议、美元与黄金脱钩、三次石油危机、物价和房价的飙升、贞观年间与康熙年间的米价、中国崛起、人民币国际化、亚投行

午后继续欣赏《星际之门Ⅱ：亚特兰蒂斯》，内容涉及时间膨胀、时间穿越和平行宇宙，故事便又进入时空中。关键词如下：

大爆炸、大收缩、有界无限、黑洞、白洞、灰洞、虫洞、史瓦西半径、波粒二象性、为什么晚上会天黑、平行宇宙、超空间、次空间等

（六）8月11日：《心经》与"独立之精神，自由之思想"
中高级赏能小作家大多能背诵《心经》，但因接触佛学不多，对内容大多不熟悉，今天又有孩子在大声背诵《心经》，有个别字句读音及断句不准确，于是我今天从心经开始讲。

关键词1： 观自在菩萨、五蕴、空、色、受想行识、六识、六根、空与有、心经结构与议论文、朱清时与佛学、人生的意义
关键词2： 清华国学研究院五导师、蔡元培、梅贻琦、张伯苓、蒋梦麟、叶企孙、胡适、华罗庚、钱学森与"两弹一星"元勋、2016年感动中国人物之孙家栋
关键词3：《木皮散人鼓词》之另一个角度读历史、《群书治要》失而复得、张文治《国学治要》、《资治通鉴》与太岁纪年法

小眼镜同学因为明天另有安排，今晚他将要和大家告别，孩子们当晚不断话别，彼此祝福，留影、留像、留地址，数次几欲感动落泪。

（七）8月12日：演讲与无领导小组讨论
今天是最后一天课程，孩子们有些心绪不宁，不断找机会彼此嘱咐明年一定要再来，还是我们一个班，对来自兰州的杨梅同学大家特别难舍难分。杨梅同学临时外出一会儿，有人说杨梅已经走了。平时常与女生唱反调的神剑同学

马上就急了："她怎么能走呢？还没好好告别呢，她怎么能这样子就走了呢？"听到旁人说杨梅还没走，神剑说了一句："我就说她不能这样子走嘛。"随即又恢复了"萌萌的"唱反调的状态。看到孩子们彼此间深厚的友情，旁观的我很欣慰，因为这也是赏能教学中重要的一个环节。

上午每人即兴演讲两分钟，题目来自近几年全国各地的中考作文题，演讲者也可自定题目。除因事临时请假的同学外，每个人都完成了即兴演讲。古剑首先登场，随后大家陆续自行上台，各同学演讲题目及他们各自即兴演讲方向如下：

古剑：赏能让我与以往不一样（谈参加赏能课前后对自己和他人的认识改变）

话梅：在岁月的堤岸慢慢行走（临别前怀念这几天的幸福生活）

草莓：想念那段温暖的时光（过去的同学回忆）

杨梅：人际关系（自己的人际关系观，并现场点评了每位同学）

神剑：说说我自己（自己愿做开心果，并解释这几天常唱反调是想让大家开心）

黄剑：让（谦虚是美德，能让自己和他人的生活更美好）

大眼镜：丢（丢弃、丢失永远和得到相随，每个当下都是最好的开端）

演讲和讨论的内容为严格流程的无领导小组讨论。

内容：记者与面包。

现在你们是可口可乐公司的业务员，公司派你去偏远地区销毁一卡车的过期面包（过期但未变质，无损于身体健康）。在行进的途中，遇到一群饥饿的难民堵住了去路，因为他们坚信你所坐的卡车里有能吃的东西。这时报道难民动向的记者也刚好赶来。对于难民来说，他们肯定要解决饥饿问题；对于记者来说，他是要报道事实的；对于你业务员来说，你是要销毁面包的。你们该如何处理这件事情。

说明：

A. 面包不会致命。B. 不能贿赂记者。C. 不能损害公司形象。

四、个性化"诊断处方"

经过近距离一周的全程陪伴，对每位同学的认识更加真切了，我凭借自己的感知对每位同学做出了大致的未来发展方向的预测，并给出了相应的成长建议（此处略去）。

五、教学感悟

（1）把学习主动权交给孩子，孩子能迸发出超乎我们预料的学习能量。让孩子知道为什么学、如何学，并主动去学，比在家长要求下正确完成某道题重要得多。

（2）家长要找到适合自己和自己家孩子的学习方式。不要焦虑慌乱，不要盲目跟风，更不要仅听人言为孩子报一堆自己也不明就里的课程。如果没有更好的方法引导孩子成长，请家长静心阅读一些名人传记，特别是某些教育家、科学家的传记，或者是知名教育家如苏霍姆林斯基、陶行知、陈鹤琴等人的教育心得，不建议跟风被媒体刷屏的某些教育类书籍。如果具备一定的文言基础，四书、《荀子》等儒家典籍其实就是最好的教育宝典。请勿以为那些关于仁爱、礼让、尊卑的观点老旧过时，其实这些观点一直是常温常新，也一直有人在实践。我们遇到的诸多优秀的孩子身上的品质都能从这里找到根源，因为某些人做不到，所以会以为旁人也做不到，所以孩子就不能优秀成长。如果孩子会学习，能主动学习，慕课、网易公开课、可汗学院等网上学习资源比比皆是。自己不清楚的时候，可上网查找。不管家长是否愿意让孩子使用网络，我们很清楚孩子网上查找知识的能力其实都不弱，他们大都能熟练使用网络。

（3）课本学习只是学习中的一小部分，更是成长中的一小部分，切勿把它当作全部，否则孩子的未来一定会很辛苦，即使上了名校，也大多难有作为。

（4）多观察孩子的学习是否快乐。学习是可以快乐且高效的，如果没有做到，那么学习方式、方法一定有问题。此类问题随着年龄的增长越来越难以调整。

（5）孩子的优秀与否皆来源于父母及其成长环境，初生的孩子基本一样，"染于苍则苍，染于黄则黄，所入者变，其色亦变"。如果孩子在某方面令你不满意，可能你为了孩子成长所做的各种努力大多是扬汤止沸，治标不治本。

2017 年 8 月 14 日

08 2018 年寒假赏能特斯拉班教学报告

2018 年 1 月 29 日，我们迎来了赏能寒假班的孩子们。

今年寒假有点特别：一则因为大雪，各校考试与放假时间一直在调整，再则因为下学期的时间紧张，部分学校安排了学期末补课，所以寒假班学生被打乱了，有位中学生向学校请假来特斯拉班上课，也有数位同学不能前来参加学习，于是"替补队员"全部"上场"。

一、班级简况

班级介绍：本班由九个孩子组成，年级相对集中，七年级一名，四年级两名，六年级六名，九名同学中只有一位女生。九人中，一人来自安徽，其余八人都是南京孩子。头两天，一位同学因参加期末考试，只有八名同学上课，他们自称八仙，并按八仙的名号各自给自己取了别名，分别叫作铁拐李、吕洞宾、何仙姑等。第三天，参加考试的同学"归队"了，第九位"特斯拉"的名号一直是大家议而未决的问题。

课前综述：第一天上课前，我先和寒假班家长们针对赏能小作家2017年已读的书单进行了交流，希望家长能充分相信孩子的优秀，同时要针对自己孩子形成自己的教育思想，不因孩子和"别人家孩子"的"差距"而焦虑。关于读书，有人快，有人慢，都是正常现象，希望以平常心对待。

在和家长交流的一小时中，另有老师在特斯拉教室和孩子们共读《二战那些事》。该套书是我到广东人民出版社拜访时，经编辑推荐专门带给特斯拉班的，孩子们都很爱读。最初的设想是，因班上男孩较多，几位来自常规小作家班的孩子一直在创作战争题材作品，我原计划首次课从"二战"开始讲起。

（说明：赏能小作家以创作见长，组建特斯拉班亦以写作为重点，创作长篇已成为小作家的"看家本领"，长篇创作与应试作文于他们而言不是大问题，所以，本教学报告会弱化写作引导的部分。）

为期七天（实际写作五天）的特斯拉班学员创作字数及两天内熟练背诵的文章篇目如下：

张果老（陈奕名）/七年级：18 503 字 /《原毁》
蓝采和（汪知非）/六年级：11 750 字 /《春江花月夜》
铁拐李（陆钰宸）/六年级：10 149 字 /《阿房宫赋》
吕洞宾（黄渝进）/六年级：12 440 字 /《谏逐客书》
曹国舅（蔡小天）/六年级：10 489 字 /《醉翁亭记》
何仙姑（姚诗语）/四年级：5 257 字 /《桃花源记》
汉钟离（薛辙）/四年级：10 034 字 /《出师表》
韩湘子（夏祺）/六年级：10 070 字 /《岳阳楼》
第九人（张茂恒）/六年级：10 326 字 /《与韩荆州书》

赏能特斯拉班简介：针对优秀青少年的成长过程，我写过《起跑线与跑道》，针对赏能小作家的教育与培养，我写过《赏能教育的目的是培养出智慧型优秀生》，这两篇文章大致能说明赏能教育法的培养思路。①赏能教育是针对优秀生的教育，非优秀生不在两文讨论之列。所有的孩子都能成为优秀生，但"天生"优秀的孩子只来自于淡定、平和、善良、自信、努力的优秀父母，没有父母的优秀，很难有孩子的优秀（赏能体系中所说的优秀不是社会上通常的以成败、财富、职务为评价标准的优秀）。所以赏能教育体系中，我们首先要让孩子成为优秀生，才能开展针对优秀生的教育与培养。

按《起跑线与跑道》一文的分类，赏能通常按"创造之道"的标准对孩子进行培养。假期班的区别是，自强和特训通常把"创造之道"当作上限，而特斯拉是把"创造之道"作为下限，标准不同，教学方式自然不同。自强和特训是老师以"结果之道"为基础，辅助孩子们稳定而快步地沿着"创造之道"向前迈进，特斯拉班则是老师告诉孩子们前进方向后，由孩子们自行向前跑步。也就是说，特斯拉班孩子们的学习、生活、休息、娱乐等活动是他们自行安排的。在自行摸索进步中，允许孩子们摔跤、走弯路，甚至如赛跑中的兔子在树下打盹，老师只是在旁边辅助，偶尔做点必要的提醒与引导，老师永远不会怀疑孩子的自觉性与进取心。当我们帮孩子树立了信心，并形成了学习的兴趣，他们的内在能量将得到极大的释放。我们的教学结果一次次都在验证和说明着这个问题。

在帮孩子们养成自强、自律、自信品性的特斯拉教学中，本班我有意加入了传统文化和文言部分，这和2017暑假特斯拉（特别实验）班以拓展视野为主的教学方向略有不同。

二、教学记录

特斯拉班开课第一天，家长课后回到教室，我就感受到该班和以往特斯拉班不同——这个班的起始氛围较沉闷。了解每个孩子的状况后，我大致明白了，氛围沉闷是因为八位成员中没有"大干部"，也没有非正式团体中天然的领导者。不但没有2017暑假特斯拉班的少先队大队长，也没有大队委、班长，最大的"官"是体育委员和卫生委员。赏能一直鼓励孩子们积极参选学生干部，在学校期间，通过竞选或民主推举后做过认真负责的"大干部"的同学到了一个集体中往往就能表现出积极热情的大局观。这种大局观，大多数人并不具备，没有过相关经历的人也未必能看得出来，但有的人一眼就能发现哪些人具备这个能力。这种大局观有别于大多数人看到的活跃、自律、热情等优秀生的共同

---

① 这两篇文章见本书第一部分内容之第一章14和第二章01。

优点。

因为该班有些拘束沉闷，我的教学方式随之改变。

（一）1月28日（星期日）：八仙传奇
进入教室发现了"八仙"的取名方向，首次课就从八仙传说开始。

关键词：道家八仙、神仙谱、盘古开天地、一气化三清；神、仙、佛、菩萨、罗汉、寺、庙、观、庵；韩愈与韩湘子、云横秦岭家何在，雪拥蓝关马不前、文曲星；唐宋八大家、三苏、佛印、明悟禅师/五戒和尚、苏小妹与秦少游、闭门推出窗前月/投石冲开水底天；对联、烟锁池塘柳、远近逢迎迢遥过、色难、由山而城由城而陂由陂而河由河而海每况愈下；宋词之苏轼词、秦观词、柳永词、晏殊词；曹国舅曹佾与曹彬、张果老、吕洞宾、白牡丹、黄/红/白/青/黑蛇传、铁拐李与钟离权、八仙过海

（二）1月29日（星期一）：逸仙桥探秘
第二天，孩子间仍未达到亲密状态，我们从大家对南京的印象开始讨论，我们先从南京数条中山路的名称开始，进而引申到南京的历史，下午带孩子去探访逸仙桥。

关键词：南京的中山路、"中华民国"、临时大总统、袁世凯称帝、护国和北伐、逸仙桥、天一阁；韩熙载夜宴图、顾闳中、南唐、后主李煜、宋词；头条巷、陈寅恪、无问西东、柳如是别传、钱谦益、洪承畴、袁崇焕、碧血剑、扬州十日、嘉定三屠；李香君、南明弘光、桃花扇、侯方域、孔尚任、夫子庙、秦淮八艳、颜料坊、胭脂巷；杯酒释兵权、文官政治、辽金西夏、朱升九字真言、明城墙和城砖、刘基和烧饼歌、袁天罡和推背图、明朝监军、张居正内阁制、做了奴才和做不成奴才（鲁迅）

（三）1月30日（星期二）：常礼举要
孩子们慢慢熟络起来后，我们从朋友间相处的礼仪开始讲起并讨论。

关键词：高贵的坐姿、站姿、行姿，餐饮礼仪，婚礼礼仪，拜年礼仪，会议礼仪，课堂与讲座礼仪；家庭礼仪，孝悌忠信，长幼尊卑；简单而有效的学习方法，守时与惜时，自觉与监督，自律与他律，阅读与自由，批评与自我批评，团队协作共赢，进取与荣誉

下午，由陈奕名主讲，黄渝进、张茂恒、蔡小天辅助，大家共同推导出二

次方程求根公式，孩子们很是兴奋。于是顺势讨论起了"学霸"的学习方式。

关键词：守时、自律、不回避难题、相信自己、愿意成为优秀生、主动学习、超前学习；多读书、多讨论、有自己的主张，必要时和爸爸妈妈讨论与争辩；不要假装学习，不给家长和老师假装，也不给自己假装，注意力集中

（四）1月31日（星期三）：文言文学习

很多中学生怕文言文，昨天我们已推导出了不少中学生同样惧怕的韦达公式，今天一起挑战文言文。我按赏能小作家高级教材中的《般若波罗蜜多心经》的白话译文，分析了心经的文字结构，大家忽然觉得拗口的《心经》背诵起来也没那么难了。随手在白板上写下了毛主席诗词《菩萨蛮·大柏地》全文，让孩子们用刚学会的理解式背诵，看看多长时间能背会。不理解词义的孩子很快开始发问，我做了讲解。大多孩子三四分钟已全部背完，最长的费时八分钟。通过此事，再次确信了自己的学习能力，我建议孩子们从教材19中每人选择一篇文章，争取利用今天的业余时间完成背诵计划，最多不超过明天。大家都饶有兴趣地选定了要背的篇目。

夏祺：范仲淹《岳阳楼记》
陈奕名：韩愈《原毁》
陆钰宸：杜牧《阿房宫赋》
汪知非：张若虚《春江花月夜》
黄渝进：李斯《谏逐客书》
姚诗语：陶渊明《桃花源记》
蔡小天：欧阳修《醉翁亭记》
薛辙：诸葛亮《出师表》
张茂恒：李白《与韩荆州书》

晚饭前，曹国舅（蔡小天）和张果老（陈奕名）已分别可全文背诵《醉翁亭记》和《原毁》。

（五）2月1日（星期四）：进化与危机

中午一起欣赏了电影《X战警：第一战》，前几天我们已经看过了X战警第一部和第三部。欣赏完电影后，孩子们就变种人是否会成为人类未来进化的方向进行争论，于是下午的课程我们从这次争论开始导入。

关键词：《X战警：第一战》、古巴导弹危机、纪录片《即将到来的对华战

争》；越南独立、胡志明、陈赓、越战、珍宝岛、里根与铁娘子、星球大战计划、两伊战争、石油贸易、苏联解体；第一次工业革命、蒸汽机、轮船与火车、珍妮纺纱机；"二战"、希特勒、张伯伦、丘吉尔、"沙漠之鼠"蒙哥马利、"沙漠之狐"隆美尔、曼哈顿工程、偷袭珍珠港、电脑、互联网与硅谷；"两弹一星"、东方红卫星、墨子号卫星、量子纠缠、安塞波

昨日所选文言文已经全部背会。

（六）2 月 2 日（星期五）：学习与生活

人文素养不能单靠某一本书某一堂课养成，老师们深谙此理。继前几天带孩子到江苏美术馆赏画后，今天上午，寒假班同学又统一参观南京博物院，以鉴古知今。参观南京博物馆前，我给孩子们简介了南京博物馆的历史，以及蔡元培、李济、傅斯年、曾昭燏等人及其轶事，以及他们与中国历史和南京博物院的关系。同时，针对文言文背诵中不同孩子的表现进行了相应的鼓励与指导；针对这个年龄段孩子间易发生的冲突问题，专题讨论了"踢猫效应"（费斯汀格法则）；讨论了新闻报道中昨日发生的房檐冰锥伤人事件及"君子不立危墙之下"的道理。随后孩子们各自发言谈了近一周来学习的感受，发言都很精彩。最让我印象深刻的是，每个人都对他人对自己的帮助表示了谢意，这种自发的知恩图报的心声使我感动。

（七）2 月 3 日（星期六）：尾声

还有个别学员的创作未过万字，孩子们问我能否多留点写作的时间，所以今天上午简化了课程流程。大胆以合理的方式自由表达想法，原本就是特斯拉班的教育目标之一。经过一周的训练，已经很有成效。大家自行讨论后评出了陈、黄、薛三位优秀学员，组织了"名人杀"游戏。接着，他们利用转换思维模式，讨论了放假后拜年、访亲、见友时应注意的问题和寒假学习的问题，随后，全体进入了写作模式。最终结果是，九人中有八人创作字数超过万字，陈奕名超过了 1.8 万字，大家都达到了七天的学习与成长目标。

（八）成绩综述

经过七天的相处，每位孩子都取得了很大进步，主要体现在以下几个方面：

（1）学会了包容和感恩。每个孩子都能包容他人，懂得换位思考，并能主动而无私地全心全意帮助他人。课堂总结时每位孩子都对老师和他人的帮助表示了感谢。

（2）做事更有条理。不再慌乱和无序，都能主动而习惯性地做好充分的前期准备工作，而不是事到临头才手足无措。通过对桌椅、书包、文具等物件的

有序摆放来保持教室长期的整洁干净有序，基本养成了有条不紊的习惯。

（3）相信生活的简单真实。在遇到各种学习任务和要求时，不再习惯而下意识地先说"不要"来反驳。能真实而准确地表达自己，在学习和自律等各方面不再和老师与规则"捉迷藏"。不管是玩游戏，还是写作累了想出去溜达一圈，或者在老师讲座中发现了口误，都能直截了当地表达，大家感受到了简单生活的轻松。

（4）有了充分自信。相信只要自己愿意努力，学习成绩一定能进入班级前三名，推而广之，确信自己能完成任何同龄人能做到的事情，且这一切不需要他人监督和要求。完成单篇作品的万字创作和短时间流利背诵长篇拗口文言文，都让孩子们对自己的学习能力更加自信。写作字数和背诵目标都是自己定的，我并未做要求，如果某位孩子愿意放弃或觉得自己做不到，是可以直接提出来的，他们也知道我一定会同意，但没有一个孩子放弃，且都做到了。

（5）敢于积极表达。懂得并认真实践着不但要努力学习进步，还要勇于展示自我，以不断完善与提升的目标。从头两天的提问不举手无回应，到后两天孩子们的发言自由随意，人人勇于思辨，精神状态改善显著，相信回到学校的班上，孩子们都能自信阳光而踊跃快乐。

（6）学会思维发散自我管理。自我管理能力的重点培养是特斯拉班和自强、特训、常规班的主要区别之一，除了课堂讲座，我几乎不过问日常班级事务，各种事情都由孩子们自行完成。何时写作、何时吃饭、外出是否排队、是否要跟随"大部队"参观南京博物院和江苏美术馆、背诵篇目确定、评优秀学员、是否公开展示特斯拉班、谁要上台发言、几人公开背诵等，全由孩子们自行决定，我不参与发表意见。2月2日晚上，赏能老师为初级班一同学举办生日会，大家踊跃献舞献歌，特斯拉班几位学员也主动地大胆登台："我没有文艺细胞，我刚背会了一篇古文，我背给寿星听，为寿星祝寿。"在一片掌声中，学生们纷纷上场背诵、朗诵，为晚会增添了新的风采。

三、成长思考

通过一周的教学观察，结合以往的实践，综合近期的相关咨询与交流，再谈谈以下几点体会：

（一）家长的不淡定使孩子成长受阻

家长在孩子成长中的不淡定不客观表现在正反两面。

正面：对孩子当前的某些言行表现出额外的焦虑，对孩子的成长过多干涉，使孩子在生活中无所适从。结果可想而知，原本可静等花开的家长或者拔苗助长，或者画蛇添足，在茫然无序的焦虑中把自己忙得晕头转向，也把孩子折腾得头昏脑涨，却没取得自己想要的结果，或者原本就不知道自己想要什么，只是不折腾感觉难受，好像自己没对孩子的成长负责似的。

反面：已经让孩子养成了各种各样的问题与毛病，无头苍蝇般到处拜访名师"求医问药"。但他们却在"名医的诊断"中描述"病情"时不断称道孩子是多么聪明多么能干，自己是多么尽心尽力善解人意（孩子考不及格我不在乎，我只对孩子说我们以后努力赶上），但是我们孩子真的只是不适应学校教育体系（传统教育简直是残害孩子），或者不适应某个老师（那个老师太差劲，我联合其他家长一起把他告到教育局，终于把他撤换了），或者老师教得不行且心理阴暗（每次考试都只出偏题怪题，不考虑学生心理承受能力，爱整人，大家意见很大），我们孩子不善于和同学相处（现在的独生子女都被家长培养成了自私自利不懂事的孩子，我们孩子不适应这种野蛮群体），或者只喜欢玩游戏（他玩游戏时表现出来的聪明与智慧简直令人难以置信）等。总而言之，自己的孩子一切都是好的，外面的环境处处充满着邪恶，导致了自家孩子的胆小、不爱上学、不敢出头露面、没有朋友等。说了一大串夸孩子和自夸的话后会接着说："朋友一直在推荐你们，说是赏能的孩子都很出色，赏能的老师也很专业，您一定能改变我们孩子。"如果没有最后一段话，我会感觉到她不是来"求医问药"，而是希望能找到一个可改造整个世界以适应自己家那个聪明绝顶的孩子的人。

其实，各种问题大多出在自身，根源也在自身。除了极个别也许有问题的孩子，大多孩子在基础上、本质上没什么区别，当前孩子间的差别，往往只来自于家庭间的文化与教育的差别，这种差别与贫富贵贱关系不大，只跟与孩子亲近的人的精神高度有关。就以上某些家长的反映而言，如果你家孩子成绩优秀，又何惧考试出偏题怪题？如果情商很高，又怎会不适应学校环境？每个班都有好的孩子，何以某老师在你家孩子面前就成了心理阴暗的人？

（二）家长的不放心让孩子难以成长

赏能的午餐和晚餐一直令孩子们念念不忘，这源自于赏能老师长期以来的精心观察与持久的责任心。整整一年中，老师一直都在观察记录哪里的饭菜卫生、可口、营养，所以才有了假期班孩子们嘴巴上的"乐不思蜀"。原本该回家吃饭的特训班部分孩子也要在赏能吃完饭才回家。但也有家长很不放心孩子的营养搭配，每顿饭都要孩子拍照发给自己。我们规定一周内不许来打扰孩子，但还是有家长忍不住几乎每天都要给孩子送零食来补充营养。虽然孩子每晚都会邀请不少小朋友聚在自己房间去享受美味，但七天后仍有如山般一大堆零食吃不掉。自强班结束，收拾行李时，孩子很淡定地指着零食对同伴说："这些都不要了，妈妈还会给我买。"

大家都知道赏能以培养孩子独立性为目标之一，不主张家长包办孩子的生活。为了给孩子独立的空间，家长可以旁听其他班孩子的课，但不允许出现在自己孩子的课堂。于是等待孩子上课的家长，南京图书馆读书者有之，江苏美术馆赏画者有之，休息室阅读者有之，随孩子成长重温数理化或背诵文章者有之，这就是小作家优秀成长的基础。但也有一位奶奶，常如侦探般存在，只要胖胖的孙子一出教室，奶奶迅即出现，给孙子嘴里塞一口零食，如发现孙子出来添开水，马上接过杯子快速接上开水递给孙子。她敏捷的举动和鹰隼般的观察力使老师们佩服不已，奶奶做"地下工作"时遇到老师会尴尬地笑笑，劝说无效的老师们也陪着笑笑，大家除了感受到奶奶对孙子爱之深，也感受到了对孙子的害之深（虽不忍心用"害"字，但确实是害）。

以上事例或属个别，但此类现象并不鲜见。我知道有个五年级孩子，在家每顿饭都由家长喂食，每天起床都由家长穿衣，也知道有四五岁时即做出傲人成绩的孩子。每个孩子出生时的基础并无二致，一切差别都在后天养成。爸爸妈妈爱子心切情有可原，但孩子终究是要走向自己的战场的，将来面对着那些彪悍、魁梧、孔武有力、身经百战的同伴与对手，家长用过度关爱培养出的温室花朵如何能胜出？最佳的生存之道也许是一辈子在阴影下和那些畏畏缩缩的同伴竞争，即使光芒万丈的爸妈给孩子准备了坚固的安乐窝，但又怎能保证只会诧异于饥民"何不食肉糜"的巨婴能应对生活中的风浪？

（三）家长的时间观让孩子走向平庸

时间是最公平、最易逝的。人生的道理大多数人都懂，之所以形成不同的人生，在于对时间的态度不同。仍以自强班和特斯拉班教学为例，老师发现有的孩子自理能力较差，有的孩子不好好吃饭。老师的本意在于做出"诊断"后告知家长他将要对孩子"治疗"的角度，并希望家长能持续关注，但得到的反馈往往是家长先表示深深的感谢，然后会说"以后有机会一定对他进行这方面的锻炼"。之后他会申请自己来照顾孩子，或者他要给孩子送零食来，或者他要带孩子外出吃"他爱吃的"，结果当然被老师拒绝。招生之前有明示，赏能培养精英，若家长自甘于巨婴养成，则拒绝录取，这也是赏能有的班招生时要面试的原因。面试，不主要针对孩子，而是针对家长，我们能改变各种孩子，但难改变不思进取自以为是的家长。

七天住宿中，家长没有主动联系的孩子基本上都是自理能力强、学习成绩优秀、阳光自信的"开心果"和"万人迷"，懦弱胆怯、学习不主动、生活自理能力差的孩子都在时时被家长嘘寒问暖的群体当中。有的孩子初来上课时，在教室闷声不响，回宾馆就和家长煲电话粥数小时，孩子对老师在宾馆组织引导的学员社交活动不感兴趣。经过几天的引导和群体影响，孩子已融入大家庭，但架不住爸爸妈妈一会儿来电话，一会儿又来电话。有的适应了群体生活的孩子已厌烦了家长时时的电话追踪，但家长"骚扰不断"。那些不打电话不联系的家长，并不是不想念孩子，他们也很关心孩子的点点滴滴，只是他们懂得培养孩子独立思考、独立生活能力的重要性，他们懂得克制，懂得对孩子适时进行相应的锻炼。有挫折时不插手帮助他们解决，顺利时不搞装模作样的"挫折教育"，孩子生活得自然而快乐。此类家长在微信群里时时关照孩子，也常和老师私下交流，但他不会随时随地去缠着孩子，这些能独立自主安排自己学习的孩子成绩遥遥领先，当然只是水到渠成而已。

（四）亲子间学习状态吻合度与孩子的优秀度成正比

孩子要学几何了，爸爸数月来一直随身带着《几何瑰宝》做题；孩子要背诵《春江花月夜》《长恨歌》和《阿房宫赋》参加赏能小作家升级，妈妈已经提前背会了这些篇章；孩子做事认真，学习专注而刻苦，爸爸每天凌晨五点起床并投入自己的科研工作；儿子开始读《三体》，工作繁忙的高科技领域的爸爸连开两个"夜车"把《三体》三部曲提前读完；儿子迷上了金庸作品，正发奋"苦读"，对武侠并无兴趣的妈妈也通过有声网络读物，电视剧和纸质书"立体作战"，总算和儿子同步完成了金大侠十五部作品的"阅读"。这位妈妈从不抱怨工作和人生，成长为单位里的中坚与骨干，儿子也善良对待伙伴和环境，自然是赏能的偶像和学霸。这些例子的主人，都是赏能小作家家长，孩子是家长的"复制品"，真实不虚。所以见孩子斤斤计较，便知道家长格局不大；看家长过分精明，自然孩子失去童真。榜样的力量是无穷的，父母亲能成为孩子正向的偶像，鲜见孩子不优秀。孩子看不上父母的某些做派，则孩子的前程就难以预料了。其实，不单是赏能小作家群体，每个人身边都有这些鲜活的例子，只是很多人只看远方，不看脚下的路，稍加归纳，就能知道，父母越是认真努力、和善、谦逊且亲子关系融洽自然（过分溺爱当属不自然亲子关系），孩子越是人见人爱、成绩优秀、阳光开朗。

没有任何灵丹妙药能让一个孩子瞬间脱胎换骨。为了让孩子有个更美好的未来，必须从点滴做起，必须从现在起步。珍惜光阴，抓住时机，努力提升自我，尽量让自己不断成长，那么孩子大体上也差不了。大家都知道，如果要让孩子做出某些改变，孩子越大越困难，所以我们一直说，人人皆可为尧舜，教育须趁早。

第五章　对教育的思考

01　迥异的成长与结果

　　不同的人成长于不同的环境中，不同的环境塑造着不同人的人生观和世界观，并最终形成了各自不同的人生轨迹。不同的内外部环境造就了爱因斯坦、钱学森、"裸跑弟"何宜德、"演讲帝"杨心龙等各自擅长的方面，我坚信不同领域的优秀者之所以能成为优秀者，其背后一定有共性规律在起作用。这个规律犹如元素周期律和时空统一，门捷列夫即使没有排列出元素周期表，元素的周期律同样存在，假若爱因斯坦没有统一时空，一定会有其他人来统一，这是客观存在。进化论之于华莱士和达尔文、微积分之于莱布尼茨和牛顿、不确定性原理之于海森堡、黑洞存在之于霍金，即使相应的伟人没有各自领域的重大发现，这些客观存在的规律一样在起作用。当前已被大家所熟知的规律，假若仍未被发现，以后的某个时刻，一定会有另外的人来发现。那些至今仍未被发现的规律，比如相对论与量子力学的大统一问题虽然还未解决，但量子力学和相对论仍然在生活中起到重要作用，它们之间的相容问题也一定会被后来人解决。其实，即使相对论和量子物理的大统一问题一时解决不了，这个"大统一"也一定存在。

　　与此类似，人与人的智力因素其实相差并不大，但在不同环境中成长的人差别较大，其背后一定也有相应的规律在起作用。大家熟知的卡尔·威特的儿子小卡尔·威特、斯托夫人的女儿维尼芙雷特、国际象棋大师朱迪特·波尔加等优秀者，我们都能从很多公开的资料中发现，他们是由具备了专门的教育思想的父母培育出来的，也就是说，他们的优秀是"人造"的，而非"天生"。

　　有时候，我们发现自然环境和父母学历等外在因素与具体某个人未来是否优秀并无太大关系，那么背后起作用的、决定一个人是否优秀的规律是什么呢？A群体按优秀者成长的规律发展，最终大多能成长为优秀者，B群体按平庸者的成长模式发展，结果往往只会是平庸者，古人说"三岁看大，七岁看老"，也就是说一个人未来是否优秀，大约在幼年时已经确定了。我相信优秀者成长的背后一定有共性的规律，找到这个背后起作用的规律，是每个教育者最崇高的理想。

先从几位优秀者的生活片段谈起：

一、爱因斯坦[①]

1915 年，爱因斯坦完成了广义相对论，从此广义相对论成为所有宇宙论的基石，但当时没几个人相信这个理论。直到 1919 年，两队天文学家从不同的地方经过实际检测证实了爱因斯坦的理论。1919 年 11 月 6 日，在伦敦召开了皇家学会和皇家天文学会的联合会议，皇家学会主席和诺贝尔奖获得者汤姆逊庄严宣告："这是人类思想史中最伟大的成就之一，它不是发现了一个孤岛，而是发现了整个新科学思想的大陆。它是自牛顿阐明他的原理以来与万有引力相关的最伟大的发现。"

第二天，伦敦《泰晤士报》以显眼的大标题登载道："科学革命——宇宙新理论——牛顿的理论被推翻"。这个标题标志着一个重要时刻，它标志着爱因斯坦成为世界知名的人物，成为从恒星来的使者。

但是，青少年的爱因斯坦却是很愁苦的。

爱因斯坦 1900 年毕业于瑞士苏黎世理工学院，获得学士学位，但毕业后他发现自己没有什么希望被雇用。他的生涯被他的教授们破坏了，他们不喜欢这个常常旷课、不懂礼貌、过于自信的学生。他把自己看成是一个失败者和他双亲的一个痛苦的经济负担。他在一封令人痛苦的信中承认他甚至想结束自己的生命，他沮丧地写道："我可怜的父母命运很惨，这么多年来没有一刻快乐过，这像一块沉重的石头压在我的心上……我只是我双亲的负担……也许我死了会更好一些。"

在绝望中，他想到转变职业，加入了保险公司，他甚至担任了教孩子这样的低级工作，但是由于他和老板的争吵被解雇了。当他的女朋友米列娃·马丽克意外怀孕后，他悲痛地认识到，由于他没有财力娶她，他们的孩子生下来就将是私生子。父亲突然去世时，他感到深深的悲痛，从此留下的感情伤疤一生也没有完全恢复，因为父亲临死前还在想他的儿子是一个失败者。

1901 年到 1902 年大概是爱因斯坦一生中最糟糕的时期，他的同班同学马塞尔·格罗斯曼通过拉关系，为他在伯尔尼的瑞士专利局找到一个可靠的低级职员的工作，算是挽救了他的职业生涯。

---

① 本部分内容大多摘自《平行宇宙》第一章《荒谬的宇宙》。加来道雄. 平行宇宙［M］. 伍义生，包新周，译. 重庆：重庆出版社，2014.

二、钱学森①

钱学森出生在一个有文化有知识的家庭，父亲钱均夫是清末秀才，是一位教育家。

钱均夫 17 岁入求是书院（浙江大学前身）读书，老师是清末翰林、中国著名的政治活动家陈叔通。陈叔通大钱均夫 6 岁，两人意气相投，友情甚笃，亦师亦友。1902 年，钱均夫与同窗好友许寿裳等赴日本留学，留学期间，许寿裳认识了绍兴同乡周树人（鲁迅），并引荐钱均夫与鲁迅相识。之后，他们交往颇多。

钱均夫受新思想影响，倾向革命。课余，钱均夫等人经常相约去听国学大师章太炎讲学。周作人（鲁迅之弟）、许寿裳后来都曾撰文回忆这段听章太炎讲学的往事。周作人在《知堂回想录》中写道："一间八席的房子，当中放了一张矮桌子，（章太炎）先生坐在一面，学生围着三面听，用的书是《说文解字》，一个字一个字地讲上去，有的沿用旧说，有的发挥新意，枯燥的材料却运用得说来很有趣。"许寿裳也在《亡友鲁迅印象记》中写道："我们同班听讲的，是朱蓬仙（名宗莱）、龚未生、钱玄同、朱希祖、周豫才（树人，即鲁迅）、周起孟（作人）、钱均夫和我，共八人。"

许寿裳回国后，被聘任为浙江两级师范学堂监学（即教务长）、鲁迅担任该校化学教员和生理卫生教员、钱均夫担任史地科主任教员。该校为当时中国建立最早的六大著名高等师范学校之一，学堂监督（即校长）为沈钧儒。辛亥革命胜利后，孙中山任命蔡元培为教育总长，应蔡元培之邀，许寿裳任教育部科长，钱均夫、鲁迅等均在教育部任职。鲁迅在教育部任职达 14 年，钱均夫于1929 年出任浙江教育厅督学、秘书。

钱学森是在这样一个由名家组成的环境中成长起来的。

三、王国维②

王国维是中国古往今来最有学问的人之一。岳南先生在《南渡北归》中写道：胡适先生的"国学功底与成就而言，与王国维相较，不能说无法望其项背，至少是不能与王国维齐肩并立，更谈不上与其匹敌。……自 2000 多年前伟大的史学之祖司马迁与世长辞，过了 100 多年才出了班固；班固死后 50 多年出了荀悦；荀悦死后过了 20 多年出了陈寿。陈寿死后 700 多年，直到 11 世纪才出了

---

① 本部分内容大多摘自《钱学森传》第一章和第二章。奚启新. 钱学森传 [M]. 北京：人民出版社，2014.

② 本部分内容大多摘自《王国维评传》。萧艾. 王国维评传 [M]. 桂林：漓江出版社，2017.

欧阳修、司马光……继赵、钱、王、全、章等人死后约百年，才有旷世天才王国维横空出世。……其学问博大精深，是继魏晋时期写出不朽名著《三国志》的大史学家陈寿死后 1 600 多年来，历代史学名宿所不能匹敌的。正是有了如此伟大的创举，后人遂有'不观王国维之学问，不知大师之大，高山之高'的名言警句。"①

王国维是如此令人高山仰止，那么，他是如何成长的呢？

1877 年（清末光绪三年），王国维出生于浙江海宁。王家世代书香家学渊源，学人辈出的海宁乡风也对王国维的成长和人生道路产生了深远影响。王氏家族祖上为宋朝抗金名将王禀，故在海宁受到当地人民的长期敬仰。王国维四岁时，母亲去世，他和姐姐的生活主要由叔祖母照顾，他的读书生活主要受父亲王乃誉的影响。王乃誉工书画、篆刻、诗古文辞，博涉多才，著述颇丰。王国维七岁起接受塾师的启蒙教育，并在父亲指导下博览群书，涉猎了传统文化的许多领域，并初步接触到近代先进的科学文化知识和维新思想，逐步形成了读书的志向和兴趣。

1892 年，王国维入州学，却未用主要精力准备应试，而是从博览群书中产生了对史学、校勘、考据之学及新学的兴趣。1894 年甲午战争以后，大量的西方文化科学向中国输入，王国维接触到新的文化和思想，产生了追求新学的强烈愿望。虽因为家贫而不能以资供其外出游学，他仍关心时事，研读外洋书籍和《盛世危言》《时务报》《格致汇编》等，1897 年，不安心做家庭教师的王国维由其父请人推荐留洋学堂，向往出国留学。

1898 年正月，王国维由父亲陪送赴上海求学。二月，入罗振玉所办东文学社，在师从日本教师学习日文之余，兼学英文及数理等。在罗振玉的资助及两位日本教师帮助下，王国维于 1900 年 12 月赴日本东京物理学校学习，次年因病由东京返国抵沪。自东文学社时期王国维即开始编译工作，日本留学后，又在罗振玉办的《教育世界》发表了大量译作，继而成为该刊的主笔和代主编，通过编译，加以自己的论述，介绍了大量近代西方学人及国外科学、哲学、教育学、美学、文学等领域的先进思想。22 至 30 岁间，他还曾任教于南通师范学校、江苏师范学堂等，以攻哲学为主，研究了康德、叔本华、尼采哲学，兼英法诸家，结合先秦诸子及宋代理学，又攻西方伦理学、心理学、美学、逻辑学、教育学，所译心理学、逻辑学名著有开拓之功。王国维 30 岁以后转治文学。他第一次全面地向国人介绍了托尔斯泰，并对莎士比亚、但丁、歌德等进行介绍和比较，介绍了《战争与和平》《安娜·卡列尼娜》《复活》等名著及英国十九世纪浪漫主义诗人拜伦等人。同时，王国维还对美学、词学进行研究，写出了著名的《人间词话》，对中国戏曲史进行研究，撰有《曲录》等多部著

---

① 岳南. 南渡北归·南渡［M］. 长沙：湖南文艺出版社，2013：46.

作，为《宋元戏曲考》的完成奠定了基础。

王国维是在良好的家风和乡风熏陶下，在父亲的引导和支持中，在"贵人"的提携帮助下成长起来的。

四、门捷列夫与元素周期表

化学元素周期表是根据原子序数从小至大排序的化学元素列表。由于周期表能够准确地预测各种元素的特性及其之间的关系，因此它在化学及其他科学范畴中被广泛使用。

现代化学的元素周期律是 1869 年俄国化学家门捷列夫首创的。他将当时已知的 63 种元素依相对原子质量大小以表的形式排列，把有相似化学性质的元素放在同一列，制成元素周期表。这张表揭示了物质世界的秘密，把一些看来似乎互不相关的元素统一起来，组成了一个完整的自然体系。它的发明是近代化学史上的一个创举，对于促进化学的发展起了巨大的作用，成为化学发展史上的重要里程碑之一。随着科学的发展，元素周期表中未知元素留下的空位先后被填满。当原子结构的奥秘被发现时，编排依据由相对原子质量改为原子的质子数（核外电子数或核电荷数），形成现行的元素周期表。

利用周期表，门捷列夫成功预测当时尚未发现的元素（镓、钪、锗）。原子的核外电子排布和性质有明显的规律性，科学家们将各元素按原子序数递增排列，将电子层数相同的元素放在同一行，将最外层电子数相同的元素放在同一列。

元素周期表列出了原本看来杂乱无章的元素的规律，科学家正是以此为依据来寻找新型元素及化合物。这也验证了《黄帝内经》中"智者察同"的观点。

02　教育一定有统一的规律

一、各种规律和范畴是客观存在的

1863 年，门捷列夫完成元素周期表，63 种元素规规矩矩地排列到自己的位置上，元素在周期表中的位置不仅反映了元素的原子结构，也显示了元素性质的递变规律和元素之间的内在联系。使其构成了一个完整的体系。门捷列夫知道了空着的位置就是尚未发现的元素，他计算出了尚未就位的元素的特点和性质。能做到这一点，是因为他掌握了元素排列的规律。

人类对世界的认识在不断进步。焦耳等物理学家发现并验证了能量守恒定律，是人类社会的一大进步。经过几代人的努力，质量守恒定律也被科学家们发现并得到了验证，它也是自然科学中的最基本的定律之一。但是，人们对世界的认识并没有停止，爱因斯坦发现了相对论（狭义相对论），把时间和空间统一起来了。随后，爱因斯坦方程揭示质量和能量不仅彼此守恒，而且两者之间也遵从守恒的规律，于是质量守恒定律和能量守恒定律演化成了质能守恒定律。

1915 年爱因斯坦完成了广义相对论体系，从此，广义相对论成了宇宙学的基石。广义相对论认为，地球绕太阳运动不是因为引力的拉力，而是因为太阳使地球周围的空间弯曲，产生的推力迫使地球绕太阳运动。爱因斯坦更相信引力像一块布，而不是瞬间作用在整个宇宙中的看不见的力。广义相对论统一了牛顿经典力学。

类似的例子我们身边并不鲜见。小学初级阶段所学的数学是纯粹的加减乘除，到高年级才发现这些知识只不过是给解方程做的铺垫。中学学到平面直角坐标系后才明白解了好几年的方程仅是直线 $y = ax + b$ 上 $y = 0$ 时的一个点，就是说学了几年数学只学了一个点。学到二次函数和三次函数就知道 $y = ax + b$ 也仅是二次函数抛物线和三次函数回归式抛物线的特殊形式。函数图像也不是只有抛物线，还有诸如周期性的三角函数波浪线等不同类型。各种知识与范围中，前面小范围的知识，是一个大范围的一个部分，而大的范围，只是一个更大范围中的一个部分。这些不同的范围，有类似多重同心圆的包含关系（如一次方程与一次函数），有类似奥运五环的交叉关系（如黎曼几何与欧氏几何、非欧几何），还有彼此不相容关系（如周期表中的各类化学元素），但是，它们都还只是一个能全包含它们的更大范围中的客观存在。

自然科学的发现有一个循序渐进的过程，但其最终的落点是使一切真相大白，并能服务于人类。从哲学的角度来说，与思维科学、脑科学等相关的教育科学，同样有个循序渐进的过程，它也一定有个"真相大白"的未来。

爱因斯坦、钱学森、王国维、门捷列夫等生长在不同的环境中，他们都取得了远超相似环境中的同伴的成绩。我赞同达尔文的观点："除了痴呆，人类智力因素差别不大。"但相似的环境、甚至相同环境中长成的人（比如双胞胎等），其最终成就和聪明程度也往往大相径庭。《黄帝内经》云："智者察同，愚者察异，愚者不足，智者有余。"就是说，在纷杂的表象中，智者能看到事物相类同的一面，而愚者总喜欢分别事物差异的一面。智者求同，善于发现不同中的共性，求同存异。愚者求异，常看到的就是乱纷纷的表象，找不到规律，犹如一团乱麻般无从下手，无所适从。

那么，是不是可以这样假设：不同环境中成长起来的优秀者，他们的成长过程中一定也有共性的地方，一定"遇到"过使其成长为优秀者的因素。赏能教育法的研究者要努力找到（或基本找到）这个因素。双胞胎兄弟姐妹中，长成后结果一般都有差异，其结果相对不够优秀的那一位，一定是没有"遇到"那个使另一位成长得相对优秀的因子，或者没有"完全遇到"那个"飘忽不定"的优秀因子①。

从 2010 年开始赏能教育研究以来，最初的十余位实验对象（学生）分属不同层次和类型，有的爱学习，有的不爱学习；有的活泼，有的一个月内几乎不张口说话；有的爱数学，有的很讨厌学数学且数学成绩较差；有的乐于助人关心集体，有的好像对什么事都漠不关心。但经过几年的教育，到小升初时，这些孩子基本上都成了"三好学生"和大队委。这些性格不同、兴趣各异的小学生，通过写作这条道路的引导，基本上都发生了变化，成长为乐观豁达、关心爱护他人和集体的孩子，写作量也都基本超过了十万字，更重要的是他们彼此间结成了一个亲密无间的正能量团体，每个孩子都取得了长足的进步。

不是说因为写作就产生了这么大的威力，但是我坚信，这几年中这些孩子一定是遇到（或基本遇到）了这个优秀因子，所以每个孩子都成长为优秀的孩子了。

二、教育方法各有侧重

每个家长都有自己认可的对孩子的教育方法。教育方法是指在一定的教育思想指导下形成的实现其教育思想的策略性途径。包括教师（教育者）直接指向教育内容的教学方法、学生学习方法指导及学前教育和家庭教育的方法等。当前比较流行的教育方法如卡尔·威特的天才教育法、斯托夫人的自然教育法、铃木镇一的才能教育法、多湖辉的实践教育法、蒙台梭利的特殊教育法和周弘的赏识教育法中，各有侧重点，都有各自的方法论。

卡尔·威特认为②，对孩子来说，最重要的是教育，而不是天赋。孩子成长为天才还是庸才，不是取决于天赋条件，而是取决于五六岁时的教育。比如关于记忆训练，可以通过游戏促进孩子的兴趣记忆，刺激多种感官的尝试记忆，给孩子以动作演示使其准确记忆，善用比喻让孩子理解记忆，找准异同孩子可比较记忆，使其发散思维以创造记忆，综合归类促进逻辑记忆，加强复习以强化记忆等。对孩子的教育必须尽早开始，开始越早，取得的效果就越显著，孩

---

① 优秀因子：为了便于说明，我提出了一个叫作"优秀因子"的概念，以表达优秀者在其成长过程中经历的促使其之所以成为优秀者的诸多偶然或必然的因素。这些因素中有机遇、有学识、有能力等。此处我按狭义理解，重点说明优秀孩子成长中由家长和老师带给孩子的关于情商、学习能力、学习状态、心理暗示、心理疏导等方面的综合因素。

② 卡尔·威特. 卡尔·威特的教育［M］. 鲁曼莉，编译. 哈尔滨：黑龙江科学技术出版社，2010.

子越有可能成为接近完美的人。每个孩子在出生时都有很好的起点，天资聪明的孩子如果得不到正确的培养就不可能充分发挥其潜能，他终究也不会成才。反之，即使天赋不好，但是后天得到合理的教育，他也能够成为优秀的人才。孩子的不良行为是其精力不知道往何处使的缘故，这其实是一种精力浪费。在创造力方面，老威特鼓励儿子多动手、多思考、多提问题。两岁时，威特夫人每天坚持给他讲故事，并且让他参与猜测情节。在游玩、散步和吃饭时，老威特总是想方设法地丰富小卡尔的知识，终使这个心智不全的孩子后来取得了不凡的成就，8岁学会六种语言，9岁考入莱比锡大学，13岁发表数学论文，并获哲学博士学位，16岁又获法学博士学位，被柏林大学聘为法学教授。卡尔·威特认为，即使是普通孩子，只要教育得法，也会成为不平凡的人。

斯托夫人是美国宾夕法尼亚州匹兹堡大学语法教授，在推崇卡尔·威特教育法的同时，提倡根据孩子自身的习性，用自然的方法教育孩子，也取得了非凡的成就。她于1914年写成《MS斯特娜的自然教育法》一书。

经斯托夫人精心培育，女儿维尼芙雷特三岁开始写诗，四岁用世界语写剧本，五岁前用八国语言表达思想，同时在音乐、美术、文史、数学方面才能超群，身心健康发展，富有爱心。她是一个令人惊叹的"神童"，更令人惊叹的是，她的"天才"不是天生的智力超群，而是由她的母亲培养出来的。这种脱胎于卡尔·威特的早期教育方法被她的母亲斯特娜称为自然教育法。斯特娜从不用强迫的方式教育孩子，所有教育都是以游戏或是故事的形式进行的。通过故事学习，不知不觉就学会了知识，加强了女儿的记忆力和操作能力，并丰富了其想象力，开阔视野，促进其智力发展。

"神童"女儿的卓越表现无疑是斯特娜自然教育法最好的成功证明和典型范例。斯托夫人用自己的教育实践向世人证明神童不是天生的，任何一个孩子，只要教育得法，都可以成才。教育应当从孩子诞生的第一天开始，父母应对孩子的早期教育负主要责任。教育孩子，最重要的是引导，而不是强迫，给孩子提供一个良好的人文环境，设计一些孩子喜欢的游戏和活动，让孩子在毫无精神负担的前提下学习是取得成功的关键。

铃木镇一则是通过教小孩拉小提琴来提升孩子的全面能力。在整个实验教育过程中，没有出现过一个孩子掉队的情况，甚至有连三个数都数不清的孩子，竟蜕变为才能卓著的孩子。铃木先生在其《早期教育与能力培养》一书中，对才能教育进行了理论总结：

采用灵活的培养方法，任何孩子的智能都会提高；若在幼儿时期培养智能失败，那就无法挽救了；生命力是培养一切智能的原动力；教育越早实施，其效果就越好；在反复训练过程中能培养优越的能力；培养能力的好坏与大小是由教育工作者的素质优劣决定的。针对遗传学，铃木认为，遗传有遗传法则，能力有能力法则，能力与遗传法则无关，能力是在不断适应生存环境的过程中获得的。所有孩子由于遗传造成生理上的千差万别，这是事实。但不管怎样，各种能力都是根据出生后的环境条件获得的。

每个孩子除了身体条件有所不同外，他们所处的环境——家庭结构、父母与孩子的关系、兄弟姐妹的关系以及气候、风土、文化等也不同，因而对孩子的影响也绝不是一样的。在这种错综复杂的环境中，孩子们的能力慢慢变得千差万别。

铃木镇一的才能教育法对赏能教育法影响深远，从某种意义上说，赏能教育法是才能教育法的升级版本。

多湖辉对儿童心理和脑力开发研究造诣颇深。与许多以理论见长的学者不一样，多湖辉的教育思想更具实践性，他直指儿童教育的具体实际问题，认为增强孩子能力的最好办法，就是使父母成为教育的实践者，父母不仅要了解孩子独特的心理动态，而且应该针对不同孩子的个性特征，不断地在生活和学习实践中摸索教育孩子的方法。每一个做父母的对子女的培养和教育都十分用心，为了培养孩子成才，他们甘愿不辞辛劳，费尽心血。但是却往往并没有取得相应的成效，其原因就在于孩子的父母没有以一个实践者的心态来教育孩子，他们既缺乏教育的具体行为，又缺乏教育的艺术和好技巧。

蒙台梭利则是建立专门的教育场所"儿童之家"来培养孩子，她提倡仔细研究每一个孩子的个体差异，使其生理和心理都获得长足发展，使其接受正规的语言训练，培养良好的生活礼仪以及进行必要的感官训练。在整个教程中，为孩子提供足够的教具满足孩子的"工作欲"，在"工作"中开启孩子的智慧，挖掘孩子潜能。

周弘认为教师对孩子的点滴进步能否给予充分的肯定与热情的鼓励，不仅仅是一个方法的问题，更是一个教育观念的问题。赏识教育是在承认差异、尊重差异的基础上帮助孩子获得自我价值感，并成为发展自尊和自信的动力。悦纳自我并对自己赏识是自信的基础，是帮助幼儿形成自信心、培养幼儿自赏能力的重要手段。而针对幼儿性格特点因材施教、多方引导，则是培养幼儿自赏能力、树立自尊自信的有效途径。

赏识教育是一个好的教育概念，我国教育界已实践多年，但有的实践者反映它缺乏明确的可操作性，需要实践者根据自己的认知去理解和实施，教育效果不易控制。不过，这也是大多教育法存在的共性问题。

三、哲学的赏能教育法

赏能教育法有两重含义：方法论的教育方法和哲学的教育思想。

不同家长的教育方法和教育实践大致都可归到前文介绍的几种教育方法中，这些教育方法都是经实践证明切实可行且有效的。

每种教育方法在培养优秀孩子的过程中一定会"生产"出一个或多个、相同或不相同的优秀因子，这些优秀因子中的一个或多个恰巧与某个孩子的"需求"相吻合（或吻合度较高），那么这些优秀因子就让"遇到"它的孩子成了优秀孩子。

A. 教育方法的结果　　　　　　　　B. 教育方法的结果

上图表示，不同的教育方法在不同的施教者（老师或家长）的作用下，"生产"出了不同个数的优秀因子（我们用爱心形状表示优秀因子，同时假设优秀因子可以计数），对不同的孩子产生了作用。影响优秀因子"产出"数量多少的原因，与教育方法本身有关，也与施教者的主客观努力方向和努力程度有关。施教者对教育方法的理解程度和对被教育者的了解与理解程度的不同，会影响优秀因子和被教育者结合的紧密程度。这个结合紧密的程度，直接影响教育结果。图中，在施教者的努力下，A 和 B 两种教育方法分别"生产"出了多个优秀因子，从量上考察，A 教育方法优于 B 教育方法，但 B 教育方法的教育结果要优于 A 教育方法，因为其优秀因子与被教育者（孩子）的吻合度高，也就是说两者紧密结合的程度高，所以 B 教育方法的教育结果相对要好，接受 B 教育方法的孩子群体相对于接受 A 教育方法的群体的外在表现可能是更高程度的学习成绩好、情商高、行事果断、有爱心、有毅力等。产生这个不同结果的原因是施教者对教育方法本身的理解程度差异和施教者对孩子的了解与对孩子内心的理解程度的差异。

孩子成长过程中，对孩子影响最大的是家长，但大部分家长既不是教育研究者，也不是教育行业从业者。由于生育政策所致，大部分家长在成为家长之前，基本上都没真正体验过教育孩子。孩子出生后，通过孩子的成长积累了相应的教育经验与教训的人，却没有机会将这些感悟施教于新人了。从这个意义上说，我国前后几十年内的孩子都是由不懂教育的人"教育"出来的。因为独生子女政策，每个家长都非常重视孩子的教育。这个背景下，家长分化为三种类型：

A 类：非常注重教育。一种因为真正懂教育规律，有自己的教育理念体系，注重培养孩子，孩子一般会比较优秀。另一种往往因为过度关注而让孩子无所适从，导致教育结果适得其反。

B 类：任由孩子成长。比如某些留守儿童的父母和不懂教育或对教育没有明确期望值的家庭，孩子自己在摸爬滚打中成长。

C 类：不懂但很关注教育。家长按自己的理解，要求孩子学很多内容，自己则不断学习所谓的"专家意见"来改变自身的教育方法和理念，在三天打鱼两天晒网的教育过程中让孩子不知所措。

不管哪种类型的家庭教育，都会"生产"优秀因子。上图表示了三个孩子在不同类型家庭中的成长。普通家庭成长教育中，优秀因子产生的原因及孩子与这些优秀因子的吻合程度基本取决于孩子的成长环境与父母对孩子潜移默化的影响结果，其基础是父母亲的人生观与世界观及其外在的所思所想所作所为（可参考阅读第三章第二节：赏能教育法定义）。

赏能教育法认为，优秀因子虽然感觉上飘忽不定，但通过对比和总结，还是能够被发现的。物理学上，爱因斯坦将实际的宇宙缩减为几个统一的方程式，一个方程式大约两三厘米长，但它却能用单一的、一致的思想总结宇宙。教育上，我们也应该能找到这个"方程式"，同样可以用它的相对单一性和一致性来总结优秀者的道路。

2015 年 3 月 24 日，钱学森教授的助手、著名思维科学家张光鉴教授再次来到赏能，我们向张教授汇报了赏能教育法研究的进程，并请教了相关的研究思路。张教授认为一般的关于教育方法方面的研究，需要在建构主义的基础上进行，但目前关于建构主义的研究派系林立、理论纷杂，所以张教授建议我们抛开各种条条框框，按照自己的思路进行研究探索，也许能独辟蹊径，走出一条特别的路。

赏能小作家队伍按照班级和不同老师的教学模式，实际上已经分成了不同的小的样本单位。按照不同的单位样本，我们可持续观察和追踪该样本群体的前后变化。这个变化不一定要用脑科学和思维科学的精密标准来衡量，我们可以简单一点，通过孩子前后的学习成绩、言行举止、思辨能力、思维敏捷程度等的变化，经数据分析来判定对该样本群体所施加的方式方法是否有效，并通过老师间不断的交流与对比，逐步摸索出一套行之有效的方法，必要时再上升到相对精密的思维科学和脑科学框架中。

从 2010 年开始的教育实验到目前已经结出了美丽的果实。随着赏能教师层次的不断提高和样本队伍的不断扩大，相信我们一定能在自己的道路上层层揭开"优秀因子"的外在包裹物，让更多的孩子都能在轻松快乐中茁壮成长。

科技发展到今天，人工耳蜗让失聪者听到了声音，人工视网膜让盲者恢复了视力，其原理都是将人工产品（麦克风和摄像机）通过电极和传感器与大脑中控制听力和视力的相关区域连接。这些科技成果都已经开始造福人类。今天的耳蜗和视网膜植入能恢复听力和视力，明天也许就能给我们以"超能力"，我们将能够听见只有狗才能听见的声音，或者我们将看见紫外线、红外线、X射线和伽马射线。这充分说明大脑能通过学习来接受人工产品的信息以适应新的环境，说明它在不停地进行重新连接和学习，这和身体受伤后会重新长好、毛细血管会重新连接是同一个道理。大脑的可塑性很强，它不是固定的。只要教育研究者能在教学和实验过程中不断思考、对比、归纳，就一定能捕捉到这个神秘莫测的"优秀因子"。

第三部分

赏能教育方法

每个人都有自己独一无二的追求卓越的理想，
家长和老师必须把培养每个孩子的卓越理想作为重要职能。

第六章　赏能教育之家长心法

　　培养孩子和养大孩子不同，父母大都知道这个概念，但有的人并不明白其真正含义，更不明白如何培养好一个孩子。所以，为了让孩子能完成"独立创作万字长篇故事"这个高难度的工作，并以此为抓手，带动孩子全面提升学习与生活自信，家长需要认可赏能教育体系中的各种"家长功法①"。

01　百花酿蜜易筋经

　　易筋经传说为天竺和尚达摩所创。达摩东来，内功深厚，在少林寺面壁禅坐九年，以致石壁都留下了他的身影。达摩留下两卷秘经，一为《洗髓经》，二是《易筋经》。《洗髓经》为内修之典，归慧可，未传于世。《易筋经》为外修之书，留于少林，流传至今。

　　金庸小说《笑傲江湖》中，"桃谷六怪"出于好意给令狐冲疗伤，给他注入各自的内功，但是他们的内功和令狐冲本身的华山派功力并未融合在一起，不但原来的病痛未缓解，这六股真气还不断在令狐冲体内互相冲突，反倒把令狐冲折磨得痛苦不堪。不戒和尚觉得六道真气给令狐冲带来了新的折磨，出于好意，就又给令狐冲注入了两道更霸道的真气，暂时压制住了那六股真气。但好景不长，原来的六道真气和不戒和尚的两股真气便冲突得更加厉害，把令狐冲折磨得愈加死去活来。再后来，为了延续令狐冲的生命，少林寺高僧方正大师又给他注入了自己浑厚的佛门内力，暂时压制住了那八股真气的冲突，但方正大师说，这也只是暂时的，如果被压制的八股真气"造反"成功，令狐冲基本上就没救了，要彻底解决这个问题，只有修习《易筋经》。后来令狐冲学会了易筋经功夫，把体内的九大高手的真气都转化吸收为自己的内功，遂成绝顶高手。

------

　　① 为了说明方便，本部分大量采用了武侠小说中的名词。本部分文中出现的各种"功法""功夫""招式"都只是教育中所采用的不同方法在不同情况下的不同称呼。各种"功法""功夫"和"招式"所要对付的"敌人"不是孩子，而是孩子身上的不良习惯。在这场针对孩子已有的各种不良习惯的"战斗"中，孩子是我们的"同盟军"，教育的目的是要协助孩子成为一个能独立作战的"战略和战术高手"，战胜不良习惯，成长为优秀的人才。

"桃谷六怪"也算当世武功高手，其功力大多武林人士难敌。他们出于真诚和好意输给令狐冲的六股真气逆冲斜行，显然是旁门中十分高明的内功。不戒和尚以一己之力压制了六大高手的内力，其功力之深自不与"桃谷六怪"同一个等级。方正大师再压八股真气，那定是高手中的高手。这些出于好意的帮助，九股真气虽在令狐冲体内，但那还是别人的功夫，不是自己的，只有他以易筋经功夫把这些真气真正转化为自己的功力，自己才收放自如、随心所欲。

这与家长在教育孩子过程中非常类似。随着生活水平的不断提升，家长对孩子的教育越来越重视，越来越多的妈妈成了专职妈妈。家长一门心思教育孩子，不断地学习，到处打听好的教育方法和好的老师，不断把孩子送往优秀的学校和辅导机构，不断把自己学来的各种教育方法应用于孩子的教育过程，但结果却往往不理想，甚至适得其反。原因有二：第一，不会鉴别。一切所谓好的学校和学习方法都来自于道听途说，不分析自己的孩子，不分析自己的实际情况，好高骛远，喜新厌旧，随波逐流。第二，不会融会贯通。现实中没有放之四海而皆准的教育方法，家长善于学习是好事，但学习别人，就要学习优秀的教育方法的精髓，不愿意深入，不深究内核，只是浮躁地了解点简单的做法，就忙着东施效颦般去实施，只能收获邯郸学步的结果。诚如令狐冲之先前，体内的内力都是高手所输入，都是好东西，但因不会融会贯通，反倒让自己奄奄一息了。家长爱学习自然是好事，但必须要把所学的知识吸收消化为自己的"内功"才能有效。否则，尽信书不如无书。

作为一种教育哲学，赏能教育法从提升学生的自信和兴趣入手，从而让每个孩子变得更加优秀，这个原则适用于每个孩子、适用于每个成人。这个结论是经过数年实践，已经得到了正面的验证。赏能的家长自然要不断学习，但更重要的是要把所学的知识和自己的家庭、学识、专业、孩子的性别与性格等自身条件充分结合，形成自己特有的教育模式，而不能人云亦云、照搬别人的方式方法。这就如蜜蜂酿蜜一样，不管采集了来自多少棵树木花草上的花粉，但一定要经过充分混合精酿，才能最终变成香甜的蜂蜜，如果任由不同来源的花粉各自飘零，则花粉永远只是不同花朵上的花粉。只有把不同来源的知识融合成自己的知识，才能真正对孩子起到教育与引导作用。

02 两败俱伤双刃剑

特别关注孩子成长的爸爸妈妈们，一心想让自己的孩子变得更优秀，所以不断学习各类教育方法，不断施用于孩子身上。但往往因为急切的心情，在学习一个新的观点和方法时并未领悟其真谛，只学到了皮毛，以"大概是这样""应该如此"的心态想当然地应用于实践，不断告诉孩子"应该这样""不应该那样"，常常导致孩子无所适从，教育结果南辕北辙。于是家长就着急了，要么觉得是孩子不听话，不配合自己的思路，要么觉得这种教育方法也不过如此，觉得别人都是夸大其词，最终不了了之，却对孩子和自己造成了伤害。对自己的伤害大致能通过自我"疗伤"得以恢复，但对孩子的伤害，有的"硬伤"却不会短期恢复，有的"伤疤"会一直留在心里，或者要经过长时间的"调养"才能使"伤痕"抚平。所以，家长要尽可能地避免以"双刃剑"造成自己和孩子的两败俱伤。

"双刃剑"对孩子造成的"硬伤"主要体现在以下两方面：

一、对孩子成长时间的浪费

学生的学习和成长阶段是限定的，不管家长有没有准备好，不管在这个阶段出现了什么问题，都没有返工的机会，孩子一天天长大，时间永远不会等待任何人。而且，在孩子成长过程中，每个阶段的习惯和思维方式养成，都对后来的成长结果影响非常大。爸爸妈妈都有感觉，孩子小的时候，每过半岁就会发生较大的变化，不管是语言的丰富程度，还是思考问题的角度，或者关心爸爸妈妈的程度、爱玩的玩具类型、胆量大小（勇敢程度）、学习新知识的快慢等都有较明显的进步。这种"半年一个台阶"的感觉，会从出生一直持续到小学中高年级，直到孩子开始形成稳定的人生观、世界观。所以，在这个阶段，爸爸妈妈的任何一个决定，都会对孩子以后的发展产生影响。孩子成长中，所谓失之毫厘谬以千里，最主要的就是这个阶段。

本阶段，家长应该帮助孩子养成积极向上的阳光性格、勇于探索的坚韧品格、锲而不舍的行为习惯、乐于合作的集体意识。但是更多的家长却在为孩子的考试成绩和才艺类培训而忙碌，并把这些当作孩子是否优秀的标准，当作对孩子是否满意、是否值得在朋友中炫耀的内容。家长的这些训练只是一直在鼓励孩子的复制型思维，让孩子按部就班地记住各种实事、概念、理论或操作步骤，这种做法可能造成孩子未来只能按照固有的模式去做事。因为没有创造性思维，将来遇到更复杂更灵活的学习内容时，往往会表现得不知所措，学习成绩自然也就落下来了。

如同父母常常把孩子培养成复制型思维一样，孩子的批判性思维和创造性思维也要经过训练才能形成。这种训练的结果就是要让孩子依赖恰当的自律来判断信息的价值，判断其是否适合于自己，从而做出恰当的适合自己的反应。"大体上，有创造力的人往往自己安排生活，主动寻求发展机会而不是被别人安排，……那些成年后最有成就的人也有类似的个性特点，他们对那种固定课程、固定教学方式、按年龄分班的学校结构并不适应。大多数学校是传统型的，为了便于管理，结构都很呆板，不会灵活变化去满足每一个孩子的不同的成长需要。"① 所以，在这个阶段，年轻的爸爸妈妈们不能只盯着卷面分数，比这个更重要的是孩子阳光、坚韧、执着、合作的行为方式和谦和、尊重、礼貌、勇于担当的生活习惯。只要这些习惯和方式养成，孩子的学习成绩一般不会差。"事实上，回顾有创造力的杰出科学家和作家的学校时光，大多数人的经历并不愉快且收获有限。"② 但是，因为他们养成了自我学习、自我进步的习惯，他们的未来会更加辉煌。

时间不会回流，孩子每天都在成长和变化。更多时候，父母只需认真做好自己的一切，认真对待工作和生活，积极阳光，努力高效，假以时日，孩子从家长身上就能学到这些优良的品格和做事的方式，而不需要家长忙来忙去地对孩子的成长过程予以更多的干涉。

二、孩子心理上的伤痕

心理上的伤痕是指家长在急切地希望孩子优秀的心态下，对孩子强制约定的各种规范因为违背了成长的阶段规律，导致孩子内心受到伤害，从而造成的各种心理阴影。这些心理阴影，有一部分在一定的阶段后可调整消散，也有一部分心理阴影（或因心理阴影造成的后果）会伴随孩子终生，甚至引发更为严重的后果。

2014 年末的一个晚上，南京一位家长非常焦急地向我咨询：二年级的儿子"偷"了同学的橡皮和铅笔，她非常生气，已经逼着儿子在第一时间向同学和同学的妈妈电话认错了。

"我对儿子要求一贯非常严格，他怎么能偷东西呢？他的铅笔和橡皮非常多，怎么会这样呢？王老师，你说我该怎么办？我简直要疯了！"妈妈带着愤怒和无奈的声调说，"虽然他一直在哭，而且哭得非常伤心，一直在抵赖，说他没有偷东西，不愿意电话认错，但是这可是人品问题啊。我明确告诉他，如果不道歉，我就不要他了，马上就从家里出去，晚上就不准在家里住"！

原来，儿子课间偷偷拿了同学的笔和橡皮，藏到自己的课桌里，并告诉了自己的好朋友，还拿出来给好朋友看。"丢"东西的同学到处寻找时，他装作若无其事的样子，一直到放学也没拿出来。

① 戴耘. 超常能力的本质和培养 [M]. 刘倩，译. 上海：华东师范大学出版社，2013.
② 戴耘. 超常能力的本质和培养 [M]. 刘倩，译. 上海：华东师范大学出版社，2013.

其实，这只是孩子的恶作剧而已，根本称不上"偷"。孩子从很小的时候就知道"小偷"是坏蛋，每个孩子都不愿意做坏蛋，都想做英雄，但他们的知识结构里"英雄"和"坏蛋"都只是个名词或者模糊的概念而已。这个孩子可能从未想过自己竟然就成了"小偷"和"坏蛋"，所以哭得非常伤心。而此时，在他因为成了"小偷"而非常害怕的时候，妈妈又逼着他电话"认错"，更加剧了他"自己是小偷"的概念。但是，比承认自己是"小偷"和"坏蛋"更可怕的事情是妈妈"不要自己了"，要让他"黑夜里出去""不准在家里住"。于是，他就只能选择道歉，只能接受了"自己是小偷"这个现实。但是，孩子是真的不甘心自己就成了"小偷"，他想得更多的也许是明天我怎么去上学呢？同学们会怎么看我呢？他可能会越想越害怕。如果心理素质比较脆弱，孩子感觉到了绝望，也许就会做出极端的事情。

作为孩子的爸爸妈妈，要善于从孩子的角度去思考问题，有很多对我们而言很自然的事情，但到了孩子那里也许就不自然了。如果你带着近期看过恐龙图册的小孩从动物园回来，他告诉其他小朋友，他在动物园看到恐龙了，那么你会不会因为孩子撒谎而批评他呢？如果你因此而批评孩子，并告诉他不可撒谎，孩子也答应你以后不再撒谎，你觉得是在培养孩子良好的品格，但有可能你已经深深伤害了孩子，给他打上了"撒谎的孩子"的烙印。孩子不敢反抗大人，他只能接受这个"我是撒谎的孩子"的现实，他可能以后会变得沉默寡言，也可能以后真的会撒谎。

其实，在孩子心目中，他也许把鳄鱼或河马认作了恐龙。对孩子而言，他没撒谎，他以为他看到的就是恐龙。

再回到上面的例子中。我告诉妈妈，为防止孩子过度害怕，要给孩子温暖和安全感，而不是加剧他的不安全感，让他感觉到爸爸妈妈永远爱他，永远不会不要他。同时要尽可能地消除"自己是小偷"的心理印迹，明天把东西还给同学，并向同学道歉。这个道歉不是因为"偷了东西"，而是因为未经同意便拿了同学的铅笔和橡皮，保证以后再不拿了。妈妈注意观察，看看是否因为那次的逼迫而给孩子造成了心理影响，只要没有太明显的表现，就不要再提这件事，很大可能慢慢地这件事的影响会在孩子心里淡化，最终消弭于无形。

举几个媒体报道过的极端的例子：

（1）2015 年初，有个微博消息一石激起千层浪：3 月 10 日上午，青岛开发区某小学生上课时不小心将墨水泼到同学的书包和衣服身上，下午班主任要约谈家长，家长因上班未能赶到学校，下午六点左右回家发现孩子在卫生间自缢身亡。

（2）2013 年 10 月，四川某小学五年级的十岁男孩军军，在语文课本上留下遗言后，从 30 层高的楼上跳下。事发前，语文老师曾因军军不遵守会场纪律批评了他。

（3）2013年8月，家住云南的余某夫妇回家后发现12岁的女儿在太阳能支架上用丝巾上吊自杀了，女儿用橡皮筋将一份遗书绑在手指上，大意就说她很讨厌读书，但是不去又不行，只好自杀。

这几起事情虽然极端，但类似事情时见媒体。发生这样的悲剧，无论是老师还是家长都有不可推卸的责任，但更重要的是孩子的心理承受能力和应对挫折的能力非常弱。当然，孩子的问题归根到底还是由过去的教育方式造成的，孩子的所有现状都只是教育者在过去传递给孩子的各种信息及其后果的延续。

家长在养育孩子成长的过程中，一定要注意保护孩子，要学会从孩子的角度理解孩子。比如不要强迫小孩分享食物和玩具，不要觉得好玩而教孩子骂人打人，不要违背孩子意愿不断在对孩子来说陌生的人面前炫耀诗词背诵，不要在孩子面前有不文明的言行等。父母希望孩子未来会成为什么样的人，自己首先就要成为什么样的人，身教一定重于言教。

03　因势利导太极功

有位妈妈问我："孩子跟着你就喜欢写作，为什么我跟她说让她多写写她就是不写呢？上周从你那里回来，当晚自己写了一篇作文一首诗，写得都挺不错的，你说话她就听，可是我跟她说什么话她总是记不住？"这件事在我的工作笔记中有记载，其实，我没有让孩子回家写文章，这是她的自发行为。我只是在当天告诉几个孩子他们的伙伴中有人以散文、有人以诗获得了全校征文一等奖，我给他们分析了这些文章为什么会得一等奖，这几篇文章是怎么写出来的，让他们觉得写出得一等奖的文章并不难。

我问这位妈妈："给她说了什么她记不住？"妈妈说："我告诉她要每天进步一点点，要把自己的房间收拾整齐，凡事要做好六个字——此身、此地、此时，就会有大的进步等。当时她也会有点变化，可是过后她就又忘了。还是你有办法，小孩都听你的话。"另一位妈妈说，她给孩子辅导作文，孩子不让她辅导，参加学校的作文比赛，她给孩子辅导过的作文感觉还不错，可是总获不了奖，所以，这位妈妈也觉得我有办法，在"对付"孩子方面有一套。

其实，我对每个孩子的了解，肯定不如妈妈，我的赏能教育法"实验小白鼠"有很多位，我也做不到去一一深入了解，之所以孩子们接受得快一点，除了孩子天性中"老师的权威大于父母"的概念之外，还因为我善用因势利导的方法，我说的话他们容易听懂。

我手边有一份某单位面对小学生的征文活动通知。征文主题为：

纪念党成立90周年，学习认识党的光荣历史和丰功伟绩，继承弘扬党的优良传统和优秀品格，树立走中国特色社会主义道路的理想信念。征文要求：围绕主题，结合实际，内容翔实，可结合身边人和事，抒发爱党爱国的真挚情感和肩负责任、建设祖国、服务人民的志向。

这个通知的主题和要求肯定都没错，问题出在词语表达上。几个爱写作的三年级孩子问我：什么是弘扬优良传统？什么是树立走中国特色社会主义道路的理想信念？什么是爱党爱国的真挚情感？等等。我尽可能地用通俗的话给孩子们解释，对于个别还是不理解的，我建议他们既然不理解就别写了，可是孩子们说："老师说的，我们几个人必须要写。"我就重新换了一种说法，告诉孩子们可以写美丽的家乡，写你们快乐的生活等。如果愿意，可以去问问爸爸妈妈或上网去查一下过去你的家乡是什么样子，问问爸爸妈妈小时候是怎么过的，对比着写。

百度百科"小学生守则"词条下有各国小学生守则的对比，收录如下：

中国 10 条：

1. 热爱祖国，热爱人民，热爱中国共产党。
2. 遵守法律法规，增强法律意识，遵守校规校纪，遵守社会公德。
3. 热爱科学，努力学习，勤思好问，乐于探究，积极参加社会实践和有益的活动。
4. 珍爱生命，注意安全，锻炼身体，讲究卫生。
5. 自尊自爱，自信自强，文明健康。
6. 积极参加劳动，勤俭朴素，自己能做的事自己做。
7. 孝敬父母，尊敬师长，礼貌待人。
8. 热爱集体，团结同学，互相帮助，关心他人。
9. 诚实守信，言行一致，知错就改，有责任心。
10. 热爱大自然，爱护生活环境。

美国 12 条：

1. 总是称呼老师职位或尊姓。
2. 按时或稍提前到课堂。
3. 提问时举手。
4. 可以在你的座位上与老师讲话。
5. 缺席时必须补上所缺的课业。向老师或同学请教。

6. 如果因紧急事情离开学校，事先告诉你的老师并索取耽误的功课。

7. 所有作业必须是你自己完成的。

8. 考试不许作弊。

9. 如果你听课有困难，可以约见老师寻求帮助，老师很高兴能给予你帮助。

10. 任何缺勤或迟到，需要出示家长的请假条。

11. 可以允许的缺勤理由是个人生病、家人亡故或宗教节日。其他原因待在家里不上课都是违规。

12. 当老师提问且没有指定某一学生回答时，知道答案的都应该举手。

英国 10 条：

1. 平安成长比成功更重要。

2. 背心、裤衩覆盖的地方不许别人摸。

3. 生命第一，财产第二。

4. 小秘密要告诉妈妈。

5. 不喝陌生人的饮料，不吃陌生人的糖果。

6. 不与陌生人说话。

7. 遇到危险可以打破玻璃，破坏家具。

8. 遇到危险可以自己先跑。

9. 不保守坏人的秘密。

10. 坏人可以骗。

日本 7 条：

1. 不迟到，进校后不随便外出。

2. 听到集合信号时，迅速在指定场所列队；进教室开门窗要轻；在走廊和楼梯上保持安静，靠右行。

3. 上课铃一响即坐好，静等老师来。听课时姿势端正，不讲闲话，勤奋学习。

4. 遇迟到、早退、因故未到等情况，必须向老师讲明理由，有事事先请假。

5. 严格遵守规定的放学时间，延长留校时间要经老师许可。

6. 上学、放学时走规定的路线，靠右行，不要绕道和买零食。

7. 遇地震、火灾等紧急情况时不惊慌，按老师指示迅速行动。

德国 15 条：

1. 总是称呼老师的尊姓。

2. 铃响后，进入教室。

3. 要有 10 小时的睡眠，以保证精力充沛。

4. 上课时，不要和同学说话，有事可举手，可以坐着和老师讲话。

5. 当老师提问时，知道答案的应该举手。

6. 如果你听课有困难，可以约见老师帮助。

7. 缺席时，向老师索要资料和请教。

8. 如果因紧急事情，事先告诉你的老师并索取耽误的功课。

9. 所有作业必须是你自己完成的。

10. 做完作业后，按照第二天的课程要将书包整理好。

11. 考试不许作弊。

12. 如若生病和其他原因不能到校，请电话通知学校的秘书，之后出示家长的请假条。

13. 如若必须提前离开学校，要有家长和监护人陪伴。

14. 学校不允许使用手机。

15. 注意交通安全。

法国三部分：

（一）我不应该

1. 取笑他人。

2. 伤害他人。

3. 侮辱他人。

4. 闲言碎语。

5. 影响他人学习。

6. 玩学习用具。

7. 损害自己、他人和学校学习用品。

（二）我应该

1. 上课好好学习，课后认真复习。

2. 认真听讲。

3. 尊重师长，团结同学。

4. 举手发言。

5. 倾听他人讲话，轮流发言。

6. 端正姿态。

7. 进教室前安静放置个人物品。

8. 正确使用学习用具。

（三）我有权利

1. 学习。

2. 犯错并寻求帮助。

3. 在尊重同学言论的情况下自由表达自我。

4. 完成学习后自己支配和管理学习用品（注：法国小学除书包外所有学习用具均由学校配备）。

5. 课间休息时自由放松。

加拿大 5 条：

1. 互相尊重，尊重自己，尊重学校和学校财产。

2. 出色完成我们要做到的和应该做到的。

3. 接受自己也接受别人。

4. 互相关心及在乎别人的感受。

5. 在别人需要时帮助别人。

我们的《小学生守则》是宏观要求，它的内容无所不在，但小孩子大多却无从着手。对小学生来说，仰之弥高，钻之弥深，瞻之在前，忽焉在后。相对而言，其他几国的小学生守则则容易理解并容易执行得多，一就是一，二就是二，清清爽爽，从孩子的角度，把该做不该做的交代得一目了然，显然更容易做到。这就像两个家长在各自和孩子说话，一个站着，居高临下，孩子仰着脖子，诚惶诚恐地聆听大人的教诲，在孩子心中，大人的形象看起来大约就像贾政之于贾宝玉。大人说了些什么，可能一句也没记住，似乎知道，又似乎不知道，因为大人太高大了，自己根本就没在一个层级上，只能敬而远之。而另一个大人则蹲下来，甚至坐在草地上，与孩子和颜悦色地目光平视，对等交流，叽叽喳喳、嘻嘻哈哈，大人和孩子是朋友关系。那么，在让孩子谈谈对大人的印象的时候，前一个孩子大约只能满口伟岸、高大的溢美之词，而后者则可侃侃而谈，且时不时能举出很多生动具体的事例来佐证自己的观点。

任何的沟通与交流，其目的都在于对方的回应，如果把对方搞得云里雾里，显然没有达到自己交流的目的。对小孩说话，就极力想办法从小孩的角度着想，要让小孩听懂、理解，如果孩子没听懂没理解，岂非白白努力？孩子和大人有差距，这是不争的事实，可确实有很多大人在按自己想当然的理解去想象孩子的世界。不少爸爸妈妈早饭时喜欢榨菜、酸豇豆之类的小菜，但很少有孩子喜欢这些。大人总觉得小孩怪，这么好吃的小菜为什么不喜欢呢？殊不知自己小时候也不喜欢这些东西。同理，现在大人觉得很简单的内容，在孩子看来可能就不简单，告诉孩子要做好此身、此地、此时六个字，大人有阅读量和阅历做铺垫，但孩子满脑子只有他那个阶段的五彩缤纷，尽管给孩子解释过了，但在孩子听来仍是天书一般。我们对一个甘心相夫教子、幸福于厨间饭厅的妈妈大谈光量子密码技术，大谈 C ++ 代码，即使你口吐莲花，她也只能报以呵欠连天。所以，静下心来，从孩子的角度用孩子的话语和他一起谈孩子的问题，背圆周率时辅以谐音故事"山巅一寺一壶酒，尔乐苦煞吾，把酒吃，酒杀尔，杀不死，乐尔乐"。肯定比单纯背那些枯燥的数字要来得快，换一个他们喜欢的方式，他能在津津有味的故事中几分钟背下来。

再回到前面的话题，我们不能要求领导下达命令给孩子们时用孩子们的语言，但老师和家长有能力给孩子们"做翻译"，让孩子们听懂"天书"、看懂"蝌蚪文"。家里是爸爸妈妈的地盘，就更要想办法和孩子做到和谐共处，在父子关系上，贾政做得肯定不好，不符合赏能教育观点，家长大可不必向他学习，何况现在孩子们学习的压力比贾宝玉大了很多倍，做家长的更要体谅这些成长中的幼苗。

体谅孩子，还体现在对孩子说话的内容上。告诉孩子要把书放在书架上，要把文具、玩具归在应该放置的具体地方，比一句"把房间收拾整齐"管用得多。"你今天吃饭的速度很快、作业写得很工整，我非常高兴"，比"你今天表现很好"让他保持优秀习惯的时间要长得多。"你今天在某一句话上撒谎了，我很难过"，比"你竟敢骗人了，看我怎么收拾你"对改正这个缺点有效得多。总而言之，对孩子说孩子话，越具体越好，因为孩子的理性思维能力远比大人差得多了。

需要说明的是，用孩子的话语和孩子交流，不会促使孩子长不大，而且这与背诵经典，甚至圆周率这些枯燥的锻炼记忆力的内容也不矛盾，我赞成孩子们在快乐中多背诵一些内容以增加积累并锻炼自己的记忆能力。背诵经典与大人对孩子说孩子话，是孩子快乐而健康成长这一问题辩证思考的两个面，是和谐统一的，它们不对立。

第七章　赏能教育之教师心法

赏能教育法以激励学生自我探索主动成长为主旨。它对教师的要求有别于目前一般意义上对教师的要求，赏能要求每个老师结合自身的知识结构和兴趣爱好，要形成自己的个性化的教学风格，而不是传统教育中希望的大家都形成以课本为中心的统一的教学风格。教师要领悟了赏能教育法，才能以赏能教育法的思想去引导孩子。

赏能教师还必须让学生明白，学习的过程并不是单纯地把知识从外界搬到记忆中，而是以已有的经验为基础，通过与外界的相互作用来建构对知识新的理解。没有任何人的知识建构是完全相同的，所以学习不是简单的信息输入、存储和提取的过程，不是简单的信息积累。知识无法通过教学过程直接灌输给学习者，学生必须主动参与整个学习过程，根据自己先前的经验，与他人协商、会话、沟通，在相互质疑的过程中，建构知识的意义。因此，对学习的评价不应以学习者记住知识的多寡来衡量，而应以学习中主动参与的程度、协作学习的能力与贡献、意义建构的水平等因素来综合衡量①。

一般来说，赏能老师需要掌握以下五种"功夫"才能正常教学：

（1）脱胎换骨洗髓功：放弃心中固有的教育与上课的模式，接受赏能教育的思想，把自己和学生的教与学放到生活中去，和学生融为一体，和环境融为一体，和生活融为一体。

（2）五行八卦归元功：掌握赏能教育课程体系中各种不同的课程类型，同时又要能把这些课程融会贯通，以一种无所不在、随手拈来的状态引导学生轻松学习与进步。

（3）吸星大法饕餮功：全方位自我提升以促使孩子的进步。

（4）欲擒故纵应变功：一种非常有效的赏能教学方法论。

（5）大象无形六合功：大音希声，大象无形，要从无所不在、无时不在的教育现象中，领会出适合于自己、适合于不同孩子的教育模式。

① 高文，徐斌艳，吴刚. 建构主义教育研究［M］. 北京：教育科学出版社，2008.

01　脱胎换骨洗髓功

按武侠作品中的介绍，洗髓功是少林上乘功法，是少林内功之最高境界，为历代少林高僧、武林英杰所称赞，故有"易筋而洗髓，洗髓而易筋"之修炼精要。在小说家笔下，洗髓功所记载的是一种先天内功，真气可以在体内循回而生生不息，用掌发功，一道无形的力道便可朝前涌去，不仅克敌制胜，还可挡住对方刀剑武器。洗髓功练成后，可洗清体内的一切秽恶，不受任何迷幻物的干扰，内功精湛无比。

一、施行因材施教

赏能老师修习洗髓功，除了要让自己的教育理念脱胎换骨，真正领悟孔夫子因材施教、有教无类的内功心法，还得学会用"生生不息"的"内功"发力。当然，要对付的"敌人"不是我们面对的孩子，而是孩子身上已被其生长环境所养成的种种胆怯磨蹭、少规矩不学习、欠包容低情商等需要由我们来改进的地方。

二、提升基本素养

赏能老师还要知道一个概念：我们对孩子们的教育，不是单纯的写作教育，更不是作文教育，不是单纯语文教育，不是单纯情商教育，不是任何一种单纯的门类教育。我们要引导孩子成为一个有担当、有知识、有技能、有效率、有教养、有社会责任感的综合优秀的公民。要明白我们的工作对孩子、对国家、对未来的重大意义。要深刻理解林庚[①]先生这段话的含义："西方文化走出黑暗，并不是因为它的物理怎么样了，数学怎么样了，而是因为文艺复兴。由于文艺复兴，欧洲这个社会才逐渐地进入了一个富于创造性的自由发展的时代，同时也就使自然科学得到更大的发展，所以才会有这个时代的胜利。"[②]

[①]　林庚（1910—2006），字静希，现代诗人、古代文学学者、文学史家，中国作家协会会员，北京大学中文系教授，中国古代文学专业博士生导师。林庚父亲为清华大学哲学系教授林宰平，沈从文称其在文学、法政、哲学、佛学、诗文、书画诸方面都极具造诣。金岳霖、张中行、吴小如均为其弟子。

[②]　张鸣. 林庚先生谈文学史研究［J］. 文史知识，2000（2）.

三、学会就地取材

赏能课堂的写作引导和其他方面的教学，从此地、此时、此情、此景开始。可以从某个孩子的某个表情、某篇文章或某件衣服开始，也可从教室的一盆花、一本书开始。老师要善于从现场发现上课的道具，不管是时间还是物品，或者是最近看过的一部电影、社会事件、电视节目、节日庆祝等，都可以成为赏能课堂之始。

四、不给孩子设限

做赏能老师还需要提前思考一个问题：人有没有极限能力？孩子有没有极限能力？

这里所谓的极限能力是指一个人在目标任务中所能达到的最优表现，更深层次的含义是个体表现已经达到了能力极限，就是说，再怎么努力或接受教育也无法超越。高尔顿[①]认为在取得高水平成就上，每个人都受心智能力极限的约束。但达尔文[②]认为："除了痴呆，人类智力差异不大，区别只在于勤奋和热情。"[③] 赏能教育认为，我们永远无法知道孩子的能力极限在何处，就像很少能有机会"把人的潜能最大化"一样，更不用说对潜能进行测量和估计了。

"兼顾效率（实现技能的掌握和自动化）和创新（进行转化和推演）的人更可能成为一个适应型专家，而只关注效率的人更可能成为一个常规型专家，只有革新精神却没有高效行动力的人就只是一个困惑的新手。元认知意识和对所学知识的掌控力（比如，明白特定知识有具体的使用条件）是灵活型专长所必需的。有时为了尝试新的处理方式就不得不放弃已熟练掌握的技能，或者在元认知上与自己的固有信念保持一定距离，用另一种方式对现象或事物进行思考。"

"真正的创造不是一时的顿悟或单一的思维过程，而是需要长时间的知识储

---

① 弗朗西斯·高尔顿（1822—1911），英国科学家和探险家，查尔斯·达尔文的表弟，深受其进化论思想的影响，把该思想引入人类研究。他着重研究个别差异，从遗传的角度研究个别差异形成的原因，开创了优生学。他关于人类官能的研究开辟了个体心理和心理测验研究的新途径。因其卓越的研究成果，晚年受封为爵士。他的学术研究兴趣广泛，包括人类学、地理、数学、力学、气象学、心理学、统计学等方面。

② 查尔斯·罗伯特·达尔文，英国生物学家、进化论的奠基人。曾经乘坐贝格尔号舰作了历时五年的环球航行，对动植物和地质结构等进行了大量的观察和采集。出版《物种起源》，提出了生物进化论学说，从而摧毁了各种唯心的神造论以及物种不变论。除了生物学外，他的理论对人类学、心理学、哲学的发展都有不容忽视的影响。恩格斯将"进化论"列为 19 世纪自然科学的三大发现之一（其他两个是细胞学说、能量守恒转化定律），对人类有杰出的贡献。

③ 戴耘. 超常能力的本质和培养［M］. 刘倩，译. 上海：华东师范大学出版社，2013.

备、持久的信息组织、构建（或重构）和完善的过程，此外，工作风格、对新奇事物的偏好以及毅力也很重要。"

"爱因斯坦等顶尖的创造者的专家技能水平可能还没有他们的同事高，关键不在于他拥有多少专业知识，而是他如何组织这些知识（包括知识如何与他的个人风格和世界观相契合）。总之，创造力不在于知识的积累量，而在于如何将知识和信息转化、整合到个人框架中。"①

五、要为结果负责

具体到课堂操作上，洗髓功也需要老师以空杯心态，正确认识自己从小养成的学习习惯和对学习的理解只是"学习"这个大家庭中很小的一个部分，应该以一个新的高度跳出学习看学习，以一种平和的兼收包容的心态跳出教学看教学。对一些已深谙传统教学与学习习惯的人，这一条尤为重要，因为这些人往往喜欢罔顾结果而进行文人式的口头争辩，这种争辩的心态是抑制赏能老师成长的重要心魔之一。赏能老师要以脱胎换骨的心理准备来接纳新的思想，只有接纳和实践过了不同的学习与教学的模式后，才能把自己原来固有的那些学识正确运用于当前的教学。也就是说，每个人过去的所学、读、经历、思考过的一切都是财富，但只有在学会兼收并蓄后、具备了一定的高度后才能正确使用它们，否则它们有可能会变成束缚个人成长的桎梏。

学校的传统课堂上，老师通常要有威严，要有较严格的课堂纪律，但赏能课堂上这些是可以没有的，赏能老师的威望不是通过外力和身份形成，而是通过孩子对自己的崇拜与依赖确立，以自身魅力而浑然天成，越是和孩子们亲密无间，越是和孩子们水乳交融，教学效果会越好。但请务必注意：和孩子们关系的融洽不是装出来的融洽，不是为了融洽而融洽，我们希望的亲密无间是自然而然的亲密无间，这是那种兄弟姐妹般的亲密，是那种我们和朝夕相处的亲人之间自然而然的亲密。所以，赏能对老师的要求就比较高。

常规老师的上课时间从上课铃响开始，但赏能课堂却有完全不同的要求：

狭义的赏能课堂从孩子进门、老师第一眼看到孩子开始，到孩子走出课堂被父母领走（下课）结束。孩子在赏能的一言一行、一颦一笑都是赏能老师需要关注的内容。所以，赏能课堂就不仅只是课堂写作和游戏，不仅是演讲、辩论等技能和合作意识、勇于表达等情商的训练，还包括语言的文明和规范、行走坐卧的姿势等，各种可能影响孩子成长为气质高贵、勇于担当的优秀公民的各个方面都是老师要关注的内容。

广义的赏能课堂是 7×24 小时，也就是说，我们要全天候地关注正接受赏

---

① 戴耘. 超常能力的本质和培养［M］. 刘倩，译. 上海：华东师范大学出版社，2013.

能训练的孩子。不是说要老师一直去跟着孩子，而是说，孩子成长中的任何情况，都是我们促使孩子更加优秀所需要的素材。只有对孩子有更全面的了解，对其成长环境有更全面的了解，才能在引导其成长成才的过程中游刃有余。赏能教育法要求老师对孩子"全面优秀"这个结果负责，所以重要的不是你做了些什么，而是老师的所作所为有没有实现应有的效果，如果没效果，事倍功半，则一定不是优秀的赏能老师。所以，赏能的老师平日工作看起来不忙，实则要兼顾各种事情。但传说中那种要"把工作、学习和生活分开"的人，要在八小时以外"抛开工作享受生活"的人，一定做不好赏能老师，因为这种人只关注过程，不懂得为结果负责，其工作的结果就不会是完美的结果。我们希望孩子们将来能站在舞台上，首先作为引路人的老师就不能有心甘情愿地在观众席上做看客（甚至做不做观众无所谓）的心态。老师必须是积极、阳光、自信和有责任心的，才能带出热情、活泼、勇敢和有担当的青少年。

02 五行八卦归元功

该功法中"五行"二字的灵感来源于《西游记》第七回。这里有一段大家耳熟能详的情节：

逃出八卦炉的孙悟空目空一切，与佛祖打赌。佛祖说："你若一筋斗翻出我这右手掌中，算你赢，若不能翻出手掌，算你输。"大圣暗笑："我一筋斗去十万八千里。他那手掌，方圆不满一尺，如何跳不出去？"大圣抖擞神威，站在佛祖手心里道："我出去也！"你看他一路云光，无影无形去了。大圣行时，忽见有五根柱子撑着一股青气。他道："此间乃尽头路了。这番回去，如来作证，灵霄宫定是我坐也。"又思量说："我留下些记号，方好与如来说话。"拔毫毛变作一管浓墨双毫笔，在中间柱子上写一行大字："齐天大圣到此一游。"写毕，又在第一根柱子根下撒一泡猴尿，翻转筋斗云，径回本处，站在如来掌内道："我到天尽头，见五根红柱撑着一股青气，我留个记在那里，你和我同去看？"如来道："不消去，你只自低头看看。"那大圣睁圆火眼金睛，低头看时，原来佛祖右手中指写着"齐天大圣到此一游"。大指丫里，还有些猴尿臊气，大圣吃了一惊道："有这等事！我将此字写在撑天柱子上，如何却在他手指上？"大圣急纵身又要跳出，被佛祖翻掌一扑，把猴王推出西天门外，将五指化作金、木、水、火、土五座联山，唤名"五行山"，把他压住。

孙悟空会千变万化，会翻筋斗云，觉自己法力无边神通广大，但在如来看来，不管是他变作须弥芥子般大小也好，筋斗云翻出十万八千里也好，都没什么太大分别，如来能从更高的角度来看到"心猿"的变化。孙悟空再怎么跑，无非是在天地人域内，再怎么变，无非在金木水火土五行生克中，所以如来以不变应万变，孙猴子怎么折腾也逃不出如来的手掌心。

从赏能教育面对的孩子而言，不管什么类型的孩子，无非只是处于青少年或婴幼儿阶段的孩子。从学校学习内容来看，不管学生面对的是苏教版还是人教版教材，其内容都在教育部制定的 2011 版义务教育阶段的课程标准中。从孩子成长角度来看，该阶段的孩子有其固有的饮食、思维、心理、社交等诸方面的规律。这些固有的规律是客观存在的，虽因人而异，却大同小异。所以，赏能老师必须要懂得"智者察同，愚者察异"① 的道理。

"归元"是说我们所面对的孩子或家长都只是孩子或家长而已，大家所关心的问题其实有很大的共性，从共性入手就会事半功倍。"五行功"借用如来佛祖五指化五行山的故事，千变万化不出五行，善于归纳发现共性，因材施教顺应个性，就没有教不好的孩子，没有淡定不下来的家长。

有个误区需要说明。虽然读书多、知识积累多对赏能教学很有帮助，但作为赏能老师，不是说要掌握了各种固有的赏能类知识成为"赏能知识仓库"才能教学，老师要善用自己已掌握、有感悟、易使用的知识。赏能老师在教育中所需的知识积累基本都是够用的，不要因为别的老师教学效果好，就忙着去模仿别人的操作方法、苦学别人善用的知识，而是把自己已掌握了的知识、用自己性格中最优秀的部分来培育引导孩子。除非你已经把别人的优秀的做法真正吸收而成为你的知识，否则不要轻易模仿他人。犹如两个家庭的孩子，A 同学成绩好、善钻研，B 同学情商高、人缘好，如果 A 家长常担忧自己孩子情商不足，B 家长担心孩子成绩不好，两个家庭将常常阴霾弥漫。如果 A 家长自豪于孩子成绩好，B 家长欣喜于孩子人缘好，两家各自在孩子现有的优势上弥补不足，则双方父母天天艳阳高照。大多时候，你已具备的品质自己不在意，却正是他人所羡慕的地方。要做到赏能教育中的随心所欲和有的放矢，赏能教师还必须会管理和利用网站、微博、微信、QQ 等交互方式解决家长和孩子的问题，只有全方位了解了孩子及其外部成长环境，才能让赏能教育更有效果，使老师自身更加强大。赏能教学中亦是如此，做好自己，用好自己，认识到万法归宗，做到收放自如，才会有更好的教学效果。

该功法名字中的"八卦"来自于以下八种赏能老师必须要掌握的针对教学的比较基础的方法，即破冰课、写作课、提升课、专题课、思维拓展课、情商与形商、活动与游戏以及家长课。这八种课没有顺序之分，可互为先后，这八

---

① 语出《黄帝内经·素问·阴阳应象大论篇》，原文："智者察同，愚者察异，愚者不足，智者有余。"本意是说养生，但天下一理：智者能从纷乱中看到共性而从容轻松，愚者所见皆千头万绪而心力交瘁。

种课都是根据不同孩子在现场的表现、写作中出现的问题以及成长中的实际情况而被老师随时调用。

一、第一招：破冰课

所谓破冰课，就是让孩子从不会写、害怕写、不敢写的状态进入敢写、爱写的状态的课程。一般来说，这个过程由赏能的头两次课完成，大部分孩子能在开头的两次课中走出针对写作的"冰冻"状态。但"破冰"的范围却不只限于头几次课，有的孩子进入状态的速度比较慢，有的孩子写作中途会"思维短路"，这时也会用到有针对性的"破冰"的某些方式方法。以下以初次赏能的过程为例做介绍。大多孩子"解除冰冻"状态要经过几次的思维转变来实现。

（一）赏能的课很好玩

初次接触赏能课时的总结优点、编故事、尝试写创作计划并完成第一篇故事章节后，孩子已感受到赏能老师和普通学校老师不一样，感受到了赏能课堂和学校课堂的区别。尽管孩子们大多是因为写作而来，最初大都觉得是来上作文课的，部分父母也会把赏能的课程当作特殊的作文辅导课，但孩子还是感觉到赏能课程的自由和随性，感觉挺好玩。而且赏能的老师也很好玩，没有一般老师的那种居高临下的灌输，没有必须要求记住的写作中的规则。总而言之，虽然几个小时的"课程"中没有专门的休息时间，但课程毫无压力，孩子往往自己忘记了"没有休息"这个事实，孩子从内心感到喜欢。

（二）赏能不是作文课

不少孩子怕写作文，特别是那些不会写作文的孩子，虽然父母不断给他们报各种作文班，但孩子从内心还是怕写。在赏能破冰课上，必须要让孩子意识到赏能的写作课不是作文课，没有一般的作文课那种强调写作技巧、强调开头结尾的写法、强调好文章豹头、凤尾、猪肚子的结构等。因为赏能不是作文课，他们可以随心所欲地组织语言与内容，所以不害怕这种写作方式，很多孩子首次感受到了写作原来是如此的轻松。

（三）长篇小说不难写

通过总结优点，希望孩子心中产生"原来我很厉害"的想法。老师通过必要的方式继续给孩子强化这个概念，让孩子不断觉得自己确实挺厉害、挺优秀的。与此同时，辅以编故事的引导和对优秀赏能小作家长篇作品结构的分析和阅读，不仅读他们的代表作，也阅读他们开始写作时的作品，让孩子感觉到小天使、火凤凰级别的赏能小作家的作品之优，同时也让他们感觉到这些优秀的赏能小作家开始时作品的简单稚嫩，让他们产生"独立创作长篇小说似乎没有想象中的困难"的感觉。让他们知道，只要认真写，也能写出这么好的作品。尽管这时孩子写作水平并未在原来的能力上提升多少，但孩子既然觉得自己有这么多项优点，而且发现赏能小天使、火凤凰级别的孩子的开始时的作品也不过如此，孩子们就会有一种兴奋的感觉，有一种想超越的感觉。其实，这个阶段，孩子们读文章时，大多看不出来好文章和差文章的区别，他们大多只会从篇幅的长短来判定文章作者的能力。

（四）我也能写长篇小说

不管是流水账，还是简单的平铺直叙，只要能把第一个故事写出来，孩子心中那种兴奋感是难以形容的，他坚信自己确实能写出长篇小说，坚信自己以后也会升级到凤凰和天使级别。通过总结优点觉醒了自己的优秀意识，通过对比阅读优秀赏能小作家的作品知道自己也能写出好的作品，通过完成写作计划和第一个故事，感觉自己确实能写出长篇作品。因为自己的同班同学都在写几百字的作文，而自己在写一两万字的长篇，那种优越感会让孩子产生一种鹤立鸡群的意识。只要有这种自信，只要这种感觉能长期保持，孩子就会爱写作。客观上说，写多了，其作文能力自然得到了极大的提升。

第二次课上，继续让孩子完成其作品的第二、三个故事。慢慢地，老师引导孩子写作的功能开始淡出，变成由孩子自行写作。

（五）通过写长篇小说变得更优秀

完成长篇作品后，孩子一般会受到同学朋友的羡慕，受到老师的另眼看待。以孩子的性格特性和马太效应原则，为保持这种优越感，他会越来越喜欢写作，如此来促使自己越来越优秀。作品完成后，孩子的作品一般会印成书，孩子会拿着自己的书到大街上把它推销给路人（可参阅情商课），至此，一个赏能教育引导系统的小循环完成，孩子各方面的综合能力会得到极大的提升。

二、第二招：写作课

（一）常规写作课

赏能写作引导中，老师最主要的教学方式是让孩子进入写作状态，让孩子觉得自己写得不错，让孩子喜欢写。破冰课完成后，赏能教师的教学与传统课堂上老师的教学方式差别更大。这种差别，集中体现在以下方面：传统课堂上，老师要不断树立自己的权威，要让学生感觉到自己是老师，是传道授业解惑者，学生必须听老师的，要按老师的要求来规范自己的言行，否则，就不是好学生，学习成绩就不会好。赏能课堂上，老师不断给学生强化一个概念，你所做的一切都是自己决定的，老师不会帮你，遇到困难和问题，只能你自己想办法解决。传统课堂上，老师要让学生记住自己所教的知识，赏能课堂上，老师要让学生自己去探索新知识新领域，而且要让学生相信他确实有这个能力。所以，学生请教不会写的字的时候，老师大多会回答："自己想办法，实在不会写了，就先用拼音代替，以后再查字典补上。"

那么，老师做什么呢？

老师要熟悉每个学生的作品。不仅要熟悉作品的内容，还要熟悉每个人的写作方向。从作品内容而言，有的孩子开始写作，写着写着就不知道该写什么了，老师要在学生发现自己不知道该写什么之前，通过一定的方式，比如和学生聊天，或者和他身边的其他同学聊天，或者通过让大家讲故事的方式等，提前让孩子觉得如果这么写，他的作品会非常精彩，会有更多的小朋友喜欢看，会写得很长。在孩子的写作中，他就不会觉得才思枯竭，他就有各种想法让灵感如喷泉般时时涌出。因为常有孩子写作文时的无从下手，但在这里才思绵绵不绝，所以孩子会越来越喜欢写。

协助孩子找到自己擅长的写作方向，是赏能老师教写作时的主要工作。如果孩子开始写作的方向不是他所擅长的，那么写作中孩子常会有不知所云的感觉。

关于写作方向，举例如下：

吴子溪：擅长细腻的场景与心理描写，擅长写田园风光。
王珮璐：擅长大场面安排，擅长以对话、现场描写来表现自己的思想。
樊梦云：擅长城市小资生活的写作，擅长心理描写。
黄今：擅长科技类的作品写作。
许欣妍：擅长可爱型的系列剧写作。
芮梦欣：擅长探险类的作品写作。

以上列举了早期赏能小作家六种有代表性的写作方向，如果互换，让他们写别人擅长的内容，孩子们未必能写出来，或者不容易写出优秀的作品。有的孩子原本没有什么固定的方向，可能是第一篇作品写出来后，这篇作品所表达的内容就是其方向。创作之初，大多孩子不知道自己的写作方向是什么，只是凭着感觉写出了创作计划，并完成了头几个章节的故事。如果孩子的写作进展不流畅，常有思路阻塞之感，往往就是写作方向上出了问题。此时得到老师的帮助，找到什么是自己所需要的，是写作初期赏能老师最主要的工作。

大部分孩子在破冰课上能找到自己的方向，有的孩子能在第一篇长篇完成后找到方向，也有个别的孩子需要更长时间才能找到写作的方向。只有找到了写作方向，才能让孩子写作过程变得很轻松，才能写出很精彩的作品。

（二）写作总结

某次课的后半个小时，或学期中途，或学期末，或任何需要的恰当时机，对前阶段创作的内容或小作家们的表现予以总结，以激发更大进步的积极性的课程。总结课要尽可能地调动学生参与和发言的积极性，同时教师要提前统计汇总出权威的相应数据。总结课的目的是对前一阶段写作内容、情商训练及其他各方面的汇总，并对今后一个阶段的计划与展望，让每个孩子很清晰地知道自己下一阶段的写作内容和需要提升的地方。

三、第三招：提升课

（一）故事课

针对初级赏能小作家的故事创作，可以是口头形式，可以是文字形式，也可是口头加文字写作形式。只要能锻炼孩子的联想能力、逻辑能力和表达能力，只要能激发起孩子们写作与表达的激情和兴趣，都是最好的上课方式。

（二）演讲课

赏能演讲课通常分为常规演讲、辩论演讲、即兴演讲、抗干扰演讲和竞选演讲。

常规演讲是针对孩子们关心和熟悉的问题进行的口头表达能力和肢体语言能力的训练，达到心口合一。学校或某些机构举办的各种演讲比赛大都是我们所说的常规演讲，这种演讲形式孩子们最为熟悉。

辩论演讲和即兴演讲分为自命题和老师命题。自命题由孩子自己讲自己熟悉的内容，要求表现得落落大方、口齿伶俐、逻辑清晰。老师命题的内容可以五花八门，只要是孩子稍微知道点皮毛的内容都可拿来作演讲题，如《雾霾问题如何解决》《谈谈钓鱼岛问题》《如何尊重大自然》《科技发展方向的预测》《穿越和虫洞》等，很多孩子对这类题目所知甚少，老师需要提醒孩子如何适当地转移话题，如何快速地组织信息和语言等。辩论演讲是为高级别孩子进行辩论练习做准备的，因为辩论中你不知道对方会从什么角度发言，所以要随时做好各种形式的应对准备。赏能老师通常会以类似于答记者问的方式来训练辩论演讲。自定题目的演讲一般为五分钟，老师出题的演讲一般为三分钟，具体的时间要求由老师根据孩子们的能力与水平和课堂实际情况确定。

抗干扰演讲是对孩子进行专注力的训练。在演讲时，听众可以进行各种形式的干扰，通过肢体语言、行为方式等干扰演讲者的思路，促其慢慢养成可以无视干扰而口若悬河的状态。干扰的主要目的有二：一是微观环境中通过言语行为、插科打诨、滑稽搞笑等方式对演讲者的视觉、听觉、触觉进行干扰，要求演讲者能心无旁骛地按自己的逻辑讲下去；二是针对有人在人少时能讲，人多时不敢讲，或者私下能讲，公开场合不能讲，或者熟悉的人群里能讲，陌生的环境中不能讲等问题安排的各种场景的干扰，以期赏能小作家们能做到街头演讲和大礼堂演讲。

竞选演讲是为了在公众面前展示自己的一种带有明显目的性的演讲练习。高级别的赏能小作家大都是各学校的大队委和"三好学生"，这与他们接受过竞选演讲训练有重要的关系。竞选演讲之初可先从欣赏名家演讲开始，或者阅读有关名家演讲的书籍，或者欣赏名家演讲的网络视频，从中学习其大气磅礴的感觉。

（三）辩论课

辩论课主要是天使班小作家的训练方式，从凤凰级别开始导入。辩论训练一般分为有备辩论和即时辩论。有备辩论即选手提前知道辩论题目和自己所持观点，提前讨论并准备后开展的辩论。即时辩论一般现场出题、现场组队、现场猜拳决定正反方，准备十分钟后开辩。

四、第四招：专题课

专题课是针对赏能的老师在教育过程中发现某个或某个群体的孩子在某些方面存在的问题而专门设置的课程，专题课不是每个班级、每个孩子所必须要经历的课程，它只针对部分孩子，但如果某些孩子已存在或者有类似问题的倾向，就可以以预防的方式对这些孩子或所有孩子上专题课。通常，老师常用的专题课大约有以下几种：

（一）感恩专题

感恩专题要让孩子意识到老师、家长、社会对自己的爱，促成其平日以积极的方式配合家长和老师的正面引导。

感恩类专题一般在相关的节假日或有需要的时候进行。比如母亲节和三八妇女节（母爱）、国庆节（爱国）、教师节（师恩）、抗日战争胜利纪念日和南京大屠杀死难者国家公祭日（爱国与自强）等。如果出现了某位孩子和家长的情感冲突比较严重，除了让家长正确对待孩子的成长外，同时需要对孩子进行感恩母爱父爱类型的专题引导教育，这也是为了让孩子健康成长的重要方面，一个不懂感恩的人的未来一定是灰暗的，这不是我们所希望看到的，我们要引导赏能小作家经营一个光明的未来。感恩专题一般通过视频、演讲、讨论等方式进行。

（二）读（观）后感专题

一般在三四年级，老师便会要求学生写读后感。对很多同学而言，写读后感是一件痛苦的事情，即使喜欢读书的同学，也常有不知如何下笔的纠结。老师和家长告诉学生读完某本书（看完某电影）后有什么感想写下来就行了，可是，小学生常常抓耳挠腮："根本就没有感想啊，读完了就读完了，看完就看完了，能有什么感想？"赏能写作训练，就是要让学生乐写，读（观）后感也是自然写作的一部分，同样应该是轻轻松松自由写作的内容之一。观后感与读后感属同类写作，以下以读后感为例做说明。

赏能写作课堂上仍然会引导学生抛开固有的按部就班的套路，以一种自由开放的方式来写读后感。教师如果还没有掌握把读后感变成和自己日常聊天一样可随意写作的引导能力，就一定要提前阅读参考大量优秀的发自肺腑的读后感（切忌套路作文类的读后感），而后才能旁征博引又接地气地给学生以引导。

引导读后感写作之前，先要引导如何阅读。读一本书或一篇文章，先简单评价这本书或文章写了什么，你觉得写得好不好，好在何处，不好又是因为什么，有什么感想（思想收益或引申后的正反两方面的联想），把这些问题大致搞清楚了，把刚才说过的话写下来，就是很好的读后感。在引导学生思考这些问题的时候，尽量不要用正式课堂回答问题的方式，也不要用正式讨论的模式，在有意更似无意般的和学生有一搭没一搭的闲聊中，这些问题的"答案"逐步浮出水面，把这些"答案"客观记录下来就是读后感。

但若读后感要真正写得好，还需要讲究一定的方式，这种方式和赏能作文引导中的各种方式一样，不拘于形式，不限于模板，可按照自己的爱好来写作，不管是以说理层进的方式、童话的方式、阅读路线的方式等都可以，各种方式没有优劣之分，只在于各人是否能精妙运用。这就是我们常在赏能教育思想中所说的以发散的思维打开写作思路，以之应用于读后感写作。

老师如需给学生做读后感写作引导，可让学生各自在家读同一本书，阅读中老师通过微信等即时通讯的方式与孩子们取得必要的联系，提前做一些探讨或抛出问题，探讨的参与者可以只有孩子，也可建议孩子的父母、老师等一起参与，大家一起交流，这就是我们所倡导的在生活中阅读和学习的理念。经过如此"发酵"，周末课堂上大家再讨论，往往就能讨论出"高质量的感想"。除非老师有十足把握，否则老师不可随意指定阅读书目，而应选择自己先前已经读懂了的书，本次再和孩子、家长共读一遍，让自己的理解与感悟进一步深入，只有老师的理解更加深入，才能引导孩子顺利前行。

《植物天地》读后感

南京竹山小学四年级　王珮璐

今天我读了《植物天地》这本书，这里介绍了许多关于植物的知识。比如：果实、被子植物、植物的防卫等。里面的内容十分精彩，介绍仔细，插图色彩缤纷，非常有趣。看着看着，我困了，便趴在桌子上睡着了。

不知过了多久，我醒了，打算出去走走。不知不觉中，我来到了一个神奇的地方。那里的每一棵植物，都有笑脸，都会说话。她们中间，有一个美丽的仙女，她的穿着都是绿色的，上面有一些极美的花纹。

突然，我听见仙女用她好听的声音讲道："植物展览会现在开始！"话音还没落呢，麦子、高粱、葡萄等植物就奔上来了，他们齐声说道："大家好，我们是酿酒植物，我们的果实或种子里的营养成分发酵后可以转化成酒精。"葡萄往前一步，自豪地说："我可是世界上产量最大的果酒原料呢！"仙子笑着说："好，第一小组演讲完毕，有请第二组！"

又一群植物上来了，说道："大家好！我们是被子植物，我们可是'人口众多'啊，在人类世界里随处可见。我们家族成员中有单子叶与双子叶两个大类，就像人类有男孩和女孩两类一样，但我们的小类很多，大约有25万种，我们外貌各异、千姿百态，与人类关系十分密切。人们见过的大块头的睡莲就是最原始的被子植物之一呢！"

随着时间的流逝，第三组工业原料、第四组芳香植物、第五组高山植物等都开始上台演讲。我边听边感叹："哇！植物真是太神奇、太奇妙了！"

接着，仙子又介绍了根、叶、果实等的作用，又让见多识广的博物学家"风"给大家讲了"地衣""变色的叶子"、植物的防卫等。这可让我羡慕坏了，因为它们的口才实在太好了！

仙子最后又做了一下总结："植物是世界上最多姿多彩的生命，它们形态各异……"让我听得入了迷。

随着植物们的演讲，我渐渐发现，这就是《植物天地》的童话版嘛！太棒了！突然，我看见食人花向我扑了过来……

吓死我了！我哇哇大叫起来。

咦！植物呢？哦！原来这是一场梦啊！

要是书都以童话的形式来讲多好呀！瞧！我又开始想入非非了。

南渡北归无问西东读古今

王卓

读书让我感受到了平静和安逸，也让我不断重新认识和审视自己。

读了一些名人传记，每次读到那些成功者的事迹，都使我内心受到极大的震撼，他们在自己的领域不断创造着奇迹，有的探索着浩瀚星空和神秘的未知，有的推动着社会的进步，有的改善着我们的生活。了解了他们背后的成长过程后，都能发现异曲同工的故事，那就是他们在传记中不断会提到的那个词：阅读。

金秋时节，我读完了岳南先生的《南渡北归》。相信读过这部大书的人和我一样，非常不忍心那些文化大师生存和工作环境的恶劣，但就是在那样艰苦的条件下，他们不屈不挠，乐观向上，用自己的精神书写了那段精彩的历史。有幸知道国学大师陈寅恪先生，曾经住在南京西安门地铁站附近的头条巷，让我们自豪的是，赏能教育研究院坐落在距头条巷不远的三条巷，我曾多次和老师们探访过那片小小的土地，虽然物是人非、时过境迁，但我们能踏在陈先生曾经走过的路上，那种内心的安宁和对学问不断追求的精神不断赋予我幸福感和神圣感。

陈先生用毕生心血研究学问，因时代动荡，半生研究的著作大都在战乱的周转中遗失，书中读到这里，我这个后辈小子都深觉痛心遗憾，也难怪陈先生见到精心包裹着的多年的手稿被小偷调包为几个砖头后，会难受到昏厥。陈先生后来凭记忆恢复了部分研究成果，但用蝇头小楷写了整整二十年的对《高僧传》的批注文字却成了永远的遗憾（见《南渡北归》）。我常想，如果当年调包的小偷知道他葬送了陈大师二十年的心血，让中国文化蒙受了很大的损失，不知道他会不会忏悔？我愿意相信他也是一位为生活所迫的穷苦人，但我无法原谅他做的这件事情。陈大师后来在中山大学执教、再后来双目失明，但他的学习与研究都从未停止。每每"见到"这样一些努力向前的人，不能不令我心生敬畏。

《南渡北归》后，前些天又迷上了《红岩》。这本国人耳熟能详的书，我一直没有认真读过，这次我利用碎片化时间在放假前读完了。渣滓洞、白公馆这种非人的监狱生活，都不能使书中的英雄们屈服，他们在狱中用诗歌表达对祖国美好明天的向往和信心，大家团结一致为胜利而努力。华子良装疯卖傻的潜伏，许云峰忍受逼问的酷刑，江姐沉着面对不断突来的危险，刘思扬在狱中写诗的斗志与情怀，成岗和余新江一步步成长为优秀革命者的艰难历程，以及所有团结一心，为自己信仰的党和人民的美好明天而流血牺牲的人，都让我一次次震撼。他们觉得为了明天那阳光普照的大地做出必要的牺牲，是一件自豪而光荣的事，正是这种信仰的力量推动着社会在不断进步。

这些艰苦年代的人和事不断鞭策着我。激情澎湃时，我常想：要是我能生活在那个年代遇到那样一群人该有多幸运。有时我会一边崇敬这些伟大的灵魂，一边把我自己置身于他们之中，尽力去体会那般艰苦条件下，他们那股不屈不挠永远进取的精神力量，觉得那就是我向往的年代，因为正是有这样一群人的努力和沉淀，才有了我们今天的安逸，我们的国家也才能屹立于世界强国之林。

离开南京的前一天晚上，我独自去欣赏了那部很火的电影《无问西东》。赏能寒假班时，有个家长朋友说自己去影院看过几遍，同事们也在不断谈论着这部电影。我相信大家这样喜欢肯定是有道理的，所以赶紧抓住时间的尾巴，让我在离开南京前完成看这部电影的心愿。影院里，随着剧情的深入，我很高兴地知道了影片情节刚好与我上面读过的两本书有很多的交集，瞬间我觉得这部影片很亲近。

张果果居于当今社会的企业领导层，镜头从这里切入，张果果是开始亦是结尾。镜头延伸到"文革"时几个志向高远的青年，再至西南联大那段艰苦的岁月。西南联大时，师生躲避敌机轰炸而四处逃跑的日子犹如家常便饭。影片中闪过一个片段，陈寅恪先生利用躲避敌机轰炸的时机在壕沟里给学生上哲学课，师生们无视头顶隆隆飞过的敌机，沉着而认真地听讲。梅贻琦、闻一多、沈从文等一个又一个大师一次又一次地刷新着我对能生活在当前美好生活中的感激之情。

回忆着这些激奋人心的历史故事，摩挲着带回老家来要读的书，翻看着手机图片夹里拍摄的已读过的书的封面，我脑子里灵光一闪恍然大悟，重新认识了一个重要的问题：原本以为在过去艰苦岁月才会有的团结奋进，在当今社会里依然常见，《华人神探李昌钰》、《心若菩提》曹德旺、《天地九重》杨利伟等传记主角的身上无不体现着我向往的那种精神，如同电影《无问西东》传递着善良、奋斗与爱一样，这些传记的主人公一样面对和承受着困难，把别人认为不可能的事做成了伟大的成绩，李昌钰为了节省时间每天只睡四个小时，曹德旺把玻璃产业做到世界最大，杨利伟30秒完成从起床到集合的任务，这每一项成绩都让我瞠目结舌。

每个人的时间都是一样的，每个时代都不缺乏伟大的人，所有的伟大都是由细小平常看起来不起眼的事情坚持下来的。因为每个人对待时间和坚持的态度不同，导致每个人创造出的价值不同。生活对每个人都是公平的，我们遇到的点点滴滴都在不断地完善着我们，我们之所以过成了不同的人生，就因为我们看到和做到的不同。你是懒人，你就会发现更懒的人，所以你就能心安理得地继续懒下去。你是努力奋斗的人，你就能发现更多比你更努力的人，你就一步步走向了伟大和卓越。良好的阅读习惯是每个人从平庸走向卓越的坚固的桥梁，因为敬畏，我不敢不阅读。

2018 年 2 月 12 日

（三）审题问题专题

该专题的目的在于解决学生课堂作文审题问题。

考试中常有学生因审题不明而出现"跑题"的现象，赏能老师一般通过短时讲座、讨论、举例等方式给孩子进行训练。我们在赏能小作家升级教材中汇集了 100 个中考作文题和 60 个高考作文题，这些题目通常就是赏能小作家进行课堂即兴演讲的题目。即兴演讲不仅是为了锻炼口才、锻炼应急能力，还有个重要的作用就是训练对作文题目的理解，赏能小作家在反复的练习中、在大家的一次次点评中不断重复着训练，最终做到见题后自然而然地确定所谓的"题眼"，不至于偏题。

我们不相信更多的技巧，赏能信奉熟能生巧，信奉一分辛苦一分收获，信奉激情是做好一切工作的基础。只要能引导孩子们勤于练习，在同伴的不断扬弃中，见到题目后，每个孩子都能目光如炬，一语中的。

（四）成长问题专题

该专题协助家长解决孩子成长与学习中的思想问题。

比如：如何看待要求严格的老师？如何与严厉的妈妈相处？小朋友该不该玩手机？爸爸妈妈经常吵架怎么办？妈妈给我报了太多的辅导班怎么办？上课和做作业时注意力经常不集中怎么办？考试时如何进行作文审题？如何从身边的小事情小物体上引发出作文中的闪光点？长篇作品写作中如何通过对环境心理等细节描写来衬托主题？小升初时如何选择适合自己的学校？该不该到朋友家去玩？带朋友来家里玩妈妈反对怎么办？妈妈常让我看我不爱看的书、我爱看的书妈妈又不让看怎么办？等等。

专题课就像影子，和写作类主体课并存，无处不在，无时不在，促使赏能学员全方位发展。成长专题通常是针对某个孩子或某类孩子成长中的具体问题，提前和家长充分沟通，以有意更似无意的方式进行解决。常见的方式有讨论和私下交流等。讨论中的结论形成，一般由孩子们来做。我们需要的结论，是经过引导和充分讨论后，孩子们发自内心形成的结论，而不是那种唯师长权威的冠冕堂皇的表面文章的结论，不是那种大道理占据大篇幅的结论，这类结论不会产生什么实际的效果。私下交流中不要用说教的口吻，要真正以孩子的朋友的身份进行交流，那种居高临下的"朋友"的说教同样起不到太大作用。

孩子的问题交给孩子解决，孩子成长中的结论由孩子自己做出，并能在以后身体力行地应用，这才是成长专题应该达到的目标。

五、第五招：思维拓展课

（一）室内拓展

目的：拓展思维的发散性，通过身边随处可见的某样物品或现象拓展孩子的思维。

一般针对老师拿出的道具，由孩子进行发散性思维的多重联想，由此激发其长篇创作中的构思方式。比如一个鼠标垫，可以想象成阿拉伯神话中的魔毯，可以引申到阿拉丁神灯，引申到渔夫和金鱼的故事。同一个鼠标垫，也可赞颂其默默无闻、甘为铺路石的精神，因为不管是使用者在电脑上写出了优美的文字，还是画出了漂亮的画，都没有人记得有鼠标垫的功劳，虽然对有的鼠标来说，它是不可缺少的部分，但它也只是辅助产品而已。可以让鼠标垫反抗自己的"不公正"待遇，还可以让鼠标垫变成潜伏在人类中的外星间谍等。

（二）室外拓展

目的：对写作没有细节描写的孩子进行现场引导教育，让孩子们在写作之余彻底放松身心，以利于其更有效地写作或接受其他引导教育，一般在教室附近的广场、绿地、公园等处进行。

比如：站在窗前的观察拓展（见第二章第七节《写作课堂纪实：秋天的树叶》）。

比如：到街道边上去观察行人。观察行人走路的姿势、匆忙与休闲、目不斜视打电话与低头专心玩手机、小孩的快乐蹦蹦跳跳与老人的蹒跚不紧不慢、嚼口香糖者目空一切与戴耳机者忘乎所以。观察衣着打扮的时尚与落伍、得体与混乱、干净与邋遢、高档衣服穿出了低档效果与朴素衣服衬托了文质彬彬。观察言行举止，高声说话与娓娓道来、随手乱扔垃圾、随地乱吐与保持环境卫生、尊重自然等。

室外拓展是要让孩子的头脑中的想象与环境密切相关，即使是创作中的玄幻和穿越作品，也要让出现在不同时间和空间的场景有切合实际的描述，比如不同时间和空间里的花草树木、房屋建筑、衣着打扮、精神面貌、言谈举止等有各自的特点。如果过去或未来的人穿越到了当前我们所处的社会，他一定会对以上所举的街边观察行人的室外拓展之所见所闻感到新奇甚至惊愕。此类描述应用到作品中去，也即细节描写，会让文章增色不少。关于不同场景间的差异化表现，可参考法国电影《时空访客》或《时空急转弯》。

（三）自然拓展

目的：让孩子到大自然中彻底放松自我。

在名山大川、名胜古迹等景物中进行拓展活动时不要让孩子们带笔和本子进行记录与观察，也不要要求孩子们回来后写日记和作文，但有必要对孩子的野外活动进行总结和点评，或者让某些孩子谈谈自己的感想。赏能老师在组织此类谈话时，要引导孩子说出自己的真情实感，要抛弃空洞无物的官话，一定要是发自孩子内心的，比如：好不好玩？还应该怎么做能更好玩？有没有发现什么古怪的地方和古怪的人？看到了什么、想到了什么？此类问题都能联系到山精水怪上，甚至可以联想到宇宙爆炸、穿越、特异功能、变种人、五维空间等，关键问题是看老师如何去做引导，老师的知识面有多广博。

只要孩子们玩得开心、觉得有意思，不管是外出的场景，还是老师的引导内容迟早都会进入孩子的作品中。

六、第六招：情商与形商

形商是一个人管理自己身形的智力商数，能够通过各种方法控制好自己身形的人，其形商更高。也就是说，看一个人的身形，就可知道他的修养、意志力和对人生规划的管理控制能力。形商就如同智商、情商、财商一样，智力情绪是形而上，财富挫折是外部世界，形商则因此有了根基的意味，这是最原始的人与形体的相偎相依相对抗。多少聪明智慧，万千富贵荣华，一旦形体不存，将无所附着，除了智商和情商，形商层次高低也是影响一个人终生成就的重要方面。

赏能小作家都还尚未成年，大多不能决定自己的穿着打扮，其衣帽鞋袜的搭配与质地大多由父母决定，孩子是被动的接受者，但我们可以提升孩子们的审美能力，让他们知道什么是美丑优劣，我们可以教给孩子们礼仪道德，可以让孩子们知尊卑、明事理、落落大方、言行得体，基本可以做到勤洗澡、勤洗手、衣着得体，文明礼貌。形商训练一般通过讲座、讨论、视频、观察、欣赏艺术展览、研究服饰课题等方式进行。

情商是与智商相对应的概念，指人在情绪、意志、耐受挫折等方面的品质。总的来讲，人与人之间的情商并无明显的先天差别，更多与后天的培养息息相关。从最简单的层次上下定义，提高情商是把不能控制情绪的部分变为可以控制情绪，从而增强理解他人及与他人相处的能力。这种能力包括自我认知能力、情绪控制能力、自我激励能力、认知他人情绪和处理相互关系的能力。赏能课堂上对学员的情商训练主要通过对孩子们行走坐卧的姿势、彼此包容的心态、善于表达的言辞、阳光开朗的性格、不屈不挠的精神等方面的干预和纠正来实现。

街头售书一直是赏能小作家情商和财商训练的"保留节目"。通过正确的赏能写作引导，每个孩子都写出了自己的长篇作品，而且是在"没有老师帮助"的情况下独立完成的写作。作品印成了书，自己还能独立到街上去销售它，通过销售还能挣到钱。这个过程会对孩子自信心的养成起到相当大的促进作用。

（1）培训孩子：让孩子们知道如何"销售"，如何辨别"客户"，如何辨别"客户"集中的地方，"销售"过程中如何切入介绍，对有希望买书却犹豫不决的"客户"如何继续跟进等。可由以前的"销售达人"参与培训。

（2）培训家长：家长只需远远跟着，保证孩子的安全，但家长不要帮孩子去卖书，更不能在孩子不敢卖书、不敢和陌生人打交道的时候批评孩子，如果打消了孩子的积极性和兴奋点，可能孩子以后会抵触参加此类活动。孩子一定要走出敢和陌生人打交道这一步，不管是在家长的鼓励下，还是批评硬逼下走出了这一步，都不是孩子自发的行为，这不是我们想要的结果。

（3）地点分配：哪些孩子在哪些地方销售，有个大致的划分，但不必拘泥。

（4）流程与时间安排：几点开始、几点结束、结束时是否需要集中、如何向老师汇报"销售"成果，卖书的钱如何分配，在哪里分配等。

（5）总结：如果本次情商课后时间来不及，下次课开始时要进行总结，以刺激孩子们下一次参加情商课的积极性。

七、第七招：活动与游戏

赏能课堂经常会以各种各样的游戏与活动来达到不同的训练目标。游戏与活动不仅是为了活跃课堂氛围，放松绷紧的情绪，更重要的是要达到老师的设计目标。活动与游戏可以参考老师熟悉或过去参加过的形式，更重要的是老师要能根据自己的需要随时创造性地设计出游戏与活动。赏能老师当前常用游戏稍作举例如下。

根据课程需要的自创游戏如：

考查阅读范围并促进阅读的读书 PK 赛
考查阅读广度与深度以及对历史和时政了解程度的名人杀
增加同学间感情的兔子舞和点将演讲
专题研究与培养情商形商的豆子节、本草节、君子节、臭美节

通用型游戏如：

训练反应及心算速度的 24 点
训练逻辑推理的"天黑请闭眼"和"请相信我"游戏
训练灵敏度的撕名牌和"青蛙变天使"游戏

考查知识面并促进读书热情的"一站到底"游戏

其他诸如中国象棋、国际象棋、围棋、五子棋、跳棋等

八、第八招：家长课

赏能家长课分为以下三类：关于赏能和孩子成长的课程，关于家长成长和知识拓展的课程，关于家长间彼此交流和借鉴的课程。

（一）第一类家长课：关于赏能和孩子成长的课程

初级家长会习惯性地把此类家长课理解为通用的家长会，其实赏能家长课在内容和形式上都异于家长会。家长课可根据需要随时开课，大规模的家长课一般在每个学期的开头和末尾，这是两次公开面向所有家长的课程。同时，因有部分家长对赏能教育法不了解而不知道如何配合，或者家长发现孩子近期存在什么问题，需要与老师进行沟通，赏能的老师会随时和家长见面交流。赏能教育是对孩子全面的教育，所以家长的沟通非常重要。家长课一定要言之有物有的放矢，确实发现了共性的问题需要和大家交流才能上家长课。

家长课的原始初衷：一个孩子成长至今，如果家长对孩子有不满意的地方，这里的"不满意"完全来自于家长的培养，而大多家长当局者迷，并不知道自己是如何养成了这个"不满意"，通过对比，赏能老师知道这个"不满意"来自哪里，所以需要针对家长开课分析"不满意"的成因并给出建议和解决方案。"正入万山圈子里，一山放过一山拦"，问题总是层出不穷，老问题解决了总会有新问题出现，所以赏能家长课也总是会时时更新。

以下重点介绍首次赏能家长课。

首次家长课目的是让家长了解赏能教育法，并知道如何配合赏能的老师们共同来促进孩子们的进步与提高。同时帮助某些不太懂得教育孩子、急功近利的家长了解自己在孩子教育中所犯的经常性错误，通过家长的改变来带动孩子更快进步。首次赏能家长课上要说明以下八个问题：

（1）赏能教育法和赏能导师：专门的研究机构和知名的教育专家群体。

通过介绍让家长知道我们将要进行的赏能教育是对孩子全面的教育。写作是我们常用的方式，但写作不是目的，赏能教育更不是写作培训。通过介绍研究型赏能教育导师团队，进一步强化家长心目中赏能教育的严肃性和专业性。家长的信任和配合是让孩子进步的很重要的因素。

以我本人的介绍为例：我是赏能教育概念的提出者和实践者，曾任两所大学的团委书记、学生处处长等职，在大学分管招生就业工作十余年，曾任企业副总裁并兼任国家级报纸特约记者。我将学校培养与企业需求充分结合，多年前就研发出了深受大学生欢迎的创业与就业辅导课程，在高校做了近百场就业

创业类辅导报告。我曾引导七岁的女儿完成了 9 000 多字的童话创作，引起媒体关注。后经实验，发现几乎所有小学生都能独立完成万字以上的长篇故事创作，并以此为亮点，使孩子的学习及生活自信大幅提升，孩子也在自我激励中全面提高。同时，也发现了家庭及学校教育中存在的某些不足，遂辞去一切工作，潜心研究实验赏能教育法。经多年潜心研究与实践，赏能教育法得到了家长、老师、学校、教育行政部门及媒体的高度关注，部分区域的教育局已经在全市、全县各校推广普及赏能教育法，全国部分学校也已全面实践并推广赏能教育法。

（2）赏能教育的效果：硕果累累。

介绍与当前家长相近的教学成果，进一步强化家长对自己孩子和赏能教育法的信心。

（3）孩子的首次课：超出家长预料之外的成绩。

以上介绍的成果不是家长习惯上认为的优秀孩子的成绩，而是每个孩子都能取得的成绩（包括每位听众的孩子），赏能教育法能让每个孩子都取得非常优秀的成绩。比如，孩子们的第一次课上，经过赏能老师的启发和鼓励，平均每个孩子能总结出自己七八十项优点（截至 2017 年末的最高纪录是 296 项）；基本上每个孩子都能当堂完成首个长篇作品的目录（创作提纲）；大部分孩子首次课能完成首个故事平均四五百字的创作。这些孩子在父母的眼里都是很平常的孩子，有的被父母认为是不会写作、缺乏责任感和学习主动性、只对玩耍感兴趣。有的孩子被家长和老师认为有多动症、自闭症、抑郁症。但这些孩子每人都能在课堂上完成以上工作，且是在"没有老师帮助"下完成的。

赏能的课堂通常是三个小时连续上，中途没有安排统一的专门休息时间。寒暑假中，还常常把上下午的班排在同一天，这么长时间连续的赏能课程，孩子并不觉得厌烦，且兴致高昂。

这些过程和成绩，家长都是可以通过检查孩子的作品及向孩子咨询就能见到的。这个环节，仍是为了强化孩子在家长心目中优秀的层级。

（4）成功的缘由：自信。

为什么一个普普通通的孩子到了赏能就能突然发生变化，且在首次课上就能"脱胎换骨"呢？

赏能老师一直把重点放在提高学生的自信和兴趣上，同时让孩子明白写长篇小说一点也不复杂，以前的小作家能写出来，你们每个人也都能写出来。老师一方面让孩子相信自己很能干，比周围很多同伴都厉害，另一方面，又不断告诉孩子们长篇小说的创作其实很简单。通过这样一正一反形成合力以后，孩子们就敢写作，也愿意写长篇作品了。只要孩子愿意写、喜欢写、主动写、写多了，文笔自然就能提高。不少孩子的首部作品都很简单，甚至于像有的妈妈所说的那样，是流水账，是胡乱的文字堆砌，但它毕竟是第一个长篇，就像爱因斯坦的小板凳一样，虽然第一个不好看，但多做几个，自然是后面的比前面的板凳要好看得多。

所以说，赏能的老师不教孩子写作，赏能的老师只帮助孩子树立自信，让孩子真的觉得自己很能写，觉得自己比别人厉害，从而愿意写。

（5）成长体系：帮助家长了解孩子的成长过程，以更好做到彼此配合。

赏能小作家级别有四级，从低到高的级别分别为青蛙、天马、凤凰、天使，每个级别的教学内容不一样。通常每个初来赏能接受训练的孩子都要从青蛙级别开始，然后逐步升级。赏能学员的升级考核分为写、说、读、情商和形商五个部分，共分30个子项，如同大学的学分制一样，每个子项的"学分"修完后记录在案，等到各子项"学分"都修完后开始接受公开的升级考核。通过考核的孩子进入下一级学习，重新开始修下一级的"学分"。若是传统一步步升级前进的赏能小作家，基本上从凤凰级别开始，大多孩子已经具有学校的大队委、中队委和"三好学生"之类的荣誉身份，大多孩子的情商、形商、财商、逆商等优于同伴，写作之类的学习能力和学习效果自然也优于同伴。

（6）家长配合：对孩子的写作不督促、不修改、不过问。

赏能小作家每个人都能创作出不少于万字的长篇作品，天使级小作家一般要求单篇不少于五万字。赏能小作家每个人也都能按要求升级到天使级，甚至更高级别，但要做到这一点，需要家长的配合。

家长配合的内容主要有三个：一是不允许过问过程，二是帮孩子上传文章，三是家长要与时俱进读书学习。（参见第六章"家长心法"）

（7）赏能的理论基础：罗森塔尔效应。

罗森塔尔是美国著名心理学家，罗森塔尔效应来源于他的一次著名的教育实验。

1963年，罗森塔尔和福德告诉学生实验者，用来进行迷津实验的老鼠来自不同的种群：聪明鼠和笨拙鼠。实际上，老鼠来自同一种群。但是，实验结果却得出了聪明鼠比笨拙鼠犯的错误更少的结论，而且这种差异具有统计显著性。对学生实验者测试老鼠时的行为进行观察，并没发现欺骗或做了其他使结果歪曲的事情。似乎可以推断，拿到聪明鼠的学生比那些拿到笨拙鼠的不幸学生更能鼓励老鼠去通过迷宫。也许这影响了实验的结果，因为实验者对待两组老鼠的方式不同。

产生"罗森塔尔效应"的著名实验：他和助手来到一所小学，声称要进行一个"未来发展趋势测验"，并煞有介事地以赞赏的口吻，将一份"最有发展前途者"的名单交给了校长和相关教师，叮嘱他们务必要保密，以免影响实验的正确性。其实他撒了一个"权威性谎言"，因为名单上的学生根本就是随机挑选出来的。八个月后，奇迹出现了，凡是上了名单的学生，个个成绩都有了较大的进步，且各方面都很优秀。

显然，罗森塔尔的"权威性谎言"发生了作用，因为这个谎言对教师产生了暗示，左右了教师对名单上学生的能力的评价；而教师又将自己的这一心理活动通过情绪、语言和行为传染给了学生，使他们强烈地感受到来自教师的热情和期望，变得更加自尊、自信和自强，从而使各方面得到了异乎寻常的进步。

在这里，教师对这部分学生的期待是真诚的、发自内心的，因为他们受到了权威者的影响，坚信这部分学生就是最有发展潜力的。也正因如此，教师的一言一行都难以隐藏对这些学生的信任与期待，而这种"真诚的期待"是学生能够感受到的。

（8）家长需要改变自己：如何看待自己的孩子。

家庭教育中有个"别人家孩子①"现象。与"别人家孩子"相较而言，自己的孩子问题太多，简直就是一无是处：又懒又爱贪玩，做作业磨蹭、考试马虎，缺乏主见，待人接物不懂事等问题一大堆，不像"别人家孩子"又聪明伶俐又会说话，年年都是"三好学生"，还肯吃苦，房间收拾得井井有条，小小年纪钢琴就过了十级，文章写得好，字写得漂亮，考试经常名列前茅等。"别人家孩子"是经常挂在妈妈嘴边的自己孩子的参照物，几乎每个孩子都恨过这个"别人家孩子"，恨他为什么那么优秀，恨他把自己比得惨不忍睹。

在高期望值的前提下，家长更多关注的是孩子的不足之处。对家长而言，希望孩子能改掉这些缺点与错误，变得更优秀，所以家长不断地告诉孩子哪些地方做得不够好。但从孩子的角度，他几乎每天听到的都是父母对自己的不满，所以他觉得在父母眼里自己是个很差劲的孩子。久而久之，按照罗森塔尔效应，孩子可能真的就变得不够优秀了。

孩子的品格中，优秀部分和不优秀部分之和构成了他的全部。孩子的思维更多是感性思维，他还不能对自己形成完整的判断，孩子对自己的判断概念基本上来自于家庭和小朋友群体中的其他孩子们对自己的评价。家长在不断的恨铁不成钢的心态中，不断强化孩子"不如他人"的概念，不断强化孩子"缺点太多"的意识，那么，孩子可能确实就觉得自己太差劲了。按照罗森塔尔效应原则，这种"差劲"的感觉会越来越扩大，品格中优秀成分所占的份额则越来越少，久而久之，可能就真的不优秀了。如果反过来，不断帮孩子强化他优秀的概念，让他的品格中优秀的份额按照罗森塔尔效应原则扩张，久而久之，则孩子越来越优秀。

如果优缺点各占50%的孩子算不好不坏，那么缺点超过这个中间值，达到

---

① "你看看隔壁家的某某某，学习多自觉啊！""我同事的女儿今年考上重点中学了，你怎么就没人家这么争气呢！"……小时候是否经常听到父母唠叨这些熟悉的话语，您现在是否也常对孩子这样说呢？2011年2月，一篇名为"别人家的孩子"的帖子在网上走红，网友们纷纷响应"别人家的孩子"是自己的"宿敌"，因为自己一路就是被父母"比"着长大的。上学时，比的是成绩，毕业时，比的是证书，而工作后比的则是职业、收入，退休后比的是孩子。

了百分之六七十，则很明显算是个"坏孩子"了。反之，优点达到百分之六七十，肯定算是个"好孩子"了。罗森塔尔效应一直在起作用，不把孩子变得优秀，肯定就把孩子变得不优秀。走向的优秀与否，取决于孩子周围的环境对他的评价，更取决于他通过这些外在的评价而形成的对自己的评价。

让孩子足够自信，并让罗森塔尔效应在孩子的人生观、世界观未完全形成前良性循环，是赏能教育法能改变每个孩子的主要因素。

（二）第二类家长课：关于家长成长和知识拓展的课程

为了保证教学效果，随着赏能小作家的成长，家长也需要水涨船高地成长。本类家长课就是为了这个目的而设。老师会有意识分阶段地介绍相应书籍和电影给家长，请家长阅读和欣赏，并有目的地和家长做探讨。赏能还会不定期组织"大师讲堂"，给家长普及各个门类的知识，诸如经史子集、医卜星象、理化史地等，只要有合适的时机，我们就会组织类似的家长课堂，拓展家长的视野，使家长在孩子面前树立起学习与进步的榜样，潜移默化中促使孩子进步。

（三）第三类家长课：关于家长间彼此交流和借鉴的课程

家长的教育观直接影响着赏能小作家的成长速度和进步效果，不仅是赏能的老师要时时推荐书目并和家长做交流，也不仅是请来专家学者和家长们见面交流，家长们彼此间的交流更能说明一些问题。这一方面是家长间的意见因为有各家孩子的优劣程度的对比而更有说服力，另一方面还因为家长集中到一起后，对于某些大家觉得匪夷所思的教育理念，更容易接受和理解。往往越是有问题的孩子的家长，越会认为那些优秀孩子的家长的做法有问题，越容易搞混了教育中的因果关系。这些"匪夷所思"一定要有现场感才能发挥更好的作用，才能从某些家长身上去掉部分那些所谓的"问题孩子"的问题根源。

前面介绍过的小陈综合能力优秀，数年来考试成绩基本都是年级第一，已在赏能完成二十万字的长篇创作，演讲辩论都很强，情商形商都比较高。小陈和妈妈已初步计划，准备九年级开始参加高考。小陈的妈妈常帮孩子请假参加各种阅读和拓展类活动。孩子四年级时想要智能手机，妈妈就让孩子自己去买。孩子上初一后想要一台自己的电脑，妈妈就让他自己买了笔记本电脑并随身带着。很多家长觉得是因为小陈一直很优秀，能"管住"自己，所以小陈妈妈才这么放心大胆。其实小陈妈妈一直在强调，因为她一直对孩子信任与民主，所以孩子才取得了如此成绩，但诸多家长还是很难相信。要想让"诸多家长"相信小陈妈妈的做法与结果之间的关系，只有现场见面交流才能达到应有效果。其实，各种问题都可以反过来看：如果你觉得小陈是因为能管住自己，是因为优秀了，小陈妈妈才如此淡定与自如，那么你们家孩子为什么就不能管住自己？

为什么就没有这么优秀？优秀与淡定之间的因果关系不管如何排先后，小陈的"因"为什么就没有体现在你们家孩子身上？

03 吸星大法饕餮功

赏能教育有教案，有教学思路，但赏能教育的高级阶段其实是无固定招式可循的，它只有一个要求，那就是赏能老师本人要成为教育中的"顶级高手"。

赏能教育法是一种教育思路，任何人都可以对孩子进行赏能教育，但需要教育者认真地领悟赏能教育思想，不急功近利，不骄傲自满，只有虚怀若谷，才能使教学内容发挥更大功效，否则，要么是各种教育思想互相冲突，要么根本就谈不上什么教育思想，反而会让受教育者无所适从。

金庸小说中的武功有两种功法比较特别，一是《笑傲江湖》中的吸星大法，还有一种是《天龙八部》中的北冥神功。令狐冲修习了吸星大法，能不断吸去他人的内力转化为自己的内力。段誉修习了北冥神功，同样能不断吸去别人的内力供自己所用。令狐冲成名前，体内有好几位武学高手输入的数股真气不断冲突，被折磨得死去活来。段誉猛然吸去了他人诸多内力，同样被过多的内力给"撑"得晕过去了。这两位在成为绝顶高手前，虽然都很痛苦，但有个共同的特点：他们体内都已经储存了过多的内力，区别只在于吸星大法吸来的内容需要先化解，而后转化为自己的内力，而北冥神功吸来的内力无须转化，它与段誉自身的内力无缝对接，直接可用。这两位少年侠士把高储量的内力为己所用后，快速走上武学顶峰。他们各自的"内力为己所用"的方法，就是他们学武的转折点。我们反过来设想一下，假设两位大侠费尽千辛万苦，找到了这个能让自己"从此是青云"的转折点，但他们体内没有那么多的真气储备，又将如何？或者他们为竹篮打水一场空而气恼，或者他们会觉得自己上当受骗了，他们找来的方法根本什么作用也没起到，自己仍然不具备大侠级的武功。

第六章《01 百花酿蜜易筋经》里也介绍了令狐冲与吸星大法，那里是为了说明对内力的消化问题，本文在这里再提出吸星大法和北冥神功，是说明内力的来源问题。要成为绝世高手，即使你掌握了成为高手的方法，但没有前期量的积累，也不可能发生质的变化。所以赏能老师要如饕餮般"猛吃"各种知识。

真正的赏能老师要身负"吸星大法"和"北冥神功"，要不断吸收来自各方面的知识，书本、影视、讨论、讲座、聊天等都是吸收知识的好途径。关于知识吸收，不管是吸收到如段誉北冥神功之类与自己无缝对接的知识，或者如令狐冲吸星大法吸收到的暂时还不能消化的知识，两者都很重要。有的知识不能消化，是因为自己的高度不够，多读、多想、多讨论，提升自己的高度后，以前囫囵吞枣积累的各种知识都能迅速吸收转化。如同阅读背诵文言文，开始时可能不太懂，假以时日，积累到一定程度，所有曾经不理解的知识全部会融入自己的学养气质中去，你甚至不知道你是何时理解学会了那些佶屈聱牙的篇章的。赏能老师的这种高积累，不仅会影响到小作家的学习效果，也会让老师本身变得儒雅深邃，更重要的是，它会影响到老师家庭的和谐美满，会改变家庭的文化氛围，影响到家庭成员的世界观和人生观，提升自己原生家庭的品位。

下面列举赏能老师需要吸收的部分知识的来源：

教育类阅读：《卡尔·威特的教育》《斯托夫人的教育》《斯宾塞的快乐教育》、木村久一《早期教育与天才》、陈鹤琴《家庭教育》、苏霍姆林斯基《给教师的建议》《优秀的绵羊》《翻转课堂的可汗学院》、华盛顿《一个教育家的思考》、庄圆法师《因果的真相》等。

名著类阅读：四大名著批评本、《封神演义》、《聊斋志异》、岳南《南渡北归》、刘慈欣"三体"系列、奥森"安德"系列、阿西莫夫"银河帝国"系列等。

武侠类阅读：金庸全集、《云海玉弓缘》、《冰川天女传》、《七剑下天山》、《玉娇龙》等。

其他阅读：付遥《输赢》、马克思《辩证唯物主义和历史唯物主义》、梁衡《发现》、加来道雄《物理学的未来》、霍金《时间简史》等，基本熟悉中国历史、世界历史及各阶段代表性人物代表事件。

影视（初级）："功夫熊猫"系列、"马达加斯加"系列、"海盗仙子"等小叮当系列、《红孩儿大话火焰山》、《哪吒传奇》、"玩具总动员"系列、"怪物史莱克"系列等。

影视（中高级）：《勇气》、《弱点》、《卡特教练》、《骏马奥斯温》、《火星任务》、《地球上的星星》、《三傻大闹宝莱坞》、《人工智能》、《肖申克的救赎》、《雨人》、《天才少女》、《浪潮》、《星际穿越》、《遗落战境》、《明日边缘》、《复仇者联盟》、《银影侠来袭》、《五星红旗迎风飘扬》、《平凡的世界》、《沂蒙》、"X战警"系列、"星际迷航"系列等。

活动类：国际象棋、中国象棋、围棋、五子棋、跳棋等。

游戏类：一站到底、猜词游戏、天黑请闭眼、名人杀、撕名牌、青蛙变天使、兔子舞、请相信我、读书大王PK赛、24点等。

04　欲擒故纵应变功

赏能老师必须要充分了解每个孩子的方方面面，因为我们培养的目的是让每个孩子成为全面发展的孩子，对孩子的了解越充分，这个目标就越容易达到。赏能所说的"充分了解"不仅包括孩子的学习，还包括学习以外的每个角度的信息。比如：课堂是不是踊跃举手回答问题？做家庭作业是否需要爸爸妈妈陪同？近期考试得了多少分？如果考不好会不会挨骂甚至挨打？谁是他的好朋友？好朋友是什么性格？在家里吃饭速度快还是慢？是否爱玩游戏和看电视？爱玩什么游戏看什么电视？最喜欢的卡通人物是谁？这个卡通人物有什么能力与性格特点？晚上是自己睡觉还是和爸爸妈妈一起睡？爸爸妈妈是什么文化水平？从事什么工作？父母平日在家看不看书？爸爸应酬多不多？妈妈是否一直玩手机？孩子间隔多久回家看望爷爷奶奶和外公外婆等。孩子和孩子所处的学校和家庭平日各种生活细节都是老师需要了解的内容。只有知道了这些教育所需的必要的信息，才能有的放矢地对孩子进行正面的引导和教育，老师的引导才更有效。

了解这些生活细节，不是为了窥探什么，而是掌握一个孩子立体的生活和学习空间，每个孩子当前的所有外在和内在的反映，都是在这个立体环境中养成，为了改变孩子的某些方面，就需要改变这个立体环境中的某些细节。这些消息的来源，可以从孩子的朋友那里得到，可以从与家长交谈中得到，但更多的是来自于孩子本身。老师可以以有意更似无意的方式和孩子聊天，可以东一句西一句地瞎扯，让孩子尽可能多说话，做一个好的倾诉对象。当老师成为孩子可信赖的倾诉对象时，师生间的信任关系也就建立起来了。同时，老师要学会从孩子杂七杂八的倾诉中提炼出自己希望得到的信息。然后再在有需要的时候，把经过整理加工的信息反馈到孩子身上，这样会取得事半功倍的教育效果。

老师需要学会从家长和孩子那里了解为引导这个孩子变优秀而所需的必要的家庭成长环境信息。比如家长的学历文化层次、工作岗位，是否爱读书，是否善交际，如何看待孩子的学习成绩，是否善待老人，是否溺爱孩子等。了解这些信息，有利于对孩子的教育引导过程施加影响。同时，老师要尽可能地和家长做朋友，并希望影响家长变得更加正能量，能正确对待孩子及孩子的成长，正确对待生活和家人等。家长能做到温良谦虚恭让，孩子的未来就会更加光明。

05　大象无形六合功

《道德经》四十一章中，老子谈到悟道的最高境界时连续用了五个"大"：

大白若辱、大方无隅、大器免成、大音希声、大象无形①，是说万事万物做到极致，因其巨大，反而不如初级水平容易识别。该功法名目中的"六合"是《史记·秦始皇本纪》中"六合之内皇帝之土"的六合，是《庄子·齐物论》"六合之外圣人存而不论"的六合，也即由上下、左右、前后构成的我们的生存空间。换句话说，赏能教师修炼心法至此，也就无所不包无所不能了。

武学的最高境界应该是无招，因其无招，对手便无招可破，无招胜有招。当然，前提是出招者必须要内力深厚且要讲求速度。《天龙八部》中虚竹以一套少林入门功夫罗汉拳便能让吐蕃国师鸠摩智手忙脚乱，就是因为其内功深厚。如果一点内力也没有，邯郸学步者只能收到画虎类犬的结果。赏能老师的成长除了要认真努力学习外，还要靠个人觉悟，形成自己的教法，用自己的各种学问形成自己在赏能这个大门派下的子门派。参照武侠小说中的练功层次，我们把家长和老师对赏能教育法的领悟程度分为五个层次（也即赏能老师和赏能家长的五个高度）：

（1）心中无剑手中无剑。

（2）心中有剑手中无剑。

（3）心中无剑手中有剑。

（4）心中有剑手中有剑。

（5）心中无剑手中无剑。

（6）万法皆空度一切苦厄。

第六层虽位列其中且居高位，但它已不是赏能教育法所独有，纯粹的赏能教育法有五层。

一、第一层（未知层），心中无剑手中无剑

有人不懂得、不了解对孩子的教育，也没想过要认认真真地教育孩子，他所谓对孩子的教育，其实就是把孩子养大。很多父母和家庭因不正确的"教育"方式，导致孩子一生平庸，这就是心中无剑手中无剑——最低层次的教育者。把这种状况平移到赏能教育体系中，把这里的"教育"换成"赏能教育"，则这种不了解、不愿学、只想凭感觉来引导和教育孩子的老师为最末层。

很多家长都仅凭感觉对孩子进行培养和教育，在孩子成长的过程中，不少家长觉得天下父母都和自己的教育方式是一样的，之所以别家孩子很优秀，是因为自己孩子的不努力。家长因不了解基本的教育思想，不懂得教育孩子的方式方法，只按自己的习惯想当然地对孩子进行教育。这种家长对孩子越关心，

---

① 这几句的意思是：极度的白色看起来像是受到了玷污，最大的方形看不到边角，最大的容器看起来无所合成，最大的音乐貌似没有声响，最大的形象却难找到踪迹。比如你能看到高楼比草房子大，但是比大厦更广阔的天地却看不见边际。

就越有可能使孩子心理上产生更多的问题。

有的父母对孩子"抓得很紧",孩子也是非常懂事地按父母的要求学习,辅导班上了很多,但成绩却并未提升多少,孩子越来越没兴趣学习,也没兴趣探索和研究,有时还因此和父母的关系紧张。处于青春叛逆期的孩子,这种矛盾更突出。这类家长,眼睛紧盯着孩子的考试成绩,不顾孩子的身体,只要孩子现在的考试成绩能提高哪怕一点点,觉得其他都是可以忽略的。还有些家长,既不考虑孩子的感受,也不分析孩子的特点与爱好,如果别家孩子都在学钢琴,自己孩子也必须要学,而且要考到10级。至于孩子是否郁郁寡欢,是否被迫放弃了自己的爱好,父母都不关心,认为孩子就是孩子,必须要听自己的,孩子的学习效果是事半功倍还是事倍功半,也很少考虑。别家孩子在学钢琴,你就是要学钢琴,父母节衣缩食给你买了钢琴,你就必须要学,最好是孩子明天就变成郎朗,变成理查德·克莱德曼,这是心中无剑手中无剑家长的表现。

在对学生的教育中,老师没有领悟赏能教育法的精髓,仅按自己从小在学校接受教育的方式或按传统课堂上的授课方式进行教学,导致孩子不爱学、不爱写,耽误了孩子的时间,却没让孩子真正因"赏"而"能"。这种类型,即心中无剑手中无剑的老师。造成这种结果的原因,未必就是老师的领悟力不够,更多是因不愿放弃旧的思想、故步自封、缺乏进取、没有探索精神所致。

不管是赏能家长还是赏能老师,如果以前未接触赏能教育法,少数人的教育思想的转变也许会有一个过程,但这个过程的存在时间不会很长,对于已经做了很多积累的教育者来说,大多会瞬间觉悟,所谓"立地成佛"就是对这个觉悟过程的描述。旁观者通常会对初涉赏能教育法的教育者给予"需要假以时日才能学会"的宽容,但若教育者本人很自然地给了自己"我正在努力,但我需要假以时日才能学会赏能教育法"的宽容,那么这位教育者往往就领悟不到赏能教育之精髓,你能学会的更多是别人的招式,而赏能教育法指的是内功,指的是对教育的领悟力,也即教育者本身是否具备了学会赏能教育法的底层条件。增加内力最简单的方式是多读多看多思考,最基础的努力当然还是大量读书。

二、第二层(概念层),心中有剑手中无剑

老师已经通过网络、孩子们的作品或者是其他途径了解了赏能教育法的教育效果,知道这是一种不同于大众认识的教育方式,从内心认同赏能教育法,但自己却不知道如何对孩子进行赏能,自己也没有掌握赏能教育法,只是根据其他老师的教案和教学模式照猫画虎进行教学,或者凭自己的感觉道听途说地理解赏能教育法,即属于心中有剑手中无剑的类型。这种教师,如果遇到具备正常学习能力的孩子,这些孩子的家长也认同赏能教育而予以合作,那么参照

其他赏能老师的教案，也可以进行教学，也能让这些孩子进步。但如果面对较特殊的孩子，或养成了很多坏习惯，或已经被父母养成了唯唯诺诺的性格，或对学习非常厌烦，或家长不懂教育且喜欢指手画脚等，就不知道该如何处理，更不用说转变孩子了。

2012年暑假，我接待过一位南京本地的全日制学校的小学高年级语文老师，她很认真地专程来讨论赏能教育法。这位老师之所以感兴趣，是因为她通过自己班上的几位赏能小作家，知道他们的作品篇幅远远长于同班其他同学的作文，其写作能力确实也在短期内超越了其他孩子，所以想来了解一下究竟是如何让这些孩子发生如此大转变的。这位老师说："赏能教育其实和赏识教育差不多，这点我们都知道，学校也一直在倡导，我就是想知道一下如何能让学生爱写作文，能让学生写长一些。"从2010年赏能教育实验开始，我写过一百余篇赏能教育实验记录，包括文字、图片、视频，还有十余篇比较综合的实验报告，但我不知她读过几篇。结果，这位"专程来请教"的老师说，她读过他们班上的一位赏能小作家的作品，后来有事没读完。我写的那些实验报告和实验记录，这位老师一篇也没读过，因为"我觉得和赏识教育差不多，赏识教育我们经常会说到，所以你说的那些文章我就没读，工作太忙了啊"。对结果很好奇，但对赏能教育的过程却没做过认真的探索与思考，觉得"赏能教育"和"赏识教育"一字之差，读起来差不多，就应该是一样的教育思想，这也是比较典型的心中有剑手中无剑的老师。

要改变"手中无剑"不会教的状况，就要去认真阅读观察和思考，且要放空了心态去阅读思考，若还带着内心固有的"应该这么教""大致差不多""只是概念的叫法不同"之类的思想，那么即使去读，可能也读不出什么感觉。不仅是赏能教育，其实读任何一本书或一篇文章，都要把自己的思想转换到作者的角度去思考才能读出更多的味道，如果只会以自己的观点去套用作品中的观点，那就很难真正读懂作品和作者。

三、第三层（运气层），心中无剑手中有剑

我们都见过有的家庭中父母没文化几乎不管孩子的学习、孩子也没上辅导班，但孩子的成绩却能名列前茅，到后来考上名校，也有了一份很不错的职业。这种例子每人都能说出几个，这些父母培养出了优秀的孩子，但孩子是怎么培养的他未必能说得清楚，这种父母我们称之为心中无剑手中有剑型的父母。引申到赏能教育体系中，此类能教出优秀的孩子但说不出孩子为什么会优秀的老师，我们称之为心中无剑手中有剑型的老师。

部分接受赏能教育训练的孩子，或因其原本优秀的家庭教育氛围及父母对孩子的言传身教，或因孩子已经被赏能教育的文化氛围所熏陶。总而言之，孩

子已经养成良好习惯，那么，即使老师并没有领悟到赏能教育法的核心内容，孩子们仍可在"赏能老师"的引导下创作出优秀的作品，并通过这些作品的完成而促使学习兴趣及学习效果的提升。这有点像电影《功夫熊猫》中鸭子老爸做面条的秘方和阿宝学会神龙秘籍一样。鸭子老爸做面条并无独门配方，但因大家都相信他有，所以总觉得鸭子老爸做出来的面条确实比别人家的好吃。熊猫阿宝后来之所以成为神龙大侠，是因为大家都知道他学到了"神龙秘籍"中的功夫，而阿宝看到的神龙秘籍居然也是一个空白的卷轴。大家都觉得神龙秘籍中所记载的功夫是至高无上的，自然从心理上就感觉阿宝已成长为一个超级高手。阿宝最终明白了，一切都要靠自己。在这种权威感下，再加上孩子本身已养成了良好的学习和生活习惯，已经打好了优秀生的底层基础，孩子也能感受到赏能的效果，孩子确实就变得更加优秀了。但这种效果主要来自于孩子们成为赏能小作家后对自己身份的自信，来自于他与更多优秀孩子相处时那些优秀品质对他的影响，来源于赏能老师群体的儒雅博学和爱心。这种情况下，即使有老师感觉到了手中剑的威力，见到了赏能教育的效果，但心中尚无用剑的感觉。

四、第四层（教学层），心中有剑手中有剑

能静下心来以空杯心态认真学习，并能主动领悟赏能教育思路，能把赏能教育体系中十几种课程类型都融会贯通，熟知赏能教育法体系的理念和方法，读完了赏能老师必读的书，看完了赏能老师必看的视频，掌握了赏能老师应该掌握的各种基本技能。能和同事们和睦相处并具备积极向上、热情开朗的精神，能针对不同的孩子、针对不同孩子的不同阶段、针对来自不同家庭的孩子采用相对应的方式和方法，让孩子喜欢写作和思考。孩子能通过长篇作品的创作对自己充满自信，老师也善于总结和分析，那么这位老师就达到了第四层，即心中有剑手中有剑的阶段。这个阶段的赏能老师，善于写作，善于引导各阶段的孩子进行赏能学习，他往往就是赏能教师体系中的高级老师。高级教师喜欢思考和探索，喜欢收集和积累，学习能力强，能应对所有的孩子和所有的状况，能让所有的孩子更加阳光，更加充满自信。

五、第五层（信念层），心中无剑手中无剑

第五层的名称和第一层叫法相同，但内涵却大相径庭。到这一层，才算是学会了"赏能绝招"。

读过不少武侠小说，大凡学武之人，总有一个比较顺手的武器，或刀，或剑，或锤，或鞭等，还有人会用暗器辅助，暗器也是种类繁多，铁莲子、牛毛

针、金钱镖、飞蝗石等不一而足。一个武功高手，他不仅要学会本门功夫，还需在实践中学会克制各门各派的功夫。要做到这一点很不容易，因为你不知道将要遇到的对手持何种武器，用的是哪种暗器。更有世外高人喜用一些古里古怪的特殊武器，这就给想克制天下武器与功夫的学武之人造成很大麻烦，欲穷尽之，几无可能。但独孤九剑却做到了，且仅用九招。这九招为：总决式、破剑式（破解各门各派的剑法）、破刀式（破解种种刀法）、破枪式（破解种种长兵刃）、破鞭式（破解钢鞭等各类短兵刃）、破索式（破解长索三节棍等所有软兵刃）、破掌式（破解诸般拳脚功夫）、破箭式（破解诸般暗器）、破气式（对付身具上乘内功的敌人）。独孤九剑虽只九招，但却克尽天下功夫，不管你使用何种兵刃，不外乎以上九种。

赏能教育实验初期，我曾把接受赏能小作家系列课程训练的孩子大致分为几种类型，按我的理解把每个孩子归到某个类别中，以增强课堂引导的针对性。我私下对每个类型设定了分值，按每个孩子所在的类别给小作家评分并加总，这样我就知道了近期该重点关注哪几个孩子。这种分类教育的方式很有效果：

按级别：初级小作家（青蛙级和天马级）、中级小作家（凤凰级）、高级小作家（天使级）；

按学校表现：学霸型、中上型、普通型、精力旺盛型、表演型、主持型、领导型；

按自我感觉：自信自然型、过分张扬型、敏感自卑型；

按孩子性格：文静型、活泼型、调皮型、蔫坏型；

按写作能力：弱、中、强；

按家庭氛围：素质型、文化型、低层次型；

按父母对教育的理解程度：懂教育型、略懂教育型（该类型大多为老师）、不懂教育型；

按孩子的问题成因：家庭氛围问题、父母素质问题、负担过重问题、拔苗助长后遗症、被老师长期忽视、交友不慎、心智不成熟等。

每个老师都可按自己的爱好重新界定类别，并把每个孩子归到不同的类别。这种归类的方式和方法并不唯一，老师可按照自己的理解增减项目。其实，即使是归于同一个类型的不同孩子，所表现出的自我也不尽然相同，双胞胎也存在个性化的差异，所以老师不能用一种公式化固有模式去面对所有的孩子，各种分类方法和分值都只是用作参考。

举出我以前上课时的事例是为了说明赏能老师在上课时"以我为中心"的随心所欲，赏能不要求课堂以孩子为中心，也不要求老师的某个课堂以某种具体知识为中心，更不会要求课堂以家长的意愿为中心，赏能要求老师在课堂上以自我为中心，以自己的魅力和远见卓识引导孩子们前行。老师要真正领悟赏能教育法之精髓，认真研读各种教育思路并融会贯通，要真正了解每个孩子，才能在任何环境中，以无招胜有招应对各种问题和现象。尽管每个孩子"出招"千奇百怪，特别是已被父母"培养"成所谓"问题孩子"的招式常常是闻所未闻。能把孩子培养成"问题孩子"，孩子的父母一定有一套培养"问题孩子"的招式，这些招式大多会在以后对孩子的教育中继续使用，往往还会用他的招式来干扰赏能的教学，这就要求赏能的老师认真修炼，以致内功深厚，在家长和孩子出"怪招"的时候，要能看透现象看到本质，才能见招拆招，才能在教孩子的同时教会孩子的父母以常态对待孩子。

上面所说的"问题孩子"的问题，是广义的问题，即日常教育中家长感觉到某些对孩子不满意的方面，都属于这里所说的问题。如：学习中的偏科、做作业和吃饭磨蹭、爱和父母顶嘴、待人接物时胆小等，只要是父母不满意的方面，或者我们认为的与一个优秀的孩子间的差距，都属于这里所说的问题。同样需要说明的是，各种在父母心中所认为的问题，未必真正是问题，也未必就是孩子的问题。每一种父母所认为的问题的存在，都是父母"培养"的，不管是父母满意或不满意的"问题"。

所以，练到第五层的赏能老师，虽然手中无剑，但在任何的环境中，他都能有非常好用的应对方式。在外人看来，其教学方式瞻之在前，忽焉在后，或为云霞，或为腾龙，无章法、无顺序、无固定模式。这也是部分来观摩赏能课堂的人会觉得赏能老师藏私而未倾囊相授的原因。实则老师的教学内容和方式从未偏离，各种差异仅是根据此时、此地、此情、此景的不同而做的相应变化，这种变化和差异，都只是为了让孩子在轻松愉快的氛围中提高学习和生活的自信，这就是赏能教育的最高境界：无招胜有招。

六、第六层（附加层·大道层）：万法皆空度一切苦厄

赏能教育法第五层是信念层，因全然掌握并能熟练运用赏能教育法，已属非常优秀的赏能老师和赏能理念研究者，但从教育者的角度来说，还是稍有缺憾。因为第五层的教育信念是赏能教育法的信念，赏能教育法只是众多行之有效的教育法之一，若拘泥于此，放不下我执①，便得不到自在，悟不到教育之大智慧。

所谓条条大路通罗马，任何一种行之有效的教育方法，悟到最高境界，其原来有别于其他教育方法的各种理念和规条均会烟消云散，各种教育方法合而

---

① 我执是佛教用语，佛教中指对一切有形和无形事物的执着。指放不下自己，心中存在着非常大非常重的"我"，执着于自己的想法、做法和认识而忽略其他。消除我执是佛教修炼目标之一，佛教认为没有我执就可将潜在的智慧显现出来，成为有大智慧的人，即是"佛"。

为一，这个"一"叫作"道法自然"，意即释放受教育者的本性并引导其走上自我探索、幸福自己并幸福他人的喜悦之路的教育就是最好的教育。

所以，赏能教育法的最高层是第五层，第六层则消散了所有有形的教育方法；第五层是心中无剑手中无剑，第六层方法皆空却度一切苦厄；到达第五层的赏能教育者会放下所有带有痕迹的教育工具，第六层的教育者会把"放下"也放下；第五层赏能教育法可通过勤学苦练达到，第六层只有觉悟者才能达到；第五层的老师是优秀的赏能教育者，第六层的教育者看似空无一物却又包罗万象。包括赏能教育法在内的各种教育方法都属"术"的层面，本层高度才是赏能教育之"道"，也即所有教育法之道。

至此，就容易理解我们在赏能教师培训中常说的一句话：

教是不教，不教是教，因为赏能不教，所以赏能的孩子能全面优秀。

所以说，每个人都能成为优秀的赏能老师，每个人也都能让每个孩子优秀，不管这个孩子是自己的孩子，还是他人的孩子，都能在简单轻松的生活学习中成长为优秀者。对教育者自己而言，只要是真正愿意去做的事情就没有做不成的，正确教化下一代是功德无量的事情。

用先哲老子的教导结束这部分关于赏能教育者能力的论述：

道可道，非常道。名可名，非常名。①
天地不仁，以万物为刍狗。圣人不仁，以百姓为刍狗。②
上善若水。水善利万物而不争，夫唯不争，故无尤。③

孩子成长中，可用言语来一一表述并套用的教育方法，不是最好的教育方法；给每个孩子定性了门类和特点的教育方法，也不是最好的教育方法。因为每个孩子的性格特点、家庭环境、生活经历不同，每个孩子在成长中正经历的状态及情绪的不同、和同伴玩乐的默契程度的不同、老师的知识结构和当下心态的不同等，都会给当前的教育方式和效果产生相应的影响。所以，真正有效的教育应是因材施教、因情施教、因境施教、因师施教，对孩子的教育无时不在、无处不在。

天地没有特别偏爱某一个物种，它只是提供了四季更替，提供了风雨雷电，便能使万物繁荣。圣人也没有偏爱某一方百姓，他只是制定了良好的政策，提供了宽松的环境，世人自然得到教化，社会自然繁荣昌盛。所以，在孩子成长

---

① 摘自《道德经》第一章。
② 摘自《道德经》第五章。
③ 摘自《道德经》第八章。

中，家长和老师要学会放手，要学会尊重客观自然，不能处处以管理者或引路人自居，最好的方式是营造出良好的学习与成长的氛围，孩子自然会轻松愉快地茁壮成长。

万物离不开水，但水很平和很普通。高级的瓶子里装着纯净水，泥潭里有污水，冬天有冰，空气中也漂浮着大量的水分，虽有不同的形态，但水就是水，如此而已。不与万物争先却随处可见，哪里都离不开水。教育也是如此，不管是家长自己还是孩子，只有顺势顺时，才能轻松愉快自然而然地成长，也只有如此，才能茁壮成长而后劲十足。优秀的盆景虽也令人赏心悦目，但它是人工制造的美景，是一种病态的美，这不是我们在教育中想看到的。老师和孩子都犹如种子，有时候种子不能左右自己的行踪，但只要种子落地了，不管落在热带雨林还是苦寒高原，哪怕是落在瓦砾堆里，也要自己努力长成参天大树。这就是真正的赏能教育者应具备的思想。

第八章　赏能教育之学生心法

　　赏能教育法之所以能让每个能流利写字的孩子在一个不太长的阶段内创作出万字长篇故事，是因为我们使用了数种"功法"，这些功法不断作用在孩子身上，不断改变着孩子的思想和行为，最终协助孩子打通了"奇经八脉"，孩子自觉自愿进入优秀者行列。

01　打破僵局九阳功

　　金庸先生的武侠小说《倚天屠龙记》中有九阳神功，这里直接借用这个名字。"九"是最大的数字符号，是数字中之极致，"阳"是阳光普照的意思。孩子们接受赏能教育法训练的第一步，就是要让他们在快乐、阳光的心态与环境中，最大限度地提升自己的自信，把过去因为不会写作文或不爱写作文而受到家长或老师的批评统统忘掉，更重要的是要把由老师、家长、同学、环境，甚至孩子自己贴在自己心灵上的"不会写作文""不爱写作文""差生""做事拖拉"等标签统统撕掉，从内心觉得自己是个还不错的孩子。

　　赏能开篇课程即是要让孩子重拾自信，修习"九阳功"。

　　同赏能的其他课程一样，不同老师让孩子学会这个"功法"所采用的方法是不同的，以下几种为常用方式：

一、总结优点

　　课程起步时老师会让孩子总结出自己的优点而不关注任何缺点。

　　通常情况下，孩子的第一反应是：我没有优点。这不怪孩子，在学校，他是老师口中那个上课爱讲话不注意听课、做数学马马虎虎经常算错、字写得歪歪扭扭缺胳膊少腿的小孩。在家里，他是妈妈口中那个吃饭慢且不好好吃饭、边做作业边玩耍浪费时间的孩子。既然有这么多缺点，能有什么优点呢？不管家长和老师心目中怎么认为，孩子只确认师长嘴里说出来的话，他们的思维模式是直线形的。这也就是有人开玩笑说"妈妈不要你了"会把孩子瞬间吓哭的原因，他会认为这是真的。

有的孩子能说出自己的一两个优点，一般都不会超过五个。在孩子自己总结得差不多的时候，赏能老师会告诉孩子，你们每个人都已经至少具备了20项优点，好好总结试试看，有的优点就摆在那里，但是爸爸妈妈和老师都没发现，因为你自己也没发现。话音才落，几乎所有孩子都会发出惊讶与怀疑的叫声。老师接着会告诉他们，南京市竹山小学一个四年级的女孩，曾经在课堂上当堂总结出自己的80项优点，后来，南京市天景山小学的一个三年级男孩把这个纪录刷新到135项，总结出了自己的135个优点，后来又有孩子总结自身优点达296条。这些孩子都是和你们一样的同伴，或许你们还认识。他们有这么多优点，你们自己再努力想想，总结出自己20项优点应该很轻松的，试试看，谁先达到20个，赶紧举手，老师会送奖品给你。

如果这一批孩子确实不太相信自己能有这么多优点，也可把数字先调整为10个，再不断地往上加。总体而言，如果孩子以小学中高年级为主，通常平均可总结出约100项优点，如果二三年级的孩子占了较大比例，平均大概50项，也有个别同学会超过100项。

孩子总结出自己这么多的优点，这个成果要让家长知道，且要当着孩子的面。家长会露出惊讶的表情，一方面是对孩子的鼓励，另一方面家长大都难以想象孩子居然能总结出这么多优点。家长的表情，不管是惊讶还是不相信，都是孩子在这个成长过程中所需要的，孩子们乐于发现爸爸妈妈惊讶的表情和语言。

总结优点，能让孩子们感觉到自己确实很棒——具备了这么多优点的孩子，怎么可能不是优秀者呢？过一段时间，大多孩子会忘了自己所总结出的具体的优点了，但那个数字，他会永远记住：我有多少项优点，这个数字，会一直激励着孩子向前进。从另一个角度来说，如果把一个人看作一个整体，那么其自身所属的优点和缺点之和应等于一，尽可能多地放大自己的优点，那么缺点在这个整体上所占的比例自然减少。随着优点越来越多，这个整体的人，就已经变成了很优秀的样子，因为他的缺点所占的比例越来越少，慢慢地趋向于无。自然，缺点越来越少的孩子就成了越来越优秀的孩子了。

二、读书

让孩子总结优点需要一种氛围，如果人比较少，或者参与的孩子中有几个人属于比较"闷"的类型，或者属于慢热型的孩子，一时半会儿放不开自己、不爱说话、不善表达，或者已被父母或环境"培养"成了任家长和老师如何引导都毫无所动的孩子，那么这样的孩子可能会对以总结优点开始的方式予以排斥。因为他是家长和老师长期批评的对象，也许已养成了排斥与对抗的习惯，他也不相信自己会有什么优点。此时，也可以以读书、看报、看视频、玩游戏的方式来引导孩子开始进入赏能的状态。

让初接触赏能的孩子阅读赏能小作家们已经成书的作品集，特别是早期的作品，如《我是"裸跑弟"》《维尼的美梦》《天使历险记1》《天使历险记2》《〈青铜葵花〉续》和《迷失的世界》等。

选择给孩子们读的作品大致要具备三个特点：一是可读性强，让孩子觉得好玩、好看、愿意继续读下去；二是作品相对比较简单，让孩子觉得这种作品自己也能写出来，不至于因为作品太优秀而吓住了部分孩子。三是让孩子感觉到这些初级作品中所出现的人、事、景等就在自己身边，读起来有身临其境之感。

让孩子们读书的目的有二：一是让孩子通过读书产生一种"原来'写书'很简单，我也能做到"的初步感觉；二是通过观察孩子读书的篇目和兴趣，来了解孩子的兴趣所在，以便知道孩子适合写"连续剧"还是"系列剧"，是适合写"童话剧"还是"生活剧"。了解这些内容，对老师判断孩子正式创作时的写作方向起到很重要的作用。

三、读报或看影视作品

通过让孩子们阅读《现代快报》《东方卫报》《知心姐姐》等报刊和电视上关于赏能小作家的报道，除了让孩子们了解赏能小作家的成绩以外，还容易产生一种"我也要上报纸""我也要上电视"到"我也能上报纸、上电视"的想法，从而激发其对写作的兴趣。不管孩子是为了要上报纸上电视的虚荣而产生了写作的动力，还是怀着一种崇高的理想而不断写作，只要他愿意写，客观上就锻炼了写作能力，提高了写作兴趣，其写作能力最终会得到极大的提升，这点毋庸置疑。反过来，其写作能力的提升，又促进了孩子对写作的自信，从而慢慢带动其各方面自信的提升。小时候，孩子都有点虚荣感，这种幼稚的虚荣感对后期的成长并不会产生太大影响。

02 移花接木大转移

修炼了"九阳功"，孩子们已基本具备自信，老师会把这种自信来个移花接木大转移，因势利导地把他们的注意力转移到初步的写作上。对于大多害怕写三四百字作文的孩子，直接让他们开始写万字作品，肯定会有难度，这就需要老师巧妙地予以引导。引导中对"度"的把握至关重要——这是赏能老师教学能力体现的关键点之一。

不同的老师，因为读书方向和性格爱好、语言习惯、成长环境等不同，在施展"移花接木"功夫中所用的招式也各有特点。如果有人观摩学习赏能老师的教学方式，会发现不同老师的同一堂课，所用的方式可能大相径庭，观摩学习者若不自悟，只会照猫画虎，学习过程即如邯郸学步。针对赏能教师的学习与要求前面已有介绍，这里按通用层次予以说明。

一、首次转移：编故事

编故事的起因一般从现场开始，或者从孩子们耳熟能详的故事开始，这样更容易让孩子们进入故事情节，代入故事角色。

编故事的目的有二：一是让通过总结优点鼓动起来的士气进一步放大，让已经发现了"我居然有这么多优点"的孩子充分展示；二是让浮于面上的量的优点尽可能快地转化为根植于内心的质的优点。

（无缝对接式切入）

今天下午，赏能的老师正在给孩子们上课。

一个小时前，在老师的鼓励下，每个小朋友都总结出了自己五六十项优点①，有的竟然超过了100条，太令我惊讶了！大家也都非常开心。王小明同学总结自己的优点时很细致，竟然总结出了145项优点②，成了我们这个班目前总结出优点最多的小朋友。老师刚给王小明发了一个小奖品，王小明高兴得手舞足蹈，他得意扬扬地欣赏着老师送给他的小礼物，没有注意听老师给他介绍这个奖品的古怪之处。

王小明终于忍不住用手再次去摸摸这个可爱的玩具娃娃，忽然，教室里出现了一道金光，然后……

这个故事的开头中，除了最后一段，其余部分是写实的，是刚刚才发生过的真实的事情，所以，孩子们兴致勃勃地看着很不好意思的"王小明"，有的觉得好玩，有的为了起哄，有的单纯被刚才的优点总结之举激励得心里痒痒，忙着想表现。不管是因为什么，只要孩子们积极地愿意参与进来续编故事，那么这个故事就会很精彩，且时时会出现出乎预料之外的情节。一般情况下，只

---

① 这里以较低数量切入，是为了照顾数量较少的孩子。低数量开始，能让数量低的孩子感觉自己也是优秀的，数量高的孩子感觉到自己更优秀，所以，就没有了不优秀。

② 选择"王小明"时一般选择优点数目最高的那个孩子，给他发奖品大家不会不服气。但如果最高数量的孩子是个很内向的人，可能不会和老师良好互动，或者太敏感而开不起玩笑，那么就换人，找第二三名，目的是要一个能和老师互动的、心理素质良好的孩子，因老师的某个玩笑会生气、会哭的孩子这里不能选择。

要老师不加制止，故事就能没完没了地编下去。

二、二次转移：写目录

编故事不是目的，仅是为了让孩子们意识到自己确实很不错，而且觉得编故事反正是"瞎编"，也没什么难的。只要有了这个效果，那么老师会适时地让孩子们停下来，再来一次"大转移"，让这些跃跃欲试、感觉编故事在此停住极不过瘾的孩子把这种劲头转移到长篇作品的创作计划中来。

每个孩子都能在这个过程中完成自己的创作计划，通常，孩子们会列出 10 ~ 30 个创作的章节目录。能较快完成创作计划的孩子，或是本来写作能力就不错，或是刚才的"九阳神功"练得不错，为"大挪移"奠定了较强的基础，现在"内力"爆满，在"奇经八脉"中左冲右突，急需蓬勃而出，恰好，创作计划就成了宣泄口。

不管是以何种方式，只要是较快完成了创作计划的孩子，在长篇创作中一般写作速度都能比较快。2012 春学期自己利用做作业之余的时间在家完成了 6.8 万字作品的南京竹山小学五年级学生樊梦芸等这一批升级速度较快的孩子都属于这种类型。

三、三次转移：创作

在老师一波接一波的激励中，写作的氛围和互相感染自信的氛围已形成，孩子们的写作热情越来越高涨。只要出现了两三个已经完成了创作计划的孩子，在他们尚沉浸于兴奋中的时候，赏能的老师就会施展第三次"大转移"，让这部分已经完成了创作计划的孩子随即投入第一个故事的创作中去。正常情况下，这时候，孩子们已经忘记了自己曾经畏惧过能否写出几万字长篇作品的事情，在兴头上直接转入写作。平日在学校只要不是写作非常困难的孩子，第一个故事一般不会少于五百字。只要有一两个孩子完成了五六百字，大部分孩子就能迅即跟上，并完成第一个故事，有的能完成两三个故事。因为是初次独立写作，如有篇幅不长也是情理中的事情，但是，毕竟孩子已经独立完成了头一两个故事。等到小朋友自己意识到在没人帮助的情况下，自己居然真的已经开始写长篇作品了，而且居然就写出来了，那种发自内心的自信和高兴马上就能得到展现。这时，正是施展第四次"大转移"的最佳时机。

四、四次转移：兴趣与自信

本次"大转移"至关重要，它出现在孩子们已经完成或大部分完成了第一个创作故事后。

因为大部分孩子已完成了长篇作品的开头的一两个故事，即使有个别平日写作文困难的孩子没有完成任务，但他同其他孩子一样，也都明白了一个事实：坚信自己写出长篇小说真的不困难，而且写作过程很好玩。老师在首次课上的最后一次注意力转移就是要帮孩子们强化这几个概念：

首先，长篇作品确实不难写，至少在座的每个孩子都能写。

其次，赏能的长篇写作课程很好玩，边玩边写，自己不愿意写的时候老师也不会批评，不愿意写可以不写。

最后，只要自己稍微努努力，再坚持坚持，就能和凤凰、天使级的赏能小作家一样厉害。

在引导孩子们进行写作时，切记不能让孩子们对写作产生厌烦，赏能所有的课程中，兴趣永远排在第一位。传统课堂上的各种规矩、要求在这里都可以不要，这是这个引导功夫中的难点和诀窍所在。既要让孩子放松与自由，又要出成绩，还要让孩子喜欢长篇创作，三者缺一不可。赏能教师晋级中有个重要的考量环节，就是在这个三岔路口上对"度"的把握。

五、五次转移：持久与融入

前面的几次"转移"都属于"术"的阶段，赏能老师须要把小作家引导到真正的写作之"道"上。赏能小作家写作之"道"和《功夫熊猫》中阿宝见到的神龙秘籍同出一辙，最高的秘籍就是没有秘籍，最高的道就是没有道，让一切回归自然，让写作回归到生活中来，回归到自然而然的表达中去，无须技巧，没有硬性要求，一切随性随心，才能写出更好的作品。

明白了写作之道，写作就成了常规的表达方式，写作也就会持久。写作表达已融入精神中，没有了诸多的条条框框，没有了写作上的时间和空间约束，随心所欲、信手涂鸦，写作成了文化人的必须和乐趣。睹物思情、有感而发、内心表达、诗兴大发等词语描述的景象就是这种写作乐趣的真实表达。

"道可道，非常道。"能做到本层引领的老师，才是赏能写作老师中的真正优秀者。对有的孩子，移花接木与大转移可反复变相使用，只要在方式和策略上根据实际情况做适当调整即可。

03　轻松自在逍遥功

对赏能小作家而言，能感受到老师存在的时间并不多。

通常在第三次课的时候，老师的作用就淡出了孩子的视线，也就是说，从第三次课开始，孩子就感觉不到老师的作用了——老师既不教写作技巧，也不教谋篇布局，甚至连学生向老师请教不会写的字词句，老师也不提供帮助。

早期的写作，老师只关注字数。一般从第二、三次课开始，孩子回家后，如果妈妈问及在赏能课堂上学了些什么，孩子一般回答不出来，妈妈所能见到的是，孩子不再怕写作而是喜欢上写作了，孩子的作品篇幅越来越长了。赏能老师在和家长沟通时经常会强调，不允许家长督促孩子的写作，不允许给孩子辅导，不允许帮孩子修改。这些要求和孩子所取得的不同寻常的成果，往往令家长摸不着头脑。其实，很简单，孩子练完了"九阳功"并接受了"大转移"训练后，又开始练起了"逍遥功"。

所谓"逍遥功"，简言之就是孩子完全按照自己的思路和方式安排自己的创作进度，每次写作中，孩子想写什么就写什么，想怎么写就怎么写，想写多少就写多少。如果不愿意写作就自己去玩或者喊同伴去玩，一次课上一个字不写也完全可以，写作与学习由自己决定，逍逍遥遥，没有任何的压力和既定任务。

孩子们逍遥的状态来源于对自己的自信和良好学习习惯的养成。因为对学习习惯的自信，他不怕玩的时候有老师说他"光知道玩不知道学习"。他很清楚自己要做的是什么、自己的任务是什么、这个任务可以分解成多少个小的阶段、每个阶段需要何时完成，这些他心里都有数，他会为自己的结果负责。如果这个时间段中他不愿意写作，他知道何时可以弥补这个阶段的内容，他能自己安排自己的时间，知道自己想要的结果，所以他会变得很逍遥。

孩子要练成"逍遥功"，需要家长提供以下几方面的支持：

一、写作过程不允许家长督促

不少家长觉得自己的孩子如果不督促不逼迫，孩子就会玩得忘了学习，有良好学习习惯的都是"别人家孩子"，自己的孩子贪玩，不爱做作业，且玩起来就会没完没了忘了时间，所以，必须要督促他才能好好学习。在这种心态中，孩子没有任何自主分配时间和安排事情的机会，一切都是父母说了算。因为就算自己做了安排也往往不算数，久而久之，孩子就没有了安排的兴趣，也没有了安排的能力。父母看着"别人家孩子"能井井有条地安排时间和事情，心里除了羡慕，就是生气自己孩子的不争气。为了让孩子争气、变得优秀、多学些知识，父母就一而再、再而三地替孩子做安排。结果是，孩子越大就越缺乏主见，越叛逆于父母，父母就越伤心，越觉得"别人家孩子"优秀，觉得自己孩子顽劣。在未养成全面的孩子自行安排学习时间的习惯前，赏能老师会培养孩子先养成自行安排其作品写作的良好习惯。对尚未被父母养成良好学习习惯的孩子而言，受坏习惯的影响，往往短期内孩子的表现会更不尽如人意、更加散漫。这时，越是没有给孩子养成良好习惯的父母，越是忍不住想去干涉孩子的活动，但若继续干涉下去，孩子的学习习惯会形成恶性循环，会造成更坏的结果。所以，赏能老师在首次家长课上就会一再要求：不要干涉孩子的写作进度，如果家长对赏能教育法不甚了解，完全可以对孩子的长篇写作的过程做到不闻不问。

二、孩子的作品不允许家长辅导和修改

有很多家长忍不住对孩子的作品评头论足、指手画脚，这也是孩子参加赏能小作家学习后被严格禁止的。不允许家长辅导和修改，是因为赏能的老师在教学中要用到真正属于孩子写出来的作品。孩子写出来的作品只是赏能老师的"教具"，不管这个作品写的好坏，不管是"流水账"还是因"缺乏细节而干巴巴"，只有孩子的原版作品，才是赏能教学所能采用的"教具"。

原因有二：

其一，因孩子的生活阅历所限，他的作品主角反映着作者当前给自己的心理定位。比如，孩子作品主角中有神通广大的小天使、可爱的小熊维尼、小资型的少女、凶残的秃鹫、慢吞吞的小乌龟、生活在泥土中的蚯蚓、自由自在的金鱼等。如果我们把所有的主角都归类在一个大的生物界里，这些主角在这个大生物界从高级到低级的排名，反映了作者给自己在他的主要生活圈子中的排名。这个主要生活圈子可能是全班同学，也有可能是由父母和爷爷奶奶等亲戚朋友家的孩子形成的一个非正式圈子，也有可能是其他意义层面上的圈子。

在这个主要生活圈子中，如果孩子因学习好，或因弹琴好，或因生活优越，或因长得漂亮等，只要能有原因让孩子显得足够自信，孩子作品中的主角的层次就高。比如女孩子往往写小天使、小熊维尼等。反之，如果孩子缺乏足够的自信，其主角可能是小乌龟、蚯蚓等。这里说的乌龟属于慢吞吞的乌龟，如果把乌龟写成了忍者神龟之类，那就又另当别论了。

通过写作，孩子的自信提升后，其主角的层次也会得以提升。我们遇到过热心的家长，太希望孩子能尽快达到天使、凤凰级的水平，忍不住要给孩子辅导和修改，老师就在对孩子的判断上发生了偏差。这有点像本来需要通过望闻问切来给病人诊断的老中医，遇到化了浓妆的病人，望闻问切的结果就会发生偏差。这个孩子后来成了赏能进展最慢的孩子之一。

其二，孩子的生活阅历有限，他的作品情节反映着作者的成长历程，不管孩子怎么写其实都是在写自己。赏能老师读完了整篇作品或部分作品，对这个作品和主角形成的综合判断，就是对孩子形成的判断，能大致知道孩子的心理状况，然后根据需要对孩子进行必要的疏导。对部分孩子，还需要了解其家庭

状况，如父母是否和谐、爸爸妈妈和爷爷奶奶是否和睦、邻里关系如何、父母的文化程度及生活习惯、父母的教育方式等。如果孩子作品中反映出了问题，通过疏导效果不佳，则需要约见父母进行当面交流，家校互相配合，共同解决孩子心理上的问题，把导致孩子产生心理问题的根源解决了，孩子自然会有大的变化，其写作能力也能得到较大程度的提升。如果家长在写前辅导和干预，写后再做了修改，赏能老师不能做出正确的判断，孩子的进步也就比较小。

三、家长需要帮孩子上传作品

既然不允许家长对孩子的写作过程进行督促，也不允许家长帮孩子辅导和修改文章，那么，家长需要如何配合呢？

家长需要为孩子上传文章到赏能教育网上。

孩子的作品一般分为两部分：一部分是孩子创作的长篇作品。这部分作品是赏能老师用来观察孩子的主要工具，不仅由此判断其写作能力，也用来分析孩子的心理状态，所以，赏能小作家的长篇作品是由赏能老师为其上传。赏能老师每次课上只面对几个孩子，每次课上三个小时都和孩子在一起，本来就容易了解孩子们的状态，再通过亲自为孩子输入并上传作品，还和孩子的爸爸妈妈做必要的交流，对每个孩子的状况就了解得比较清楚，所以说长篇作品是赏能老师能够让每一个孩子变得更加优秀的基础。如果老师从孩子的作品中发现了写作方面的技术问题，老师还会从网上搜索孩子近期的作文或者日记，来佐证自己的判断。这部分短篇作品需要家长帮孩子上传，最好是未经家长修改的作文或者日记。如果家长一直不帮孩子上传文章，老师见不到这部分作品，就不能有的放矢地对孩子进行引导与教育。

四、家长需要改变对孩子的看法

大多数父母很善于发现孩子的缺点，却不善于发现孩子的优点。

赏能第一课上，老师引导孩子总结出了平均七八十项优点，就是让孩子肯定自己。可是，虽然赏能老师建议家长尝试发现孩子的优点，但有的家长眼里还是只有孩子的缺点。诸如吃饭太慢、作业拖拉、磨蹭时间、演算马虎等，这虽然是一种恨铁不成钢的关爱，但确实对孩子的教育有很大的影响。有的孩子长期不会写作文，经赏能的老师引导，终于敢写长篇了，尽管不完美，但毕竟是自己的心血。孩子写出了长篇，老师在向妈妈介绍时，原本希望得到妈妈对孩子的鼓励，孩子内心也一直在期盼着妈妈的肯定，但妈妈看过后，有的直接就说："这也叫长篇小说啊？你看看人家某某写得多好。""都是些流水账，以后好好写。""写是写出来了，质量太差了。"这些家长已经习惯性地以挑剔的眼光评价他人，已经习惯了批评孩子，让孩子觉得在妈妈眼里自己一无是处，自己每次很努力地表现，希望得到妈妈的肯定，结果每次都是挨批评。有的孩子就心灰意冷，需要赏能的老师再重复做一些激励的工作。所以，孩子的长篇写作本子，老师不主张孩子带回家，希望妈妈通过网上了解孩子的创作进展，并能给孩子以鼓励，但这部分最焦急的家长往往也是不怎么关心孩子作品的家长，仿佛认为只要让孩子开始接受赏能训练，自己就能彻底放手了。这个层面上的不闻不问，并非赏能所希望的不闻不问。

家长要改变自己对孩子的看法，要学会发现孩子的优点，并让孩子感觉到你发现了他的某些优点。赏能反对对孩子口是心非的表扬和模棱两可的肯定，要表扬的地方，一定是家长确实发现了孩子的十足的进步，而不能没话找话地假表扬，或者讨好式的表扬。

五、赏能的老师怎么教

和诸多理解不同，虽然赏能的孩子每人都能原创长篇作品，但赏能老师从来不正面教孩子写作，基本不帮孩子解决写作中的问题，更不用说传授那些五花八门的所谓写作技巧。

那么，赏能老师究竟"教"了些什么，是如何让孩子发生变化的呢？

写作方面，赏能基本上只做一件事情，就是不断让孩子觉得自己很能写作，并让孩子喜欢上写作。每个孩子都越写越好，那是因为赏能老师都知道，孩子不会写作文，是由于畏惧而不愿写，最终导致写得少。只要孩子爱写，写多了自然就能写好。

如前文所言，赏能课程体系中，一般从第三次课开始，孩子就感觉不到老师的存在了。从这节课开始，老师不再帮孩子解决问题，孩子在写作的过程中，如果觉得累了，或者不愿意写了，随时可停止。有的孩子以"今天心情不好"为由不想写作，老师有意更似无意地一般会关注孩子为什么心情不好，如果需要干预的，就会"若有若无"地进行心理干预。也有的时候老师并不开导，因为对大部分孩子来说，心情不好也许并不是什么大事，过了这个阶段心情自然会好转。是否需要干预要由老师依据观察与判断做出结论。如果孩子说心情不好，也许老师就让他自己决定愿意做点什么，不管是看书还是发呆，都能自己做主。是发呆十分钟，还是发呆两小时，也可自己决定。这么做的目的和前者一样，都是让孩子感觉到他的时间和写作进度都由自己安排，没有人管着他也有能力安排好一切。有一天，当孩子忽然发现自己在没有人帮助的情况下居然写出了五六千，甚至上万字的作品的时候，他的自信会得到极大的提升。

在孩子写作的过程中，老师要关注以下问题：

第一，写作进度是否正常。正常教学过程中，若某个孩子明显落后于其他孩子，老师会去探究原因：是写作基础太差，还是积极性还没被提升上来？是孩子自己磨蹭，还是家庭关系紧张？是父母逼迫孩子写作赶进度了，还是爸爸妈妈本身缺乏上进心？发现了问题才能对症下药，需要约谈父母的，老师会及时约爸爸妈妈面谈，尽可能地在父母的配合下从根子上解决影响孩子写作进度的问题。

第二，通过分析作品，了解孩子写作方面的短处，适时予以补充。有的孩子善于写景，有的善于写场面，有的善于写心理，有的善于做规划。每个孩子都有各自的长处，反之，亦有各自的短处。赏能老师会在适当的时机为孩子补充他所需的内容。比如，青蛙级别的孩子往往不善写景，写故事缺乏细节，有的会写成流水账模式。为此，老师会陪着孩子们到公园中去玩，或看到不会写景的甲同学站在一棵树下，老师会去跟相距不远的乙同学说："你上次的某个情节中如能加进去对那棵树的描写，故事肯定会更加精彩。比如，描写这棵树可以从这些地方开始……"虽然老师在对乙同学说话，但老师很清楚甲同学在听。对乙同学而言，因为涉及他自己的作品中的细节，所有他很容易吸收，大多回去后就增加一段以这棵树为蓝本的对大树的描写。对甲同学而言，因为不善描写，直接给他讲解也许不接受或不能完全理解，但他知道了加进去对树的描写会使故事变得生动，也许在以后的场景中，他就会加进去对一棵树的描写，虽然他对这棵树的描写仍然可能很简单，但毕竟开始有了细节，且他没有感觉到"老师要求他加进对树的描写"，是他主动要加进去的，这个故事的创作仍然是自己独立完成的。

第三，孩子的自信心和写作兴趣是否持续高昂。这一点比前两点其实更重要，因为这是赏能教育的最终目的。让孩子完全独立地原创万字作品，再把已经成书的、包含了自己作品的作品集在无人帮助的情况下，在大街上推销给陌生人并取得"销售收入"，是赏能教育过程的一个小循环（相对于中循环和大循环而言）。这个环节需要孩子在高度自信的情况下才能完成。孩子能在这种螺旋式上升的良性环境中不断进步，能不断保持高昂的热情与自信，这是赏能老师真正重点关注的内容。也只有解决好了这些问题，孩子才能真正学会"逍遥功"，达到创作中的逍遥自在，达到生活和学习中持久的自信。

（本书完。更详尽赏能教育法的教学方法，请期待《赏能教育法之参考教案》的出版）

术与道：写在最后的话

简单的事情考虑复杂，可以发现新领域。

把复杂的现象看简单，可以发现新规律。

——艾萨克·牛顿

本书用三个部分介绍了赏能教育法与赏能写作，并简介了赏能教育研究过程，也把部分实验报告一起放在书中，供需要者参考借鉴，并接受批评指正。

赏能教育研究和实践历经八年，这八年中我一直和一群有教育情怀的同道者积极探索，形成了一些可普及化的规律性的教育体会。在这些教育思路的引导下，我们也确实培养出了很多优秀的孩子，这些孩子的成长过程验证了我们的教育探索之路的正确性。虽有八年沉淀，但形成一本书，却没有做到尽善尽美，比如有关认识论和方法论的哲学思考上还有大量的内容需要增补和深入。

需要说明的是，赏能教育的思路是变化着的思路，对孩子的教育和成长引导要根据当前环境和孩子的变化而主动变化，以期达到良好的教学效果。所以，本书中除了教育思路外，看起来可具体操作的"术"的部分只能作为参考。世界上唯一不变的只有变化，赏能教育法从诞生到发展，至今也在不断验证着这个观点。要让每个孩子经过教育者的努力而成长得更加优秀，就只能是借鉴这本书，而不能生搬硬套，否则，就偏离了赏能的轨道。教育者需要结合此时、此地、此情、此景展开教学和引导，每个教育者要结合自己的知识结构、专业爱好、性格特点等形成自己的教育模式，别人的模式再好，生搬硬套只能收获东施效颦的结果。

赏能教育法是一种教育认识论，是方法论和实践论，是可知论。本书第一部分是赏能教育"道"的部分，第二部分是赏能教育研究过程介绍，第三部分是"术"的部分，犹如武功秘籍中的招式图画，如果不能灵活运用，只照猫画虎摆姿势，一定会被打倒在地。

很多教育理论都在强调开发、挖掘孩子的潜能，其立论的基础是孩子的元潜能为空集，越有效的开发会让孩子变得越优秀。诚如一间黑洞洞的房子，开发者要不断地为这间房子安装上尽可能多的窗户，以便看见窗外美景。赏能教育认为，所谓孩子的全方位的潜能是客观存在的，它来自神秘的遗传。孩子出生在不同的人文和自然环境中，这个环境不断促进或阻碍某些萌芽状态的"潜能"的发展。随着大人的教导、强化及孩子的自然长大，有的"潜能"茁壮成长为能力，有的"潜能"不断萎缩终于消失，并最终形成了形形色色不同能力和性格的人。也就是说，那间房子 360 度周天外围原本天然就有很多窗户的雏形，教育者只需正确呵护，绝大部分稚嫩的窗户都能成长为亮丽的天然美景（我们当然不会指望它能全部发展为统一的视窗），窗外的风景和阳光都能轻松愉悦地反映进来。有条件时，若能对某个成长中的小窗户促一把力，它将会发展得更快更好。但这个"促一把力"绝不是手持斧钺刀叉乱砍一气，即使是在爱的名义下的胡砍乱伐，往往也只能起到反作用，如此，则不如由其自由生长。

《坛经·行由品第一》第七、九节记载，五祖弘忍上首弟子神秀曾作偈："身是菩提树，心如明镜台。时时勤拂拭，勿使惹尘埃。"六祖惠能却认为："菩提本无树，明镜亦非台，本来无一物，何处惹尘埃。"佛教禅宗史书《五灯会元》记载唐代大师青原惟信总结参禅的三重境界："三十年前未参禅时，见山是山，见水是水。至后来亲见知识，见山不是山，见水不是水。而今依前，见山只是山，见水只是水。"《道德经》第八章云："上善若水，水善利万物而不争。夫唯不争，故无尤。"这些先哲所言，不是凭空捏造，不是空洞的大道理，而是真实的、发自内心的感悟，是觉悟后的真言，是通用于整个人生的哲学精髓。这些精髓中也包括了对孩子的教育，包括对教育的研究，包括赏能教育的探索与实践的思想根基。

孩子虽小，但也有独立的思想，这是本我的思想，其独立的人生观、世界观未成型前，这种纯真的思想尚未融入尘世的思维方式，所以孩子学习的内容只是"本我"以外的、成人世界（或者说尘世）的行事方式而已。就像人们约定城市里高大的建筑物叫"楼房"，约定寒冷后回暖的季节叫"春天"，约定春天的树叶颜色是"绿色"。这些后天的知识，孩子遗传的"本我"中没有，所以需要老师传道授业解惑，所以要进学校，所以要听爸爸妈妈的话，但他们的学习能力却是来自于不容置疑的天性。才出生不久的孩子，很短时间内就能自己学会很多曾经陌生的知识，比如凭声音能辨别出父母和亲人，通过逗他的人的表情和声音能辨别出这个人是否喜欢自己，这些本领都是无师自通学会的。同理，作为家长和老师，在孩子成长中需要因势利导以辅助孩子，而不能蛮横地加以干涉。

赏能常用三句话阐明人生的诸多道理，并引导赏能老师的工作，以下结合赏能教育对这三句话进行简述：

"智者察同，愚者察异。愚者不足，智者有余"：是说已领悟了赏能教育的老师，能很快从不同性格、不同年龄、不同表象的孩子中发现其成长中共性的部分（察同），而后以合并同类项的方式进行区别教育引导。初级阶段的老师会被各式各样的孩子搞得晕头转向，因为他看到的每个孩子都不一样（察异）而不知所措。所以初级老师往往时间和精力都不够用（不足），而资深教师则游刃有余、轻松自在（有余）。

"除了痴呆，人类智力差别不大，区别只在于勤奋和热情"：赏能教育看似简单实则不易。开始接触时，有人觉得不过如此，很快就有人有了"仰之弥高，钻之弥坚，瞻之在前，忽焉在后"的感觉而摸不着头脑。但是，赏能教育能让每个孩子变成优秀的孩子，只要愿意沉下心来研究与学习，自然也能让每个人变成优秀的赏能教育者。所以，这句话不仅是教师对学生的态度，更是教师对自我的态度。

"染于苍则苍，染于黄则黄。所入者变，其色亦变。故染不可不慎也"：织好的丝放到黑色染缸就染成黑色，放到黄色染缸就染成黄色，染缸中投入的染料变了，染出的丝的颜色就变了，所以，染料投入不可不谨慎，要根据自己希望染出的颜色来确定投入的染料的颜色。家长希望孩子成长得更优秀，但若提供给孩子的环境（家庭的阅读氛围，周围人的品行、契约意识等）却不是优秀的，那么孩子就不容易长成家长期望的模式。我们在赏能写作教育中已经基本隔开了家长的影响，那么，老师就要"投入自己的染料"，同时还要通过"自己的染料"来影响家长的教育模式。

"赏能教育法是培养少年儿童元认知能力的一个重要方法，也是培养学生科学思维的重要途径，对当前教育改革与创新研究很有价值。"这是张光鉴教授在第二次考察赏能教育的研究过程及结果后对赏能教育的认识，也是对我们的鞭策和鼓励。我们一定能为青少年教育研究做一些有益的探索和尝试。我们已经有了一些优秀的结果，有了一些关于优秀与卓越教育的"术"，就一定能找到优秀与卓越成长的"大道"。

王立宏
2018 年 5 月

参考文献

［1］张光鉴，等. 相似论［M］. 南京：江苏科学技术出版社，1992.

［2］张光鉴，等. 教育科学与相似论［M］. 南京：江苏科学技术出版社，2000.

［3］陈鹤琴. 家庭教育［M］. 上海：华东师范大学出版社，2013.

［4］陈鹤琴. 家庭教育与父母教育［M］. 上海：上海人民出版社，2016.

［5］陶行知. 教育的真谛［M］. 武汉：长江文艺出版社，2013.

［6］卢明森. 钱学森思维科学思想［M］. 北京：科学出版社，2012.

［7］马兴瑞，雷凡培，等. 钱学森系统科学思想文选［M］. 北京：中国宇航出版社，2011.

［8］庄圆法师. 因果的真相［M］. 兰州：甘肃人民美术出版社，2014.

［9］赵章靖. 美国基础教育［M］. 上海：同济大学出版社，2015.

［10］朱永新. 中国教育改革大系：中小学教育卷［M］. 武汉：湖北教育出版社，2016.

［11］戴耘. 超常能力的本质和培养［M］. 刘倩，译. 上海：华东师范大学出版社，2013.

［12］苏霍姆林斯基. 给教师的建议［M］. 杜殿坤，编译. 北京：教学科学出版社，1984.

［13］赞科夫. 和教师的谈话［M］. 杜殿坤，译. 北京：教学科学出版社，1980.

［14］斯托夫人. 斯托夫人的教育［M］. 宿文渊，编译. 北京：中国华侨出版社，2013.

［15］卡尔·威特. 卡尔·威特的教育［M］. 鲁曼莉，编译. 哈尔滨：黑龙江科学技术出版社，2010.

［16］大卫·迪绍夫. 元认知［M］. 陈舒，译. 北京：机械工业出版社，2014.

［17］古斯塔夫·勒庞. 乌合之众［M］. 冯克利，译. 北京：中央编译出版社，2015.

［18］埃里克·霍弗. 狂热分子［M］. 梁永安，译. 桂林：广西师范大学出版社，2011.

［19］萨尔曼·可汗. 反转课堂的可汗学院［M］. 刘婧，译. 杭州：浙江

人民出版社，2014.

［20］休斯顿·斯密斯. 人的宗教［M］. 刘安云，译. 海口：海南出版社，2013.

［21］荣格，等. 潜意识与心灵成长［M］. 张月，译. 上海：上海三联书店，2009.

［22］罗伯特·费尔德曼. 发展心理学［M］. 第6版. 苏彦捷，邹丹，等译. 广州：世界图书出版公司，2013.

［23］约翰·安德森. 认知心理学及其启示［M］. 第7版. 秦裕林，程瑶，等译. 北京：人民邮电出版社，2012.

［24］罗伯特·R·拉斯克，等. 伟大教育家的学说［M］. 朱镜人，等译. 济南：山东教育出版社，2013.

［25］亚瑟·克里斯托弗·本森. 为师之道［M］. 张宏佳，迟文成，译. 哈尔滨：黑龙江教育出版社，2015.

［26］亚瑟·克里斯托弗·本森. 剑桥论道［M］. 邢锡范，译. 哈尔滨：黑龙江教育出版社，2015.

［27］哈佛委员会. 哈佛通识教育红皮书［M］. 李曼丽，译. 北京：北京大学出版社，2010.

［28］埃文·塞德曼. 质性研究中的访谈［M］. 周海涛，主译. 重庆：重庆大学出版社，2009.

后　记

青少年成长发展的核心素养，主要指学生应具备的，能够适应终身发展和社会发展需要的必备品格和关键能力。教育部在 2014 年明确提出将组织研究各学段学生发展的核心素养体系，明确学生应具备的适应终身发展和社会发展需要的必备品格和关键能力。

2010 年开始，我从实践入手开始了青少年核心素养养成与发展的探索，历经八年，通过对大量的第一手资料的综合分析，于 2018 年 3 月完成了包括青少年核心素养养成的理论和方法（即赏能教育方法）的总结。在暨南大学出版社的支持下，赏能教育方法的完整体系终与大家见面了，希望我这八年的坚持和努力能为教育界人士、孩子家长和其他所有关心教育的朋友在青少年优秀成长的引导工作中起到一点借鉴作用。

这套丛书内在的逻辑关系是这样的：《天使历险记》是赏能教育的成果展示，也就是我们常说的每个青少年都有能力独立原创长篇作品，这是首批正式出版的长篇作品。《赏能：青少年核心素养养成的理论与方法》是方法基础，即教育者对孩子进行赏能教育引导实践的思想基础和方法步骤（很遗憾本书付印前压缩了《参考教案》部分约 5 万字，该部分只能留待后续）。《静待花开》是赏能老师在教育实践

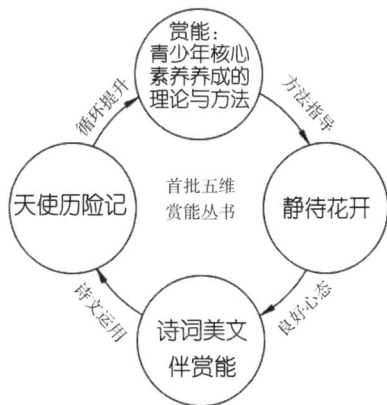

中的心得体会和教学感悟。《诗词美文伴赏能》是我们这些年教育实践中的常用"工具"，我们把这些诗文和口诀及日常言行举止的要求当作施行赏能教育时所依托的载体，这些载体引导着青少年优秀成长。在此基础上，教育者通过自我扬弃和学习，掌握更高层次的赏能教育理论和方法，它将在新层次上对孩子进行下一轮的核心素养培养。这四个部分相辅相成，互为依托，循环往复，形成了完整的赏能教育系统（如图）。按这个体系和思路，每个家庭、每个老师都可以对孩子进行赏能教育引导。

本批四本书包括赏能教育研究与实践系统中的教育思想、常用教材、教学感悟和学生文学作品四个部分，另有家长教育笔记部分列入了后期的出版计划，这五个部分组成"五维赏能"，从不同的角度诠释着赏能教育法。在由赏而能

的思路的引导下，我相信教育者和被教育者一定能在轻松愉快的氛围中成就彼此，各自完成毛毛虫蜕变成蝶的升华。

赏能教育研究从起步能走到现在，要感谢很多人，没有他们作为坚强后盾，赏能教育体系的完成可能还要花费更多的时间。感谢曹启东、秦来花、吴善虎、彭立文、靳恒山、靳念文等老师的帮助，感谢"鹰爸"何烈胜先生和谷力博士的关心，感谢广东人民出版社肖风华先生、暨南大学出版社杜小陆先生和范兰德教授的支持，感谢赏能的同事和诸位家长朋友的持久协作，也感谢赏能小作家天真烂漫的奇思妙想与真诚热心的无穷智慧。孩子们的卓越成长和朋友们的支持是促使我们成长的"养料宝库"。真诚地感谢我读过的那些书的主人公和作者们，从一本本的书中，我了解了诸如自然科学家、教育家、军事家、政治家、企业家、宗教家和文化名人的成长历程，了解了诸如传统文化、哲学、经济、历史、数理化等方面的知识，它们都对我的探索研究起到了重要的作用。衷心地感谢众多熟悉或不熟悉、谋面与未谋面的朋友们默默的支持与关爱，地铁上、大街边、路途中、朋友圈，到处都有睿智的言行与思想，我常为能生活在当前的美好环境中而心存感激。

本书收录了我的教育实验历程，还收录了数次有代表意义的教育实验后我写的实验报告，希望这些"工作记录"能为教育研究实践者起到抛砖引玉的作用。

"教育"的内涵与外延都很广博，赏能只是教育园地中的一朵无意中被发现的小花。因为我对它观察得仔细，发现了这朵小花竟如此多彩。不同的人偏爱不同的花朵，我只是把我所观察到的做了介绍，可能我观察的角度与层面未必符合您的习惯，但我保证我所说的都是我真实的所见所想。如您对我"观察"的过程和结果有所指教，将不胜感激。

王立宏

2018 年 7 月